プリント形式のリアル過去問で本番の臨場感！

福岡県

西南学院中学校

2025年春受験用 解答集

本書は，実物をなるべくそのままに，プリント形式で年度ごとに収録しています。
問題用紙を教科別に分けて使うことができるので，本番さながらの演習ができます。

■　収録内容

・解答集（この冊子です）

書籍ＩＤ番号，この問題集の使い方，最新年度実物データ，リアル過去問の活用，解答例と解説，ご使用にあたってのお願い・ご注意，お問い合わせ

・2024（令和６）年度　～　2020（令和２）年度　学力検査問題

JN132092

○は収録あり　年度	'24	'23	'22	'21	'20	
■ 問題収録	○	○	○	○	○	
■ 解答用紙	○	○	○	○	○	
■ 配点						

全教科に解説があります

注）国語問題文非掲載：2024年度の三，2022年度の三，2021年度の一

問題文の非掲載につきまして

著作権上の都合により，本書に収録している過去入試問題の本文の一部を掲載しておりません。ご不便をおかけし，誠に申し訳ございません。

本文の一部を掲載できなかったことによる国語の演習不足を補うため，論説文および小説文の演習問題のダウンロード付録があります。弊社ウェブサイトから書籍ＩＤ番号を入力してご利用ください。

なお，問題の量，形式，難易度などの傾向が，実際の入試問題と一致しない場合があります。

教英出版

■　書籍ＩＤ番号

入試に役立つダウンロード付録や学校情報などを随時更新して掲載しています。
教英出版ウェブサイトの「ご購入者様のページ」画面で，書籍ＩＤ番号を入力してご利用ください。

書籍ＩＤ番号　103440

（有効期限：2025年9月30日まで）

【入試に役立つダウンロード付録】
「要点のまとめ（国語／算数）」
「課題作文演習」ほか

■　この問題集の使い方

年度ごとにプリント形式で収録しています。針を外して教科ごとに分けて使用します。①片側，②中央のどちらかでとじてありますので，下図を参考に，問題用紙と解答用紙に分けて準備をしましょう（解答用紙がない場合もあります）。

針を外すときは，けがをしないように十分注意してください。また，針を外すと紛失しやすくなりますので気をつけましょう。

① 片側でとじてあるもの

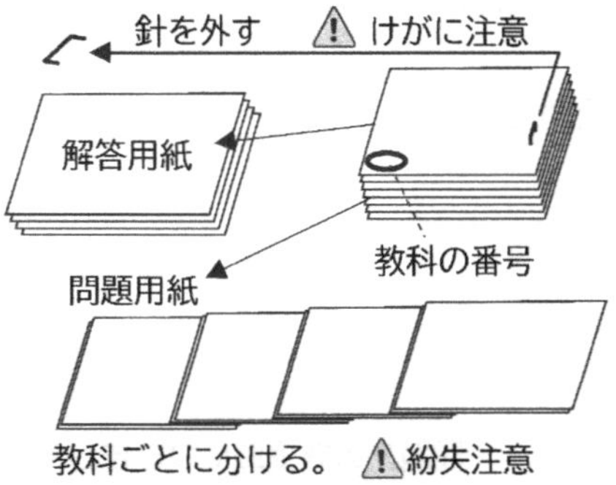

② 中央でとじてあるもの

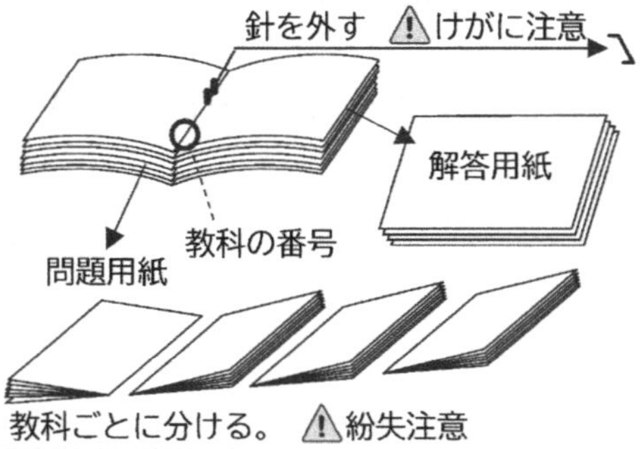

※教科数が上図と異なる場合があります。
解答用紙がない場合や，問題と一体になっている場合があります。
教科の番号は，教科ごとに分けるときの参考にしてください。

■　最新年度　実物データ

実物をなるべくそのままに編集していますが，収録の都合上，実際の試験問題とは異なる場合があります。実物のサイズ，様式は右表で確認してください。

問題用紙	Ｂ５冊子(二つ折り)
解答用紙	Ｂ４片面プリント

リアル過去問の活用

～リアル過去問なら入試本番で力を発揮することができる～

本番を体験しよう！

問題用紙の形式（縦向き / 横向き），問題の配置や余白など，実物に近い紙面構成なので本番の臨場感が味わえます。まずはパラパラとめくって眺めてみてください。「これが志望校の入試問題なんだ！」と思えば入試に向けて気持ちが高まることでしょう。

入試を知ろう！

同じ教科の過去数年分の問題紙面を並べて，見比べてみましょう。

① 問題の量

毎年同じ大問数か，年によって違うのか，また全体の問題量はどのくらいか知っておきましょう。どのくらいのスピードで解けば時間内に終わるのか，大問ひとつにかけられる時間を計算してみましょう。

② 出題分野

よく出題されている分野とそうでない分野を見つけましょう。同じような問題が過去にも出題されていることに気がつくはずです。

③ 出題順序

得意な分野が毎年同じ大問番号で出題されていると分かれば，本番で取りこぼさないように先回りして解答することができるでしょう。

④ 解答方法

記述式か選択式か（マークシートか），見ておきましょう。記述式なら，単位まで書く必要があるかどうか，文字数はどのくらいかなど，細かいところまでチェックしておきましょう。計算過程を書く必要があるかどうかも重要です。

⑤ 問題の難易度

必ず正解したい基本問題，条件や指示の読み間違いといったケアレスミスに気をつけたい問題，後回しにしたほうがいい問題などをチェックしておきましょう。

問題を解こう！

志望校の入試傾向をつかんだら，問題を何度も解いていきましょう。ほかにも問題文の独特な言いまわしや，その学校独自の答え方を発見できることもあるでしょう。オリンピックや環境問題など，話題になった出来事を毎年出題する学校だと分かれば，日頃のニュースの見かたも変わってきます。

こうして志望校の入試傾向を知り対策を立てることこそが，過去問を解く最大の理由なのです。

実力を知ろう！

過去問を解くにあたって，得点はそれほど重要ではありません。大切なのは，志望校の過去問演習を通して，苦手な教科，苦手な分野を知ることです。苦手な教科，分野が分かったら，教科書や参考書に戻って重点的に学習する時間をつくりましょう。今の自分の実力を知れば，入試本番までの勉強の道すじが見えてきます。

試験に慣れよう！

入試では時間配分も重要です。本番で時間が足りなくなってあわてないように，リアル過去問で実戦演習をして，時間配分や出題パターンに慣れておきましょう。教科ごとに気持ちを切り替える練習もしておきましょう。

心を整えよう！

入試は誰でも緊張するものです。入試前日になったら，演習をやり尽くしたリアル過去問の表紙を眺めてみましょう。問題の内容を見る必要はもうありません。どんな形式だったかな？受験番号や氏名はどこに書くのかな？…ほんの少し見ておくだけでも，志望校の入試に向けて心の準備が整うことでしょう。

そして入試本番では，見慣れた問題紙面が緊張した心を落ち着かせてくれるはずです。

※まれに入試形式を変更する学校もありますが，条件はほかの受験生も同じです。心を整えてあせらずに問題に取りかかりましょう。

西南学院中学校

《国　語》

一　問1．頑張って大人っぽくなろうとする〔別解〕無理して大人になろうとする　問2．2　問3．4
問4．①童話を好きじゃなくなった　②外見　問5．1　問6．4　問7．3
問8．Ⅰ．大人っぽい　Ⅱ．子どもっぽい　問9．A．縮　B．余計　C．厳密

二　問1．A．いな　B．移動　問2．Ⅰ．好きな可能性の高いもの　Ⅱ．予期しなかった本との出会い
問3．4　問4．c　問5．2　問6．自分の意志で選んだ　問7．アルゴリズムの働かない現実世界における偶然の出会いが、新しい経験や可能性をもたらしてくれるということ。

三　問1．赤ちゃん　問2．く　問3．ぺったんぺったん　問4．不格好な　問5．ほどけたくつひもを結び直す　問6．4　問7．3　問8．生命力

四　Ⅰ．A．ア　B．エ　C．ウ　Ⅱ．タカシさんは友人とけんかをしたが、本音をぶつけ合ったことで、おたがいに分かり合うことができ、かえって仲が良くなった。

《算　数》

1　(1)57　(2)3　(3)180　(4)9　(5)416　(6)$30\div x$　(7)16.56
(8)右グラフ

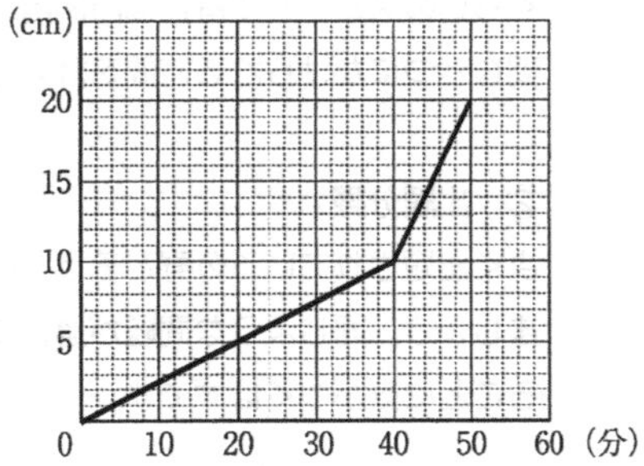

2　(1)$\frac{3}{46}$　(2)89　(3)70　(4)右図

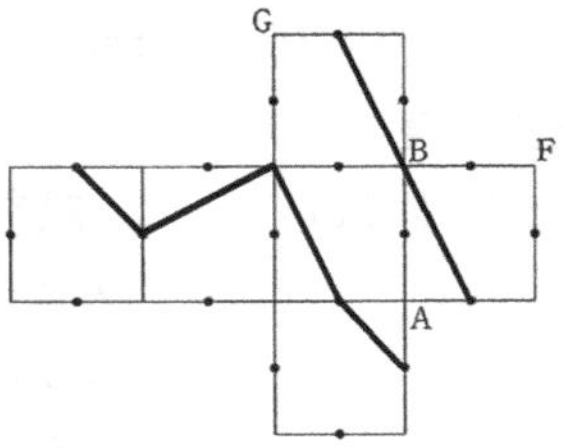

3　(1)ア．12　イ．13　ウ．2
(2)25.5　(3)22

4　(1)①2　②0.75　(2)34

5　(1)10　(2)0.75　(3)3000

6　(1)6
(2)A．0　B．5　C．0／A．2　B．2　C．1　(3)4680

《理　科》

1　(1)ア　(2)キ　(3)X．ア　Y．イ　(4)⑥ア　⑦ク　⑧サ　⑨オ　⑩ウ
(5)暴風警報／波ろう警報／高潮警報　などから1つ

2　(1)スイカ…ウ　ホウレンソウ…ア，エ　(2)ウ　(3)オ　(4)X．0.3　Y．0.6　Z．1.5

3　(1)12　(2)確かめる方法…ろ過した液の一部を蒸発皿にとって加熱する。　結果…白い固体が残る。
(3)重そう…アルカリ　クエン酸…酸　(4)ウ　(5)発生した気体がペットボトルの外に出たから

4　(1)支点　(2)2　(3)60　(4)2　(5)80　(6)ア，オ　(7)ウ

《社　会》

【1】問1．ア　問2．ア　問3．ウ　問4．エ　問5．イ　問6．エ　問7．日本銀行
問8．渋沢栄一

【2】問1．カ　問2．イ　問3．オ　問4．ウ　問5．イ

【3】問1．オ　問2．エ　問3．イ　問4．エ　問5．オ　問6．原料を輸入し，それを加工した製品を輸出する貿易。　問7．ユニバーサル

【4】問1．吉野ヶ里　問2．藤原京　問3．ア　問4．ウ　問5．エ　問6．ウ　問7．佐賀

【5】問1．ア　問2．ウ　問3．イ　問4．板垣退助　問5．イ　問6．⑴イ　⑵国民を積極的に戦争に協力させる　問7．ウ　問8．エ

西南学院中学校

《2024　国語　解説》

一

問１　――線アの直後に「どんなに頑張《がんば》って大人っぽく変わろうとしたって～こんなにつらくてくたびれること～続けなくたっていいよね」とあることから読みとれる。また、前書きや、「無理して大人になろうとしなくたっていい、と美貴ちゃんは言ってくれた」、「この本を返しちゃったら～大人っぽくはなれないんじゃないかな」「大人っぽいふりをしていたわたし」「大人にならなくちゃとあせっていたのは、わたしだけじゃなかった」なども参照。

問２　――線イの直前の「わたしに気がついた」に続く反応であり、「ぎょっとした顔」（突然《とつぜん》のことに驚《おどろ》き動《どう》揺《よう》した表情）を「引っこめて」（取り消して）いる。つまり、その動揺をかくそうとして「ぶっきらぼう」な態度をとったのだと読みとれる。よって、２が適する。１の「誰《だれ》かに知られた～高梨なら～とたかをくくっている」、３の「中学生が来るとは思わず、緊張《きんちょう》～ほっとしている」、４の「ポックルの本を読みたがる同世代の存在に驚いた～がっかりしている」は適さない。

問４①　「気がついた」内容が、――線ウの直後に「みっくんは、童話を好きじゃなくなったわけじゃなかったんだ、って」と書かれている。　②　【★】の前後を参照。「わたし」は、自分と同じようにみっくんも「大人っぽいふりをして」いるのではないかと思い、「みっくんの外見はどんどん大人に近づいている。だから～あせって、大きくなった体に中身もあわせようと、大人っぽく振舞《ふるま》って、好きな童話も読まなくなって……」と考えた。

問６　――線エの前後のみっくんの言動に着目する。「ふう、とため息をついて、『わかったよ』」「昔と変わらないな」から、あきれながらも、昔から知っている「わたし」らしさを受け止めていることが読みとれる。よって、４が適する。１の「なだめようととりつくろっている」、２の「うらやましく感じている」、３の「意外な一面を見てとまどってしまった」は適さない。

問７　「大人にならなくちゃとあせっていたのは、わたしだけじゃなかった」、みっくんも同じだったのだとわかり、「こんなでかいのが～童話なんて読んでたら、変に決まってるだろ」と言ったみっくんに、「わたし」は「絶対、変なんかじゃないと思う！」とはっきり言った。そして、みっくんから「昔と変わらないな」と言われて、「変わらなくちゃ、と思って、ずっと頑張っていたはずなのに、変わらないな、というみっくんの言葉が～とてもうれしかった」とある。ここから、３のような心情が読みとれる。１の「自分にとって童話がいかに大切なものだったか～その魅力《みりょく》を再発見」、２の「やっと自分の気持ちが伝わったのだ」、４の「自分の短所～長所だと認めることができた」は適さない。

二

問２　アルゴリズムに基《もと》づいて本を買うことについて述べた【 a 】のある段落を参照。「アルゴリズムによる最適化～Amazon のおすすめに基づいて本を買うとき～もともと自分がⅠ好きな可能性の高いものを推薦《すいせん》され、そのなかから選んで買う～Ⅱ人生を大きく変えるような本との出会いがなくなってしまう」と述べている。「Ⅱ人生を～出会い」では指定字数に合わないので、同様の意味の 13 字の表現をさがすと、本文８～９行目に「Ⅱ予期しなかった本との出会い」とある。

問３　X の前後で「アルゴリズムに従って情報に接しているとき～もとから関心のあること、好きなこと、知りたいと思っていることにだけ、出会う～『ハズレ』となるリスク～無駄《むだ》を回避《かいひ》したい、という欲求に、アルゴリズムによる最適化は応《こた》えようとしている」「理由なくたまたままぎれこんでしまった、というような偶然《ぐうぜん》の情報は～画面のなかには存在しない」と述べていることから、４の「排除《はいじょ》する」（とりのけて、そこからなくす）が適する。――線ウの３行後に「偶然性を排除するアルゴリズム」とあるのも参照。

問５　――線イの直前の「その意味において」が指す内容を読みとる。直前の二文の「アルゴリズムの働かない、偶然性に満ちた世界のなかで何かを選択《せんたく》することは、常に不確実です。選択をまちがえて『ハズレ』を引いてしまうかもしれません」ということを指しているので、２が適する。１の「よい結果になることはない」、３の「成長がもたらされることもある」、４の「アルゴリズムの推測の範囲《はんい》の中でだけ」は適さない。

問６　――線ウの直後で「つまり、『誰にも何も言われずに、自分の意志でその本を選んだのだ』という確信を持つことができる」と言いかえている。これと対照的なのが、直後の段落で述べている、アルゴリズムに提案された選択肢《せんたくし》から選ぶときの「『私』が最初から主体的に、自分の責任で選んだわけではないのだ～『選ばされた』のだという意識」である。

問７　筆者が、リアルの書店ではなくアルゴリズムのおすすめに従って本を選ぶと「人生を大きく変えるような本との出会いがなくなってしまう」、「アルゴリズムに基づかない現実の出会いには『ハズレ』もありえます～しかし、書店における本がそうであるように～偶然の出会いこそが、『私』に新しい経験をもたらしてくれる～まったく新しい可能性が開かれることだって、少なくない」と述べていることから読みとり、まとめる。

三　著作権上の都合により文章を掲載《けいさい》しておりませんので、解説も掲載しておりません。ご不便をおかけし、誠に申し訳ございません。

四　ⅠＡ　「覆水盆《ふくすいぼん》に返らず」は、一度してしまったことは取り返しがつかないということのたとえ。　Ｂ　「良薬は口に苦し」は、良い忠告は聞くのがつらいものだが自身のためになるということのたとえ。　Ｃ　「ちりも積もれば山となる」は、ごくわずかなものでもたくさん積み重なれば高大なものになるということのたとえ。

Ⅱ　「雨降って地固まる」は、もめごとや苦難などの悪いことが起きた後は、かえって基礎《きそ》がかたまり、良い状態になるということのたとえ。

《2024　算数　解説》

1　(1)　与式＝$60-(18-6)\div4=60-12\div4=60-3=$**57**

(2)　与式より，$(3-\square\times0.2)\times\frac{1}{4}=0.6$　　$3-\square\times0.2=0.6\times4$　　$\square\times0.2=3-2.4$　　$\square=0.6\div0.2=$**3**

(3)　３つ以上の数の最小公倍数を求めるときは，右のような筆算を利用する。３つの数のうち２つ以上を割り切れる素数で次々に割っていき(割れない数はそのまま下におろす)，割った数と割られた結果残った数をすべてかけあわせれば，最小公倍数となる。

```
3) 12  15  18
2)  4   5   6
    2   5   3
```

よって，求める最小公倍数は，$3\times2\times2\times5\times3=$**180**

(4)　**【解き方】食塩水の問題は，うでの長さを濃度《のうど》，おもりを食塩水の重さとしたてんびん図で考えて，うでの長さの比とおもりの重さの比がたがいに逆比になることを利用する。**

右のようなてんびん図がかける。ａ：ｂは，食塩水の重さの比である100：200＝１：２の逆比になるので，ａ：ｂ＝２：１となる。これより，ａ：(ａ＋ｂ)＝２：３となるから，ａ＝$(10-7)\times\frac{2}{3}=2$(%)なので，

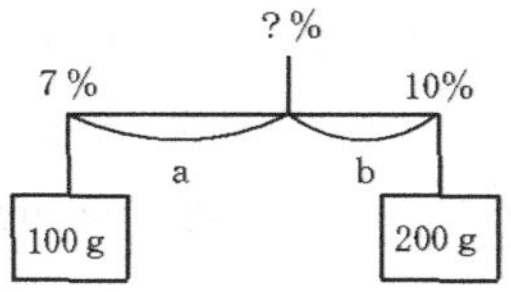

求める濃度は，$7+2=$**9**(%)

(5)　定価は仕入れ値の，$1+\frac{3}{10}=\frac{13}{10}$(倍)で，これを$1-\frac{20}{100}=\frac{4}{5}$(倍)の値段で売った。

よって，売った値段は，$400\times\frac{13}{10}\times\frac{4}{5}=$**416**(円)

(6)　$x\times y\div2=15$より，$x\times y=15\times2$　　$y=30\div x$

(7)　右図のように記号をおく。曲線アの長さは，$4\times2\times3.14\times\frac{1}{4}=2\times3.14$(cm)

曲線イの長さは，$4\times3.14\times\frac{1}{2}=2\times3.14$(cm)

よって，求める長さは，$2\times3.14+2\times3.14+4=(2+2)\times3.14+4=$ **16.56(cm)**

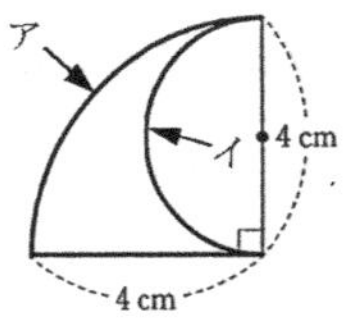

(8)　**【解き方】水が入る部分の底面積が変わらない限り水面は一定の割合で上がるから，グラフは直線をつないだ形になる。**

右図のように水そうを，高さ0cm～10cmの部分と，高さ10cm～20cmの部分に分ける。

高さ0cm～10cmの部分の体積は，$20\times40\times10=8000$(cm³)だから，ここを水で満たすのに，$8000\div200=40$(分)かかる。

高さ10cm～20cmの部分の体積は，$20\times10\times(20-10)=2000$(cm³)だから，ここを水で満たすのに，$2000\div200=10$(分)かかる。

よって，グラフは，点(0分，0cm)，(40分，10cm)，(50分，20cm)を順に直線で結べばよい。

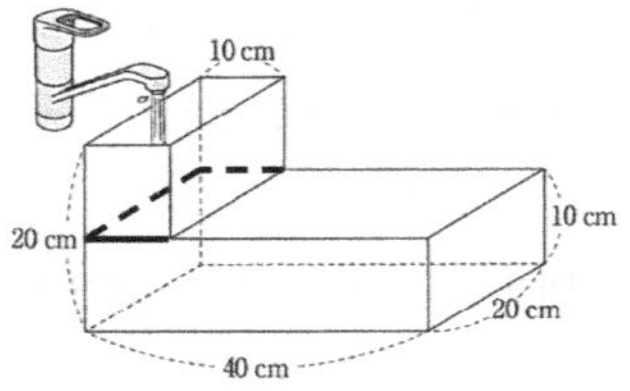

2　(1)　与式より，$(\frac{2}{23}+\square)\div(\frac{6}{8}+\frac{1}{8})=\frac{4}{23}$　　$\frac{2}{23}+\square=\frac{4}{23}\times\frac{7}{8}$　　$\square=\frac{7}{46}-\frac{4}{46}=\mathbf{\frac{3}{46}}$

(2)　右図のように記号をおく。三角形の1つの外角は，これととなり合わない2つの内角の和に等しいから，三角形ACDにおいて，

角CAD＝●＝62°－30°＝32°

したがって，角BAC＝●×2＝32°×2＝64°

三角形ABCの内角の和より，

角ABC＝○×2＝180°－62°－64°＝54°

○＝54°÷2＝27°だから，三角形BCEにおいて，三角形の外角の性質より，ア＝○＋62°＝27°＋62°＝**89°**

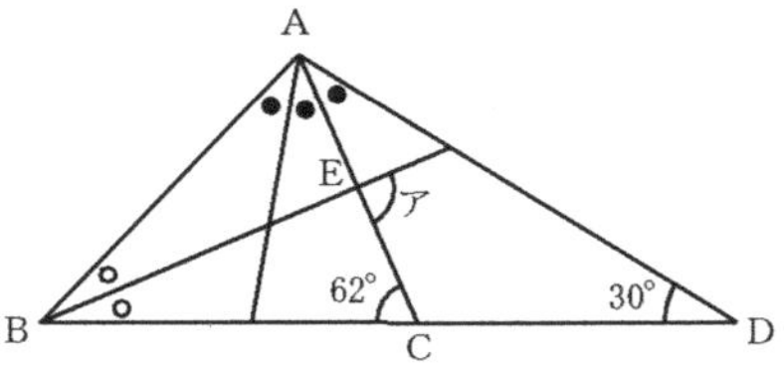

(3)　**【解き方】マッチ棒は右図の斜《なな》めの直線について対称に並んでいるから，全部の本数は斜めの直線の左下にある本数の2倍である。マッチ棒を，点線で囲んだものと，実線で囲んだものに分けて考える。**

nを整数とすると，ⓝに使われるマッチ棒のうち点線で囲んだものはn本ある。実線で囲んだものは，合計すると1からnまでの連続する整数の和と同じ本数だけある。

よって，⑦では，点線で囲んだものが7本，実線で囲んだものが$1+2+3+4+5+6+7=28$(本)あるから，全部で，$(7+28)\times2=$ **70(本)**

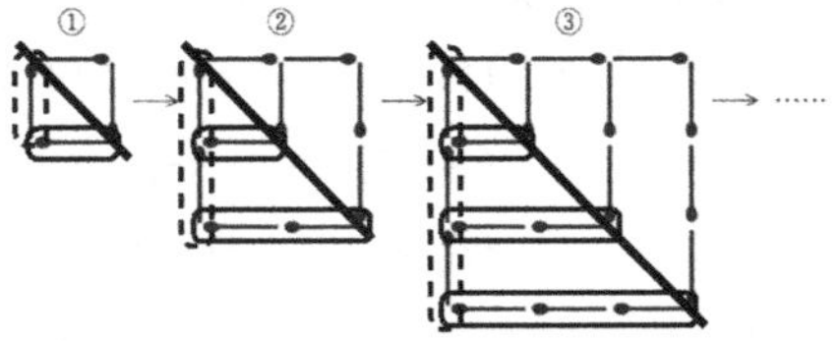

(4)　展開図に頂点の記号をかくと，右図のようになる。立方体の表面の線は，頂点B，Cと，辺AE，AD，GH，GFそれぞれの中点を通ることに気をつけて展開図に線をかきこむと，解答例のようになる。

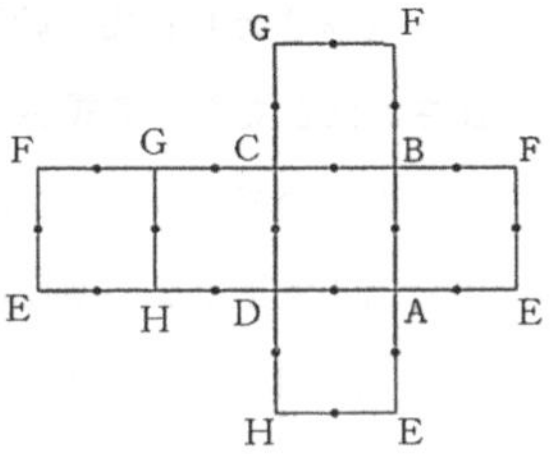

3　(1)　「20～25」は20以上25未満を表すので，2012年の25は「25～30」にふくまれることに注意する。

(2)　**【解き方】30個のデータの中央値は，30÷2＝15より，大きさ順に並べたときの15番目と16番目の値《あたい》の平均である。**

(1)の度数分布表より，25未満のデータが$1+1+12=14$(個)ある。したがって，小さい方から15番目は，「25～30」のうち最も小さい25であり，16番目はその次に小さい26である。

よって，中央値は，(25＋26)÷２＝25.5(個)

⑶　【解き方】(30＋２)÷２＝16 より，中央値は大きさ順に並べたときの 16 番目と 17 番目の値の平均である。中央値が 25 だから，16 番目と 17 番目はともに 25 である。

【A】には 25 が１個しかないので，2021 年か 2022 年のどちらかが 25 である。

2013 年から 2022 年までの 2022－2013＋１＝10(年間)の平均値が 26.2 だから，2021 年と 2022 年のデータの和は，26.2×10－(31＋23＋27＋26＋27＋29＋29＋23)＝262－215＝47 である。

47－25＝22 だから，2021 年が **22** 個，2022 年が 25 個である。

4　⑴①　**【解き方】この図形の縦の辺の長さの和と横の辺の長さの和を分けて考える。**

縦の辺の長さの和は，アの１辺の長さ２つ分だから，５×２＝10(cm)

横の辺の長さの和は，ウの１辺の長さを㋒とすると，(５＋３＋㋒)×２＝16＋㋒×２(cm)

したがって，この図形の周の長さは，10＋16＋㋒×２＝㋒×２＋26(cm)と表せるから，㋒×２＋26＝30 より，

㋒×２＝30－26　　㋒＝４÷２＝**２**(cm)

②　**【解き方】右のように作図し，三角形ＡＢＣの面積を考える。**

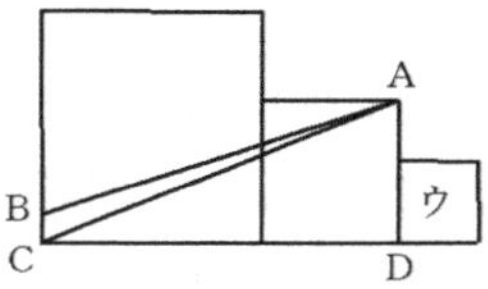

図形全体の面積は，５×５＋３×３＋２×２＝38(cm²)だから，この$\frac{1}{2}$は，

38×$\frac{1}{2}$＝19(cm²)

正方形ウと三角形ＡＣＤの面積の和は，２×２＋(５＋３)×３÷２＝16(cm²)

したがって，三角形ＡＢＣの面積は，19－16＝３(cm²)

三角形ＡＢＣの底辺をＢＣとしたときの高さはＣＤ＝８cmだから，ＢＣ＝３×２÷８＝**0.75**(cm)

⑵　**【解き方】右のように記号をおき，ｃ＋ｄの面積を考える。**

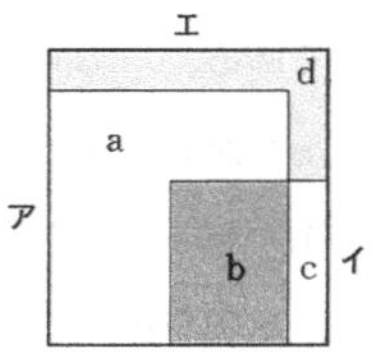

ｂとｄの面積が等しいから，ｃ＋ｄの面積はｂ＋ｃの面積と等しく，３×３＝９(cm²)

よって，正方形エの面積は，５×５＋９＝**34**(cm²)

5　⑴　**【解き方】太郎さんは 15 分で１周するのだから，池１周の長さを 15 とすると，６分後に太郎さんと三郎さんがはじめてすれちがったとき，太郎さんは６だけ進んでいた。**

６分後に太郎さんと三郎さんがはじめてすれちがったときに２人が進んでいた道のりの比は６：(15－６)＝２：３だから，２人の速さの比は２：３である。同じ道のりを進むときにかかる時間の比は，速さの比の逆比となるから，太郎さんと三郎さんが１周するのにかかる時間の比は，２：３の逆比の３：２である。

よって，三郎さんが１周するのは出発してから，15×$\frac{2}{3}$＝**10**(分後)

⑵　**【解き方】⑴と同様にして，まず太郎さんと次郎さんの速さの比を求める。**

５分後に太郎さんと次郎さんがはじめてすれちがったときに２人が進んでいた道のりの比は５：(15－５)＝１：２だから，２人の速さの比は１：２である。よって，太郎さんの速さを２とすると，次郎さんの速さは２×２＝４，三郎さんの速さは３だから，三郎さんの速さは次郎さんの速さの，$\frac{3}{4}$＝**0.75**(倍)である。

⑶　**【解き方】太郎さんと次郎さんは５分ごと，太郎さんと三郎さんは６分ごとにすれちがう。**

５と６の最小公倍数は 30 だから，３人は 30 分ごとに同時にすれちがう。はじめて３人が同時にすれちがうのは 30 分後であり，このとき，⑴より三郎さんは 30÷10＝３(周)している。

よって，三郎さんは 1000×３＝**3000**(m)進んでいる。

6　⑴　**【解き方】５個のうち３個はＡに決まるので，残り２個の組み合わせを数える。**

２個の組み合わせは，ＡＡ，ＢＢ，ＣＣ，ＡＢ，ＡＣ，ＢＣの**６**通りある。これが求める組み合わせの数である。

⑵　【解き方】「セット」だと，１個あたりの金額が 2200÷５＝440(円)となる。これはＢ１個の代金と等しい。
Ａ０個，Ｂ５個，Ｃ０個の組み合わせは，単品でも「セット」でも同じ代金となる。
また，Ａ１個の代金は 440 円より 480－440＝40(円)高く，Ｃ１個の代金は 440 円より 440－360＝80(円)低い。
平均を 440 円にすることを考えると，Ａが２個あれば，440 円より多い分の 40×２＝80(円)で，Ｃ１個の代金が 440 円より 80 円低い分をうめられる。つまり，Ａ２個とＣ１個の代金の平均は 440 円となる。これにＢ２個を加えても平均は 440 円のままである。よって，**Ａ２個，Ｂ２個，Ｃ１個**の組み合わせは，単品でも「セット」でも同じ代金となる。

⑶　⑵より，Ａは「セット」にふくめた方が割安なので，まず「セット」でＡ４個とＢ１個を買う。残りは単品で購入すればよいので，440×４＋360×２＝2480(円)となる。よって，求める代金は，2200＋2480＝**4680**(円)

《2024　理科　解説》

1　⑴⑵　図２より，ａ，ｂ，ｃの順にかたむきが急であることがわかる。かたむきが急であるほど，流れる水の速さは速くなる。また，水の流れが曲がるところでは，内側より外側の方が流れる水の速さは速い。流れる水の速さが速いほど，水が土をけずるはたらき(しん食作用)が大きくなる。

⑶　Ｘは，河口付近で流れる水の速さがおそくなり，土を積もらせるはたらき(たい積作用)が大きくなってできる地形(三角州)である。Ｙは，流れる水の速さが速い上流で，土をけずるはたらき(しん食作用)が大きいときにできる地形(Ｖ字谷)である。なお，流れる水のはたらきは，たい積としん食以外に，運ぱん(土を運ぶはたらき)がある。

⑷　⑥世界の主な川は河口からの距離《きょり》が 1000 ㎞以上あるのに対し，日本の川は最も長い信濃《しなの》川でもおよそ 350 ㎞である。　⑦河口からの距離は，信濃川の標高 600ｍ地点はおよそ 300 ㎞，ライン川の標高 600ｍ地点はおよそ 1200 ㎞だから，ライン川は信濃川の約 1200÷300＝４(倍)である。

2　⑴　だっし綿を水でしめらせて(水をあたえて)発芽した実験と，その実験と光や温度の条件が同じで発芽しなかった実験を比べると，発芽に水が必要であることが確かめられる。スイカでは，実験６と，これと光と温度の条件が同じ(光なし，温度 28℃)実験２を比べればよい。また，ホウレンソウでは，実験５と実験１(光なし，温度 15℃)，実験７と実験３(光あり，温度 15℃)をそれぞれ比べればよい。

⑵　スイカは，発芽した実験６と光の条件だけが異なる実験８を比べると，光がある実験８で発芽していないから，光がない条件のとき発芽するとわかる。また，ホウレンソウは，発芽した実験５と実験７で光の条件が異なるが，どちらも発芽したから，他の条件が整っていれば光があってもなくても発芽することがわかる。

⑶　実験より，スイカは 28℃で発芽し，20℃以下だと発芽しないとわかる。また，ホウレンソウは 15℃で発芽し，８℃以下や 20℃以上だと発芽しないとわかる。月の平均気温が発芽に適した温度になると発芽すると考えればよい。

3　⑴　できた水よう液の重さは，$\overset{\text{水の重さ}}{10}+\overset{\text{クエン酸の重さ}}{2}$＝12(ｇ)である。

⑵　ろ過をすると，水にとけていない固体と液体(水や水よう液)に分けることができる。かたくり粉は水にとけていなかったから，かたくり粉を加えた水をろ過すると，ろ紙にはかたくり粉が残り，ろ過した液体は水である。また，重そうは少し水にとけたから，重そうを加えた水をろ過すると，ろ紙に重そうが残り，ろ過した液体は重そうの水よう液である。

⑶　酸性の水よう液は青色リトマス紙を赤色に変化させ，アルカリ性の水よう液は赤色リトマス紙を青色に変化させる。なお，中性の水よう液はどちらのリトマス紙の色も変化させない。

⑷　実験２の⑥でＢのふたを開けるとき「プシュッ」と音がしたから，⑤でＢのペットボトル内であわ(気体)が発

生したことがわかる。したがって，水の中で重そうとクエン酸が反応するとあわが出るとわかる。

⑸　反応の前後で反応に関わるもの全体の重さは変わらないから，反応の前(④)と反応の後(⑤)の重さに変化はないが，ふたを開けると反応によって発生した気体がペットボトルの外に出ていくから，ふたを開けた後(⑥)の重さは④や⑤より少なくなる。

4　⑵　てこを回転させるはたらき〔おもりの重さ(g)×支点からの距離(cm)〕が時計回りと反時計回りで等しくなると，棒が水平になる。表より，おもりが棒を時計回りに回転させるはたらきは 100×12＝1200 だから，つるしたおもりの重さが 600 g のとき，つりひもからおもりまでの長さは 1200÷600＝２(cm)になる。

⑶　⑵解説より，皿の重さは 1200÷20＝60(g)である。

⑷　皿の上に 10 g の分銅１つをのせると，棒を反時計回りに回転させるはたらきが 10×20＝200 大きくなるから，おもりをつるす位置を右に 200÷100＝２(cm)動かすと棒が水平になる。

⑸　⑷より，皿の上のものの重さが 10 g 増えると，おもりの位置は点Oから右に２cmずれる。よって，点Oとおもりをつるす位置の間の長さが 16 cmのとき，皿の上にのせたもの(ボール)の重さは 10×$\frac{16}{2}$＝80(g)である。

⑹　ア○，イ×…500 g の重さのものを皿にのせたとき，棒を反時計回りに回転させるはたらきは(60＋500)×20＝11200 である。つりひもから棒の右はしまでの長さは 60－20＝40(cm)だから，おもりの重さを 11200÷40＝280(g)にすると，500 g の重さまではかることができるようになる。　ウ，エ×…図２のはかりで 140 g の重さまでしかはかれなかったから，皿の重さを０gにしても 140＋60＝200(g)までしかはかれない。　オ○，カ×…皿やおもりをつるす位置の支点からの距離の比は，皿と皿の上のものの重さの和とおもりの重さの逆比に等しくなる。皿に 500 g の重さのものをのせたとき，支点からの距離の比は 100：560＝５：28 となる。したがって，つりひもの位置を皿(左はし)から 60×$\frac{5}{5+28}$＝9.09…(cm)にすると，500 g の重さまではかることができるようになる。

⑺　①棒の中心はつりひもから右に 10 cmの点である。　②棒の重さの分，棒を時計回りに回転させるはたらきが大きくなるので，点Oはつりひもに近づき，はかることのできる重さは 140 g より重くなる。

《2024　社会　解説》

【１】

問１　ア　　894 年に遣唐使が停止された。イは伝 1001 年，ウは高句麗がほろび(668 年)，新羅が朝鮮半島を統一(676 年)，エは 645 年。

問２　ア　　A．正しい。大輪田泊は現在の神戸港あたり。B．正しい。日明貿易を始めたのは足利義満。

問３　ウ　　ア(1560 年)→エ(1569 年)→ウ(1575 年)→イ(1582 年)

問４　エ　　a は関ヶ原の戦い，b は秀忠，c は大阪城。

問５　イ　　廃藩置県が行われ，政府が任命した県令や府知事によって政治が行われた。版籍奉還は，大名のもつ土地と人民を天皇に返させた政策。

問６　エ　　衆議院と参議院それぞれで総議員の３分の２以上の賛成があれば，国会が憲法改正の発議をする。

問７　日本銀行　　日本銀行は，紙幣を発行する発券銀行である。

問８　渋沢栄一　　渋沢栄一は埼玉県出身の実業家。第一国立銀行や富岡製糸場など数多くの企業や工場の建設に携わった。

【２】

問１　カ　　a には北上高地があることから，中央部分の標高が高くなっている③を選ぶ。c は両端が海に近くなっていることから，両端の標高が０ｍに近い①を選ぶ。

問２　イ　　①は冬の降水量が多い日本海側の気候，②は夏の降水量が多い太平洋側の気候，③は１年を通して降水量が少ない内陸の気候を示している。

問３　オ　　①は姫路城(兵庫県)，②は原爆ドーム(広島県)，③は白川郷・五箇山の合掌造り集落(岐阜県・富山県)。

問４　ウ　　駿河は静岡県，伊勢は三重県，若狭は福井県に位置する旧国名である。

問５　イ　　①は人口密度が低いことからＸの北海道，②は人口密度が高く年間商品販売額が多いことからＺの福岡県，③は国宝・重要文化財の数が多いことからＹの京都府と判断する。

【３】

問１　オ　　米の自給率は 100%に近く，小麦の自給率は 10%程度であることは覚えておきたい。日本で特に自給率が低い食料は，小麦と大豆である。

問２　エ　　2011 年の東日本大震災による福島第一原子力発電所の事故を受けて，全国の原子力発電所が稼働を停止し，厳しい審査基準に合格した発電所だけが稼働を許されているため，原子力発電による発電量は2011 年以降激減した。天然ガスや石炭による火力発電で，原子力発電の発電量の低下をまかなっている。

問３　イ　　八郎潟，大館曲げわっぱなどから秋田県と判断する。アは島根県，ウは滋賀県，エは山梨県。

問４　エ　　日本の端については右表を参照。

最北端		最東端	
島名	所属	島名	所属
択捉島	北海道	南鳥島	東京都
最西端		最南端	
島名	所属	島名	所属
与那国島	沖縄県	沖ノ鳥島	東京都

問５　オ　　日本のおもな輸入品に注目する。鉄鉱石はオーストラリアとブラジル，コーヒー豆はブラジルとケニアから輸入していることから判断する。高地に位置するケニアでは，茶やバラなどの栽培がさかん。

問６　原料を輸入し，加工した製品を輸出していることが書けていればよい。

問７　ユニバーサルデザイン　　バリアフリーと間違えないようにしよう。

【４】

問１　吉野ヶ里　　「弥生時代を代表する遺跡」「大規模な環濠集落」から佐賀県の吉野ヶ里遺跡と判断する。

問２　藤原京　　天武天皇の妻である持統天皇によって藤原京に都が移された。

問３　ア　　遣唐使として唐に渡った阿倍仲麻呂は，唐の玄宗皇帝のもとで役人として働き，その地位を上げていったため，日本への帰国が許されなかった。ついに帰国の許可を取り付けた仲麻呂が故郷をしのんで詠んだ歌がこの和歌である。仲麻呂は帰国途中で暴風雨にあって遭難し，帰国することはできなかった。

問４　ウ　　御成敗式目は武家の人々のためのものであり，律令の掟は，少しも改まるべきものではないと書かれている。

問５　エ　　杉田玄白らが翻訳した医学書はオランダ語で書かれた『ターヘル・アナトミア』である。

問６　ウ　　写真２の四郎とは，島原・天草一揆を率いた天草四郎のことである。

問７　佐賀県　　佐賀県にある名護屋城跡である。名護屋城は，豊臣秀吉が朝鮮出兵を行った際に，拠点とした城である。

【５】

問１　ア　　ａ．正しい。ｂ．誤り。25 歳以上の男子に選挙権が与えられた。ｃ．誤り。日中戦争は盧溝橋事件をきっかけに始まった。柳条湖事件は満州事変のきっかけである。

問２　ウ　　15 代将軍徳川慶喜は，山内豊信らの勧めもあり，政権返上後も主導権をにぎることは可能と考え，1867 年二条城で大政奉還を行い，政権を朝廷に返上した。

問3　イ　　日本の条約改正交渉がうまくいかなかった理由の１つに，日本に憲法や議会がないことがあった。1889年に大日本帝国憲法が発布され，1890年に第一回帝国議会が開かれたことから，イギリスは日本の近代化を認め，1894年の日清戦争開戦の直前に日英通商航海条約を結んだことで，日本は領事裁判権の撤廃に成功した。

問4　板垣退助　　明治六年の政変で政府を去った板垣退助は，地元高知で立志社を立ち上げた後，全国組織の愛国社を設立した。1881年に10年後の国会開設を約束した国会開設の勅諭が出されると，自由党を結成して全国を遊説し，党勢拡大に務めた。

問5　イ　　ア．誤り。1918年から1922年にかけて労働争議の件数は前年を下回っている。ウ．誤り。関東大震災は1923年に発生した。1930年に労働争議の件数が最大となった原因は，1929年にアメリカで始まった世界恐慌の影響で，都市で多くの企業が倒産し，失業者が急増したためである。エ．誤り。アメリカ軍による日本本土への空襲は1942年以降である。

問6⑴　イ　　Ⅱ．誤り。表中Ｃの時期には，連合軍の抵抗によって日本軍の南進は順調ではなく，インパール作戦では多くの犠牲者を出した。Ⅲ．誤り。表中Ａの時期にも「陸軍」は15回，「海軍」は８回登場している。

⑵　国家総動員法が制定され，戦争を優先する社会が形成されると，言論の統制と経済の統制が行われ，「欲しがりません勝つまでは」「ぜいたくは敵だ」などのスローガンがつくられ，食料や日用品は配給制となった。

問7　ウ　　Ⅱ(サンフランシスコ平和条約の調印・1951年)→Ⅰ(東京オリンピック・1964年)→Ⅲ(佐藤栄作のノーベル平和賞受賞・1974年)

問8　エ　　電気洗濯機は，電気冷蔵庫，白黒テレビと合わせて「三種の神器」と呼ばれた。

2023 解答例
令和５年度

西南学院中学校

《国　語》

一　問１．シラ　問２．１　問３．大野にかける言葉　問４．交差点　問５．３　問６．２
問７．はげます　問８．がんばれ　問９．本心　問10．A．**制**　B．**酸**

二　問１．A．**臨**　B．**対照**　C．**頂点**　問２．[5]　問３．好き嫌いの感覚をさしあたり停止して、どうして好きなのか、嫌いなのかを正視する　問４．１　問５．①　問６．学校の勉強　問７．３
問８．特異点　問９．４　問10．２

三　問１．自然　問２．⑴２　⑵４　問３．苦しめる〔別解〕おびやかす　問４．弱い　問５．２
問６．Ⅰ．１　Ⅱ．考えること

四　(例文)(か)わの近くの(た)んぼで(つ)るを見かけた後、(む)しの音を聞きながら(り)ん道を歩いた。

《算　数》

1　⑴5　⑵$1\frac{1}{3}$　⑶15　⑷1.8　⑸84　⑹171000

2　⑴14　⑵中央値…2.5　最頻値…2

3　⑴⑨　⑵③，⑥　⑶4

4　⑴9.42　⑵ア　⑶1.5

5　⑴40　⑵9，54　⑶400

6　⑴500　⑵イ　⑶816

《理　科》

1　⑴地球温暖化　⑵イ　⑶①イ，エ，オ　②ウ　⑷二酸化炭素のう度　⑸イ，オ　⑹①ウ　②イ

2　⑴エ　⑵(あ)，(う)　⑶(あ)，(い)　⑷ウ　⑸イ　⑹a．ア　b．ウ　c．イ　d．エ，オ　⑺ア，ウ

3　⑴25　⑵①0.55　②2.1　⑶ウ　⑷イ　⑸エ　⑹オ

4　⑴a．1　b．0.91　c．サラダ油　⑵①ア　②ウ　⑶アンモニア／水素　⑷イ

5　⑴赤　⑵ＢＴＢ液／ムラサキキャベツ液 などから1つ　⑶A．アンモニア水　C．食塩水
⑷水よう液が白くにごった。

《社　会》

1　問１．⑴カ　⑵ア　⑶カ　⑷イ　問２．カ　問３．神戸　問４．１人あたりの農地面積が広く，大型機械を使い，大規模である。　問５．フードマイレージ　問６．冷害　問７．ア　問８．ク　問９．オ

2　問１．⑴戦力　⑵エ　⑶ウ　問２．徳川家光　問３．イ　問４．ア　問５．エ　問６．オ

3　問１．ウ　問２．木簡　問３．⑴自分の娘を天皇のきさきにし，生まれた子を天皇にしたこと。　⑵ウ　問４．イ　問５．エ　問６．エ

4　問１．50　問２．ウ　問３．サンフランシスコ　問４．ア　問５．⑴イ　⑵イ　問６．ア　問７．エ　問８．イ

《2023 国語 解説》

一 問１ X の少し後で、「少年」は、大野に「シラ」と呼びかけられて足を止めている。

問２ レギュラーから外れた「少年」は、背番号４のユニフォームをマサのロッカーに置いたとき、涙《なみだ》が出そうになっている。自分にかわってレギュラーになったマサの、「シラのぶんもがんばるけん」という言葉に対して、少年は複雑な思いをいだいた。それでも、その思いをおし殺し、「黙《だま》って、笑いながらうなずいた」のである。よって、１が適する。

問３ 試合中であれば、バッターボックスには人が立っていることが多く、ベンチにも人がいるはずである。よって、傍線部《ぼうせんぶ》ウの表現は、ふつうはあるはずのものがないことを表している。大野と「少年」は並《なら》んで歩いているものの、「大野は口数が少な」く、「少年もほとんどしゃべらない」。並んで帰っているのに会話があまりないのは不自然である。傍線部ウの直前の「どうしていいかわからない」という表現とあわせて考えると、「少年」は、何かしゃべろうとしているのに言葉が浮《う》かばないのだと考えられる。

問４ 直前の「最後の」という表現に着目する。これは、４～６行前に「最初の交差点」「二つ目の交差点」「三つ目の交差点」とあるのを受けたものだと考えられる。また、次の行に「横断歩道の手前で」とあることもヒントになる。

問５ 大野の言葉に対する「少年」の反応をえがいた部分を見ると、「少年はなにも応えず」「少年は目も口も動かさなかった」「少年は黙《だま》っていた。身じろぎもせず、ただ、黙り込《こ》んでいた」とある。大野は、「少年」が反応を返してくれないので、「少年」が何を考えているのか分からず、困ってしまった。そして、相手が何も反応しないのに同じことを繰《く》り返し話すことに苦しさを感じ、声が弱々しくなっているのである。よって、３が適する。

問７ 「あきらめるな」という意味の英語を、大野が何のために書いたのかを考える。おそらく、野球でつらいときや苦しいときに、自分をはげますために書いたのだと推測できる。

問８ 「少年」は、ほんとうは「がんばるけん」と「自分のことを言いたかった」。しかし、大野は少年の言葉を受けて、「がんばるから」と応じた。大野は「少年」が「がんばれ」と言おうとしたと勘違《かんちが》いしたのである。

問９ 「ひらべったく、薄《うす》っぺら」ということは、中身がほとんどないということである。「少年」は大きな声でしゃべり、しゃべっている内容はきちんと大野に伝わっている。それなのに“中身がほとんどない”と言えるのはなぜかというと、それが本心ではないからである。②で言葉がつっかえたのは、それまでの大野への言葉とちがい、「がんばるけん」という言葉が自分の本心から出たものだからである。

二 問２ 6段落からは、ピカソを例に、「それでも完成してしまったら」それを「壊《こわ》さなくてはならない」ことを説明している。よって、抜《ぬ》けている文章は5段落の後に入る。

問３ 傍線部アの「単なる好きや嫌《きら》いの感覚」というのは、「個人的な感覚」である。そこから「距離《きょり》を置く」というのは、感覚的なものから離《はな》れて客観的に見つめるということ。これを説明しているのが、傍線部アの２～３行前の「好き嫌いの感覚を、さしあたり停止して、どうして好きなのか、どうして嫌いなのかを正視し」の部分。ここを中心にまとめる。

問４ 最初の段落に、「好きや嫌いという感覚は個人的な感覚だから～返される場合が少なくない」とあり、これが１の前半の内容と一致《いっち》する。また、同じく最初の段落の「好き嫌いは何かをブロックしてひとりよがりな世界を生み出すことがある」とあり、これが１の後半の内容と一致する。よって、１が適する。

問5　①は、「学ぶための」要点を表している。②～④は、学んだり考えたりする時の「手がかり」「ひっかかり」を表している。よって、①が適する。

問6　5段落の前半では、4段落の内容を受けて、「全体を見ながら、どこかに特異点を見いだそうと」することの重要性を説明している。5段落の後半(「学校の勉強には」から始まる部分)では、「全体を見ながら、どこかに特異点を見いだそうと」することにふれつつ、「皆さん(＝若い人たち)に課されているのは、「学校の勉強」とは異なる学びであり、それは「自分自身を変えていくこと」だと述べている。

問7　空らんの前には、正解が用意されていて、それを知るための勉強が書かれている。空らんの後には、「正解を知ること」が目的ではない学びについて述べているので、３の逆接の接続詞「だが」が適する。

問8　傍線部ウの「手がかり」は、「全体のコンテクストをぼんやりと視野に入れながら」見つけるものである。傍線部ウの６行後にある「特異点」は、「全体を見ながら」見いだすものであり、「手がかり」と同じような意味を表している。

問10　ピカソは14歳にして、「ルネサンス期に活躍した一流の画家たちに比肩《ひけん》する技量」を持っていた。ピカソは若くして画家として「完成」してしまったのである。傍線部オの「もう一度やり直す」とは、ピカソについて言えば、「絵画そのものをやり直」すことであり、「絵画という営為《えいい》の幅《はば》をつくり替え」ることだった。それは、具体的に言えば、盲人《もうじん》や社会的弱者を描《えが》く、絵を青一色で描く、戦争に対して直接に抗議《こうぎ》する絵画を描くといったことであり、１、３、４はあてはまる。よって、２が正解。

三　問1　二つ目の(　a　)の直後に「に対して、人間の営みが」とある。(　a　)には、「人間の営み」とは対照的なもの、つまり「自然」が入る。一つ目の(　a　)には、2・3連で挙げられている「私たちの身の回りにある」ものの共通点を表す言葉が入るので、このこともヒントになる。

問2(1)「世界」を「開かれた本」にたとえている。２の隠喩《いんゆ》は、「～のようだ」などの言葉を用いずに、特徴《ちょう》を他のもので表したもの。　(2)「開かれた」には、制限がない、開放されていてだれでも利用できるといった意味がある。世界はだれでも利用できる本であるという表現から、４のような内容が読み取れる。

問3「ひどい『砂《すな》あらし』」や「ひどい干ばつ」は、人間を苦しめ、生活や命をおびやかすものである。

問5　光年という単位は、ふつう宇宙について説明するときに用いられる。200 億光年というのは途方《とほう》もない距離であり、宇宙から見たときの地球は、とても「小さな星」であることを強調している。一方で、10連までに挙げられた「様々な『本』」は、決して少ないものではなく、大事なことがたくさんふくまれている。「これまでに挙げた様々な『本』がすべて、この地球上に存在している」というのは、小さな地球には、目を向けるべきことがたくさんあるということである。よって、２が適する。

問6Ⅰ　最後から２段落目に、「この詩で挙げられている様々な『本』」を読むためには、「私たちのほうからそれらに関わっていく必要がある」とある。よって、１が適する。　Ⅱ　詩の中に「生きるとは、考えることができるということだ」とある。【解説】にあるように、人間は、「この詩で挙げられている様々な『本』」を読むことで、いろいろなことに思いをはせ、見方を変え、気づき、想像する。人間は、「本」を読むことで、「考えること」を始めるのである。

《2023　算数　解説》

1　(1)　与式$=3+(\frac{4}{5}+\frac{1}{3})\times3\div\frac{17}{10}=3+(\frac{12}{15}+\frac{5}{15})\times3\times\frac{10}{17}=3+\frac{17}{15}\times\frac{30}{17}=3+2=$ **5**

(2)　与式より，$4\times\{\square-(\frac{9}{12}-\frac{2}{12})\}=1+2$　　$\square-\frac{7}{12}=3\div4$　　$\square=\frac{3}{4}+\frac{7}{12}=\frac{9}{12}+\frac{7}{12}=\frac{16}{12}=\frac{4}{3}=$ **$1\frac{1}{3}$**

(3)　コース全体の距離《きょり》の $\left(1-\frac{60}{100}\right)\times\frac{75}{100}=\frac{3}{10}$ が4.5㎞だから，コース全体の距離は，$4.5\div\frac{3}{10}=\frac{9}{2}\times\frac{10}{3}=$ **15**(㎞)

(4)　1㎡＝1m×1m＝100㎝×100㎝＝10000㎠，1㎢＝1㎞×1㎞＝1000m×1000m＝1000000㎡である。

よって，与式 $=\frac{15000}{10000}+0.0000003\times1000000=1.5+0.3=$ **1.8**(㎡)

(5)　**【解き方】右のように作図する。正五角形の１つの内角の大きさは180°×(5－2)÷5＝108°，正六角形の１つの内角の大きさは180°×(6－2)÷6＝120° である。**

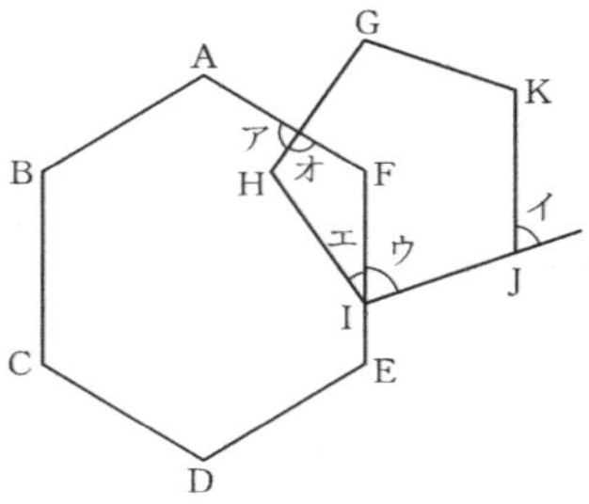

角イ＝180°－108°＝72°

ＥＦとＪＫは平行なので，同位角は等しく，角ウ＝角イ＝72°

よって，角エ＝108°－72°＝36°

四角形の内角の和は360°なので，角オ＝360°－108°－120°－36°＝96°

したがって，角ア＝180°－96°＝**84**°

(6)　**【解き方】清掃《せいそう》を終わらせるのに必要な仕事の量の合計を30と45の最小公倍数である90とする。**

Ａ社とＢ社の１日あたりの仕事の量はそれぞれ，90÷30＝３，90÷45＝２だから，最初から最後まで２社で協力すると，90÷(３＋２)＝18(日)で終わる。よって，求める料金は，(6000＋3500)×18＝**171000**(円)

2　(1)　**【解き方】２冊借りた人と４冊借りた人の人数の合計をまず求め，つるかめ算を用いることで，２冊借りた人の人数を求める。**

表より，２冊借りた人と４冊借りた人の人数の合計は，50－(３＋８＋13＋５＋１)＝20(人)

50人が借りた本の冊数の合計は，2.6×50＝130(冊)

２冊借りた人と４冊借りた人を除く50－20＝30(人)の借りた本の冊数の合計は，１×８＋３×13＋５×５＋６×１＝78(冊)なので，２冊借りた人と４冊借りた人の借りた本の冊数の合計は，130－78＝52(冊)

20人全員が４冊借りた場合のとき，借りた本の冊数の合計は４×20＝80(冊)となり，実際より80－52＝28(冊)多い。

４冊借りた１人を２冊借りた１人に置きかえると，借りた本の冊数の合計は４－２＝２(冊)少なくなるから，

２冊借りた人(アにあてはまる数)は，28÷２＝**14**(人)である。

(2)　(1)より，４冊借りた人は20－14＝６(人)

50÷２＝25より，中央値は，借りた本の冊数を大きさ順で並べたときの25番目と26番目の平均である。

借りた本の冊数が２冊以下の人が３＋８＋14＝25(人)，３冊以下の人が25＋13＝38(人)だから，25番目と26番目は２冊と３冊なので，中央値は，(２＋３)÷２＝**2.5**(冊)

最頻値は，最も人数の多い冊数だから，**２**冊である。

3　(1)　Ｂさんは勝ちが２回，負けが３回，あいこが８－２－３＝３(回)なので，スタートから３×２＋１×３＝９(マス)進んだ，**⑨**のマスにいる。

(2)　Ａさんはスタートから12マス進んだ位置にいる。Ａさんが勝ちのみでマスを進んだ場合，12÷３＝４(回)勝ったことになる。勝ち１回とあいこ３回の進むマスの数は同じで，勝ちとあいこの回数の合計は最大で６回なので，考えられるＡさんの(勝ち，あいこ)の回数は，(４，０)(３，３)の２通りある。このときのＡさんの負けの回数はそれぞれ，６－４＝２(回)と６－３－３＝０(回)なので，Ｂさんの(勝ち，あいこ)の回数はそれぞれ，(２，０)(０，３)となる。３×２＝６，１×３＝３より，考えられるＢさんのいるマスの番号は，**③**と**⑥**である。

(3)　あいこのときは２人とも１マス進むので，ＢさんがＡさんよりも左のマスにいるとき，Ａさんは少なくとも１回はＢさんより多く勝っている。Ａさんは⑥にいるので，ジャンケンをした回数が最も多くなるのは，Ａさんが

１回勝って，残りの６－３＝３(マス)右に動いたのがすべてあいこだった場合の，１＋３÷１＝**４**(回)

4 (1)　円Ｐの半径は４÷２＝２(cm)，円Ｑの半径は２÷２＝１(cm)である。

求める面積は，円Ｐの面積から円Ｑの面積をひいた，２×２×3.14－１×１×3.14＝３×3.14＝**9.42**(cm²)

(2)　円Ｏの円周は４×２×3.14＝８×3.14(cm)，円Ｑの円周は１×２×3.14＝２×3.14(cm)

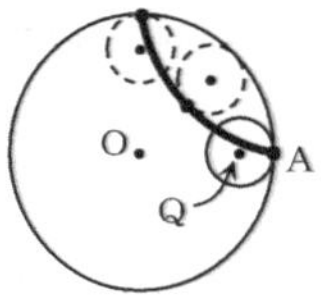

だから，図２のように円Ｑが円Ｏの内側を転がると，次にＡが円Ｏ上にくるのは，円Ｏの円周の$\frac{2\times3.14}{8\times3.14}=\frac{1}{4}$を進んだところになる。また，その動いた様子は右図の太線のようになるので，できる図形は**ア**になるとわかる。

(3)　**【解き方】図３と図４について，それぞれ図ｉ，図ii のように作図する。**

図ｉ

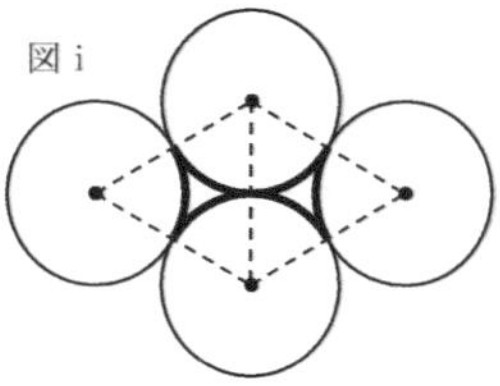

図ii

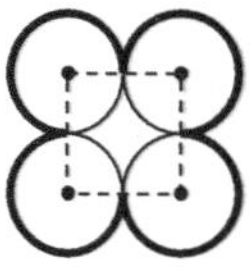

図ｉの破線は１辺が２×２＝４(cm)の正三角形を２つ合わせたものである。60°×６＝360°より，太線部分を合わせると半径が２cmの円ができるので，太線部分の長さは，

２×２×3.14＝４×3.14(cm)

図iiの破線は１辺が１×２＝２(cm)の正方形である。太線部分の長さは，半径が１cmで中心角が360°－90°＝270°のおうぎ形の曲線部分の長さの４倍だから，１×２×3.14×$\frac{270°}{360°}$×４＝６×3.14(cm)

よって，図４の太線部分の長さは，図３の太線部分の長さの，(６×3.14)÷(４×3.14)＝**1.5**(倍)である。

5 (1)　ヒロシさんはＡＢ間の900ｍを９分で進むので，動く歩道の上でのヒロシさんの速さは，分速(900÷９)ｍ＝分速100ｍである。また，ＢＣ間の150ｍを11.5－９＝2.5(分)で進むので，通路でのヒロシさんの速さは，分速(150÷2.5)ｍ＝分速60ｍである。よって，動く歩道の速さは，分速(100－60)ｍ＝分速**40ｍ**

(2)　ヒロシさんがＡＢ間を移動した９分で，テルさんはＤから40×９＝360(ｍ)進むので，このときの２人の間の距離は，150＋300－360＝90(ｍ)である。よって，２人はＢＣ間ですれちがうことがわかる。

ＢＣ間でのヒロシさんの速さは毎分60ｍで，２人がすれちがうのは，ヒロシさんがＢを出発してから，２人の進んだ道のりの和が90ｍになるときなので，出発してから９＋90÷(60＋40)＝9.9(分後)，つまり，

９分(0.9×60)秒後＝**９分54秒後**である。

(3)　**【解き方】つるかめ算の考えを用いて求める。**

ＡＢ間を通路を使って戻《もど》ると900÷60＝15(分)かかるから，㋐Ｐから Ａに戻るのにかかる時間が，㋑ＰからＢに進むのにかかる時間より15分遅くなるＰの位置を見つければよい。

ＰがＡと同じ位置にあるとき，㋐は０分，㋑は900÷100＝９(分)なので，実際よりも，㋑が㋐より15＋９＝24(分)長くなる。ヒロシさんが動く歩道の上で戻るときの速さは分速(60－40)ｍ＝分速20ｍだから，ＰがＡから100ｍ離《はな》れるごとに，㋐は100÷20＝５(分)増え，㋑は100÷100＝１(分)減るので，24分から６分ずつ縮められる。

よって，ＰはＡから100×$\frac{24}{6}$＝**400**(ｍ)離れたところにある。

6 (1)　**【解き方】図１について，右のように記号をおくと，ａは組み立ててできる容器の高さ，ｂは底面の１辺の長さとなる。**

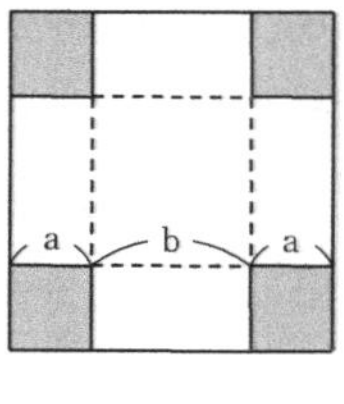

底面の１辺の長さが高さの２倍になるとき，ａ：ｂ：ａ＝１：２：１であり，この比の数の和の１＋２＋１＝４が20cmにあたるので，容器の底面の１辺の長さは20×$\frac{2}{4}$＝10(cm)，高さは20×$\frac{1}{4}$＝５(cm)となる。よって，箱の容積は，10×10×５＝**500**(cm³)

(2)　図３は図ｉのように，側面が底面に垂直になる。

図ｉ

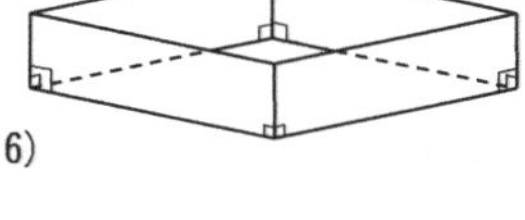

図ii

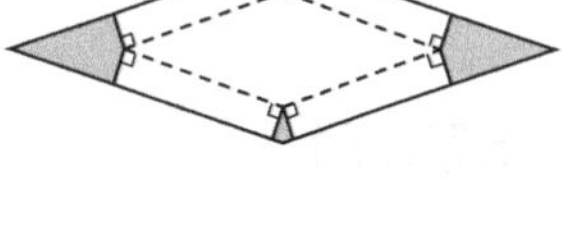

ア～エのうち，側面が底面に垂直なのは図ⅱのようにイだけなので，適当なものは**イ**である。

⑶　**【解き方】できる箱は右図のように，上底が 30－８×２＝14(cm)，下底が 30－５×２＝20(cm)，高さが４cmの台形を底面とすると，高さが 20－４×２＝12(cm)である四角柱になる(上の面はない)。**

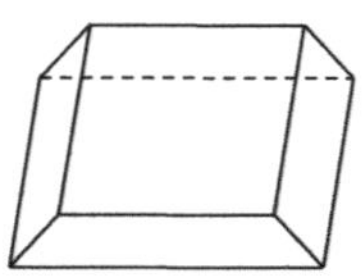

底面積は(14＋20)×４÷２＝68(cm²)だから，求める容積は，68×12＝**816**(cm³)

《2023　理科　解説》

1　⑵　最高気温が 25℃以上の日を夏日，最高気温が 30℃以上の日を真夏日，最高気温が 35℃以上の日を猛暑《もうしょ》日，夜間の最低気温が 25℃以上の日を熱帯夜という。

⑶①　ア×…気温は日かげで測る。　②　晴れの日は，14 時ごろに気温が最高になり，１日の気温差が大きいので，８日と 11 日は晴れである。反対に，くもりや雨の日は，１日の気温差が小さいので，ウが正答となる。

⑷　ＢとＣは二酸化炭素のう度の条件だけが異なるので，ＢとＣで育てたリンゴの品質を比べると，二酸化炭素のう度のちがいによってリンゴの品質がどう変化するのかわかる。

⑸　ア○，イ×…ＡとＢを比べると，気温が高いＢの方が糖度が高く，酸度，硬度《こうど》が低いことがわかる。

ウ○…ＢとＣを比べると，二酸化炭素のう度が高いＣの方が糖度が高く，酸度，硬度が低いことがわかる。

エ○…酸度について，ＡとＢの差とＢとＣの差を比べると，ＡとＢの差の方が大きいので，気温の変化の方がリンゴの酸度に大きく影響《えいきょう》を与える。　オ×…硬度について，ＡとＢの差とＢとＣの差を比べると，ＢとＣの差の方が大きいので，二酸化炭素のう度の変化の方がリンゴの硬度に大きく影響を与える。

⑹①　４月１日からの気温の蓄積《ちくせき》を求める。４月の気温の蓄積は(9.0－４)×30＝150 だから，５月に気温の蓄積が 197－150＝47 増えた時点で開花する。５月の気温の蓄積は１日に 14.4－４＝10.4 増えるので，47÷10.4＝4.5…(日)より，５月５日に開花する。　②　４月の平均気温は 9.0＋３＝12.0(℃)になるので，気温の蓄積は１日に 12.0－４＝８増える。よって，197÷８＝24.625(日)より，４月 25 日に開花する。

2　⑴　Ⓐの葉は日光に当てる前の朝にとったので，Ａの葉を準備したのは，前の日につくられたデンプンが残っていないことを示すためである。

⑵　葉でデンプンをつくるには，日光が必要であることを調べるので，日光以外の条件がそろっていて，日光の条件だけが異なる(あ)と(う)を比べる。

⑶　葉でデンプンをつくるには，緑色の部分が必要であることを調べればよいので，葉の色以外の条件がそろっていて，葉の色の条件だけが異なる(あ)と(い)を比べる。

⑷　ア×…デンプンは体全体で使われる。　イ×…デンプンは水にとけやすい物質に作り変えられて，水にとけて体全体にいきわたる。　エ×…葉に光が当たらなくてもデンプンは使われる。

⑸　アサガオは他の花からの花粉が運ばれてこなくても受粉するので，子孫を確実に残すことができる。

⑹　風で花粉を飛ばす植物は，花粉が遠くまで運ばれやすいように，表面がさらさらして軽いが，こん虫が花粉を運ぶ植物は，花粉がこん虫のからだについて運ばれやすいように，表面にとげやねばりけがある。また，風で花粉を飛ばす植物の花は小さくて目立たないが，こん虫が花粉を運ぶ植物の花は，こん虫をひき寄せるために，みつを出したり，目立つ色をしていたりする。

⑺　イ×…こん虫に花粉を食べられると受粉できない。　エ×…別の種類の植物の花に花粉を運んでもらう必要はない。

3 (1) 図１より，１往復する時間が1.0秒のときのふりこの長さはおよそ25㎝である。

(2)① 図１より，120 ㎝のふりこが１往復する時間は 2.2 秒だから，Ｐ→Ｑに動くのにかかる時間はその４分の１の 2.2×$\frac{1}{4}$=0.55(秒)である。　② 図２のふりこは，ＰＱ間は 120 ㎝のふりこ，ＱＲ間は 100 ㎝のふりこになる。図１より，100 ㎝のふりこが１往復する時間はおよそ 2.0 秒だから，図２のふりこが１往復する時間は 2.2×$\frac{1}{2}$+2.0×$\frac{1}{2}$=2.1(秒)となる。

(3) ふりこが１往復する時間はふりこの長さによって変わるが，おもりの重さやふれはばによって変わらない。よって，Ｃではふりこの長さが長くなったために，１往復する時間が大きくなったと考えられる。

(4) 図１より，１往復する時間が0.89秒のときのふりこの長さはおよそ20㎝，１往復する時間が0.98秒のときのふりこの長さはおよそ24㎝だから，差は４㎝である。

(5) 図１より，ふりこの長さが短いほど，ふりこの長さが 10 ㎝変化した場合の１往復する時間の差が大きいことがわかる。よって，ふりこの長さが１㎝変化した場合の１往復する時間の差も，ふりこの長さが短いほど大きいため，ふりこの長さを10㎝にすると，１往復する時間の差は0.09秒よりも大きくなる。

(6) 実験Ａ～Ｃより，実験Ｃだけが１往復する時間が長くなったので，ふりこの長さは，支点からおもりの重さがかかる点(重心という)までの長さである。ａ～ｃの重さがかかる点は高い位置にある方からｂ，ａ，ｃの順になるので，ふりこの長さ(１往復する時間)が長い方からｃ，ａ，ｂの順になる。

4 (1) 密度は１㎤あたりの重さで，重さを体積で割ると求められる。よって，水の密度は１㎤あたり 100÷100＝１(ｇ)，サラダ油の密度は１㎤あたり 91÷100＝0.91(ｇ)である。

(2)① 液体の水に氷を入れると，図１のように氷は水に浮《う》くので，氷の密度は水よりも小さいことがわかる。よって，氷の方が水よりも１㎤あたりの重さが軽いので，同じ重さでは，氷の方が体積が大きい。　② 液体のろうに固体のろうを入れると，図２のように固体は液体にしずむので，固体の密度は液体よりも大きいことがわかる。よって，固体の方が液体よりも１㎤あたりの重さが重いので，同じ重さでは，固体の方が体積が小さい。

(3) 風船に空気よりも軽い気体を入れると，図４のように浮くと考えられる。よって，アンモニアと水素である。

(4) 空気をあたためると，体積が大きくなって１㎤あたりの重さが軽くなるので，密度は小さくなる。

5 (1) 操作２より，Ａはつんとするにおいがするアンモニア水だから，操作１より，ＡとＢの水よう液はアルカリ性とわかる。アルカリ性の水よう液は赤色リトマス紙を青色にする。

(2) ＢＴＢ液は酸性で黄色，中性で緑色，アルカリ性で青色になる。

(3) (1)より，Ａはアンモニア水だから，Ｂはアルカリ性の石灰水である。よって，操作３より，Ｃは石灰水以外で固体が水にとけた水よう液の食塩水である。なお，Ｄは炭酸水である。

(4) (3)解説より，Ｄは炭酸水(二酸化炭素の水よう液)である。石灰水に炭酸水を加えると，石灰水が白くにごる。

《2023　社会　解説》

1 問１(1) カ　志摩半島はリアス海岸で知られている。 (2) ア　Ｄは愛知県，Ｅは長野県，Ｆは千葉県である。内陸の長野県は山地の割合が高いこと，千葉県は高い山がほとんどなく，平野が多いことから判断する。 (3) カ　Ｇは石川県，Ｈは山梨県，Ｉは静岡県である。日本海側の石川県は，季節風の影響《えいきょう》を受けて，冬に降雪が多く日照時間が少なくなる。山梨県と静岡県はともに１年を通して日照時間が長いが，内陸部の山梨県の方が，冬の気温は低くなると考えて，①が静岡県，②が山梨県と判断する。 (4) イ　それぞれの県の農業の特徴《とくちょう》から考える。水田単作地帯が広がる石川県は，米の割合が 50%を超えている①である。ぶどうや桃の生産量が日本一の山梨県は，果実の割合が高い③である。茶などの生産量が多い静岡県は，その他の割合が高い②である。

問2　カ　　３つの工業地域の中では，瀬戸内工業地域の工業生産額が最も多いことから，③と判断する。東海工業地域では，浜松市や磐田市で輸送用機械の生産がさかんだから②と判断する。

問3　神戸市　　中央部の中国山地をはさんで北部は日本海，南部は瀬戸内海に面しているのが兵庫県である。工業製品の大規模な輸出港は神戸港であり，兵庫県の姫路市には，世界文化遺産に登録された姫路城がある。

問4　１人あたりの農地面積が，日本に比べて広いこと，生産量が日本に比べて多いことから，解答例のように記述すればよい。「１人あたりの農地面積」「大規模」を盛り込んだ解答を書こう。

問5　フードマイレージ　　環境問題から，フードマイレージやバーチャルウォーター(仮想水)を取り上げる問題がよくある。フードマイレージを下げる取り組みとして「地産地消」が提唱されている。

問6　冷害　　日本では特に，東北地方の太平洋側が，やませの影響を受けて冷害になることがある。やませは，初夏から夏にかけて，東北地方の太平洋側に，北東から吹いてくる冷たく湿った風である。

問7　ア　　知覧茶などで知られる鹿児島県は，これまでずっと生産量が日本一であった静岡県を抜いて，全国一となった。中国では華南を中心に多くの茶が生産されている。

問8　ク　　警察署は(⊗)，寺院は(卍)，果樹園は(ó)で表される。

問9　オ　　①はオーストラリアのウルル(エアーズロック)，②はペルーのマチュピチュ遺跡，③はサウジアラビアのメッカにあるカーバ神殿。

2　**問1⑵**　エ　　ASEAN＋３首脳会議は，ASEAN（東南アジア諸国連合)と，密接な関係にある東アジアの中国・日本・韓国を交えて1997年から始まった会議の名称《めいしょう》である。　⑶　ウ　　アは天皇の国事行為，イとエは国会の権限である。

問2　徳川家光　　Bのカードが示す建物は日光東照宮である。徳川家康をまつるため徳川家光が改修した。

問3　イ　　Cのカードが示す建物は法隆寺だから，聖徳太子について書かれたイを選ぶ。アは蘇我氏，ウは卑弥呼，エは持統天皇についての記述である。

問4　ア　　奥州藤原氏が平泉に建てた中尊寺金色堂である。阿弥陀如来像がまつられていることから，浄土信仰が流行していたことがわかる。

問5　エ　　能についての記述である。足利義満の保護を受けた観阿弥・世阿弥親子によって，能は大成された。アは歌舞伎，イは落語，ウは人形浄瑠璃の説明である。

問6　オ　　Aの原爆ドームは⑤，Bの日光東照宮は②，Cの法隆寺は④，Dの中尊寺金色堂は①，Eの富士山は③にある。

3　**問1**　ウ　　ア．米作りが伝わったことで弥生時代が始まったから誤り。イ．奈良時代〔b〕の期間のできごとだから誤り。エ．飛鳥時代の後半〔b〕のできごとだから誤り。

問2　木簡　　木簡は，荷札として，文書として，習字などに利用された。表面を削《けず》り取ることで再利用が可能であったため，紙が普及するまで長く利用された。

問3⑴　平清盛は，娘の徳子を高倉天皇のきさきにし，生まれた子どもを安徳天皇として立て，外戚として権力をにぎった。　⑵　ウ　　「一遍上人絵伝」では，武家造の邸宅や市での売買などのようすが描かれている。

問4　イ　　ア(1467年)→エ(1489年)→イ(1543年)→ウ(1591年頃)

問5　エ　　「魚類」と「水産加工品」の移入量は，8875＋25168＝34043(貫)になる。「飲食料品」の移入量は，全体の，66805÷286561×100＝23.3…(％)より，40％に満たないから①は誤り。18世紀の江戸時代には，スペインやポルトガルとは貿易を行っていないから③は誤り。当時の銅は，大阪で精錬された銅だけが長崎から輸出された。

問6　エ　（ⅰ）防人は，白村江の戦いに敗れ中大兄皇子が，唐と新羅の攻撃に備えて整備した。（ⅱ）源氏の将軍が３代で途絶え，承久の乱で朝廷をおさえると，源頼朝の妻の北条政子の家の北条氏が執権として，鎌倉幕府の実権をにぎるようになった。

4　**問1**　50　沖縄県の本土復帰は 1972 年だから，2022－1972＝50（年）

問2　ウ　エ（1941 年）→イ（1945 年４月）→ウ（1945 年８月８日）→ア（1945 年８月９日）

問3　サンフランシスコ　1951 年には，サンフランシスコ平和条約と日米安全保障条約が締結された。

問4　ア　日ソ共同宣言は 1956 年だからアが誤り。イは 1951 年，ウは 1950 年，エは 1946 年である。

問5⑴　イ　明治時代になると，それまでの太陰暦にかわって，太陽暦が取り入れられた。

⑵　イ　A．正しい。ノルマントン号事件の風刺画である。B．誤り。ノルマントン号事件は 1886 年で，岩倉使節団の派遣は 1871 年のことである。

問7　エ　ペリーは，４せきの軍艦を率いて神奈川県の浦賀にあらわれた。翌年日本は，日米和親条約を結んだ。

問8　イ　ア．樋口一葉は『たけくらべ』などを著した。『坊ちゃん』は夏目漱石の作品である。ウ．津田梅子は，岩倉使節団とともにアメリカに渡ったから誤り。エ．平塚らいてうが結成したのは全国水平社ではなく新婦人協会である。全国水平社は西光万吉らによって結成された。

★西南学院中学校

《国　語》

一　問１．前…３　後…４　問２．電話をつなげたままステージに出て、松山先生に歌声を届ける
問３．通話中の　問４．めったにない、とてもすばらしい　問５．２　問６．無数の～える。　問７．１
問８．A．放　B．期待　C．混在

二　問１．A．訪　B．耕　問２．厳しい環境に耐える／変化を乗り越えていく　問３．弱肉強食　問４．１
問５．環境の変化が起こったとき、ホモ・サピエンスよりも体が大きく知能も優れていたネアンデルタール人は、仲間と助け合うことができなかったが、ホモ・サピエンスは、助け合う能力を発達させて足りない能力を互いに補い合うことで、困難を乗り越えられたから。　問６．Ⅰ．５　Ⅱ．２　問７．１

三　問１．四　問２．２　問３．風／光の影　問４．３　問５．さびしさ〔別解〕むなしさ　問６．３

四　１．手相　２．現実　３．階段　４．会社

《算　数》

1　(1)$\frac{1}{2}$　(2)６　(3)40　(4)５　(5)８　(6)27

2　(1)125　(2)1.5，２

3　(1)720　(2)３　(3)40

4　(1)50.24　(2)４　(3)37.68

5　(1)81　(2)80，90　(3)７

6　(1)エ　(2)３：２　(3)22，30

《理　科》

1　(1)①酸素　②二酸化炭素　(2)イ　(3)脈はく　(4)ウ　(5)消化されにくい植物を食べるから。
(6)名前…じん臓　図…エ

2　(1)断層　(2)ア→カ→ウ→エ→イ→オ　(3)アンモナイト　(4)イ

3　(1)エ　(2)イ　(3)線状降水帯

4　(1)水よう液　(2)ア，ウ，エ　(3)ⅰ．④　ⅱ．⑤　(4)①＝②＞③　(5)ミョウバン水の温度を下げる。
(6)a．○　b．×　c．×

5　(1)ガリレオ・ガリレイ　(2)ウ，カ，ケ　(3)ア，エ　(4)B＞A＞C

6　(1)イ，オ　(2)エ　(3)イ，エ，オ

《社　会》

1　問１．持続可能　問２．⑴イ　⑵減災　問３．カ　問４．エ

2　問１．エ　問２．カ　問３．X．ウ　Y．利根　問４．エ　問５．水戸　問６．原料や燃料の輸送コストが高くなるから。

3　問１．エ，オ　問２．エ　問３．ア

4　問１．ウ　問２．ア　問３．イ　問４．関東大震災　問５．イ　問６．ピクトグラム

5　問１．⑴X．桂川が流れている　Y．標高が低くなっている　Z．水害にあいやすい　⑵イ　問２．ア
問３．エ　問４．ウ　問５．青銅器　問６．３番目…B　５番目…D

6　問１．⑴杉田玄白　⑵イ　問２．⑴ウ　⑵Y．ウ　Z．イ　問３．エ　問４．⑴ア　⑵④→①→③→②
問５．カ　問６．オ

西南学院中学校

《2022　国語　解説》

一　問１　前半の最後から５行目に、「声をかけられ、僕《ぼく》は首を横にふる」とあるので、前半の語り手は「僕」である。「僕」は、向井《むかい》ケイスケから「サトル」と呼びかけられているので、前半の語り手は、３の「桑原《くわばら》サトル」である。後半の文章には「三年生になった今現在の自分はどうだろう」とあるので、語り手は合唱部の三年生の生徒である。すると、前半は３なので、答えは２と４のどちらかである。最後の段落に「辻エリが、私たちの顔を見渡《みわた》す」とあるので、２は適さず、４が適する。

問２　少しあとの「松山先生に電話ばかけよう」という言葉や、係員に気づかれないように伝言ゲームの形で伝えられた「計画」の内容から、向井ケイスケが思いついた「いいこと」の内容が読み取れる。

問３　通話中の携帯《けいたい》電話をステージに持ち込《こ》み、松山先生に歌声を届けるという計画を、合唱部の部員は、係員に気づかれないように伝えていった。このようにしたのは、係員に気づかれれば、「減点どころのさわぎ」ではすまないからである。

問４　傍線部《ぼうせんぶ》イは、直前に書かれている、百回に一回の「神がかったような演奏」を指している。他の九十九回は、平凡《へいぼん》な演奏かダメな演奏なので、傍線部イはとてもすばらしい演奏だとわかる。

問５　ひな壇《だん》に上がるときは、まだ演奏は始まっていない。しかし、部員たちは、この段階を「音楽というパズルのピース」の一部ととらえている。ひな壇に上がる前から「声を発してはならない」と考え、音をたてないように注意するのは、入場するときから音楽が始まっているととらえているからである。また、「音楽というパズルのピース」という表現には、部員ひとりひとりが、音楽というパズルを構成するピースなのだという思いもこめられている。よって、２が適する。

問６　傍線部ウの直前の段落に、客席にいる人々の様子が描《えが》かれている。

問７　最後の２文に、このときの「全員」の思いが描かれている。「私たちは、ただ歌を届けたかった。海をわたったところにいる、大切な人（＝松山先生）に」とあるので、１が適する。

二　問２　ここより前で、植物の三つの強さについて説明している。「一つは競争に強いということです」「環境《かんきょう》にじっと耐《た》えるというのが二つ目の強さです」「三つ目が変化を乗り越える力です」とある。

問３　直後に「しかし、競争や戦いに強いものが勝つとは限らないのが、自然界の面白《おもしろ》いところです」とある。「しかし」という言葉でつないでいるので、［　X　］をふくむ一文は、“自然界は競争や戦いに強いものが勝つ世界だ”という内容であることがわかる。よって、下線部の意味を表す四字熟語が入る。

問４　直前の「すばしこく逃《に》げたり、物陰に隠《かく》れたりすることができ」るというのは、体が小さいことの長所であり、小さいことも強さであるということを示している。よって、１が適する。

問５　傍線部イの前に、「ネアンデルタール人は、ホモ・サピエンスよりも大きくて、がっしりとした体を持っていました。さらに～優れた知能を発達させていたと考えられています」とある。一方、「力が弱かったホモ・サピエンスは～『助け合う』という能力を発達させ」、「足りない能力を互《たが》いに補い合いながら暮らしていった」。その結果、「環境の変化が起こったとき、仲間と助け合うことのできなかったネアンデルタール人は、その困難を乗り越えることができ」ず、ホモ・サピエンスは、仲間と助け合って困難を乗り越えることができたのである。

問６Ⅰ　２～３行後に、「競争や戦いに強いものが勝つとは限らないのが、自然界の面白いところです」とあり、このあと、その具体例が説明されている。よって、５が適する。　Ⅱ　８行後に「弱い存在であった人類」とあり、さらに、人類の中でも人間(ホモ・サピエンス)は、ネアンデルタール人よりも力が弱く、知能でも劣《おと》っていたことが説明されている。よって、2が適する。

問7　前の行に「知能を発達させてきたことは、人間の強さの一つです」とある。また、人類は助け合い、足りない能力を互いに補い合いながら暮らし、困難を乗り越えてきた。このことをふまえると、人間にとって「考えること」は強さであり、重要な能力だと言える。そして、祖先たちがそうしてきたように、助け合いながら生活し、社会を支えていくことが大切である。よって、1が適する。

三　著作権に関係する弊社《へいしゃ》の都合により本文を非掲載《ひけいさい》としておりますので、解説を省略させていただきます。ご不便をおかけし申し訳ございませんが、ご了承《りょうしょう》ください。

《2022　算数　解説》

1　(1)　与式$=\frac{16}{15}\times\frac{3}{4}-\frac{1}{8}\times\frac{12}{5}=\frac{4}{5}-\frac{3}{10}=\frac{8}{10}-\frac{3}{10}=\frac{5}{10}=\frac{1}{2}$

(2)　与式より，110－3×(□－2)＝14×7　　3×(□－2)＝110－98　　□－2＝12÷3　　□＝4＋2＝6

(3)　時速1.44㎞＝秒速$\frac{1.44\times1000\times100}{60\times60}$㎝＝秒速40㎝

(4)　**【解き方】含《ふく》まれる食塩の量に注目する。**

6％の食塩水200ｇに含まれる食塩の量は，$200\times\frac{6}{100}=12$(ｇ)

よって，Aは食塩水の量が$200\times\frac{3}{3+1}=150$(ｇ)，含まれる食塩の量が$12\times\frac{5}{5+3}=7.5$(ｇ)なので，求める濃度《のうど》は，$\frac{7.5}{150}\times100=5$(％)

(5)　図1の水が入っていない部分の体積は，図2の直方体の体積に等しく，3×2×8＝48(㎤)

図1の水が入っていない部分の立体について，底面積は6×8÷2＝24(㎠)だから，高さは48÷24＝2(㎝)

よって，はじめにあった水の深さは，10－2＝8(㎝)

(6)　**【解き方】円の数と部分の数について，規則性を見つける。**

円が1個のときの部分の数は1個であり，ここから，円が1個増えるごとに部分の数は2個増える。

よって，部分の数が53個のときは，円が1個のときよりも部分の数が53－1＝52(個)増えているから，円の数は，1個のときよりも52÷2＝26(個)多い，1＋26＝27(個)だとわかる。

2　(1)　質問2より，質問1で「はい」と答えた人は全部で15＋8＋6＋4＋2＋5＝40(人)いる。

質問1で「はい」と答えた人は，6年生全体の32％だから，求める人数は，40÷0.32＝125(人)

(2)　「水泳」はどの階級にも2人ずつ入るから，0.5～1と3.5～4の階級の2人はともに「水泳」である。

残り5つの階級には「その他」の5人が1人ずつ入るから，3～3.5の階級の3人は「水泳」と「その他」である。

残り4つの階級には「空手」の4人が1人ずつ入るから，2.5～3の階級の4人は「水泳」と「その他」と「空手」である。残り3つの階級のうち，「サッカー」の8人が全員入れる階級は2～2.5の階級だけである。2～2.5の階級にはさらに「野球」と「卓球」が少なくとも1人ずつ入るので，14人の内訳は，「水泳」が2人，「その他」「空手」「野球」「卓球」が1人ずつ，「サッカー」が8人である。「野球」は残り6－1＝5(人)で，1～1.5の階級には6－4＝2(人)，1.5～2の階級には9－4＝5(人)まで入れるのだから，野球の人数は1.5時間以上2時間未満の階級がもっとも多いとわかる。

3　(1)　**【解き方】対頂角の大きさは等しいことを利用する。**

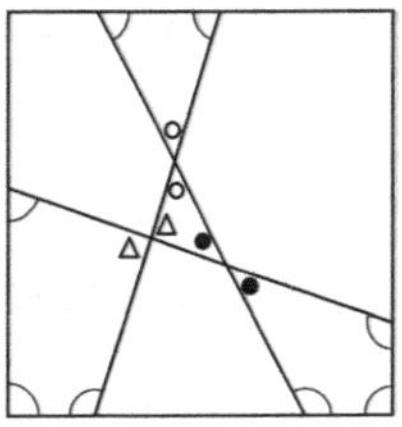

右図のように，同じ大きさの角を同じ記号で表す。印のついた角度と○，●，△の記号1つずつの角度の和は，三角形の内角の和1つ分と四角形の内角の和2つ分

になるから，180° ＋360° × 2 ＝900°

三角形の内角の和より，○，●，△の記号1つずつの角度の和は180° だから，求める角度の和は，900° －180° ＝720°

(2)　【解き方】右のように記号をおく。アとイの部分の面積が等しいので，アとウを合わせた台形と，イとウを合わせた台形の面積は等しい。

正方形の1辺の長さは5＋4＝9(cm)だから，右図のように長さがわかる。

アとウを合わせた台形とイとウを合わせた台形は面積と高さが等しいので，

(上底)＋(下底)の値《あたい》が等しい。よって，□＝(2＋6)－5＝3(cm)

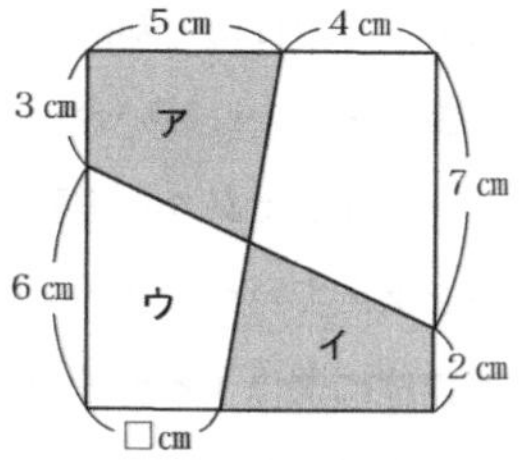

(3)　【解き方】1辺が2＋2＋3＋2＝9(cm)の正方形の面積から，右図のAとBの面積の和を引いて求める。

Aの部分をすべて合わせると，1辺が2＋3＝5(cm)の正方形ができる。

Bの部分をすべて合わせると，1辺が2＋2＝4(cm)の正方形ができる。

よって，求める面積は，9×9－5×5－4×4＝81－25－16＝40(cm²)

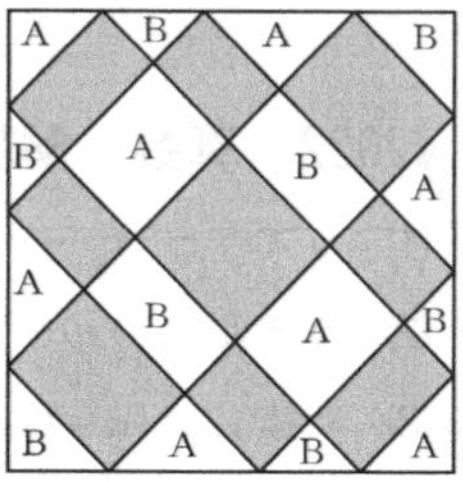

4　(1)　図1の半円を2つ合わせると，半径が4cmの円ができるから，求める表面積は，

4×4×3.14＝50.24(cm²)

(2)　図2の━部分の長さは，図1の半径が4cmの半円の曲線部分の長さに等しく，4×2×3.14÷2＝4×3.14(cm)

(円周)＝(直径)×3.14 だから，この円の直径は，4cmである。

(3)　【解き方】できる線は右図のように，半径がOBの円である。

(2)より，CD＝4cmなので，三角形ACDと三角形BCDは正三角形とわかる。

よって，OC＝4÷2＝2(cm)，OB＝2＋4＝6(cm)だから，求める長さは，

6×2×3.14＝37.68(cm)

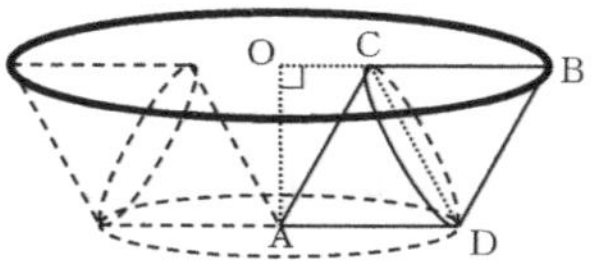

5　(1)　《A》＝1のとき，Aの一の位の数は0で，Aの十の位の数と百の位の数は1～9のいずれかである。

十の位の数の選び方も百の位の数の選び方も9通りずつあるから，Aは全部で9×9＝81(個)ある。

(2)　【解き方】Aは2けたの整数だから，《A》は0か1である。《A》＝0だと《A＋10》＝0，《A＋20》＝0となるので，《A》は1に決まる。

《A＋10》も《A＋20》も一の位は0のままだから，《A》＋《A＋10》＋《A＋20》＝4となるのは，

A＋10とA＋20のどちらかが100になるときである。

A＝100－10＝90のとき，《A》＋《A＋10》＋《A＋20》＝《90》＋《100》＋《110》＝1＋2＋1＝4

A＝100－20＝80のとき，《A》＋《A＋10》＋《A＋20》＝《80》＋《90》＋《100》＝1＋1＋2＝4

よって，求めるAは，80と90である。

(3)　【解き方】10＝2×5なので，Aを素数の積で表したとき，2と5のペアが何組あるのかを考えることで，《A》がわかる。Aを素数の積で表すと，明らかに2の数の方が多いので，5の数だけを考えればよい。

Aは1から30までの連続する整数の積である。1から30までの連続する整数のうち，5の倍数は30÷5＝6(個)ある。そのうち，5×5＝25の倍数は1個あるから，Aを素数の積で表したとき，5は6＋1＝7(個)できる。

よって，《A》＝7である。

6　(1)　Aのとき，2人の間のきょりは初めて0になるので，2人が同じ位置にいる，つまり，1回目にすれちがったことがわかる。2人の間のきょりは，AからBの間は大きくなり，BからCの間は小さくなる。よって，Bのときにどちらかが学校または駅に着いたことがわかる。弟より兄のほうが速く歩くから，Bのときに兄が駅に着いた

ことがわかる。２人の間のきょりは，ＢからＣの間よりもＣから 27 分の間の方が，短くなる割合が大きい。
よって，Ｃから 27 分の間は兄が駅から学校へ，弟が学校から駅へ移動していることがわかるので，Ｃのときに弟が学校に着いたことがわかる。

⑵　**【解き方】同じ時間に進む道のりの比は速さの比と等しいので，兄と弟の速さの比を求めればよい。１回目と２回目にすれちがった地点をそれぞれＰ，Ｑとすると，２回目にすれちがうまでの２人が歩いた様子は，右図のようになる。**

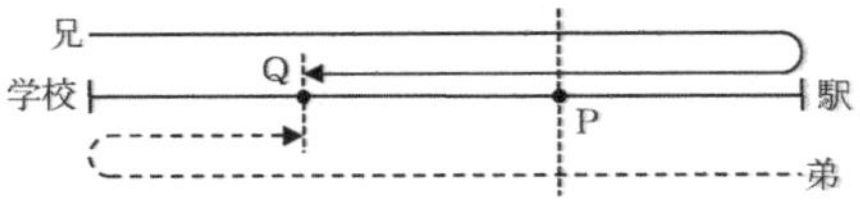

２人が歩いた道のりの和は，出発してから１回目にすれちがうまでが片道の道のりと同じ，出発してから２回目にすれちがうまでが片道の道のりの３倍である。
２回目にすれちがうまでに 27 分かかるのだから，１回目にすれちがうまでにかかる時間は $27\times\frac{1}{3}=9$（分）である。
したがって，兄は学校からＰまで９分，Ｐから駅まで $15-9=6$（分）かかるので，学校～Ｐ間とＰ～駅間の道のりの比は，９：６＝３：２である。よって，１回目にすれちがうまでに兄と弟が歩いた道のりの比は３：２だから，兄と弟の速さの比も３：２であり，これが求める比である。

⑶　**【解き方】同じ道のりを進むのにかかる時間の比は，速さの比の逆比に等しいことを利用する。**
⑵より，２人の速さの比は常に３：２である。出発してからＢまでの時間（兄が学校から駅まで移動する時間）と，出発してからＣまでの時間（弟が駅から学校まで移動する時間）の比は，兄と弟の速さの比の逆比に等しく２：３だから，求める時間は，$15\times\frac{3}{2}=22.5$（分），つまり，22 分 30 秒である。

《2022　理科　解説》

1　⑷　全身からもどってきた二酸化炭素を多くふくむ血液は，左上の部屋（右心房）から左下の部屋（右心室）へ流れこみ，Ｘが縮むことで肺へ送り出される。肺で気体の交換《こうかん》が行われると，肺からもどってきた酸素を多くふくむ血液は，右上の部屋（左心房）から右下の部屋（左心室）へ流れこみ，Ｙが縮むことで全身へ送り出される。上の２つの部屋と下の２つの部屋はそれぞれ同時にゆるんだり縮んだりすることで，血液を循環《じゅんかん》させている。

⑸　消化管が長いことで，植物を，時間をかけて消化・吸収することができる。

⑹　不要なものはじん臓で水とともにこし出されてにょうとなる。にょうは一時的にぼうこうにためられたあと，体の外にはい出される。なお，アはすい臓，イはかん臓，ウは胃である。

2　⑵　地層はふつう下にあるものほど古い。また，Ｃ～Ｅの地層で断層ＸＹが見られることから，Ｅ→Ｄ→Ｃの順に地層ができたあと，断層ＸＹができたとわかる。その後，ふん火がおこり，火山灰が積もってＢができ，その上にＡができたと考えられる。

⑷　①はプレートの境界線付近ではないので，図３の断層による地震《じしん》である。また，②は海のプレートと陸のプレートの境界線付近にあるので，図４のプレートによる地震であり，津波がおこった。

3　⑴　日本付近の上空には，西から東に風（偏西風《へんせいふう》）がふいている。雲はこの風に流されて西から東へ移動するため，日本付近の天気は西から東に変化しやすい。

⑵　イ×…日本付近を通過する台風はイのように進むものが多いが，寒冷渦《うず》とよばれる低気圧の影響《えいきょう》を受けると，台風８号のように東から西へ進むことがある。

4　⑵　アは水に酢酸《さくさん》がとけた水よう液，ウは水に塩化水素がとけた水よう液，エは水に水酸化カルシウムがとけた水よう液である。水よう液は水にものがとけた透明《とうめい》な液だから，イは水よう液ではないとわかる。また，オとカにはふつう水がふくまれない。

(3)(ⅰ)　砂糖がとけ残ったビーカーの上ずみ液は，砂糖が限界までとけた水よう液になっている。水の重さが同じでも水の温度が高いほど砂糖が多くとけるから，温度が高い④の上ずみ液の方が砂糖が多くとけている(こい砂糖水である)。　(ⅱ)　⑤と⑥はどちらも200ｇの砂糖がすべてとけているから，水の重さが小さい⑤の方がこい砂糖水である。

(4)　(3)(ⅰ)解説より，同じ温度で砂糖がとけ残った①と②では，10ｇの上ずみ液にとけている砂糖の重さは同じである。また，①と②と同じ20℃で砂糖がすべてとけた③は，砂糖が限界までとけていないから，10ｇにとけている砂糖の重さは①と②より軽くなる。

(5)　ミョウバンは水の温度が高いときほど多くとけるから，高い温度の水にできるだけミョウバンをとかしたミョウバン水の温度を下げると，とけきれなくなったミョウバンが固体として出てくる。

(6)　ＡとＤより，糸にミョウバンのつぶをつけた方が大きなかたまりができ，ＡとＢより，(保温容器に入れて)ミョウバン水の温度をゆっくり下げた方が大きなかたまりができるとわかる。したがって，糸に砂糖のつぶをつけて水が蒸発するａは○，砂糖のつぶがなく，砂糖水の温度が急に下がるｂは×，砂糖のつぶがなく，水がほとんど蒸発しないｃは×と考えられる。

5　(2)　ふりこが１往復する時間は，糸(ふりこ)の長さが短いほど短くなり，おもりの重さやふれはばによって変化しない。よって，糸の長さが１ｍのときより１往復する時間が短くなるのは，糸の長さが１ｍより短いウ，カ，ケである。

(3)　アとエは，力点が支点と作用点の間にあり，支点から力点までの長さが支点から作用点までの長さより短いため，力点に加えた力よりも作用点に加わる力の方が小さくなる。

(4)　力を加えた向きに着目すると，ＡとＣが加えた力の和が，Ｂが加えた力と同じ大きさになる(Ａ＋Ｃ＝Ｂ)。また，ＡとＣが加えた力の大きさの比は，Ｂからの距離《きょり》の逆比と等しくなるから，ＡＢ＜ＢＣより，Ａが加えた力はＣが加えた力より大きい(Ａ＞Ｃ)。よって，加えた力の大小関係は，Ｂ＞Ａ＞Ｃとなる。

6　(1)　イ○…豆電球と発光ダイオードでは，発光ダイオードの方が効率よく電気を光に変えることができるから，同じ明るさにするとき，発光ダイオードの方が小さい電流で光らせることができる。手回し発電機は，回路に流れる電流が小さいときほど，ハンドルの手ごたえが軽くなる。　オ○…手回し発電機のハンドルを逆向きに回すと，回路に流れる電流の向きは反対になる。豆電球は電流の向きに関係なく光るが，発光ダイオードは電流の向きを反対にすると光らなくなる。

(2)　２つのコンデンサーにたまった電気の量は同じだから，(1)解説より，発光ダイオードの方が長く光る。

《2022　社会　解説》

1　問１　「持続可能」は，世界規模で，環境・経済・人間社会のバランスがとれた社会を取り戻し，将来の世代も豊かで便利で快適な生活を目指すことを意味する。海を守るための取り組みとして，ペットボトルなどのプラスチックごみを減らすことなどが進められている。

問２(1)　イタイイタイ病だから富山県のイを選ぶ。アは栃木県，ウは三重県，エは熊本県。四大公害病については右表参照。　(2)　減災は災害発生を前提に行う取り組みである。

公害名	原因	発生地域
水俣病	水質汚濁 (メチル水銀)	八代海沿岸 (熊本県・鹿児島県)
新潟水俣病	水質汚濁 (メチル水銀)	阿賀野川流域 (新潟県)
イタイイタイ病	水質汚濁 (カドミウム)	神通川流域 (富山県)
四日市ぜんそく	大気汚染 (硫黄酸化物など)	四日市市 (三重県)

問3　カ．A，B，Cは緯度の差が大きいので冬の気温で区別できる。南にあるほど冬が暖かくなるので，Aが③，Bが②，Cが①になる。

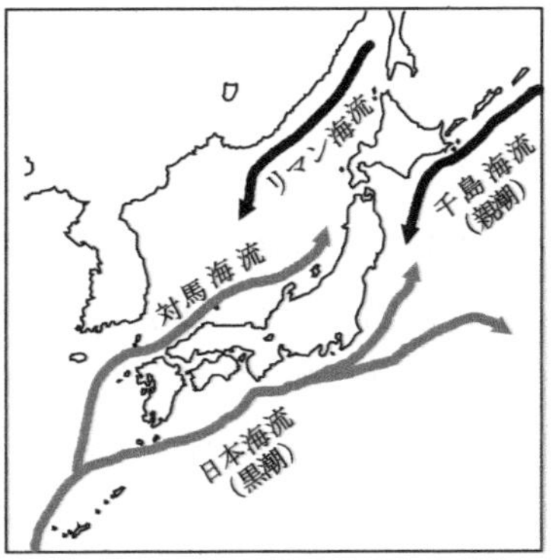

問4　エ．親潮(千島海流)と黒潮(日本海流)がぶつかる潮目(潮境)は，プランクトンが豊富な好漁場となっている(右図参照)。

2　Dは茨城県，Eは栃木県，Fは神奈川県，Gは千葉県。

問1　エ．北緯 37 度緯線以南のサンベルトにある②，インドネシアのニューギニア島を通る東経 135 度経線(日本の標準時子午線)よりも東の④と判断する。

問2　カ．内陸のAは夏と冬の気温差が最も大きい③，太平洋沿岸のCは南東季節風の影響を受ける①と判断できるので，Bは②となる。

問3　ウ．暖流の日本海流(黒潮)沿いの銚子港(千葉県)では，暖流魚のさばやいわしの水あげ量が多い。利根川は日本最大の流域面積で，日本最長の河川は信濃川(千曲川)である。

問4　エ．夏に長野県や群馬県などで出荷量が増えることから，レタスと判断する。長野県や群馬県では冷涼な気候をいかして，一般的に冬が旬であるレタスを時期をずらして栽培している(抑制栽培)。

問6　原料や燃料になる石油(原油)や石炭などは重量があるので，輸入されるときは船が使われる。

3　**問1**　エとオが正しい。平成 29 年の 60 歳代と 70 歳代以上の有権者を合わせた数は，全体の 200773÷478604×100＝41.9…(%)になる。　ア．平成２年の選挙は投票率が 70％を上回っている。　イ．平成時代に行われた選挙では，50 歳代と 60 歳代の投票率が 70 歳代よりも高い。　ウ．平成 29 年の 30 歳代の有権者数は 50 歳代よりも少ない。

問2　エが正しい。裁判員裁判では，重大な刑事事件の一審について，くじで選ばれた６人の裁判員(20 歳以上の国民)と３人の裁判官で審議し，有罪か無罪か，有罪であればどのような量刑が適当かを決定する。

問3　ア．イスラム教では，１日に５回聖地メッカの方角に祈り，飲酒や豚肉を食べることが禁じられている。

4　**問1**　ウが正しい。アは江戸時代，エは平安時代。イの「こっけいな動作やせりふ」は狂言の特徴である。

問2　図１は葛飾北斎の浮世絵「富嶽三十六景―凱風快晴」なので，アを選ぶ。イは「東海道五十三次」など，エは「三世大谷鬼次の奴江戸兵衛」などを描いた浮世絵師である。ウは『曽根崎心中』などを書いた脚本家である。

問3　イ．大日本帝国憲法は君主権の強いドイツ(プロイセン)の憲法を参考につくられた欽定憲法であった。

問4　1923(大正 12)年の関東大震災では火災による被害が大きかった。

問5　イが誤り。「カラーテレビ」ではなく「白黒テレビ」である。三種の神器(白黒テレビ・電気冷蔵庫・電気せんたく機)が 1964 年の東京オリンピックまでに一般家庭に広く普及した。東京オリンピック後に普及したカラーテレビ・自動車・クーラーは「３C」と呼ばれる。

5　**問1**(1)　方角は，上が北，右が東，下が南，左が西だから，図１において，南西部は左下，北東部は右上にあたる。

(2)　イが正しい。図１は平安時代の平安京，図２は飛鳥時代の藤原京，図３は奈良時代の平城京である。

ｂ．図１の平安宮のまわりに寺院はない。仏教勢力を政治から排除するため，平安京には東寺・西寺以外の寺は建築が許されなかった。　ｃ．「日本」という国名が初めて用いられたのは飛鳥時代の大宝律令であった。

ｅ．平城京(現在の奈良県)は平安京(現在の京都府)よりも南部につくられた。

問2　アの奈良時代が正しい。イは平安時代初め，ウは平安時代前半，エは飛鳥時代。

問3　エ．『宋書』倭国伝に，５世紀頃，倭の五王(讃・珍・済・興・武)と呼ばれる大和政権の大王が，倭の王としての地位や，朝鮮半島における軍事的な指揮権を中国の皇帝に認めてもらおうと中国に使いを送ったことが記されている。また，埼玉県の稲荷山古墳から出土した鉄剣と，熊本県の江田船山古墳から出土した鉄刀の両方に刻まれたワカタケルの名前から，大和政権の支配は関東から北九州まで及んでいたことがわかっている。この武とワカタケルはともに雄略天皇と同一人物とされている。

問４　ウ．鎌倉幕府３代執権北条泰時は，御家人に対して裁判の基準を示すために御成敗式目を制定した。

問５　弥生時代，青銅器は祭りの道具，鉄器は武器や農具として使用された。

問６　Ｅ．弥生時代→Ｃ．古墳時代→Ｂ．奈良時代→Ａ．平安時代→Ｄ．鎌倉時代→Ｆ．室町時代。

6　**問１⑴**　杉田玄白は，前野良沢とともにオランダ語で書かれた『ターヘル・アナトミア』を翻訳し，『解体新書』を出版した。　⑵　イ．ａは徳川吉宗(享保の改革)，ｃは蘭学なので，ｂのみ正しい。

問２⑴　あは1928年，いは1946年なので，Ⅰのみ誤りだからウを選ぶ。電報と郵便制度の開始は明治時代なので，普通選挙法(1925年)の制定された大正時代以前の出来事である。　⑵　右表参照

選挙法改正年 (主なもののみ抜粋)	直接国税の要件	性別による制限	年齢による制限
1889年	15円以上	男子のみ	満25歳以上
1925年	なし	男子のみ	満25歳以上
1945年	なし	なし	満20歳以上
2015年	なし	なし	満18歳以上

問３　エが誤り。陸奥宗光は日清戦争直前の1894年に治外法権(領事裁判権)の撤廃を実現させた。

問４⑴　アが正しい。　う・え日清戦争後の下関条約(1895年)では，日本は多額の賠償金や台湾・澎湖諸島・遼東半島(後に三国干渉で清に返還)を獲得した。香港は，アヘン戦争後の南京条約(1842年)でイギリスの植民地となっていた。　お・か日露戦争後のポーツマス条約(1905年)では，南樺太が日本に割譲された。千島列島は，樺太・千島交換条約(1875年)で日本領となっていた。　⑵　朝鮮を含む②を韓国併合(1910年)後と判断する。残ったうち，南樺太を含む③をポーツマス条約の締結後と判断すれば，台湾を含む①は下関条約の締結後なので，千島列島を含む④は樺太・千島交換条約後となる。よって，④→①→③→②の順になる。

問５　カ．Ｃ(1968年)→Ｂ(1972年)→Ａ(1978年)。高度経済成長期に日本のＧＮＰが西側諸国の中でアメリカに次いで世界第２位になったこと，沖縄返還と同じ年に日中共同声明が発表され，後に日中平和友好条約が結ばれたことを覚えておきたい。

問６　オ．解放令が出されたのは明治時代初めだから，Ⅱと判断する。国際連盟は第一次世界大戦後の反省から設立されたから，Ⅳと判断する。

★西南学院中学校

《国　語》

一 問１．２　問２．a．１　b．４　問３．３　問４．２　問５．４　問６．見返す　問７．１
問８．A．喜色　B．過小　C．負担

二 問１．A．調達　B．死活　問２．A．１　B．３　問３．X．４　Y．２　問４．３　問５．8
問６．誰かと交流し、つながりを持つことが、人間の幸せの大きな柱だと考えているから。　問７．４

三 問１．卵　問２．６，８　問３．包みこむ　問４．安心　問５．６，10　問６．命　問７．10
問８．あこがれ

四 A．１　B．３　C．１　D．４

《算　数》

1 (1)4　(2)750　(3)$\frac{280}{294}$　(4)10　(5)45　(6)ウ

2 (1)7　(2)10000　(3)17

3 ア．○　イ．×　ウ．×　エ．○　オ．×

4 (1)108　(2)61.92　(3)ウ，エ

5 (1)25　(2)10，30　(3)10，41，15

6 (1)ウ　(2)16.11　(3)25.63

《理　科》

1 (1)a．西　d．南　(2)①東　③西　(3)②ウ　④ク　(4)イ　(5)イ　(6)①S　②磁石　③N
(7)チバニアン

2 (1)ウ　(2)火が消えた　(3)石灰水　(4)イ，エ　(5)酸　(6)③加熱　④酸

3 (1)ア　(2)エ　(3)①X．胸びれ　Y．腹びれ　②チーター…エ　トカゲ…イ
(4)A．えら　B．トカゲ　C．サメ　(a)2　(b)$\frac{5}{3}$

4 (1)エ　(2)ウ　(3)1.5　(4)エ　(5)キ　(6)ウ　(7)ケ　(8)ウ

《社　会》

1 問１．南蛮　問２．ア　問３．エ　問４．WHO　問５．イ　問６．イ　問７．ア　問８．イ

2 問１．エ　問２．貝塚　問３．ウ　問４．カ　問５．イ，エ　問６．エ　問７．一揆

3 問１．エ　問２．イ　問３．千歯こき　問４．(1)イ　(2)エ　(3)①学制　②小学校の義務教育化　問５．ウ
問６．ウ　問７．ア

4 問１．(1)ウ　(2)イ　問２．ア　問３．ウ　問４．(1)海溝　(2)カ　(3)エ　(4)冬の日本海側は北西季節風が強く吹くから。　(5)エ　問５．甲府　問６．カ　問７．オ

2021解説 令和3年度 ▶ 西南学院中学校

《2021　国語　解説》

一　著作権に関係する弊社《へいしゃ》の都合により本文を非掲載《ひけいさい》としておりますので、解説を省略させていただきます。ご不便をおかけし申し訳ございませんが、ご了承《りょうしょう》ください。

二　問２Ａ　「年齢《ねんれい》が上になればなるほど、そして暮らしている場所が地方であればあるほど、『人は一人では生きていられない』と答える可能性が高い」のだから、年齢が高いことと、住む場所が地方であることを満たしている、１が適する。　　Ｂ　「若い世代でしかも都会暮らしであればあるほど、『案外人間は一人で生きていけるのではないか』と答える割合が多いのではないか」とあるから、年齢が低く、住む場所が都会であることを満たしている、３が適する。

問４　ここまでの内容では〝本当に「人は一人では生きていけない」のか〟ということを考察しており、9～10段落ではお金があれば、生きるために必要なサービスが受けられることが説明されている。 Ｚ の直前には「一人で生きていても昔のように困ることはありません」とあるから、「誰《だれ》とも付き合わず、一人で生きることも選択《せんたく》可能なのです」と続くのが自然である。よって３が適する。

問５　〝「『人は一人では生きていけない』というこれまでの前提」が以前は成り立っていたのはなぜですか〟を分かりやすく言いかえると〝以前は、人が一人では生きていけなかったのはなぜですか〟となる。その理由に当たるのが、8段落の「なにより～いろいろな人たちの手を借りなければいけなかったからです。こうした、物理的に一人では生活できない時代は長く続きました」である。

問６　18段落が「だから」で始まることに注意。この前に筆者が18段落のように結論づける理由が書かれているはずである。傍線《ぼうせん》部ウの感情は、「一人ではさびしい」という感情と同じだから、16段落の「ではなぜ一人ではさびしいのでしょうか」という問いに対する答えになる部分をまとめればよい。「やはり親しい人、心から安心できる人と交流していたい、誰かとつながりを保ちたい。そのことが、人間の幸せのひとつの大きな柱を作っているからです」などからまとめる。

問７　４は、生活に必要なサービスを受けることができて困っていないのに、親しい人と交流したいという気持ちを持った例だから、本文の内容と合う。　１．筆者は一人で生きていくことも不可能ではないと考えているから、「一人で生きられるはずがないので」が適さない。　２．「困った時に助けてくれる友だち」は、「利得の側面」でつながっている人と言える。よって人とのつながりは利得だけではないとする、筆者の考えと合わない。
３．メールの返信がこないと不安になるため早く返信しようと考えるのは、人と直接会わずに不安をつのらせているということなので、本文の内容と合わない。

三　問１　「同じもの」とは母親のこと。母親のことを『子守唄《こもりうた》』では「母」、『卵』では「お母さん」と表現している。「母」は公《おおやけ》の場で使う言葉なので、「お母さん」と表現している『卵』の方がおさなく感じられる。

問２　「起・承では『雪がふると子守唄がきこえる』ということが語られています」と、「それに転で語られている内容が加わると『子守唄がきこえる』こと自体が、とても不思議なことになってしまいます」に着目。子供の時に母を知らず、子もりうたを聞いたことがないのに「そういう唄の記憶《きおく》」があるはずがない、という不思議さについて書かれている、６～８行目が適する。

問５　「懐《なつ》かしく」「何やら悲しい」という「感情や思い」が語られている、６～10行が適する。

問７　「なぜかといえば」という、後に理由が続くことを表す接続詞に着目する。

四　A　1の「危機一髪《ききいっぱつ》」(髪《かみ》の毛一本ほどのわずかな差のところまで危機が迫《せま》ること)のみ、正しい漢字が使われている。他は間違《まちが》った漢字が使われている。２「五里霧中《ごりむちゅう》」(広さ五里にもわたる深い霧《きり》の中にいるという意味で、現在の状態がわからず見通しや方針の全く立たないことのたとえ)、３「異口同音《いくどうおん》」(多くの人が口をそろえて同じことを言うこと)、４「絶体絶命《ぜったいぜつめい》」(どうにも逃《のが》れようがない、追いつめられた状態のこと)が正しい。

B　３のみ、尊敬《そんけい》語(相手の動作を高めていう語)。１、２、４は謙譲《けんじょう》語(自分や自分側にあるものをへりくだることで、相手に敬意《けいい》を表す語)。

C　１は、名詞(「正義」)＋断定の助動詞「だ」。２～４は、ものごとの性質や状態を表す形容動詞。形容動詞は、言い切りの形が「だ」になり、単独で述語になることができる。「とても」を付けてみて、意味が通れば形容動詞である。

D　４のみ、音読み＋訓読みの漢字の組み合わせ。このような読み方を「重箱《ジュウばこ》読み」という。１～３は、訓読み＋音読みの漢字の組み合わせ。このような読み方を「湯桶《ゆトウ》読み」という。

《2021　算数　解説》

1　(1)　与式$=\frac{5}{2}\times 2-4\times(\frac{3}{8}-\frac{1}{8})=5-4\times\frac{2}{8}=5-1=4$

(2)　1 ha は一辺が 100mの正方形の面積なので，1 ha＝100m×100m＝0.1 km×0.1 km＝0.01 km^2

よって，1 km^2＝100ha だから，7.5 km^2＝750ha である。

(3)　$\frac{20}{21}$の分母と分子の差は 21－20＝1であり，分母と分子をともに２倍，３倍，…とすると，分母と分子の差も２倍，３倍，…となる。差が$\frac{20}{21}$のときの 14÷1＝14(倍)になればよいから，求める分数は，$\frac{20\times 14}{21\times 14}=\frac{280}{294}$

(4)　**【解き方】右図の○印がついた辺は，通るとA地点からB地点まで最短で行くことができないので注意する。**

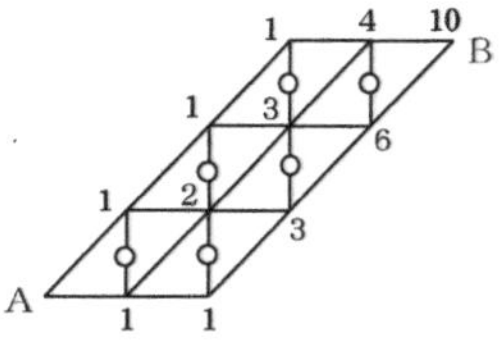

ある頂点への行き方の数は，その頂点の左側の頂点までの行き方の数と，その頂点の左下側の頂点までの行き方の数の和に等しくなる。したがって，それぞれの頂点への行き方の数は図のようになるから，Bへの行き方は 10 通りある。

(5)　**【解き方】右図のように作図すると，三角形ABDと三角形CAEは合同だから，角ア＝角ACEとなる。よって，角アと角イの和は，角ACBの大きさに等しい。**

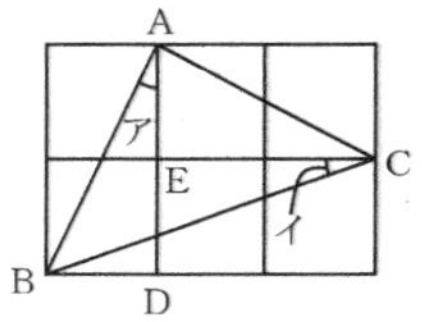

角BAC＝角ア＋角EAC＝角ACE＋角EAC＝180°－角AEC＝180°－90°＝90°

三角形ABDと三角形CAEは合同だから，AB＝CA

よって，三角形ABCは直角二等辺三角形だから，求める角度は 45°である。

(6)　組み立てると問題の立体のようになるのは，ウである。

この立体では，１つの正方形(のように見える)面に半円は１つしかくっついていないので，アは正しくない。

イは立体を組み立てられないので正しくない。

2　(1)　〔２〕＝２×２－１×１＝３，〔３〕＝３×３－２×２＝５より，〔X〕の値は，〔１〕のとき１であり，

Xが１大きくなるごとに〔X〕は３－１＝２大きくなることがわかる。

よって，〔X〕＝13 となるのは，X＝(13－１)÷２＋１＝７のときである。

(2)　与式＝(100×100－99×99)＋(99×99－98×98)＋…＋(１×１－０×０)＝100×100－０×０＝10000

(3) 色付き部分の面積は，$9\times9-7\times7=9\times9-8\times8+8\times8-7\times7=$〔ア 9〕＋〔イ 8〕(㎠)となるから，ア，イに入る数の和は，$9+8=17$ となる。

3 ア．中央区の面積は，福岡市の面積の $\frac{15.39}{343.46}\times100=4.48\cdots$ より，約4.5％なので，正しい。

イ．面積1㎢あたりの人口は，〔福岡市の人口(人)〕×〔福岡市における人口の割合(％)〕÷〔面積(㎢)〕で求められるが福岡市の人口は一定なので，〔福岡市における人口の割合(％)〕÷〔面積(㎢)〕の値《あたい》を比べればよい。南区は $16.6\div30.98=0.53\cdots$ より，約0.5なので，〔福岡市における人口の割合(％)〕が〔面積(㎢)〕の半分以上になっている区を探すと，例えば中央区が見つかり，中央区は $12.8\div15.39=0.83\cdots$ より，約0.8になるから，正しくないとわかる。

ウ．博多区と城南区の〔福岡市における人口の割合(％)〕の差は $15.3-8.3=7$ (％)なので，人口の差は $1601755\times\frac{7}{100}=112122.8\cdots$ より，12万人以上ではないので，正しくない。

エ．人口1万人あたりの市立中学校の数は，

〔市立中学校の数(校)〕×$\frac{〔1万人〕}{〔福岡市の人口(人)〕×〔福岡市における人口の割合(％)〕}$で求められるが，

1万人と福岡市の人口は一定なので，〔市立中学校の数(校)〕÷〔福岡市における人口の割合(％)〕の値を比べればよい。西区は，$12\div13.2=0.90\cdots$ より，約0.9である。〔市立中学校の数(校)〕の値が〔福岡市における人口の割合(％)〕の9割以上になる区は他にないので，正しいとわかる。

オ．表からは〔市立中学校の数(校)〕はわかるが，中学生の人数はわからないので，表から読み取れない。

4 (1) **【解き方】折ったあとの図形(④)の面積は，折る前の図形(①)の面積の $\frac{1}{2}\times\frac{1}{2}\times\frac{1}{2}=\frac{1}{8}$ である。よって，④の状態から①まで広げると，面積は8倍になる。**

④の状態で残った部分の面積は，$6\times6\div2-3\times3\div2=13.5$ (㎠)である。

よって，求める面積は，$13.5\times8=108$ (㎠)である。

(2) (1)をふまえる。④の状態で残った部分の面積は，$6\times6-6\times6\times3.14\times\frac{90°}{360°}=36-28.26=7.74$ (㎠)

よって，求める面積は，$7.74\times8=61.92$ (㎠)である。

(3) ④の状態まで折ったときの折り目を太線で表すと，右図のようになる。太線で分けられた三角形内の色付き部分が，すべて合同で折り目に対して対称であれば，作ることができるので，求める記号はウとエである。

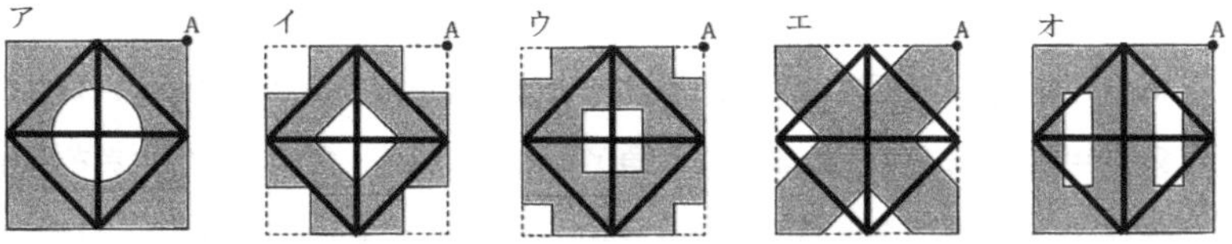

5 (1) **【解き方】(川の流れの速さ)＝(下りの速さ)－(静水時の速さ)で求める。**

船Aの下りの速さは，分速 $(2700\div45)$ m＝分速60mなので，求める速さは，分速 $(60-35)$ m＝分速25m

(2) 船Aは9時45分－9時30分＝15分で $60\times15=900$ (m)下り，船Bは同じ道のりを30分で上った。

よって，船Bは出発してから2700m上るまでに $30\times\frac{2700}{900}=90$ (分)，つまり，1時間30分かかるから，求める時刻は，9時＋1時間30分＝10時30分である。

(3) **【解き方】同じ道のりを進むのにかかる時間の比は，速さの比の逆比に等しいことを利用する。**

船Bについて，上りの速さは分速 $(900\div30)$ m＝分速30m，静水時の速さは分速 $(30+25)$ m＝分速55m，下りの速さは分速 $(55+25)$ m＝分速80mである。よって，船Bは $2700\div80=33.75$ (分)で下るから，再びQ町

に着くのは，10時30分＋33.75分＝11時3.75分である。

船AがQ町を出発してから，再びQ町にもどってくるまでの時間は，11時3.75分－9時45分＝1時間18.75分＝78.75分である。船Aについて，上りの速さは分速(35－25)m＝分速10m，エンジンが止まり川に流されたときの速さは分速25mである。よって，78.75分のうち，上っていた時間と川に流されていた時間の比は，10：25＝2：5の逆比の5：2に等しい。よって，上っていた時間は，78.75×$\frac{5}{5+2}$＝56.25(分)，つまり，56分15秒である。したがって，求める時刻は，9時45分＋56分15秒＝10時41分15秒である。

6 (1) 容器Aをある面と平行になるように傾《かたむ》けると，水面が正方形(ア)になる。図ⅰ，ⅱの太線部分が地面と平行になるように傾けると，水面が長方形(イ)，正六角形(エ)になる。図ⅲの太線部分が地面と平行になるように傾けると，水面が正三角形(ウ)になるが，このときの水の量はあきらかに容器Aの容積の半分より少ない。よって，つくることのできないものは，正三角形(ウ)である。

図ⅰ　図ⅱ　図ⅲ

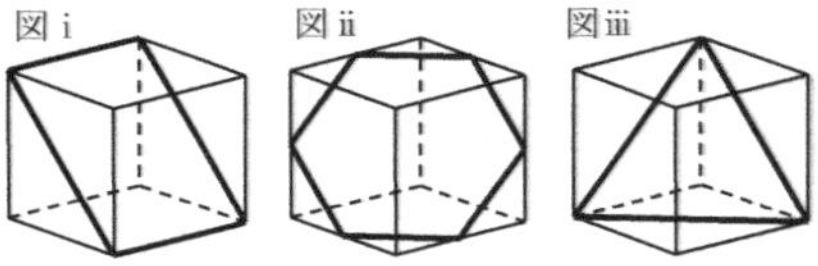

(2) **【解き方】立方体より水面の高さの方が高いので，立方体はすべて水の中に入る。したがって，(水と立方体の体積の和)÷(容器Aの底面積)を計算すればよい。**

容器Aに入っている水の量と1辺の長さが10cmの立方体の体積の和は，30×30×30÷2＋10×10×10＝13500＋1000＝14500(cm³)である。容器Aの底面積は30×30＝900(cm²)なので，求める高さは，14500÷900＝16.111…より，約16.11cmである。

(3) **【解き方】容器Aに入っている水の量と立体Bの体積の和は13500＋1000×10＝23500(cm³)であり，この体積の水を空の容器Aに入れると，水面の高さは23500÷900＝26.11…より，約26.1cmとなる。立体Bの高さは10×3＝30(cm)だから，立体Bの一番上の立方体の一部が，水から出ていることがわかる。**

残り9個の立方体は水につかっている。水面の高さが20cmになる(9個の立方体がすべて水につかる)までに，水は30×30×20－1000×9＝9000(cm³)だけ入る。残りの13500－9000＝4500(cm³)の水を入れるときの水が入る部分の底面積は，30×30－10×10＝800(cm²)となるから，水面の高さは，20＋4500÷800＝25.625(cm)になる。25.625cmは約25.63cmである。

《2021　理科　解説》

1 (1)～(3) 太陽は東の地平線からのぼり，南の空を通って，西の地平線に沈むので，かげは西，北，東の順に動いていく。したがって，aが西，bが北，cが東，dが南である。

(4) イ○…かげは太陽の高さが高いほど短くなる。

(5) イ○…かげの向きから，写真をとった窓は南側を向いていることがわかる。太陽は南の空で最も高くなるので，影の長さが最も短いCのとき，太陽が真南に最も近く，かげの長さと向きから，Cと比べてAの太陽の位置は東より，Bの太陽の位置は西よりだとわかる。したがって，A→C→Bである。

(6) 方位磁針のN極が北を，S極が南を指すのは，地球の北極側がS極，南極側がN極の巨大な磁石になっているからである。

2 (1) ウ○…最初に出てくる気体は，主に三角フラスコ内に入っていた空気である。

(2) 酸素はものが燃えるのを助けるはたらきをもつので，発生した気体が酸素であれば，火のついた線香を入れると，炎をあげて燃える。

(3)　石灰水に二酸化炭素を通すと白くにごる。

(4)　イ，エ○…実験２より，二酸化炭素がはげしく発生したのは，70℃の水を加えたときか，20℃のうすい塩酸または酢を加えたときである。うすい塩酸と酢は酸性の液体である。なお，うすい水酸化ナトリウム水よう液とアンモニア水はアルカリ性である。

(5)　(4)解説より，酸性の水よう液にとかしたときに二酸化炭素がたくさん発生するので，クエン酸の水よう液は酸性だと考えられる。

(6)　実験３より，炭酸水素ナトリウムを加熱すると二酸化炭素が発生してホットケーキがふくらむと考えられる。レモン汁(クエン酸を多くふくむ)は酸性だから，(5)解説より，ホットケーキミックスとレモン汁を混ぜた時点で二酸化炭素が発生してしまい，焼いてもふくらまなかったと考えられる。

3　(2)　エ○…メダカは，胸びれと腹びれを２枚ずつ，背びれ，しりびれ，尾びれを１枚ずつの合計７枚のひれをもつ。

(3)①　先生の１回目の発言より，陸上で生活する動物が持っている足は魚が２枚ずつもつ胸びれと腹びれが変化してできたと考えられるので，ひれの位置から，前足は胸びれ，後ろ足は腹びれであると考えられる。　②　Sさんの２回目の発言より，チーターはエ，Sさんの３回目の発言より，トカゲはイだと考えられる。

(4)　A．サメは魚類に分類される動物で，一生えらで呼吸する。　B，C，(a)．表２より，イルカとトカゲの共通点の数は２，チーターとトカゲの共通点の数も２だから，$(2+2)\div 2=2$より，イルカ・チーターのグループとトカゲの共通点の数は２である。したがって，Bはトカゲ，Cはサメであり，(a)は２である。　(b)．表２より，サメとトカゲの共通点の数は３だから，$(1+1+3)\div 3=\frac{5}{3}$となる。

4　(1)　エ○…Aが３種類，Bが３種類，Cが２種類あるので，全部で$3\times 3\times 2=18$(種類)である。

(2)　ウ○…ふりこの長さは，おもりの最下点位置での支点から重心(おもりの中心の重さがかかる点)までの長さである。

(3)　１往復する時間の平均は$(14.8+15.2+14.9)\div 3\div 10=1.49$…→1.5秒となる。

(4)　エ○…ある条件について調べたいときは，その条件だけがことなる実験の結果を比べる。①，②，⑥では，ふりこの長さだけがことなり，ふりこの長さが長いほど１往復にかかる時間が長くなっていることがわかる。

(5)　キ○…メトロノームは，ふりこの長さを調節することで，１往復の時間を変えることができるものである。

(6)　ウ○…②，③，④より，おもりの金属の種類が変わってもふりこの１往復する時間は変わらないことがわかる。おもりの金属の種類が変わるとおもりの重さが変わるので，おもりの重さは時間に無関係だとわかる。なお，おもりの金属の種類のちがいは重さのちがいだけだと考えた。

(7)　ケ○…②と⑤より，ふれはばの大きさが変わってもふりこの１往復する時間は変わらないことがわかる。

《2021　社会　解説》

1　問１　スペイン人やポルトガル人を南蛮人と呼んだことから，16 世紀頃に行われたポルトガルやスペインとの貿易を南蛮貿易と言う。

問２　アが誤り。1996 年までハンセン病の患者の隔離は継続され，療養所に収容されると出ることができなかった。

問３　エが誤り。情報を知る権利は，日本国憲法に規定されていないものの近年になって主張されるようになった「新しい人権」に含まれる。アとイ(生存権)は社会権，ウは請求権として定められている。

問5　イを選ぶ。聖武天皇は，奈良時代に仏教の力で世の中を安定させようとして国分寺を全国につくり，奈良の都に東大寺と大仏をつくった。聖徳太子は6～7世紀，天智天皇と中臣鎌足は7世紀の人物である。

問6　イが正しい。　ア．南部の方が，北部よりも感染時期が早いことから，南部→北部の順に感染が拡大したと判断する。　ウ．ドイツ(ア)東部は感染例が少ない地域である。　エ．アフリカは1348年に感染した地域である。(右図参照)

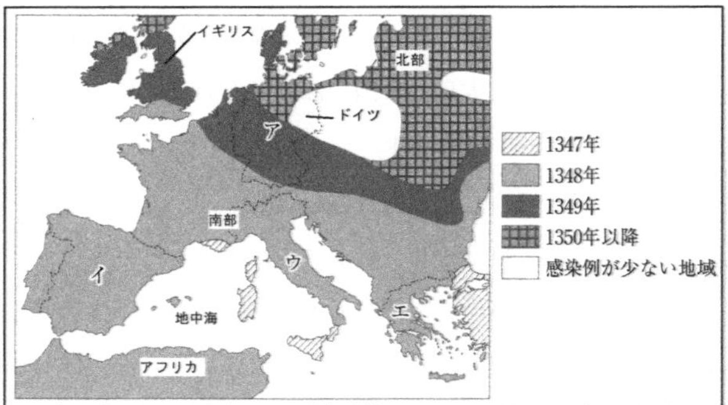

〔地図〕ペストが流行した地域と時期（ア～エの国境線は現在のものである。）

問7　アを選ぶ。北里柴三郎は，破傷風のほか，ペスト菌やコレラの血清療法も発見した。志賀潔は赤痢菌を発見した細菌学者，田中正造は足尾銅山鉱毒事件の解決に努めた人物，野口英世は黄熱病を研究した細菌学者である。

2　**問1**　すべて誤っているから，エを選ぶ。aは銅鐸，bは埴輪，cは源頼朝である。土偶は縄文時代の出土品。

問2　東京都にある大森貝塚や，千葉県にある加曾利貝塚が有名である。

問3　ウが正しい。仏教が伝わったのは6世紀であり，大陸から日本列島に移り住んだ渡来人によって伝えられた。稲作は縄文時代末期，鉄器は弥生時代，火薬は室町時代に伝えられた。

問4　カが正しい。　A．女性は十二単，男性は束帯だから平安時代の貴族と判断する。平城京は奈良時代。　B．国風文化が栄える中でかな文字が発明され，紫式部の『源氏物語』などの文学作品が生まれ，『源氏物語絵巻』などの大和絵が描かれた。浮世絵は江戸時代，水墨画は室町時代。　C．奈良時代は，中国(唐)の文化の影響を受けた国際色豊かな天平文化が栄えた。

問5　イとエが誤り。平清盛は武士として初めて太政大臣に就任した。北条時宗は鎌倉幕府で執権に就任した。足利尊氏は室町幕府，徳川家康は江戸幕府の初代将軍である。

問6　六波羅探題のエが正しい。承久の乱で挙兵した後鳥羽上皇が鎌倉幕府方に打ち破られた結果，西国の武士や朝廷の監視を目的に京都に六波羅探題が置かれ，西国の地頭に関東の御家人を任じることで，幕府の支配は九州～関東に及んだ。アは執権，イは地頭，ウは守護である。

問7　刀狩によって，百姓は武器を使って戦うことができなくなったので，百姓と武士の身分がはっきりと区別されるようになり，兵農分離が進んだ。

3　**問1**　エが正しい(右図参照)。　ア．史料に「毎年4月に江戸に参勤すること」とある。　イ．「外様大名」に限定されていない。また，参勤交代は譜代大名も義務づけられていた。　ウ．藩ごとの従者の人数を読み取れない。

問2　イが正しい。日ソ共同宣言を発表してソ連と国交を回復したことで，日本の国際連合加盟にソ連の反対がなくなり，日本は国際連合への加盟を果たすことができた。アは1965年，ウは1945年，エは1951年。

問3　江戸時代には，千歯こきのほか，田を深く耕すための備中ぐわ，もみとそれ以外のものを選別する唐箕などの農具も発明された。

問4(1)　イが正しい。　ア．先生に背を向けている子どももいる。　ウ．先生は着物を着て，長い髪を結っている。　エ．刀は見られず，文字の読み方や書き方を学んでいるようである。　(2)　エ．開かれた数が，前の年代に比べて約３倍に増えているのは1830～1840年代(天保期)だから，天保の改革を行った水野忠邦と判断する。　(3)　学制により，６歳以上の男女すべてが小学校で初等教育を受けることとされたが，授業料の負担が重く，子どもは大切な働き手であったため，当初はなかなか就学率が伸びなかった。

問５　ウ．Ｂ．大日本帝国憲法の発布(1889 年)→Ａ．第１回衆議院議員総選挙(1890 年７月)→Ｃ．第１回帝国議会の開催(1890 年 11 月)

問６　ウを選ぶ。三種の神器(白黒テレビ・電気冷蔵庫・電気せんたく機)は東京オリンピックまでに一般家庭に広く普及した。東京オリンピック後に普及したカラーテレビ・自動車・クーラーは「３Ｃ」と呼ばれる。

問７　ア．(ｉ)のシャクシャインの戦いは 17 世紀だからａ，(ⅱ)の関税自主権の回復は 1911 年だからｃである。

4　**問１(1)**　ウが誤り。緯線と経線が直角に交わった地図(メルカトル図法)では，高緯度になるにつれて実際より拡大される。　(2)　イ．Ｆのリオデジャネイロは赤道に近いから，１年を通して気温が高い①である。Ｇのリヤドは乾燥帯に位置するから，年間降水量が圧倒的に少ない③である。Ｈの香港は季節風(モンスーン)の影響を受けやすいから，雨季と乾季がある②である。

問２　ア．2018 年の輸入額が圧倒的に高い③が中国，次いで高い①がアメリカだから，②はサウジアラビアである。

問３　ウ．排他的経済水域と領海を合わせた面積が大きい②がアメリカ，領土の面積に対する広さが大きい①が日本だから，③はブラジルである。

問４(1)　日本列島の東に千島・カムチャッカ海溝，日本海溝，伊豆・小笠原海溝があり，南西諸島の東に南西諸島海溝がある。　(2)　カ．①の北海道は畜産の割合が最も高いＺである。②の山形県は米と果実の割合が高いＹである。③の千葉県は近郊農業が盛んだから，野菜の割合が高いＸである。　(3)　エが正しい。Ｃの信濃川は日本最長の川として知られている。　(4)　防風林が家屋の北西に位置していることから季節風を導く。日本では，夏に南東から，冬に北西から季節風が吹く。　(5)　エが誤り。ｈは九州地方に位置するが，備前焼は岡山県(中国地方)の伝統工芸品である。

問５　「中央部に(甲府)盆地」「山の…斜面に広がる水はけのよい土地(扇状地)」「ぶどうとももの生産量は日本一」から山梨県と判断できる。

問６　カ．大幅に減少している③は農業・林業・水産業である。①と②は高度経済成長期(1950 年代後半～1970 年代初め)に増加しており，その後も増加している①を商業，減少傾向の②を工業と判断する。

問７　オ．電子部品は長野県で生産が盛んだから③である。パルプ・紙は静岡県や北海道で生産が盛んだから①である。輸送用機械は愛知県や静岡県のほか，関東地方の内陸県でも生産が盛んだから②である。

★西南学院中学校

《国　語》

一 問１．３　問２．せめて　問３．母親に会わせる　問４．a．１　b．４　c．３　d．２　問５．３
問６．４　問７．京都で人足をしていてケガをした　問８．①おふくろ　②思いうかべる
問９．A．預　B．張

二 問１．A．刻　B．有効　問２．１　問３．欠
問４．２　問５．４　問６．３
問７．生きていく上で利益が得られるように、認識主体である人間が世界を分類する
問８．右図　問９．１

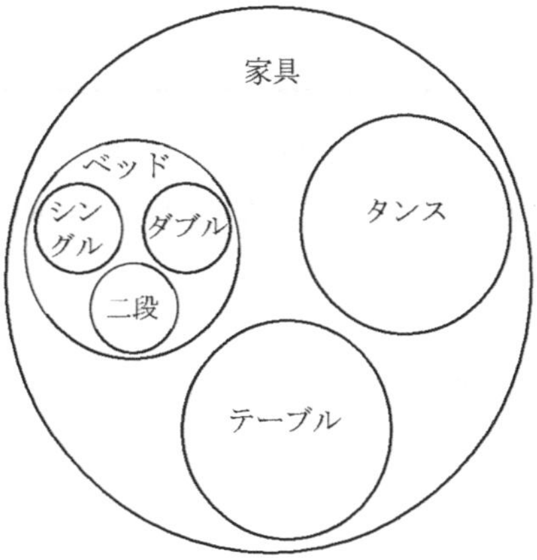

三 問１．１　問２．欲　問３．12，13
問４．X．虹　Y．にんげん
問５．３　問６．２　問７．みんな

四 ①将来　②入学　③完成　④利用

《算　数》

1 (1)１　(2)0.8　(3)180　(4)84　(5)18

2 (1)４　(2)30　(3)６

3 (1)650　(2)346　(3)400

4 (1)２　(2)24　(3)７

5 (1)６　(2)４　(3)イ，ウ，オ

6 (1)47.1　(2)12.56　(3)20

《理　科》

1　⑴ア　⑵ウ　⑶ウ→イ→ア→エ　⑷①二酸化炭素　②光合成　③酸素　④えら　⑤肺　⑸ウ

2　⑴イ　⑵エ　⑶ア　⑷カ　⑸⑥C　⑦D　⑹リュウグウ

3　⑴ウ　⑵①炭酸水　②塩酸　⑶石灰水　⑷オ　⑸ア，エ　⑹(ⅰ)③，④　(ⅱ)a．ア　b．エ　c．オ　d．キ　e．ク

4　⑴ウ　⑵③＝⑤＞①＝②＝④　⑶ガリレオ・ガリレイ

5　⑴ア　⑵70　⑶エ

《社　会》

1　問1．ウ　問2．寝殿造　問3．エ　問4．イ　問5．エ　問6．イ

2　問1．ア　問2．イ　問3．⑴北九州の警備をすること。　⑵ウ　問4．菅原道真

3　問1．イ　問2．種子島

4　問1．エ　問2．イ　問3．ア　問4．⑴ア　⑵石油等の資源を手に入れること。　問5．エ　問6．⑴下関　⑵ア　問7．エ

5　問1．オ　問2．イ

6　問1．⑴イ　⑵ウ　⑶ラムサール　⑷エ　問2．⑴ウ　⑵イ　⑶エ　⑷小笠原　問3．イ　問4．ア　問5．イ　問6．ジャストインタイム

西南学院中学校

←解答例は前のページにありますので，そちらをご覧ください。

《2020　国語　解説》

一　問１　傍線《ぼうせん》部Ｘは、２行後の「しびれるような故郷《ふるさと》のにおい」から、傍線部Ｙは、その前後の「薄《うす》い灯《あか》りがともり」「遠慮《えんりょ》がちに聞こえてくる」「おふくろが、たったひとりで白皮をたたいている」などから、３が適する。

問３　傍線部イの直前の「ちょっとだけでも顔をみせてあげたら、おふくろさんが大喜びするで」というトメのことばから、矢吉《やきち》を母親に会わせるために、ここまで引っぱって来たと推測できる。

問４　４の「左官屋をとびだしたことを知ったら、おふくろがどれだけ悲しむか」に、３の「待てよ。まだ左官屋にいることにして」が続き、それに２の「だが、おふくろにうそはつけない」が続くため、４→３→２の順番は分かりやすい。１は「ほんまにちょっとだけ顔を見に」で終わっているので、うそをついてまで母親に会うことをあきらめた２のあとには続かないため、４の前に入る。それに４の「いや、だめだ」が続く。１・４・３には、ことばの最後に「……」があり、まだ矢吉の心に迷いがあるが、２のことばの最後には「……」はなくなっている。よって順番は１→４→３→２が適する。

問５　「矢吉を『なまくらめ！』とどなった」のは、「砥石《といし》山のかしら」である。「砥石（刃物《はもの》を研《と》ぐための石）運びとして働き始めたが、三ヶ月もたたずに逃《に》げ出《だ》したくなっていた」矢吉をどなったのだ。また、前書きに「矢吉は、貧しい故郷の黒谷～を出て出稼《でかせ》ぎをしていたが、どんな仕事も長続きしなかった」「京都の左官屋～を半年で逃げ出した」とあることから３が適する。

問６　矢吉自身が「願っているだけでは、一人前になれない。根っこのところから自分が変わらなければ」と思ったきっかけは、トメに対してつぶやいた「何をしとるんや～おまえは、どこへも逃げられへんのやで」という自分自身の言葉による。よって４が適する。

問７　二重傍線部Ａをふくむトメのことばの中に「おいらも京都で人足しててケガしたって言えるもん」とあるため、そのように嘘《うそ》をつこうとしていたことが分かる。

問８①　「見えていた」のは「ほつれた髪《かみ》をかきあげる～つつみこむようなやさしい目」で、それは「おふくろ」の姿と言いかえられる。　②　ここでの「矢吉の目」は、矢吉の心の中の目なので、実際に見ることができたのではなく、思いうかべることができたということ。

二　問２　木を「部分で分ける方法」（＝分節分類法）で分けると、幹と枝と葉などの部分に分かれる。「木は、幹かつ枝かつ葉かつ根かつ…である」。「ベッドを部分に分ければ、本体・マット・シーツなどの部分に分かれる」とある。これらを参照すると１が適する。

問４　［３］段落には、「部分で分ける方法」（＝「〈切って分ける〉」方法）と「種類で分ける方法」（＝「〈まとめて分ける〉」方法）の違《ちが》いが説明されている。「切り分け方式は、特定の個物に刻みを入れる。まとめ上げ方式は、ある対象がどの仲間に属し、どの仲間を引き連れて来るかと考える」とある。それを受けて［４］段落では、二系統の方法で「木を分ける」場合が例として挙げられている。［　a　］は「幹・枝・葉などに切り分けられる」ので「部分」が入る。［　b　］は「桜・梅・竹などの仲間にまとめられる」ので「種類」が入る。よって２が適する。

問５　「リトマス紙」とは、リトマスをしみこませた紙切れで、酸性かアルカリ性かを見分けるのに用いるもの。ここでは、「どちらの方式で分けているのかを迷うとき」に「使おう」と述べられているので、４が適する。

問６　Ｘは「《の一部》」（＝分節分類法の構成要素）と「《の一種》」（＝包摂《ほうせつ》分類法の分類体系）を比べるために使

われている。Yは「世界を地続き的に理解する方法で」、どちらも「個物を中心にして」、小部分に分ける見方と周りの世界《の一部》とする見方を比較《ひかく》するために使われている。よって3が適する。

問7　「分類には、かならずある観点が必要で」ある。「その認識主体が人間ならば、人間の都合に合わせて～世界を分類する」ということを「人間の勝手(都合)」という言い方で表している。人間の都合とは[9]段落中の「つまり」のあとの「生きていく上で利益が得られるように、世界を分類する」ということ。

問9　1．[8]段落の傍線部カのあとに述べられている内容をまとめたものとしてふさわしい。　2．これは「包摂分類法」の「類と種の関係で世界を類型的に理解する」ということの説明。　3．「個物を中心にして、その内側は部分に分かれ」、その小部分と小部分とがつながっているのであり、「世界は人間を中心としてつながっている」とは述べられていない。　4．「本来は分けられないものである」とは述べられていない。　よって1が適する。

[三]　問2　「金もうけしよう」「利益を得よう」などと思う気持ちを欲深い気持ちと言う。

問3　「その」が指しているのは、「これまでの語り手ではない具体的な誰《だれ》かのことば」なので、行番号は 12・13 が適する。これは、これまでの語り手ではなく、虹《にじ》が出たのを見た人のことばである。

問4　詩の〈転〉の部分について説明されている。ここでは「語り手」と「語られる内容」が「転じている」とあり、[X]と[Y]は、後者について述べられた部分にある。[X]は、詩の1～11 行目に語られている内容なので「『虹』の説明」となる。[Y]は、14・15 行目に「にんげんてそういうものなんだ」とあり、【解説】に「その本質を『そういうものなんだ』と発見した語り手の喜び」とあるため、「『にんげん』の本質にまで語りが及《およ》ぶ」となる。

問5　「知らない人にまで大急ぎで教えたがる」理由は、【解説】の第5段落に「虹を見つけた喜びはできるだけ多くの人と分かち合いたいものだ」からと述べられている。これをはば広く人間の本質に言いかえた3が適する。

問6　「まいにち　空に　虹のようなものが出ないかな。」が通常の語順だが、下線部の順序を逆にしているので2の「倒置法《とうちほう》」が適する。

問7　「世界全体に広がり～世界中が幸せに満たされてほしいという思い」は、言いかえると世界中のみんなが幸せに満たされてほしいということなので、「みんなの上」にある「空」を強調したと思われる。

[四]　①　Aは「来」、Bは「人」、Cは「将」。よって「将来」が正解。　②　Aは「入」、Bは「前」、Cは「学」。よって「入学」が正解。　③　Aは「完」、Bは「力」、Cは「成」。よって「完成」が正解。　④　Aは「利」、Bは「用」、Cは「味」。よって「利用」が正解。

―《2020　算数　解説》

[1]　(1)　与式$=(\frac{1}{8}+\frac{5}{8})\times\{\frac{13}{6}-(1-\frac{1}{6})\}=\frac{6}{8}\times(\frac{13}{6}-\frac{5}{6})=\frac{3}{4}\times\frac{8}{6}=1$

(2)　与式より，$\square\times25-6=2\times7$　　$\square\times25=14+6$　　$\square=20\div25=\frac{4}{5}=0.8$

(3)　$1\text{ km}^2=1\text{ km}\times1\text{ km}=1000\text{ m}\times1000\text{ m}=1000000\text{ m}^2$だから，$8.7\text{ km}^2=(8.7\times1000000)\text{ m}^2=8700000\text{ m}^2$である。よって，$36000\text{ m}^2$あたりの人口は，$43500\times\frac{36000}{8700000}=180$(人)である。

(4)　右図のように記号をおく。

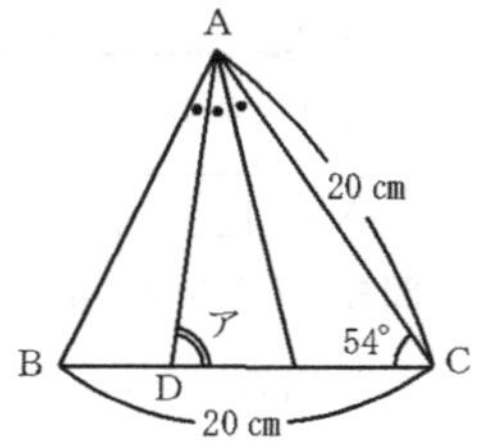

三角形ＡＢＣはＡＣ＝ＢＣ＝20 cmの二等辺三角形だから，角ＣＡＢ＝角ＣＢＡ＝(180－54)÷２＝63(度)である。したがって，角ＢＡＤ＝63÷３＝21(度)である。

三角形の１つの外角は，これととなりあわない２つの内角の和に等しいから，

三角形ＡＢＤにおいて，角ア＝角ＤＢＡ＋角ＢＡＤ＝63＋21＝84(度)である。

(5) 組み立ててできる立体は，右図のような三角柱である。

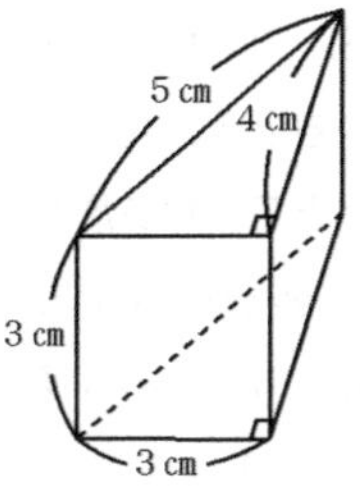

よって，求める体積は，(3×4÷2)×3＝18(cm^3)

2 (1) カードの枚数は，はじめより 20－10＝10(枚)多くなっている。裏が5回出たとすると，カードは2×5＝10(枚)少なくなるから，実際より 10＋10＝20(枚)少ない。裏1回を表1回に変えると，最後に残るカードは3＋2＝5(枚)多くなるから，表が出た回数は，20÷5＝4(回)である。

(2) 表が6回出ると，カードを3×6＝18(枚)もらい，裏が4回出ると，カードを2×4＝8(枚)取られるから，Sさんが持っているカードは，はじめより 18－8＝10(枚)多くなる。これがはじめに持っていたカードの$\frac{4}{3}-1=\frac{1}{3}$(倍)に等しいから，はじめに持っていたカードは 10÷$\frac{1}{3}$＝30(枚)である。

(3) 表が出ると3枚もらい，裏が出ると2枚取られるのだから，3と2の最小公倍数6より，表が6÷3＝2(回)出て，裏が6÷2＝3(回)出ると，カードの枚数は変わらない。したがって，コインを投げる回数の合計が最も少ないときから，コインを投げる回数の合計が2＋3＝5(回)増えるごとに，条件に合うコインの表裏の出方は1通りずつある。カードの枚数が，はじめより 17－10＝7(枚)多くなるから，7÷3＝2余り1より，表が3回以上出るとわかる。表が3回出ると，3×3＝9(枚)多くなり，9－2＝7より，裏が4回のうち1回出ると，カードははじめより7枚多くなるから，コインを投げる回数の合計が最も少ないのは，3＋1＝4(回)である。よって，条件に合うコインの表裏の出方は，コインを投げる回数の合計が4回，9回，14回，19回，24回，29回のときに1通りずつあるから，全部で6通り考えられる。

3 (1) Bの材料費が 370 円，Cの材料費が 310 円だから，Aの材料費は 940－370－310＝260(円)である。よって，Aは 1000×$\frac{260}{400}$＝650(g)混ぜた。

(2) Aを 1000×$\frac{2}{2+3+5}$＝200(g)，Bを 1000×$\frac{3}{2+3+5}$＝300(g)，Cを 1000－200－300＝500(g)混ぜてつくったのだから，かかった材料費は，400×$\frac{200}{1000}$＋370×$\frac{300}{1000}$＋310×$\frac{500}{1000}$＝80＋111＋155＝346(円)である。

(3) BとCの重さの比が1：2である，Bを 100 g とCを 200 g 混ぜたものの材料費は，370×$\frac{100}{1000}$＋310×$\frac{200}{1000}$＝37＋62＝99(円)である。これと同じ重さのA100＋200＝300(g)の材料費は，400×$\frac{300}{1000}$＝120(円)である。

BとCを1：2の重さで混ぜたものを 1000 g つくるとすると，材料費は，99×$\frac{1000}{300}$＝330(円)だから，実際より，358－330＝28(円)少ない。BとCを1：2の重さで混ぜたもの 300 g を，A300 g にかえると，材料費の合計は，120－99＝21(円)多くなるから，混ぜたAの重さは 300 g の 28÷21＝$\frac{4}{3}$(倍)の，300×$\frac{4}{3}$＝400(g)である。

4 (1) 立方体を1回切ると，右図の色付き部分の切り口の分だけ，表面積の合計が増える。

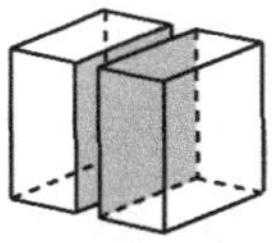

これは立方体の1つの面の面積の2倍に等しい。何回，どの面に平行に切っても，同じように表面積の合計が増えるから，立方体の1つの面を1面とすると，立方体を1回切ると，表面積の合計は2面分増える。したがって，3回切ると表面積の合計は2×3＝6(面)分増える。立方体の面は6面だから，合計3回切ってできる立体の表面積の和は，Aの表面積の，(6＋6)÷6＝2(倍)である。

(2) 問題の図より，アと平行に1回切ると縦に2個になり，イと平行に1回切ると横に2個になって，合計2×2＝4(個)の立体ができるとわかる。したがって，アと平行に1回切ると縦に1＋1＝2(個)，イと平行に2回切ると横に2＋1＝3(個)，ウと平行に3回切ると高さ方向に3＋1＝4(個)になるから，できた立体の個数は全部で，2×3×4＝24(個)である。

(3) (2)の解説をふまえる。ア，イ，ウと平行に切る回数をそれぞれ○回，△回，□回とすると，36 個の立体ができるとき，(○＋1)×(△＋1)×(□＋1)＝36(個)となる。表面積の和は，切る回数の和に比例するから，○と△と□の和が最も小さくなるときを探す。

36 を素数の積で表すと，36＝2×2×3×3だから，(○＋1)×(△＋1)×(□＋1)は，2×2×9，2×3×6，3×3×4の3通り見つかる。2＋2＋9＝13，2＋3＋6＝11，3＋3＋4＝10 より，条件に合う(○＋1)×(△＋1)×(□＋1)は，3×3×4とわかる。よって，求める切る回数の合計は，(3－1)＋(3－1)＋(4－1)＝7(回)である。

5 (1) Bの4人の合計点は，12×4＝48(点)だから，⑦の得点は 48－13－18－11＝6(点)である。

(2) ①と②の得点の和は，14×4－10－11＝35(点)である。①が 20 点のとき，②は 35－20＝15(点)であり，②が 20 点のとき，①は 35－20＝15(点)だから，①と②の得点はそれぞれ 15 点以上 20 点以下である。⑨と⑩の得点の和は，15×4－5－18＝37(点)だから，37－20＝17 より，⑨と⑩の得点はそれぞれ 17 点以上 20 点以下である。よって，★に入る数は 17 以上 20 以下の 20－17＋1＝4(通り)が考えられる。

(3) (2)の解説をふまえる。②は 17 以上 20 以下だから，①は 15 以上，35－17＝18 以下である。したがって，ここまででわかっていることを表にまとめると，下表のようになる。

グループ	A				B				C				D			
生徒	①	②	③	④	⑤	⑥	⑦	⑧	⑨	⑩	⑪	⑫	⑬	⑭	⑮	⑯
得点	15～18	17～20	10	11	13	18	6	11	17～20	17～20	5	18	9	16	11	8
平均点	14				12				15				11			

女子8人の合計点は，10＋11＋6＋11＋5＋18＋11＋8＝80(点)だから，平均点は 80÷8＝10(点)となり，アは正しくない。生徒 16 人の合計点が，14×4＋12×4＋15×4＋11×4＝(14＋12＋15＋11)×4＝208(点)だから，男子8人の合計点は 208－80＝128(点)，平均点は 128÷8＝16(点)となり，イは正しい。また，生徒 16 人の平均点は，208÷16＝13(点)となり，ウは正しい。①，②，⑨，⑩の生徒の得点が分からないが，この4人のうち最も低い点数となりえる①の 15 点より小さい点数は小さい順に並べられる。男子8人の得点は，小さい順に⑬の9点，⑤の 13 点となり，2番目までしか並べられないので，エは正しいかわからない。生徒 16 人の得点は，小さい順に⑪の5点，⑦の6点，⑯の8点，⑬の9点，③の 10 点，④と⑧と⑮の 11 点，⑤の 13 点となるから，9番目の得点は 13 点であり，オは正しい。

6 (1) 半径が 10 cmの$\frac{1}{4}$円の曲線部分が2つと，半径が5cmの$\frac{1}{4}$円の曲線部分が2つだから，求める長さは $10\times2\times3.14\times\frac{1}{4}\times2+5\times2\times3.14\times\frac{1}{4}\times2=(10+5)\times3.14=47.1$(cm)である。

(2) 2個目の$\frac{1}{4}$円の半径を□cm，3個目の$\frac{1}{4}$円の半径を△cmとすると，紙の縦の長さより，□と△の和は 11，紙の横の長さより，□と△の差は 14－11＝3とわかる。したがって，△は(11－3)÷2＝4(cm)である。よって，求める面積は，$4\times4\times3.14\times\frac{1}{4}=12.56$(cm²)である。

(3) 紙の縦と横の長さが整数だから，$\frac{1}{4}$円の半径も整数である。AまたはCを中心に半径1cm以上の$\frac{1}{4}$円をかくと，次の$\frac{1}{4}$円の半径は 10 cm以下となり，$\frac{1}{4}$円をかけるから，最後の$\frac{1}{4}$円の中心はBまたはDとわかる。また，BまたはDを中心とする最後の$\frac{1}{4}$円の半径は 10 cmである。

A，Bを中心とする$\frac{1}{4}$円の半径の和と，C，Dを中心とする$\frac{1}{4}$円の半径の和は 11 cm，B，Cを中心とする$\frac{1}{4}$円の半径の和と，D，Aを中心とする$\frac{1}{4}$円の半径の和は 10 cmだから，1個目はAを中心とする半径が 10 cmの$\frac{1}{4}$円，2個目はBを中心とする半径が 11－10＝1(cm)の$\frac{1}{4}$円，3個目はCを中心とする半径が 10－1＝9(cm)の$\frac{1}{4}$円，…となり，$\frac{1}{4}$円の半径をまとめると，右表のようになる。よって，BまたはDを中心とする$\frac{1}{4}$円の半径がはじめて 10 cmとなるのは，4×5＝20(個目)である。

(単位：cm)

A	B	C	D
10	1	9	2
8	3	7	4
6	5	5	6
4	7	3	8
2	9	1	10

《2020　理科　解説》

1　⑴　アがオス，エがメスの特ちょうを表した図である。

⑵　ア×…水温が上がりすぎないように，水そうは直射日光があたらない明るいところに置く。　イ×…食べ残しで水がよごれないように，食べ残しが出ない量のえさをあたえる。　エ×…タニシやモノアラガイはメダカを食べない。

⑷　①ＢＴＢ液は酸性で黄色，中性で緑色，アルカリ性で青色になる。二酸化炭素は水にとけると酸性を示す。②③植物は光を受けると水と二酸化炭素を材料にして，でんぷんと酸素をつくり出す。酸素は水にとけにくいため，あわとなって見える。

⑸　ウ×…用水路をコンクリートで護岸整備すると，水草などのメダカの生活場所や産卵場所がなくなり，メダカの減少につながる。

2　⑴　イ○…夕方，南の空に見える月は，右半分が光って見える上弦《じょうげん》の月である。

⑵　エ○…月は太陽の光を反射することで光って見えるので，地球から見た太陽と月の位置関係が変わると，月の光っている部分の見え方が変わり，形が変わって見える。

⑷　カ○…月や日(太陽)は，東の地平線からのぼり，南の空で最も高くなった後，西の地平線にしずむ。したがって，日が西にあるのは，午後６時ごろである。このとき，月は東，つまり太陽と反対方向にあるから，図１のＣの位置にある。Ｃの位置にある月は太陽の光が当たっている部分がすべて見えるから，満月である。

⑸　⑥新月は図１のＧの位置にある太陽の光が当たっている部分がまったく見えない月である。月は約 30 日の周期で形が変化していくから，新月から 15 日目の月は，新月の反対側にあるＣの満月である。　⑦図１で，地球は反時計回りに自転している。⑷解説のとおり，日がしずむころに出てくる月がＣの満月だから，日がしずんでからしばらくして出てくる月は，Ｃより少し反時計回りに動いた位置にあるＤである。

3　⑴　ウ×…液が飛び散る可能性があるので，蒸発皿の中をのぞきこまずに観察する。

⑵　つんとくるにおいがした②は塩酸であり，塩酸以外で青色リトマス紙が赤くなった酸性の水よう液である①は炭酸水である。

⑶　石灰水に二酸化炭素を通すと白くにごる。①の炭酸水は水に二酸化炭素をとかしたものだから，石灰水に①を混ぜると白くにごる。

⑷　オ○…①で，水にとけている二酸化炭素は時間がたつと気体となって出てくる。温度が高いときの方が出てくる二酸化炭素の体積が大きいので，10℃のときにはｂ，40℃のときにはａのようになる。また，③で，水にとけている水酸化ナトリウムは時間がたっても固体となって出てくることはなく，注射器に変化は見られないので，どちらもｃのようになる。

⑸　ア×…金属が酸性やアルカリ性の水よう液にとけると，もとの金属とは異なる物質になるため，水を蒸発させてももとの金属が出てくることはない。　エ×…酸性の塩酸とアルカリ性の水酸化ナトリウム水よう液を混ぜ合わせると，たがいの性質を打ち消し合う中和が起こる。鉄は水酸化ナトリウム水よう液と反応しないから，中和が進み，塩酸がなくなると，鉄は反応しなくなる。

⑹(ｉ)　酸性を打ち消すにはアルカリ性の水よう液を加えればよい。したがって，赤色のリトマス紙が青くなった③と④が正答となる。

4　(2)　ふりこが１往復する時間はふりこの長さによって決まっていて，おもりの重さやふれはばのちがいによる影《えい》響《きょう》を受けない。ふりこの長さが長いほど１往復する時間が長くなるから，③＝⑤＞①＝②＝④が正答となる。

5　(1)　ア○…磁石の力は物体どうし(ここではホワイトボードと磁石)がはなれていてもはたらくが，ＡからＢへ少し距離《きょり》がはなれただけで，急に力が小さくなるということである。

(2)　支点の左右で棒をかたむけるはたらき〔おもりの重さ(ｇ)×支点からの距離(㎝)〕が等しいとき，棒は水平になる。100ｇのおもりが支点から 28 ㎝の位置になったときの棒を右にかたむけるはたらきは 100×28＝2800 で，磁石が棒を左にかたむけるはたらきも 2800 だから，支点から 40 ㎝の位置にある磁石が賞状をおす力は 2800÷40＝70(ｇ)である。

(3)　エ○…おもりをつるしていない状態で棒は水平になっているから，おもりをＯからＱの間につるして棒を右にかたむけるはたらき(磁石が賞状をおす力)を大きくすれば，賞状は絶対にホワイトボードからはなれない。賞状がホワイトボードからはなれるのは，おもりによる棒を左にかたむけるはたらきがある大きさより大きくなったときだから，このはたらきが少しずつ大きくなるように，Ｏにつるした後，Ｐに向かって動かせばよい。

《2020　社会　解説》

1　問１　ウを選ぶ。1867 年に 15 代将軍徳川慶喜が京都の二条城で朝廷に政権を返したことを大政奉還と言う。首里城は沖縄県，姫路城は兵庫県にある。安土城はかつて滋賀県にあったが，本能寺の変の際に焼失した。

問２　中心にある「寝殿」，寝殿を囲む「対屋」，寝殿と対屋を結ぶ「渡殿」などが，寝殿造の特徴である。

問３　エを選ぶ。京都府の龍安寺《りょうあんじ》の石庭は，水を使わず石や砂によって風景を表現する枯山水庭園の代表である。清水寺は京都府，法隆寺と薬師寺は奈良県にある。

問４　イ．日本最大の前方後円墳は大阪府堺市にある大仙古墳で，仁徳天皇の墓と伝えられている。

問５　エが正しい。　Ｙ．右図参照　Ｚ．(実際の距離)＝(地図上の長さ)×(縮尺の分母)より，11×50000＝550000(㎝)＝5500(ｍ)＝5.5(㎞)。

問６　イ．平等院鳳凰堂は，藤原頼通が浄土信仰の影響を受けて建てた。浄土信仰は，念仏を唱え，阿弥陀仏にすがれば極楽浄土に生まれかわれるという教えである。

2　問１　ア．日本は中国に遣唐使を送り，唐の進んだ制度や文化を学んでいた。710 年に平城京，794 年に平安京が置かれた際，唐の長安の都制にならって碁盤の目状に区画された。長安は現在の西安あたりになる。

問２　イが正しい。大化の改新の開始は 645 年，唐招提寺の建立は 759 年，遣隋使の小野妹子派遣は 607 年，行基による大仏造立の協力は 743 年である。

問３(1)　防人は３年間北九州の防衛をするため，防人の歌には愛する人との別れを詠んだものが多かった。

(2)　万葉集には山上憶良の貧窮問答歌なども収められており，元号の「令和」は万葉集から引用された。

問４　藤原氏の策略により，長らく派遣されていなかった遣唐使に選ばれた菅原道真は，唐の衰退と航海の危険を理由に遣唐使の派遣の延期を宇多天皇に進言し，これが聞き入れられた。

3　問１　イを選ぶ。　ａ．誤り。キリスト教を日本に伝えたのはスペイン人のフランシスコ・ザビエルである。シーボルトはオランダ商館で働いた医者である。　ｂ．正しい。ポルトガルやスペインとの南蛮貿易では，石見銀山などで採れた銀が大量に輸出された。　ｃ．誤り。鉄砲は，堺(大阪府)や国友(滋賀県)の刀鍛冶の職人によって生産された。

問２　長篠の戦いでは，織田信長・徳川家康連合軍が，鉄砲を有効に用いて武田勝頼の騎馬隊を破った。

4 **問1**　B．キリスト教禁止令(1612 年)→C．参勤交代の制定(1635 年)→A．オランダ商館の出島移転(1641 年)だから，エが正しい。

問2　イを選ぶ。1869 年に中央集権の国家を目指して版籍奉還が行われたが，目立った効果が上がらなかったため，1871 年に廃藩置県を実施し，政府から派遣された県令や府知事がそれぞれの県を治めることとした。殖産興業は近代産業の育成を目ざして西洋の知識や技術を取り入れた政策，文明開化は欧米の文化を急速にとりいれて人々の生活文化が変化したことである。

問3　アが正しい。1872 年，生糸の品質や生産技術の向上を目的に，群馬県に官営模範工場の富岡製糸場がつくられた。イ．1854 年の日米和親条約では下田・函館の２港が開かれた。　ウ．足尾銅山鉱毒事件は栃木県の渡良瀬川流域で起こった。　エ．1945 年８月９日に長崎に原子爆弾が投下された。

問4(1)　両方正しいからアを選ぶ。　A．1914 年にヨーロッパを主戦場とした第一次世界大戦が始まり，日本はヨーロッパに向けて軍需品を輸出し，ヨーロッパの影響力が後退したアジアへの綿織物の輸出を拡大した。その結果，第一次世界大戦が終結する 1918 年まで日本は大戦景気となった。　B．1929 年，ニューヨークのウォール街で株価が大暴落したことから世界恐慌が始まった。日本国内では，多くの会社が倒産して町には失業者があふれ，アメリカへの生糸の輸出が激減したことなどを受け，農家の生活は苦しくなった(昭和恐慌)。

(2)　アメリカが石油の輸出を禁止したこと，イギリス・アメリカが中国に物資を供給していたことなどから，日中戦争は長期化し，日本は資源の確保が必要であった。そこで石油などが豊富な東南アジアへ進攻した。

問5　エが正しい。朝鮮戦争の開始は 1950 年，先進国首脳会議の東京開催は 1979 年・1986 年・1993 年，イラク戦争の開始は 2003 年，日中平和友好条約の締結は 1972 年である。

問6(1)　日清戦争後の下関条約で，日本は多額の賠償金や台湾・澎湖諸島・遼東半島を獲得したが，三国干渉によって遼東半島は清に返還されることになり，その後ロシアが租借した。　**(2)**　ア．日清戦争で得た賠償金の一部で，鉄道建設や軍備拡張のための鉄鋼を生産する八幡製鉄所が建設された。

問7　アは 1972 年札幌オリンピック，イは 1998 年長野オリンピック，ウは 1964 年東京オリンピックの開催地だから，エが誤り。

5 **問2**　イが正しい。　A．先生が「高齢者や障がいのある人のために使われている」と言っていることから，社会保障費を導く。高齢化が進むと年金や医療保険給付を受ける高齢者が増えるため，社会保障費が高くなる。

Z．厚生労働省は，社会保障や公衆衛生に関する業務や，労働条件の整備などを担当している。

6 **問1(1)**　イ．東経 100 度線と，東経 140 度線の通る東京都の間に２本経線があるから，経線は(140－100)÷２＝20(度)間隔である。　**(2)**　ウが正しい(右図参照)。　**(3)**　ラムサールはイランの都市名で，ラムサール条約は，「特に水鳥の生息地として国際的に重要な湿地に関する条約」とも言う。　**(4)**　エ．Aのサウジアラビアは OPEC 加盟国だから原油の輸出額が高い③，Bのインドは人口が圧倒的に多いから①，Cのフィリピンは亜熱帯植物のバナナの輸出が盛んな②である。

問2(1)　ウ．日本海側の①は北西季節風の影響で冬の降水量が多いからB，北海道の②は梅雨がないからA，太平洋側の③は南東季節風の影響で夏

の降水量が多いからCである。　(2)　イ．稲作が盛んな秋田平野や越後平野，水田単作地帯がある北陸地方などの県が含まれることから，米を導く。　(3)　エ．製造品出荷額が圧倒的に高く，特に輸送用機械の金額が高い②が自動車生産の盛んなUの愛知県である。残ったうち，化学の金額が高い①は石油化学コンビナートがあるTの岡山県だから，③はSの大分県となる。　(4)　東京都に属する小笠原諸島は，カタマイマイなど，独自の進化をとげた固有種の割合が高いため，世界自然遺産に登録された。

問3　イ．とうもろこしの輸出が多いXは大規模栽培地帯「コーンベルト」があるアメリカ，鉄鉱石の輸出が多いYはブラジル，魚介類の輸出が多いZは中国である。

問4　アを選ぶ。トレーサビリティでは，食品の仕入れ先や，生産・製造方法などの情報を調べられる。モーダルシフトは，トラックによる貨物輸送を環境負荷の小さい鉄道・船舶などの輸送に転換すること。メディアリテラシーは，マスメディアからの情報を取捨選択し，活用する能力のこと。ライフラインは，生活に必要なガス・水道・電気・通信などのこと。

問5　イを選ぶ。NGOは国境なき医師団のように多くの国にまたがって活動することが多い。JICAは国際協力機構，ODAは政府開発援助，PKOは(国連)平和維持活動の略称である。

問6　ジャストインタイム方式には，天災などで部品工場が操業を停止すると，被害のない組み立て工場でも操業を停止せざるを得なくなるといった欠点がある。

■ ご使用にあたってのお願い・ご注意

（1）問題文等の非掲載

著作権上の都合により，問題文や図表などの一部を掲載できない場合があります。

誠に申し訳ございませんが，ご了承くださいますようお願いいたします。

（2）過去問における時事性

過去問題集は，学習指導要領の改訂や社会状況の変化，新たな発見などにより，現在とは異なる表記や解説になっている場合があります。過去問の特性上，出題当時のままで出版していますので，あらかじめご了承ください。

（3）配点

学校等から配点が公表されている場合は，記載しています。公表されていない場合は，記載していません。

独自の予想配点は，出題者の意図と異なる場合があり，お客様が学習するうえで誤った判断をしてしまう恐れがあるため記載していません。

（4）無断複製等の禁止

購入された個人のお客様が，ご家庭でご自身またはご家族の学習のためにコピーをすることは可能ですが，それ以外の目的でコピー，スキャン，転載（ブログ，ＳＮＳなどでの公開を含みます）などをすることは法律により禁止されています。学校や学習塾などで，児童生徒のためにコピーをして使用することも法律により禁止されています。

ご不明な点や，違法な疑いのある行為を確認された場合は，弊社までご連絡ください。

（5）けがに注意

この問題集は針を外して使用します。針を外すときは，けがをしないように注意してください。また，表紙カバーや問題用紙の端で手指を傷つけないように十分注意してください。

（6）正誤

制作には万全を期しておりますが，万が一誤りなどがございましたら，弊社までご連絡ください。

なお，誤りが判明した場合は，弊社ウェブサイトの「ご購入者様のページ」に掲載しておりますので，そちらもご確認ください。

■ お問い合わせ

解答例，解説，印刷，製本など，問題集発行におけるすべての責任は弊社にあります。

ご不明な点がございましたら，弊社ウェブサイトの「お問い合わせ」フォームよりご連絡ください。迅速に対応いたしますが，営業日の都合で回答に数日を要する場合があります。

ご入力いただいたメールアドレス宛に自動返信メールをお送りしています。自動返信メールが届かない場合は，「よくある質問」の「メールの問い合わせに対し返信がありません。」の項目をご確認ください。

また弊社営業日（平日）は，午前９時から午後５時まで，電話でのお問い合わせも受け付けています。

2025春

株式会社教英出版

〒422-8054　静岡県静岡市駿河区南安倍３丁目 12-28

TEL　054-288-2131　　FAX　054-288-2133

URL　https://kyoei-syuppan.net/

MAIL siteform@kyoei-syuppan.net

教英出版の中学受験対策

中学受験面接の基本がここに！
知っておくべき面接試問の要領

面接試験に，落ち着いて自信をもってのぞむためには，あらかじめ十分な準備をしておく必要があります。面接の心得や，受験生と保護者それぞれへの試問例など，面接対策に必要な知識を１冊にまとめました。

- 面接の形式や評価のポイント，マナー，当日までの準備など，面接の基本をていねいに指南「面接はこわくない！」
- 書き込み式なので，質問例に対する自分の答えを整理して本番直前まで使える
- ウェブサイトで質問音声による面接のシミュレーションができる

定価：770円（本体700円+税）

入試テクニックシリーズ

必修編

基本をおさえて実力アップ！
1冊で入試の全範囲を学べる！
基礎力養成に最適！

こんな受験生には必修編がおすすめ！
- 入試レベルの問題を解きたい
- 学校の勉強とのちがいを知りたい
- 入試問題を解く基礎力を固めたい

定価：1,100円（本体1,000+税）

発展編

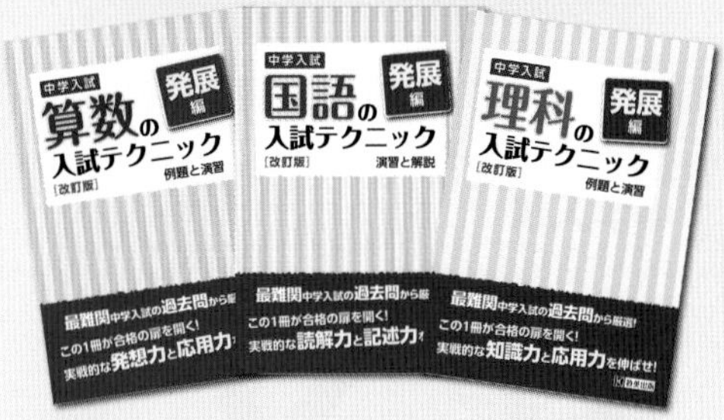

応用力強化で合格をつかむ！
有名私立中の問題で
最適な解き方を学べる！

こんな受験生には発展編がおすすめ！
- もっと難しい問題を解きたい
- 難関中学校をめざしている
- 子どもに難問の解法を教えたい

定価：1,760円（本体1,600+税）

絶賛販売中！

詳しくは教英出版で検索

教英出版　検索

URL https://kyoei-syuppan.net/

教英出版　2025年春受験用　中学入試問題集

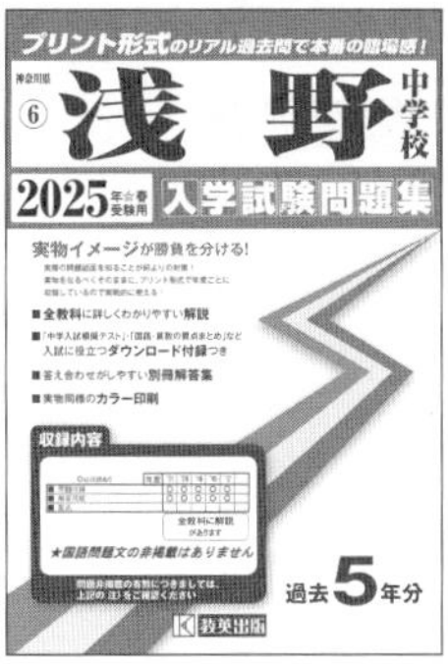

学校別問題集

✿はカラー問題対応

北海道

①[市立]札幌開成中等教育学校
②藤女子中学校
③北嶺中学校
④北星学園女子中学校
⑤札幌大谷中学校
⑥札幌光星中学校
⑦立命館慶祥中学校
⑧函館ラ・サール中学校

青森県

①[県立]三本木高等学校附属中学校

岩手県

①[県立]一関第一高等学校附属中学校

宮城県

①[県立]宮城県古川黎明中学校
②[県立]宮城県仙台二華中学校
③[市立]仙台青陵中等教育学校
④東北学院中学校
⑤仙台白百合学園中学校
⑥聖ウルスラ学院英智中学校
⑦宮城学院中学校
⑧秀光中学校
⑨古川学園中学校

秋田県

①[県立]
大館国際情報学院中学校
秋田南高等学校中等部
横手清陵学院中学校

山形県

①[県立]
東桜学館中学校
致道館中学校

福島県

①[県立]
会津学鳳中学校
ふたば未来学園中学校

茨城県

①[県立]
日立第一高等学校附属中学校
太田第一高等学校附属中学校
水戸第一高等学校附属中学校
鉾田第一高等学校附属中学校
鹿島高等学校附属中学校
土浦第一高等学校附属中学校
竜ヶ崎第一高等学校附属中学校
下館第一高等学校附属中学校
下妻第一高等学校附属中学校
水海道第一高等学校附属中学校
勝田中等教育学校
並木中等教育学校
古河中等教育学校

栃木県

①[県立]
宇都宮東高等学校附属中学校
佐野高等学校附属中学校
矢板東高等学校附属中学校

群馬県

①
[県立]中央中等教育学校
[市立]四ツ葉学園中等教育学校
[市立]太田中学校

埼玉県

①[県立]伊奈学園中学校
②[市立]浦和中学校
③[市立]大宮国際中等教育学校
④[市立]川口市立高等学校附属中学校

千葉県

①[県立]
千葉中学校
東葛飾中学校
②[市立]稲毛国際中等教育学校

東京都

①[国立]筑波大学附属駒場中学校
②[都立]白鷗高等学校附属中学校
③[都立]桜修館中等教育学校
④[都立]小石川中等教育学校
⑤[都立]両国高等学校附属中学校
⑥[都立]立川国際中等教育学校
⑦[都立]武蔵高等学校附属中学校
⑧[都立]大泉高等学校附属中学校
⑨[都立]富士高等学校附属中学校
⑩[都立]三鷹中等教育学校
⑪[都立]南多摩中等教育学校
⑫[区立]九段中等教育学校
⑬開成中学校
⑭麻布中学校
⑮桜蔭中学校
⑯女子学院中学校
✿⑰豊島岡女子学園中学校
⑱東京都市大学等々力中学校
⑲世田谷学園中学校
✿⑳広尾学園中学校（第2回）
✿㉑広尾学園中学校（医進・サイエンス回）
㉒渋谷教育学園渋谷中学校（第1回）
㉓渋谷教育学園渋谷中学校（第2回）
㉔東京農業大学第一高等学校中等部（2月1日 午後）
㉕東京農業大学第一高等学校中等部（2月2日 午後）

神奈川県

①[県立]
- 相模原中等教育学校
- 平塚中等教育学校

②[市立]南高等学校附属中学校
③[市立]横浜サイエンスフロンティア高等学校附属中学校
④[市立]川崎高等学校附属中学校
✿⑤聖光学院中学校
✿⑥浅野中学校
⑦洗足学園中学校
⑧法政大学第二中学校
⑨逗子開成中学校（1次）
⑩逗子開成中学校（2·3次）
⑪神奈川大学附属中学校（第1回）
⑫神奈川大学附属中学校（第2·3回）
⑬栄光学園中学校
⑭フェリス女学院中学校

新潟県

①[県立]
- 村上中等教育学校
- 柏崎翔洋中等教育学校
- 燕中等教育学校
- 津南中等教育学校
- 直江津中等教育学校
- 佐渡中等教育学校

②[市立]高志中等教育学校
③新潟第一中学校
④新潟明訓中学校

石川県

①[県立]金沢錦丘中学校
②星稜中学校

福井県

①[県立]高志中学校

山梨県

①山梨英和中学校
②山梨学院中学校
③駿台甲府中学校

長野県

①[県立]
- 屋代高等学校附属中学校
- 諏訪清陵高等学校附属中学校

②[市立]長野中学校

岐阜県

①岐阜東中学校
②鶯谷中学校
③岐阜聖徳学園大学附属中学校

静岡県

①[国立]静岡大学教育学部附属中学校（静岡·島田·浜松）

②
- [県立]清水南高等学校中等部
- [県立]浜松西高等学校中等部
- [市立]沼津高等学校中等部

③不二聖心女子学院中学校
④日本大学三島中学校
⑤加藤学園暁秀中学校
⑥星陵中学校
⑦東海大学付属静岡翔洋高等学校中等部
⑧静岡サレジオ中学校
⑨静岡英和女学院中学校
⑩静岡雙葉中学校
⑪静岡聖光学院中学校
⑫静岡学園中学校
⑬静岡大成中学校
⑭城南静岡中学校
⑮静岡北中学校

⑯
- 常葉大学附属常葉中学校
- 常葉大学附属橘中学校
- 常葉大学附属菊川中学校

⑰藤枝明誠中学校
⑱浜松開誠館中学校
⑲静岡県西遠女子学園中学校
⑳浜松日体中学校
㉑浜松学芸中学校

愛知県

①[国立]愛知教育大学附属名古屋中学校
②愛知淑徳中学校

③
- 名古屋経済大学市邨中学校
- 名古屋経済大学高蔵中学校

④金城学院中学校
⑤椙山女学園中学校
⑥東海中学校
⑦南山中学校男子部
⑧南山中学校女子部
⑨聖霊中学校
⑩滝中学校
⑪名古屋中学校
⑫大成中学校
⑬愛知中学校
⑭星城中学校
⑮名古屋葵大学中学校（名古屋女子大学中学校）
⑯愛知工業大学名電中学校
⑰海陽中等教育学校（特別給費生）
⑱海陽中等教育学校（I·II）
⑲中部大学春日丘中学校
新刊⑳名古屋国際中学校

三重県

①[国立]三重大学教育学部附属中学校
②暁中学校
③海星中学校
④四日市メリノール学院中学校
⑤高田中学校
⑥セントヨゼフ女子学園中学校
⑦三重中学校
⑧皇學館中学校
⑨鈴鹿中等教育学校
⑩津田学園中学校

滋賀県

①[国立]滋賀大学教育学部附属中学校

②[県立]
- 河瀬中学校
- 守山中学校
- 水口東中学校

京都府

①[国立]京都教育大学附属桃山中学校
②[府立]洛北高等学校附属中学校
③[府立]園部高等学校附属中学校
④[府立]福知山高等学校附属中学校
⑤[府立]南陽高等学校附属中学校
⑥[市立]西京高等学校附属中学校
⑦同志社中学校
⑧洛星中学校
⑨洛南高等学校附属中学校
⑩立命館中学校
⑪同志社国際中学校
⑫同志社女子中学校（前期日程）
⑬同志社女子中学校（後期日程）

大阪府

①[国立]大阪教育大学附属天王寺中学校
②[国立]大阪教育大学附属平野中学校
③[国立]大阪教育大学附属池田中学校

④[府立]富田林中学校
⑤[府立]咲くやこの花中学校
⑥[府立]水都国際中学校
⑦清風中学校
⑧高槻中学校（A日程）
⑨高槻中学校（B日程）
⑩明星中学校
⑪大阪女学院中学校
⑫大谷中学校
⑬四天王寺中学校
⑭帝塚山学院中学校
⑮大阪国際中学校
⑯大阪桐蔭中学校
⑰開明中学校
⑱関西大学第一中学校
⑲近畿大学附属中学校
⑳金蘭千里中学校
㉑金光八尾中学校
㉒清風南海中学校
㉓帝塚山学院泉ヶ丘中学校
㉔同志社香里中学校
㉕初芝立命館中学校
㉖関西大学中等部
㉗大阪星光学院中学校

兵庫県

①[国立]神戸大学附属中等教育学校
②[県立]兵庫県立大学附属中学校
③雲雀丘学園中学校
④関西学院中学部
⑤神戸女学院中学部
⑥甲陽学院中学校
⑦甲南中学校
⑧甲南女子中学校
⑨灘中学校
⑩親和中学校
⑪神戸海星女子学院中学校
⑫滝川中学校
⑬啓明学院中学校
⑭三田学園中学校
⑮淳心学院中学校
⑯仁川学院中学校
⑰六甲学院中学校
⑱須磨学園中学校(第1回入試)
⑲須磨学園中学校(第2回入試)
⑳須磨学園中学校(第3回入試)
㉑白陵中学校
㉒夙川中学校

奈良県

①[国立]奈良女子大学附属中等教育学校
②[国立]奈良教育大学附属中学校
③[県立]
　国際中学校
　青翔中学校
④[市立]一条高等学校附属中学校
⑤帝塚山中学校
⑥東大寺学園中学校
⑦奈良学園中学校
⑧西大和学園中学校

和歌山県

①[県立]
　古佐田丘中学校
　向陽中学校
　桐蔭中学校
　日高高等学校附属中学校
　田辺中学校
②智辯学園和歌山中学校
③近畿大学附属和歌山中学校
④開智中学校

岡山県

①[県立]岡山操山中学校
②[県立]倉敷天城中学校
③[県立]岡山大安寺中等教育学校
④[県立]津山中学校
⑤岡山中学校
⑥清心中学校
⑦岡山白陵中学校
⑧金光学園中学校
⑨就実中学校
⑩岡山理科大学附属中学校
⑪山陽学園中学校

広島県

①[国立]広島大学附属中学校
②[国立]広島大学附属福山中学校
③[県立]広島中学校
④[県立]三次中学校
⑤[県立]広島叡智学園中学校
⑥[市立]広島中等教育学校
⑦[市立]福山中学校
⑧広島学院中学校
⑨広島女学院中学校
⑩修道中学校
⑪崇徳中学校
⑫比治山女子中学校
⑬福山暁の星女子中学校
⑭安田女子中学校
⑮広島なぎさ中学校
⑯広島城北中学校
⑰近畿大学附属広島中学校福山校
⑱盈進中学校
⑲如水館中学校
⑳ノートルダム清心中学校
㉑銀河学院中学校
㉒近畿大学附属広島中学校東広島校
㉓AICJ中学校
㉔広島国際学院中学校
㉕広島修道大学ひろしま協創中学校

山口県

①[県立]
　下関中等教育学校
　高森みどり中学校
②野田学園中学校

徳島県

①[県立]
　富岡東中学校
　川島中学校
　城ノ内中等教育学校
②徳島文理中学校

香川県

①大手前丸亀中学校
②香川誠陵中学校

愛媛県

①[県立]
　今治東中等教育学校
　松山西中等教育学校
②愛光中学校
③済美平成中等教育学校
④新田青雲中等教育学校

高知県

①[県立]
　安芸中学校
　高知国際中学校
　中村中学校

福岡県

①［国立］福岡教育大学附属中学校（福岡・小倉・久留米）
②［県立］
- 育徳館中学校
- 門司学園中学校
- 宗像中学校
- 嘉穂高等学校附属中学校
- 輝翔館中等教育学校

③西南学院中学校
④上智福岡中学校
⑤福岡女学院中学校
⑥福岡雙葉中学校
⑦照曜館中学校
⑧筑紫女学園中学校
⑨敬愛中学校
⑩久留米大学附設中学校
⑪飯塚日新館中学校
⑫明治学園中学校
⑬小倉日新館中学校
⑭久留米信愛中学校
⑮中村学園女子中学校
⑯福岡大学附属大濠中学校
⑰筑陽学園中学校
⑱九州国際大学付属中学校
⑲博多女子中学校
⑳東福岡自彊館中学校
㉑八女学院中学校

佐賀県

①［県立］
- 香楠中学校
- 致遠館中学校
- 唐津東中学校
- 武雄青陵中学校

②弘学館中学校
③東明館中学校
④佐賀清和中学校
⑤成穎中学校
⑥早稲田佐賀中学校

長崎県

①［県立］
- 長崎東中学校
- 佐世保北中学校
- 諫早高等学校附属中学校

②青雲中学校
③長崎南山中学校
④長崎日本大学中学校
⑤海星中学校

熊本県

①［県立］
- 玉名高等学校附属中学校
- 宇土中学校
- 八代中学校

②真和中学校
③九州学院中学校
④ルーテル学院中学校
⑤熊本信愛女学院中学校
⑥熊本マリスト学園中学校
⑦熊本学園大学付属中学校

大分県

①［県立］大分豊府中学校
②岩田中学校

宮崎県

①［県立］五ヶ瀬中等教育学校
②［県立］
- 宮崎西高等学校附属中学校
- 都城泉ヶ丘高等学校附属中学校

③宮崎日本大学中学校
④日向学院中学校
⑤宮崎第一中学校

鹿児島県

①［県立］楠隼中学校
②［市立］鹿児島玉龍中学校
③鹿児島修学館中学校
④ラ・サール中学校
⑤志學館中等部

沖縄県

①［県立］
- 与勝緑が丘中学校
- 開邦中学校
- 球陽中学校
- 名護高等学校附属桜中学校

もっと過去問シリーズ

北海道

北嶺中学校
7年分（算数・理科・社会）

静岡県

静岡大学教育学部附属中学校
（静岡・島田・浜松）
10年分（算数）

愛知県

愛知淑徳中学校
7年分（算数・理科・社会）
東海中学校
7年分（算数・理科・社会）
南山中学校男子部
7年分（算数・理科・社会）
南山中学校女子部
7年分（算数・理科・社会）
滝中学校
7年分（算数・理科・社会）
名古屋中学校
7年分（算数・理科・社会）

岡山県

岡山白陵中学校
7年分（算数・理科）

広島県

広島大学附属中学校
7年分（算数・理科・社会）
広島大学附属福山中学校
7年分（算数・理科・社会）
広島学院中学校
7年分（算数・理科・社会）
広島女学院中学校
7年分（算数・理科・社会）
修道中学校
7年分（算数・理科・社会）
ノートルダム清心中学校
7年分（算数・理科・社会）

愛媛県

愛光中学校
7年分（算数・理科・社会）

福岡県

福岡教育大学附属中学校
（福岡・小倉・久留米）
7年分（算数・理科・社会）
西南学院中学校
7年分（算数・理科・社会）
久留米大学附設中学校
7年分（算数・理科・社会）
福岡大学附属大濠中学校
7年分（算数・理科・社会）

佐賀県

早稲田佐賀中学校
7年分（算数・理科・社会）

長崎県

青雲中学校
7年分（算数・理科・社会）

鹿児島県

ラ・サール中学校
7年分（算数・理科・社会）

※もっと過去問シリーズは国語の収録はありません。

教英出版
〒422-8054
静岡県静岡市駿河区南安倍3丁目12-28
TEL 054-288-2131
FAX 054-288-2133
詳しくは教英出版で検索
教英出版　検索
URL https://kyoei-syuppan.net/

2024年度

国　　語

（100点　50分）

注意事項

1．試験開始のチャイムが鳴るまで、この問題冊子《さっし》を開いてはいけません。

2．問題冊子は表紙をのぞいて17ページです。

3．答えはすべて解答用紙に文字または記号で正確に記入しなさい。

4．字数制限がある場合は、すべて句読点や「　」などの記号をふくむものとします。

5．問題冊子および解答用紙の印刷が悪いときや、ページが足りないときは、手をあげて先生に知らせなさい。

6．試験が終わったら問題冊子は持ち帰りなさい。

西南学院中学校

2024(R6) 西南学院中
教英出版

一　次の文章を読んで、後の問いに答えなさい。

中学生の「わたし（高梨）」は、中華《ちゅうか》料理店の本格的なマーボー豆腐《どうふ》が辛《から》くて食べられず、姉や父に「子どもだ」と笑われてしまった。このままではいけないと思った「わたし」は、物静かで落ちついた態度をとってみたり、図書館で恋愛《れんあい》小説を借りたりしてみたが、どこか苦しさを感じていた。

午前の授業が終わって、給食の時間になった。

始業前に美貴*ちゃんと話したときから、わたしはずっと迷っていた。無理して大人になろうとしなくたっていい、と美貴ちゃんは言ってくれたけど、ほんとうにそれでいいのかな。わたしはやっぱり、変わらなくちゃいけないんじゃないかな、って。

どうしたらいいのかわからないまま、わたしは給食のトレイを見おろした。きょうの給食のメニューはマーボー豆腐だった。この前の夜に食べた、本場の黒っぽいのとは違《ちが》う、やさしいオレンジ色の、わたしの好きなマーボー豆腐。

小学校のときから変わらない、その甘口《あまくち》のマーボー豆腐を食べているうちに、わたしはだんだんほっとした気分になっていた。そしてほっとするのといっしょに、ごちゃごちゃこんがらがっていた頭の中の悩《なや》みが、不思議なくらいするするとほどけていくのを感じた。

ア もうやめちゃおうかな、こんなこと。わたしはそう考えた。どんなに頑張《がんば》って大人っぽく変わろうとしたって、きっとまた空まわりをして、勘違《かんちが》いされちゃうだけ。だったら、こんなにつらくてくたびれること、意地を張って続けなくたっていいよね。

悩みは消えたはずなのに、わたしの心はまだもやもやとしたままだった。こっそりため息をついてから、なにげなくとなりの班を見ると、みっくんがつまらなそうな顔で、マーボー豆腐を口に運んでいた。

きっとみっくんも、給食のマーボー豆腐より、中華料理店の本場のマーボー豆腐のほうが好きなんだろうな、と思った。美貴ちゃんや朋*《とも》ちゃんと同じように。

わたしはやっぱりお子さまなんだな。お姉ちゃんの言葉を思いだしながら食べたマーボー豆腐は、ほんのちょっと苦い味が混ざっていた。

放課後、わたしは読むのをあきらめた恋愛小説を、図書館に返しにいった。

返却《へんきゃく》カウンターで、図書館のお姉さんに本をわたしながら、わたしは後ろめたい気分でいた。ほんとうに返してしまっていいんだろうか。この本を返しちゃったら、わたしはこれからもずっと、大人っぽくはなれないんじゃないかな。そんな不安も感じていた。

返却が終わったあとも、まっすぐ童話を借りにいく気にはなれなくて、わたしは大人向けの小説の棚《たな》のあいだをうろうろしていた。またべつの小説を借りてみようかな、とも考えたけど、おもしろそうな本はなかなか見つからなかった。

しばらく迷ったあとで、わたしはためらいがちに、大人の小説のコーナーを離《はな》れた。そしていつもの童話の棚に向かうと、そこでわたしは思いがけない相手の姿を見つけた。

そこにいたのは、大人びた顔の背の高い男子。みっくんだった。みっくんは棚の前で童話の本を開いて、熱心に立ち読みをしていた。

本の表紙は見えないけど、挿絵《さしえ》でわかる。この前わたしが返した、*「こだぬきレストランのポックル」の最新刊だ。

それを読むみっくんの顔には、すごくわくわくした表情が浮《う》かんでいた。いつもの不機嫌《ふきげん》で怖《こわ》そうな顔とは違う、昔となんにも変わっていない、おもしろい童話を読んでいるときのみっくんの顔だ。

驚《おどろ》きすぎて声をかけることもできないでいると、みっくんがわたしに気がついた。イみっくんはぎょっとした顔になってから、すぐにその表情を引っこめて、「なんだ、高梨か」とぶっきらぼうに言った。そして読んでいた本を棚にもどすと、なにごともなかったかのように、　X　その場を立ち去ってしまう。

呆気《あっけ》に取られてしまってから、わたしはとっさにポックルの最新刊を棚からぬきだして、みっくんのあとを追いかけた。

「道橋くん、待って！」

わたしが呼びかけても、みっくんは立ち止まってくれなかった。わたしは駆《か》け足でみっくんに追いつくと、服の裾《すそ》をつかんで言った。

「待ってよ、みっくん！」

昔のあだ名をつい使ってしまったら、みっくんが怒《おこ》った顔で振《ふ》りかえった。鋭《するど》い目でにらまれて、わたしはびくっとうつむいた。

けれどそれからすぐに、大きなため息の音が聞こえた。わたしがおそるおそる顔を上げると、みっくんは怖い顔をやめて、あきれたようにわたしのことを見ていた。

「もうその呼びかたはするなよ。恥《は》ずかしいだろ」

「ごめんなさい。その、これ、借りようとしてたんじゃないの？」

わたしは　Y　ポックルの本をみっくんに差しだした。するとみっくんはその本を見もしないでこたえる。

「そういうわけじゃない。この前高梨が話してたのを思いだして、ちょっと見てただけだ」

「でも、すごくわくわくした顔で読んでたし……」

「そんな顔はしていない」

怖い声できっぱり言いかえされて、わたしはまたAチヂこまった。けれど、それでもまだあきらめられないで、わたしがこわごわその顔色をうかがおうとしていると、みっくんは　Z　つけくわえた。

「だいたい、こんなでかいのが低学年向けの童話なんて読んでたら、変に決まってるだろ」

その言葉を聞いたわたしは、はっとしてみっくんの顔を見あげた。わたしよりも頭ひとつぶんは上にある、みっくんの顔を。

ふてくされたような顔でそっぽを向いているみっくんを見て、ウわたしは気がついた。みっくんは、童話を好きじゃなくなったわけじゃなかったんだ、って。そのことが、みっくんの声や表情から伝わってきた。

それからわたしは、学校での美貴ちゃんとの会話を思いだした。大人っぽいふりをしていたわたしは、不機嫌そうで怒っているように見えた、と美貴ちゃんは言っていた。不機嫌そうで怒っているように見えるって、それはわたしだけじゃなくて、みっくんだってそうだ。

もしかしたらみっくんも、【★】、とわたしは思った。わたしと違って、みっくんの外見はどんどん大人に近づいている。だからわたしよりもBヨケイにあせって、大きくなった体に中身もあわせようと、大人っぽく振舞《ふるま》って、好きな童話も読まなくなって……。

大人にならなくちゃとあせっていたのは、わたしだけじゃなかった。そのことがわかった途端《とたん》、わたしの口から言葉が飛びだしていた。

「絶対、変なんかじゃないと思う！」

静かな図書館に、わたしの声が響《ひび》きわたった。みっくんは目をまるくしていて、わたしも自分の声の大きさに驚いていた。

なにを話したらいいかわからなくて、わたしはおろおろしてしまった。だけどわたしはとにかくみっくんに、またポックルの童話を読んでほしかった。

「あ、あのねっ、この本、ほんとにすごくおもしろかったの！ポックルの全部のお話の中で、ベストスリーに入れたいくらいに。ライバルのイナリ丸との料理勝負もわくわくしたし、ポックルがつくるいろんなマーボー豆腐がどれもおいしそうで……」

わたしは一生懸命《いっしょうけんめい》、ポックルの新しいお話のおもしろさをみっくんに伝えようとした。

そんなわたしのことを、みっくんはきょとんとした顔で見つめていた。けれどそのうちに、みっくんはふう、とため息をついて、「わかったよ」とわたしの言葉を止めた。エやれやれというような、だけどやさしい声で。

「普段《ふだん》はおどおどしてるのに、好きな本の話をするときはすごいおしゃべりなとこ、昔と変わらないな」

みっくんはそう言って、わたしの差しだした本を受けとった。

みっくんに本をわたしながら、わたしは自然と笑顔《えがお》になっていた。変わらなくちゃ、と思って、ずっと頑張っていたはずなのに、変わらないな、というみっくんの言葉が、わたしはなんだかとてもうれしかった。

激辛《げきから》マーボー豆腐の夜から、オずっと不安で重たかった胸が、やっと軽くなったような気がした。
「この本だったら、高梨にもおすすめ。児童文学と大人の小説の中間の、ヤングアダルトってジャンルになるから、cゲンミツには大人の小説じゃないけど、まずはこういう作品から手をだしてみたらいいんじゃないか」
童話じゃない本も読んでみたい、というわたしのリクエストにこたえて、みっくんがおすすめの本を選んでくれた。前に借りた悲しい恋愛小説とは違って、とても明るくてさわやかそうな表紙の本で、文字も大きめだしページ数もそんなに多くない。これならわたしでも最後まで読めそう。
「ありがとう、みっくん」
「だから、その呼びかたはやめてくれって言ってるだろ。特にほかのやつらがいるときは」
相変わらず無愛想にそう言うと、みっくんは「じゃあ、もう帰るから」と貸出カウンターのほうに行こうとした。
そこでわたしはふと思いついて、その背中に声をかけた。うっかりまた「みっくん」と呼んでしまったせいで、振りかえったみっくんがじろっとわたしをにらんだ。
「ご、ごめんね。たいしたことじゃないんだけど、あの、給食のマーボー豆腐と、中華料理のお店の本場のマーボー豆腐、どっちのほうが好き?」
いきなりの質問に、みっくんがまゆをひそめた。だけどわたしが上目遣《うわめづか》いに待っていると、みっくんは戸惑《とまど》いがちにこたえてくれた。
「本場のって、要するに激辛ってことだろ。辛いのは得意じゃないから、給食のマーボー豆腐のほうがいいな」
それがどうかしたのか、と不思議そうなみっくんに、わたしは「ううん、ちょっと聞いてみたかっただけ」と笑顔でこたえた。
そしてみっくんの後ろ姿を見送ると、うきうきした気分で、残りの本を選びに童話の棚に向かった。
（如月　かずさ『給食アンサンブル』光村図書出版による）

注
＊美貴ちゃん　「わたし」の友人。「わたし」のとる物静かな態度を、不機嫌でいると誤解していた。
＊朋ちゃん　「わたし」の友人。
＊「こだぬきレストランのポックル」の最新刊　みっくんはこのシリーズの本が大好きで、かつて「わたし」に紹介《しょうかい》してくれた。数日前に図書館でみっくんに会い、この最新刊を「もう読んだ?」とたずねると、「読むわけないだろ」と返されてしまった。

問1 ア もうやめちゃおうかな、こんなこと とありますが、「こんなこと」とはどのようなことですか。本文中のことばを用いて、解答欄《らん》の形式に合わせて15字以内で答えなさい。

問2 イ みっくんはぎょっとした顔になってから、〜ぶっきらぼうに言った とありますが、このときの「みっくん」の様子を説明したものとして最も適当なものを次の中から選び、番号で答えなさい。

1 童話を読んでいるのを誰《だれ》かに知られたと思い慌《あわ》てたが、高梨なら他人に言いふらすことはないとたかをくくっている。

2 熱心に童話を読んでいるところを高梨に見られたと思い焦《あせ》ったが、その焦りに気づかれないよう平然とふるまっている。

3 童話のコーナーに中学生が来るとは思わず、緊張《きんちょう》してしまったが、見知った仲である高梨だと気づきほっとしている。

4 ポックルの本を読みたがる同世代の存在に驚いたが、それが童話好きの高梨であったため、意外性がなくがっかりしている。

問3 本文中の［　　］X〜Zにあてはまることばの組み合わせとして最も適当なものを次の中から選び、番号で答えなさい。

1 X そそくさと　Y いそいそと　Z くどくどと

2 X とぼとぼと　Y やすやすと　Z ぞくぞくと

3 X はやばやと　Y もじもじと　Z ようようと

4 X すたすたと　Y おずおずと　Z ぼそぼそと

問4 ウ わたしは気がついた とありますが、このときの「わたし」はどのようなことに気がついたのですか。それを説明した次の文の［　　］①・②にあてはまることばを本文中から抜《ぬ》き出して答えなさい。ただし、①は12字、②は2字のことばが入ります。

みっくんは、［　①　］のではなく、童話を読むことが自分の［　②　］に似つかわしくないと感じているということ。

問5　本文中の【　★　】にあてはまることばとして最も適当なものを次の中から選び、番号で答えなさい。

1　急いで大人になろうとして無理をしているんじゃないだろうか

2　いっそ大人になんかなりたくないと思っているんじゃないだろうか

3　もう大人なのに子ども扱《あつか》いされて苦しんでいるんじゃないだろうか

4　まだ大人ではないのに大人に見られて困っているんじゃないだろうか

問6　エやれやれというような、だけどやさしい声で　とありますが、このときの「みっくん」の心情を説明したものとして最も適当なものを次の中から選び、番号で答えなさい。

1　ポックルの新刊を読んでほしいという願いを聞き入れなければ話が終わらないので、どうにかして高梨をなだめようととりつくろっている。

2　童話のことになると感情的になってしまう高梨に対して疲《つか》れを感じつつも、夢中になれるものがあることをうらやましく感じている。

3　普段は大人しい高梨の意外な一面を見てとまどってしまったが、長年の友人である高梨の童話への熱い思いを受け止めようとしている。

4　好きなことを話し出すと止まらなくなってしまう高梨にあきれながらも、幼い時から変わらないその純粋《じゅんすい》さに安心感を覚えている。

問7 オずっと不安で重たかった胸が、やっと軽くなったような気がした　とありますが、このときの「わたし」について説明したものとして最も適当なものを次の中から選び、番号で答えなさい。

1　みっくんに一生懸命ポックルの最新刊の面白《おもしろ》さを伝えるなかで、自分にとって童話がいかに大切なものだったかわかり、その魅力《みりょく》を再発見することができた。

2　最近ずっと不機嫌だったみっくんが久しぶりにやさしい表情を見せてくれたことによって、やっと自分の気持ちが伝わったのだと実感することができた。

3　童話を読むことは決して変なことではないとみっくんに伝えることを通して、自分自身にも変わらない部分があっていいのだと納得《なっとく》することができた。

4　好きな本についておしゃべりになることは自分の短所だと思っていたが、みっくんが肯定《こうてい》的なことばをくれたことで、それを長所だと認めることができた。

問8 この作品には「マーボー豆腐」が二種類出てきます。「中華料理店のマーボー豆腐」と「給食のマーボー豆腐」は、それぞれどのような意味を持っていると考えられますか。それを説明した次の文章の［　］Ⅰ・Ⅱにあてはまることばをそれぞれ5～7字で考えて答えなさい。

この作品において、激辛の「中華料理店のマーボー豆腐」と、甘口の「給食のマーボー豆腐」は対照的に描《えが》かれている。前者を好むことは［ Ⅰ ］こと、後者を好むことは［ Ⅱ ］ことを象徴《しょうちょう》していると考えられる。

物語の前半では、「わたし」は［ Ⅰ ］ことにあこがれる一方で苦しさを感じていたが、物語の最後には［ Ⅱ ］ところをふくめた自分自身を前向きに受け入れることができるようになった。

問9 Aチヂこまった　Bヨケイ　Cゲンミツ　のカタカナをそれぞれ漢字で書きなさい。

二 次の文章を読んで、後の問いに答えなさい。なお、A～C は意味段落を示します。

A ア*アルゴリズムによる最適化は、私たちと情報との関係を、どのように変えるのでしょうか。

たとえば、本を買うときのことを想像してみましょう。私はよく書店で本を買います。*リアルの書店の魅力《みりょく》は、なんといっても、実際に陳列《ちんれつ》されている無数の本を見ることができること、棚《たな》に並んでいる本を手にとって、ぱらぱらと試《ため》し読みできることです。私は書店に行くと、ついもともと買う予定ではなかった本まで買ってしまうのですが、それは予期しなかった本との出会いが起こるからです。書店を気ままにぶらぶらするのは、最高の休日の過ごし方です。

私事にはなりますが、私は*ハンス・ヨナスという哲学《てつがく》者を研究しています。実は、私がヨナスと出会ったきっかけは、書店でたまたま彼《かれ》の本を手にとったことでした。そのとき、哲学の棚に「注目の新刊」としてヨナスの本が並んでおり、それをぱらぱらとめくったところ、「これだ!」と直感し、大きな衝撃《しょうげき》を受けました。今でもあのときの気分を鮮明《せんめい》に思いだすことができます。

私はよく、もしもあのとき、あの書店に行かなかったら、自分はどうなっていただろうと想像します。あのとき、あの書店に行かなければ、私がヨナスを知る機会はなかったかもしれないし、研究者にすらならなかった可能性もあります。当時は教職課程をとっていたので、もしかしたら高校の教師になっていたかもしれません。きっとその人生も素敵《すてき》だったと思います。しかし、いずれにしても、その書店でその本と偶然《ぐうぜん》出会ったことが、私の人生を大きく変えたことはA否めません。

しかし、アルゴリズムによる最適化は、本との出会いをまったくちがうものにします。たとえば、*Amazonのおすすめに基《もと》づいて本を買うとき、私たちはもともと自分が好きな可能性の高いものを推薦《すいせん》され、そのなかから選んで買うということになります。【 a 】当然、それが「私」にとって「ハズレ」である可能性は低くなりますが、それは同時に、人生を大きく変えるような本との出会いがなくなってしまう、ということでもあるでしょう。なぜならそうした本は、それまでの「私」が選びそうな本とは異なる本であり、それゆえにまったく新しいものを「私」にもたらす本だと考えられるからです。

アルゴリズムに従って情報に接しているとき、その情報が「私」を大きく変えることはほぼありません。「私」は、自分がもとから関心のあること、好きなこと、知りたいと思っていることにだけ、出会うことになるからです。そうではない情報は、「私」にとって「ハズレ」となるリスクがあり、時間とお金の無駄《むだ》と感じられるかもしれません。【 b 】そうした無駄を回避《かいひ》したい、という欲求に、アルゴリズムによる最適化は応《こた》えようとしているのです。

B　少し硬《かた》い言い方をしてみるなら、「アルゴリズムは偶然性を【X】」と言うことができるでしょう。アルゴリズムは、与《あた》えられたデータに基づいて、ある一定のシステムに従って、「私」に情報を提示してきます。「私」が接する情報は、一定の理由があって選ばれているのであり、理由なくたまたままぎれこんでしまった、というような偶然の情報は、「私」の見る画面のなかには存在しないのです。

たとえば、「私」がバトル系少年漫画《まんが》をネットで大量に購入《こうにゅう》したとしましょう。するとAmazonのアルゴリズムは、「この人はバトル系少年漫画の大ファンであり、最新のバトル系少年漫画を目の前にしたら、きっとそれを買ってしまうだろう」というふうに「私」を理解し、「あなたへのおすすめ」を並べてきます。この画面のなかには、偶然性は存在しません。

偶然性とは、「その出来事が起こらないこともありえたのに、たまたま起こった」ということを意味しています。【c】ある日、「私」が書店で、ある本と遭遇《そうぐう》したとします。しかし、その遭遇はもしかしたら起こらなかったかもしれません。もし、書店員がその本を別の場所にBイドウしていたら、もし、「私」がその本の置いてあるフロアを通りかからなかったら、「私」は決してその本と出会わなかったでしょう。

このことは人間関係においても同様です。SNSで、「私」にあるユーザー*が「知り合いかも」とレコメンド*されるとき、その推薦は、SNSでの行動履歴《りれき》から読みとることのできる「私」の友人関係や趣味《しゅみ》、関心のありそうな分野を根拠《こんきょ》にして行われます。アルゴリズムは、「私」がそのユーザーに関心を持つにちがいないと考えるのであり、そのようなアルゴリズムの推測の範囲《はんい》のなかで、SNSにおける他者とのつながりは広がっていきます。

それに対して、現実の世界における出会いには、そうしたアルゴリズムは働いていません。【d】たまたま学校で委員会が一緒《いっしょ》になった、たまたま道に迷ってしまって道を聞こうと声をかけた、たまたまバーでお酒を飲んでいたら隣《となり》にいた……これらはすべて偶然の出会いです。「私」とその人は、そのとき、まったく別の場所にいた可能性も十分にあるのであり、それにもかかわらず、偶然出会ってしまったのです。

C　アルゴリズムの働かない、偶然性に満ちた世界のなかで何かを選択《せんたく》することは、常に不確実です。選択をまちがえて「ハズレ」を引いてしまうかもしれません。その意味において、イアルゴリズムの外側で何かを選択することは常に賭《か》けである、と言うことができます。

また、一般《いっぱん》に、何かを選択するとき、「私」にはそれを「選ばない」という可能性も開かれています。たとえば書店である本を見かけたとき、それを手にとらないこともできるはずです。それでも「なんだか気になるから」と、その本を手にとるとき、ウ「私」にはある種の責任の感覚が生じます。つまり、「誰にも何も言われずに、自分の意志でその本を選んだのだ」という確信を持つことができるのです。

偶然性を排除《はいじょ》するアルゴリズムは、こうした「賭け」と「責任」をも排除します。一方では、アルゴリズムに提案される選《せん》択肢《たくし》だけが選ばれます。それは「賭け」の要素の排除であり、「絶対にハズレを引きたくない」という「私」の欲求を満たすものです。また他方では、「私」がその選択肢のなかから何かを選ぶとき、そこには、「私」が最初から主体的に、自分の責任で選んだわけではないのだ、いわば「選ばされた」のだという意識が生じるのではないでしょうか。

アルゴリズムに基づかない現実の出会いには「ハズレ」もありえます。たとえば偶然になかよくなった人が、実はとても性格が悪かったと後でわかり、話しかけたことを後悔《こうかい》することもあるでしょう。あるいはそのような事態を警戒《けいかい》して、そもそも知らない人とは会話をしない、という方針を採る人もいるはずです。しかし、書店における本がそうであるように、「賭け」と「責任」を伴《ともな》う偶然の出会いこそが、「私」に新しい経験をもたらしてくれるのではないでしょうか。偶然出会った人との関係性から、それまでの「私」には考えることもできなかったようなまったく新しい可能性が開かれることだって、少なくないのです。

（戸谷　洋志『SNSの哲学』による）

注
＊アルゴリズム　コンピューターで行われる計算や処理の手順。
＊リアルの書店　ここでの「リアル」とは現実世界のことであり、現実世界に店構えのある書店のことを指す。
＊ハンス・ヨナス　現在のテクノロジーなどによってもたらされる未来への影響《えいきょう》を考えるべきだと説いた哲学者。
＊Amazon　インターネット上の大手通信販売《はんばい》会社。
＊ユーザー　なにかを利用する人。ここではSNS利用者。
＊レコメンド　おすすめ、の意味。

問1　A否めません　の読みをひらがなで書き、Bイドウ　を漢字で書きなさい。

問2　ア アルゴリズムによる最適化　について述べた次の文章の［Ⅰ］・［Ⅱ］にあてはまることばを本文の段落［A］から抜《ぬ》き出して答えなさい。ただし、Ⅰは11字、Ⅱは13字のことばが入ります。

「アルゴリズムによる最適化」とは、これまで検索《けんさく》されたキーワードをもとに、今後検索されそうなものを優先的に表示することである。それに基づいて本を買おうとすると、買う人の［Ⅰ］ばかりが表示されることとなり、［Ⅱ］がなくなってしまう。

問3　本文中の［X］にあてはまることばとして最も適当なものを次の中から選び、番号で答えなさい。

1　警戒する　　2　選択する

3　提案する　　4　排除する

問4　次の一文を本文の中に入れるとき、本文中の【　a　】～【　d　】のどこに入れるのが適当ですか。その場所を選び、記号で答えなさい。

たとえば、リアルの書店での本との出会いはその典型です。

問5　イ アルゴリズムの外側で何かを選択することは常に賭けである　とありますが、これはなぜですか。その理由として最も適当なものを次の中から選び、番号で答えなさい。

1　先の見通せない不確実な状況の中で何かを選択したとき、それが自分にとってよい結果になることはないから。

2　偶然性に満ちた世界の中で何かを選択すると、それが自分にとって悪い結果につながることもあるから。

3　アルゴリズムに提案される選択肢ではないものを選択することで、自分の成長がもたらされることもあるから。

4　アルゴリズムの推測の範囲の中でだけ選択をし続けていると、自分の成長にはつながらないから。

問6　ウ「私」にはある種の責任の感覚が生じます　とありますが、「ある種の責任の感覚」とはどのようなものですか。本文中のことばを用いて、解答欄《らん》の形式に合わせて10字以内で答えなさい。

問7　筆者は本文全体を通して、出会いについての具体例を挙げながらどのようなことを伝えようとしていますか。「アルゴリズム」「偶然」「新しい」の3語を必ず用いて答えなさい。

三

次の文章を読んで、後の問いに答えなさい。

お詫び
著作権上の都合により、文章は掲載しておりません。
ご不便をおかけし、誠に申し訳ございません。
教英出版

お詫び

著作権上の都合により、文章は掲載しておりません。
ご不便をおかけし、誠に申し訳ございません。

教英出版

お詫び

著作権上の都合により、文章は掲載しておりません。
ご不便をおかけし、誠に申し訳ございません。

教英出版

問1　①にあてはまることばを考えて答えなさい。

問2　ア短歌の中に多用されている「□」の音　とは実際には何ですか。Aの短歌から1字で抜《ぬ》き出して答えなさい。

問3　②にあてはまることばをBの短歌から抜き出して答えなさい。

問4　イ私たちが思い描く優雅な白鳥とはまるで対照的なイメージとありますが、Bの短歌に描かれているのは白鳥のどのような姿ですか。「～姿」に続くように考えて、一単語で答えなさい。

問5　③にあてはまる行動を、「何を　どうする」という形で考えて15字以内で答えなさい。

問6　【★】にあてはまるものとして最も適当なものを次の中から選び、番号で答えなさい。

1　苦境のなかにあっても負けることなく、どっしりと立つ姿が見えるようです
2　自分の目標に向かって、迷うことなくまっしぐらに進むことを表しています
3　迷いながらも、一歩一歩、ゆっくりと確実に人生を歩むことを予想できます
4　軽《かろ》やかに、自由に、自分の行きたいところに進んでいくことを暗示しています

問7　Eの短歌における ウ桜の様子 として最も適当なものを次の中から選び、番号で答えなさい。

1

2

3

4

問8　④ にあてはまることばを漢字3字で考えて答えなさい。

四

ここに、A〜Dのことわざカードと、【ア】〜【オ】と【★】のエピソードカードがあります。次のⅠ・Ⅱの問いに答えなさい。

Ⅰ　A〜Cのことわざカードに合うエピソードカードを、【ア】〜【オ】の中からそれぞれ一つずつ選び、記号で答えなさい。

Ⅱ　Ⅰを参考にして、Dのことわざカードに合う【★】のエピソードカードを考えて完成させなさい。ただし、エピソードにはタカシさんを必ず登場させること。なお、文の数はいくつになってもよい。

ことわざカード

A
覆水盆《ふくすいぼん》に返らず

B
良薬は口に苦し

C
ちりも積もれば山となる

D
雨降って地固まる

エピソードカード

【ア】
タカシさんはつい口にした友人の悪口を相手に聞かれてしまった。そのことについてあやまっても許してもらえなかった。

【イ】
タカシさんは、先生に提出するプリントをなくして教室中をさがしていたが、読んでいた本にはさまっていただけだった。

【ウ】
タカシさんは毎日五分ずつ読書することを習慣にした。その結果、とても分厚い本を読み終えることができた。

【エ】
タカシさんは先生にきびしいことを言われて落ちこんだ。しかし、後から自分に必要な助言だったと気が付いた。

【オ】
タカシさんは友人に勉強することの大切さを伝えるが、その友人はいっこうに勉強しようとしない。

【★】

下書き用

ことわざカード

D

雨降って地固まる

エピソードカード

【★】

2024年度

算　　数

（100点　50分）

注意事項

1．試験開始のチャイムが鳴るまで、この問題冊子《さっし》を開いてはいけません。

2．問題冊子は表紙をのぞいて10ページです。

3．答えはすべて解答用紙に正確に記入しなさい。

4．問題冊子および解答用紙の印刷が悪いときや、ページが足りないときは、手をあげて先生に知らせなさい。

5．問題冊子・解答用紙は切り取ってはいけません。

6．試験が終わったら問題冊子は持ち帰りなさい。

西南学院中学校

1 **次の問いに答えなさい。**

(1)　$4 \times 15 - (18 - 2 \times 3) \div 4$　を計算しなさい。

(2)　次の □ にあてはまる数を答えなさい。

$$(3 - \square \times 0.2) \times 0.25 = 0.6$$

(3)　12，15，18 の最小公倍数を求めなさい。

(4)　7 ％の食塩水 100 g と 10 ％の食塩水 200 g を混ぜたら，何％の食塩水になるか。

(5)　仕入れ値が 400 円の品物に，仕入れ値の 3 割を上乗せして定価をつけたが，売れなかったので定価の 20 ％引きで売った。このとき，売った値段はいくらか。

(6) 底辺の長さが x cm，高さが y cm の三角形の面積が 15 cm^2 のとき，y を x の式で表しなさい。

(7) 下の図の ━━━ 部分の長さを求めなさい。
ただし，円周率は 3.14 とする。

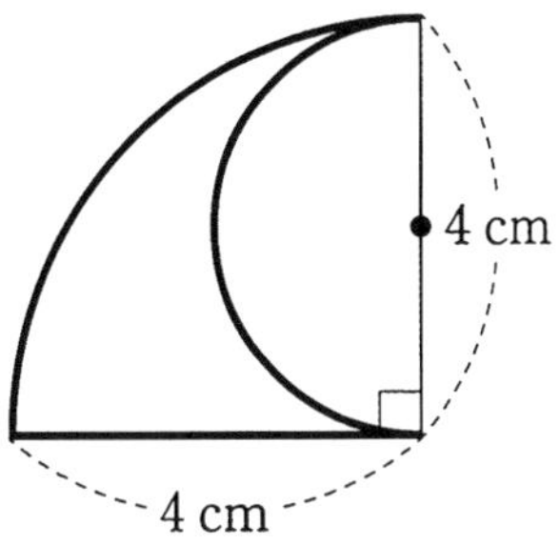

(8) 図のような水そうがある。1 分間に 200 cm^3 の割合で水を入れる。満水になるまでの水面の高さと時間の関係をグラフにかきなさい。

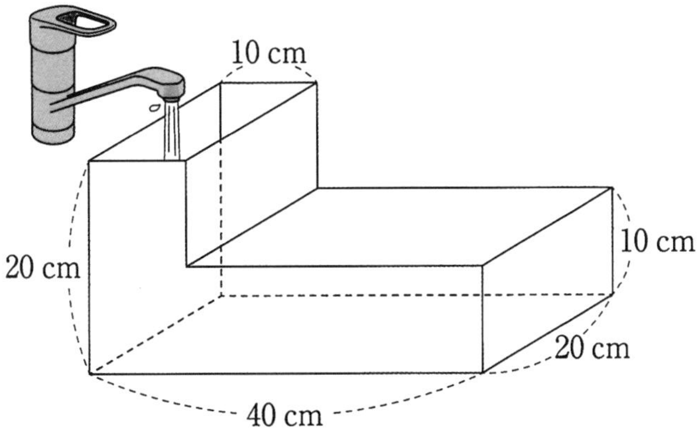

2 　次の問いに答えなさい。

(1)　次の □ にあてはまる分数を答えなさい。ただし，約分できない分数で答えること。

$$\left(\frac{176}{2024}+\boxed{}\right)\div\left(\frac{3}{4}+\frac{1}{8}\right)=\frac{4}{23}$$

(2)　図において，印がついているところはそれぞれ同じ角度を表している。アの角度は何度か。

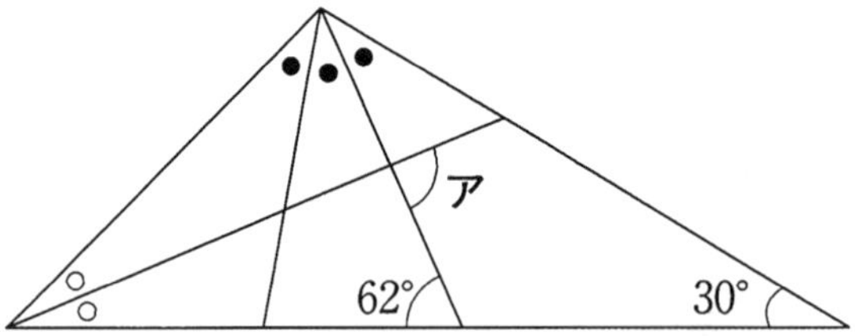

(3) 図のように，マッチ棒で正方形をつくる。

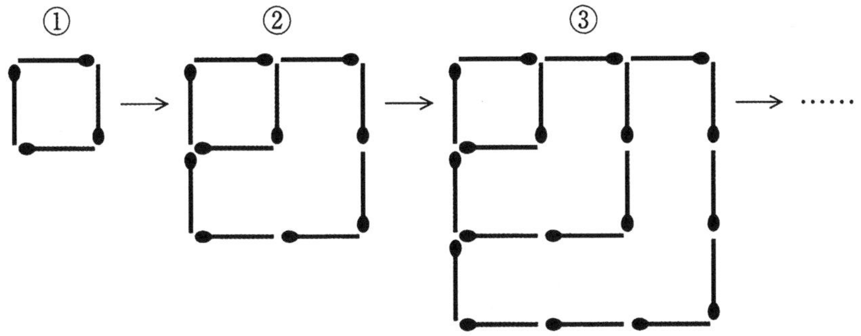

⑦ に使われるマッチ棒は全部で何本か。

(4) **図 1** は立方体の表面に線をかき入れたものである。このとき，**図 1** の展開図（**図 2**）に線をかき入れなさい。ただし，この線は頂点や各辺の中点を通っている。

図 1

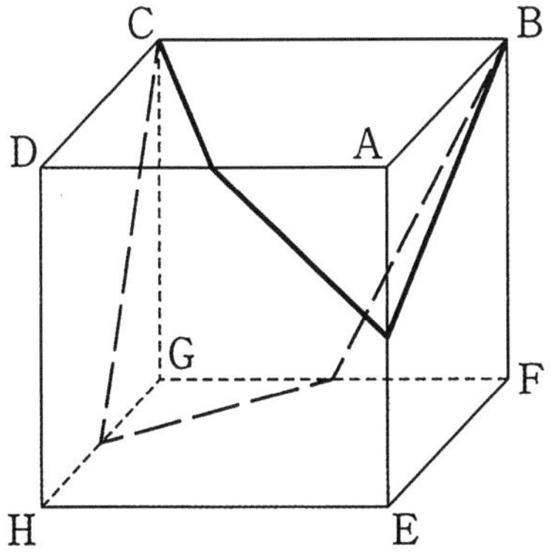

図 2

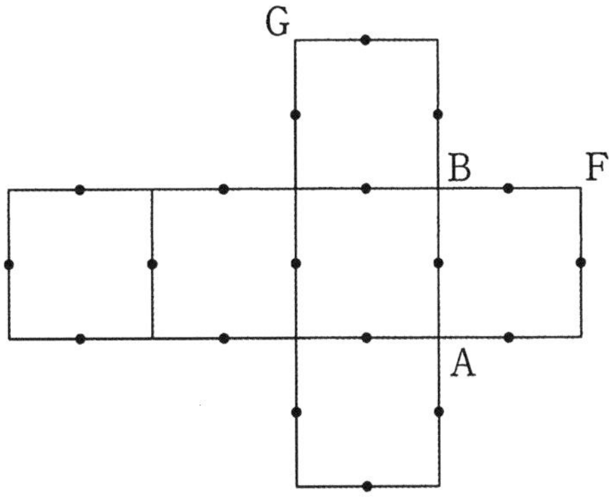

3 【A】は，台風の発生した個数について 1991 年から 2020 年までの 30 年分を調べたものである。

【A】

年	1991	1992	1993	1994	1995	1996	1997	1998	1999	2000
個数	29	31	28	36	23	26	28	16	22	23

年	2001	2002	2003	2004	2005	2006	2007	2008	2009	2010
個数	26	26	21	29	23	23	24	22	22	14

年	2011	2012	2013	2014	2015	2016	2017	2018	2019	2020
個数	21	25	31	23	27	26	27	29	29	23

気象庁ホームページより作成

(1) 下の度数分布表は，【A】をまとめたものである。ア～ウにあてはまる数を答えなさい。

階級（個）	度数（年）
10 以上 ～ 15 未満	1
15 ～ 20	1
20 ～ 25	ア
25 ～ 30	イ
30 ～ 35	ウ
35 ～ 40	1
計	30

(2) 【A】から，台風の発生した個数の中央値を求めなさい。

(3) 【A】に加えて，2021 年と 2022 年の台風の発生した個数を調べると次のことがわかった。

・1991 年から 2022 年までの個数の中央値は 25 である。
・2013 年から 2022 年までの個数の平均値は 26.2 である。
・2021 年と 2022 年では，2021 年の個数の方が少ない。

このとき，2021 年の台風の発生した個数を答えなさい。

4 図のような２つの正方形ア，イがある。１辺の長さはアが５cm，イが３cm である。

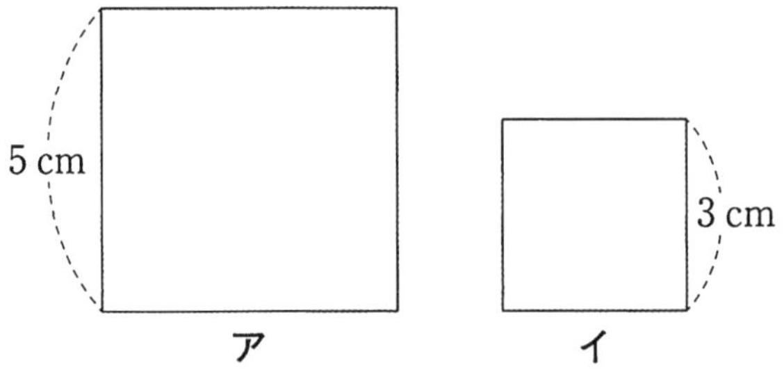

(1) 正方形ウがあり，ウの１辺の長さはイより小さい。３つの正方形ア，イ，ウを図のように並べた図形を考える。この周の長さは 30 cm である。

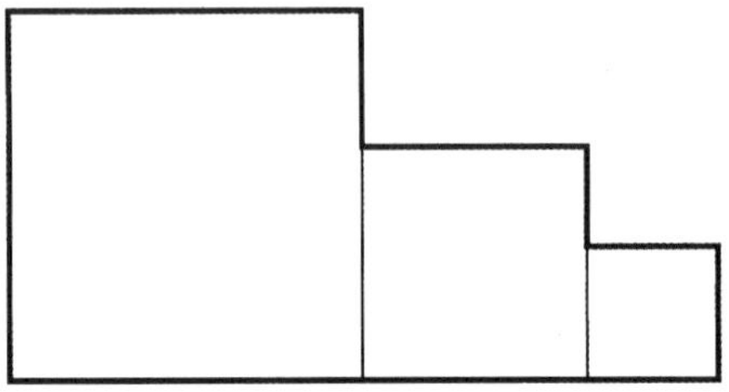

① 正方形ウの１辺の長さは何 cm か。

② 下の図の直線ＡＢが図形の面積を２等分しているとき，ＢＣの長さは何 cm か。

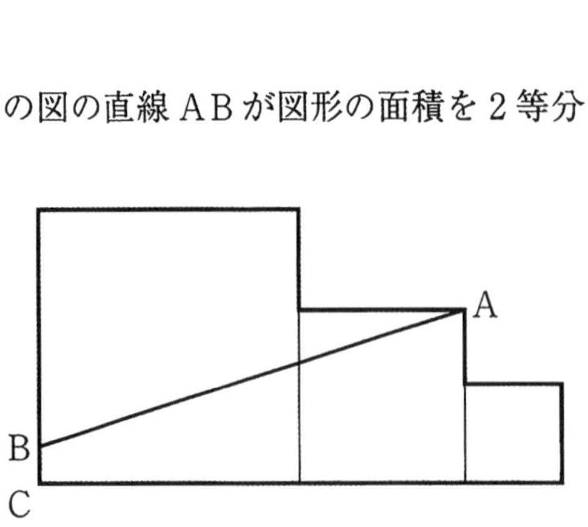

(2) 正方形**エ**があり，**エ**の１辺の長さは**ア**より大きい。３つの正方形**ア**，**イ**，**エ**を図のように重ねたところ，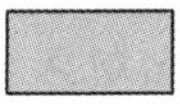部分の面積と部分の面積が等しくなった。このとき，正方形**エ**の面積は何 cm^2 か。

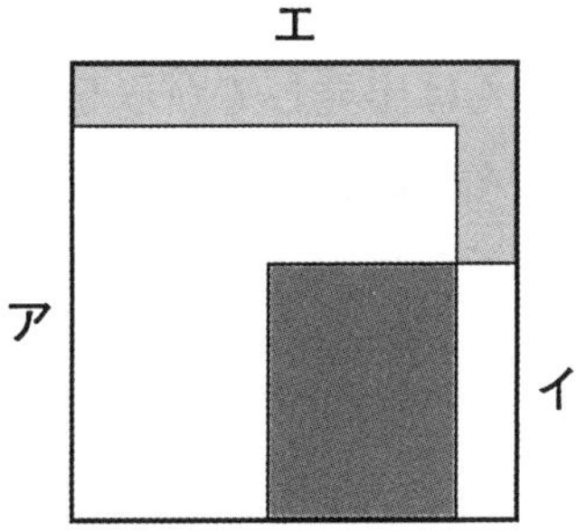

5 池のまわりを，太郎さんは右回りに，次郎さんと三郎さんは左回りにそれぞれ一定の速さで歩き続ける。太郎さん，次郎さん，三郎さんがスタート地点から同時に出発したところ，次のようになった。

- 太郎さんと次郎さんは出発してから 5 分後にはじめてすれちがった。
- 太郎さんと三郎さんは出発してから 6 分後にはじめてすれちがった。
- 太郎さんは出発してから 15 分後にはじめてスタート地点にもどった。

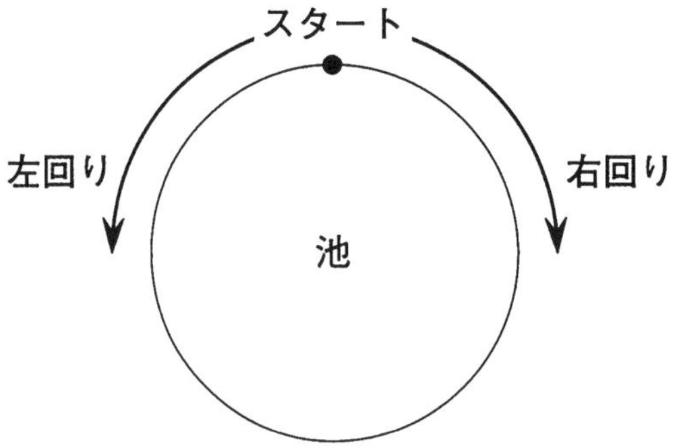

(1) 三郎さんがはじめてスタート地点にもどってくるのは，出発してから何分後か。

(2) 三郎さんの歩く速さは，次郎さんの歩く速さの何倍か。

(3) 池のまわりの長さが 1000 m であるとする。太郎さん，次郎さん，三郎さんが出発後はじめて 3 人同時にすれちがうまでに，三郎さんの歩いた道のりは何 m か。

6 3種類の商品A，B，Cを購入《こうにゅう》する方法は次の通りである。

① 「単品」で購入する場合
1個あたりの代金はAが480円，Bが440円，Cが360円である。

② 「セット」で購入する場合
A，B，Cから全部で5個を選んで購入することができ，代金は2200円である。
ただし，選ばない商品があってもよい。

(1) 5個の商品を「セット」で購入するとき，Aが3個以上となる場合のA，B，Cの選び方は全部で何通りか。

(2) 5個の商品を「セット」で購入する場合の代金が，それらを「単品」で購入する場合の代金と等しくなるような商品の選び方は2通りある。A，B，Cをそれぞれ何個選ぶときか。2通りとも答えなさい。

(3) A，B，Cをそれぞれ4個，5個，2個購入する。もっとも安くなる方法で購入するときの代金はいくらか。

2024年度

理　　科

（100点　40分）

注意事項

1．試験開始のチャイムが鳴るまで、この問題冊子《さっし》を開いてはいけません。
2．問題冊子は表紙をのぞいて13ページです。
3．答えはすべて解答用紙に正確に記入しなさい。
4．問題冊子および解答用紙の印刷が悪いときや、ページが足りないときは、手をあげて先生に知らせなさい。
5．試験が終わったら問題冊子は持ち帰りなさい。

西南学院中学校

1 流れる水のはたらきについて学習したＳさんは，学校の校庭に土山をつくり，実験をおこないました。そして，次のようにまとめました。下の問いに答えなさい。

テーマ　流れる水のはたらきについて

実験の動機

理科の授業で流れる水のはたらきについて学習をしたので，本当に習ったとおりになるのか調べたいと思い，土山をつくって上から水を流し，実験した。

調べ方

1．校庭に図１，２のような土山をつくって，上から水を流した。
2．流れる水の速さは小さな紙を水といっしょに流し，紙が流れる速さを観察した。
3．水を流した後，どこの土がけずられたのかを調べた。

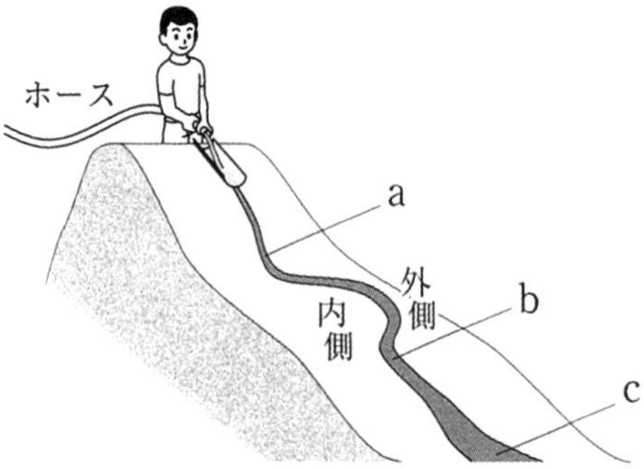

図１

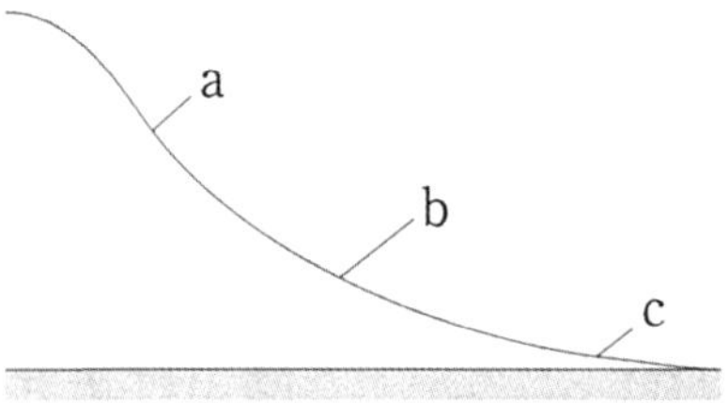

図２　真横から見た土山

結果

<流れる水の速さ>

流れる水の速さを図１のａ，ｂ，ｃでくらべると，（　①　）を流れる水の速さがもっとも速かった。

<水を流した後のようす>

けずられた土のようすを図１のａ，ｂ，ｃでくらべると，（　②　）の土がもっとも深くけずられていた。また，曲がって流れているところでは，内側にくらべて外側の方が（　③　）。

考察

水の流れる速さとけずられた土のようすを調べてみると，授業で習ったとおり流れる水の速さが速いところほど（　④　）ということがわかった。また，曲がって流れているところでは，内側にくらべて外側の方が（ ③ ）ので，内側よりも外側の方が（　⑤　）ことも確認できた。

感想

実際に水を流して実験してみると，流れる水の速さや，けずられた土のようすが習ったとおりになったので，うれしかった。日本で見られる色々な地形は，流れる水のはたらきで長い年月をかけてできているそうなので，そのことについても調べたい。また最近，大雨や台風がきたときの雨で川があふれてこう水になるなど，日本各地で被《ひ》害がでているので，その理由についても調べてみたいと思った。

（1） 結果の（　①　），（　②　）にはａ，ｂ，ｃのうちどれがあてはまるか。組み合わせとして正しいものを，次の**ア**～**ケ**から１つ選び，記号で答えよ。

ア　①　a　②　a　　**イ**　①　a　②　b　　**ウ**　①　a　②　c
エ　①　b　②　a　　**オ**　①　b　②　b　　**カ**　①　b　②　c
キ　①　c　②　a　　**ク**　①　c　②　b　　**ケ**　①　c　②　c

（2） 結果の（　③　）～（　⑤　）にあてはまることばの組み合わせとして正しいものを，次の**ア**～**ク**から選び，記号で答えよ。

	③	④	⑤
ア	土が積もっていた	土が積もっていた	流れが速い
イ	土が積もっていた	土が積もっていた	流れがおそい
ウ	土が積もっていた	土がけずられていた	流れが速い
エ	土が積もっていた	土がけずられていた	流れがおそい
オ	土がけずられていた	土が積もっていた	流れが速い
カ	土がけずられていた	土が積もっていた	流れがおそい
キ	土がけずられていた	土がけずられていた	流れが速い
ク	土がけずられていた	土がけずられていた	流れがおそい

（3） Ｓさんは，流れる水のはたらきによって長い年月をかけてつくられる地形についても調べてみた。下の図ＸとＹのような地形は，おもにどのようなはたらきによってできたものか。下の**ア**～**エ**からそれぞれ１つずつ選び，記号で答えよ。ただし，同じ記号を用いてもよい。

X

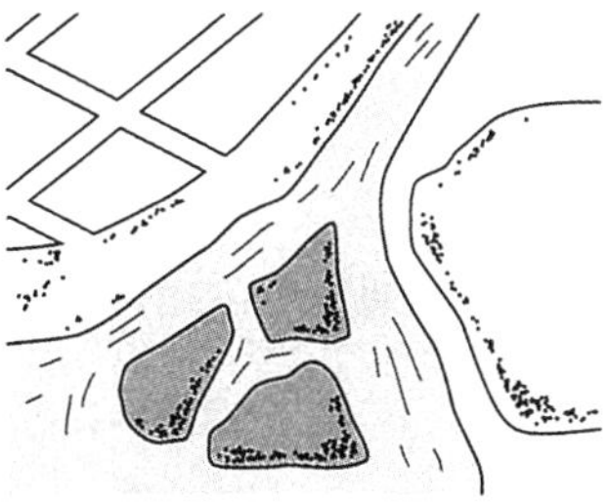

Y

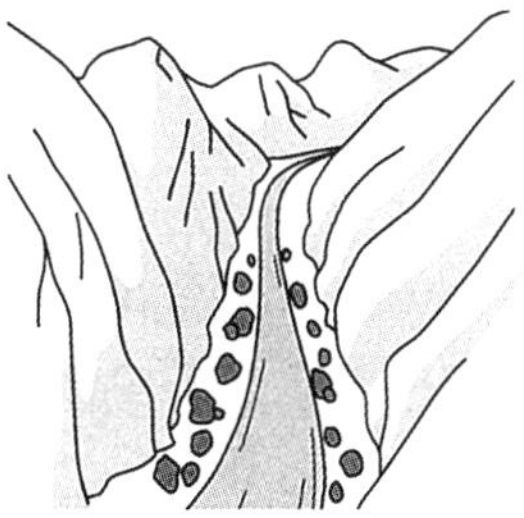

ア　たい積　　**イ**　しん食　　**ウ**　くっさく　　**エ**　運ぱん

Sさんは，日本で水害が多い理由について調べた。その後，わかったことについてWさんと話した。

Sさん：日本は世界的に見ても水害の多い国なんだって。
Wさん：そうなの。何か理由があるのかな。
Sさん：世界の川の河口からの距離《きょり》と標高を示した図3のグラフを見て。日本の川はどれも世界の主な川にくらべて長さが（　⑥　）いことがわかるよね。
Wさん：えーと，信濃川《しなのがわ》の標高600ｍの地点と，ライン川の標高600ｍ地点とでくらべると，河口からの距離はライン川では信濃川の約（　⑦　）近くあるんだ。信濃川は，ライン川とくらべるとかたむきが（　⑧　）ってことなのね。
Sさん：さすがWさん。世界各国の年降水量を表した図4のグラフも見て。日本は世界的に見て降水量が（　⑨　）いこともわかるでしょう。
Wさん：そうか。日本は降水量が（⑨）く，川のかたむきが（⑧）だから，水の流れる速さが（　⑩　）く，土などをけずったり，おし流したりするはたらきが大きくなるんだね。
Sさん：そうなの。短時間に川の水の量が増えるから，こう水もおきやすいということみたい。

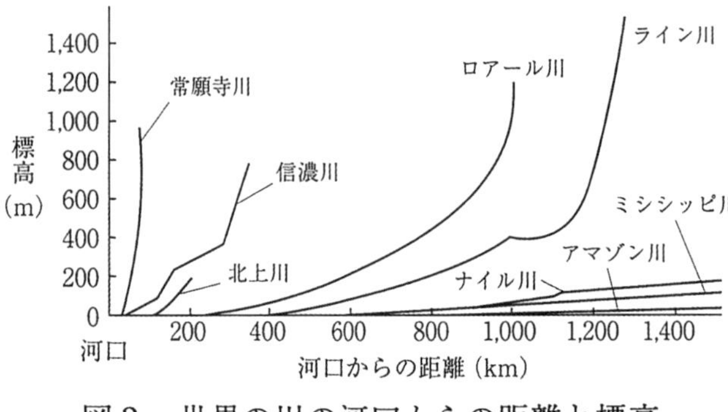

図3　世界の川の河口からの距離と標高

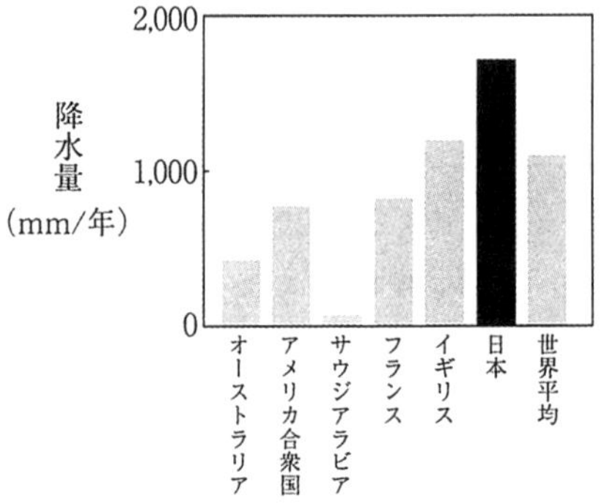

図4　世界各国の降水量

（4）　上のSさんとWさんの会話文中の（　⑥　）～（　⑩　）にあてはまることばを次の中からそれぞれ1つずつ選び，記号で答えよ。

ア　短　　**イ**　長　　**ウ**　速　　**エ**　おそ　　**オ**　多　　**カ**　少な
キ　2倍　　**ク**　4倍　　**ケ**　8倍　　**コ**　ゆるやか　　**サ**　急

（5）　台風による多くの雨は，貴重な水資源にもなるが，災害を引き起こすこともある。そのため気象庁では，被害をできるだけ出さないように台風の進路予想を発表したり，大雨やこう水の気象警報を発表していることをSさんは知った。台風が接近したときには，大雨やこう水のほかに何という気象警報が発表されるか。1つ例をあげよ。

問題は次のページに続きます

2 福岡県に住むSさんは，夏休みに家でスイカの種子とホウレンソウの種子を見つけました。Sさんは，以下のような実験をおこない，それぞれの種子が発芽する条件を調べました。下の問いに答えなさい。

【実験】 図1のように，プラスチックでできた容器にだっし綿を入れ，だっし綿の上にスイカの種子を10個置いた。水，光，温度に関する条件を変えて実験1～8をおこない，種子が発芽するかどうかを調べた。同じように，ホウレンソウの種子でも，実験1～8をおこなった。表1はその結果をまとめたものである。

なお，表1の光「あり」の条件では，図2のように電気スタンドで強い光をあて，光「なし」の条件では，容器にアルミニウムはくをまいて光が種子にあたらないようにした。また，実験中は温度が一定になるように調整した。

図1

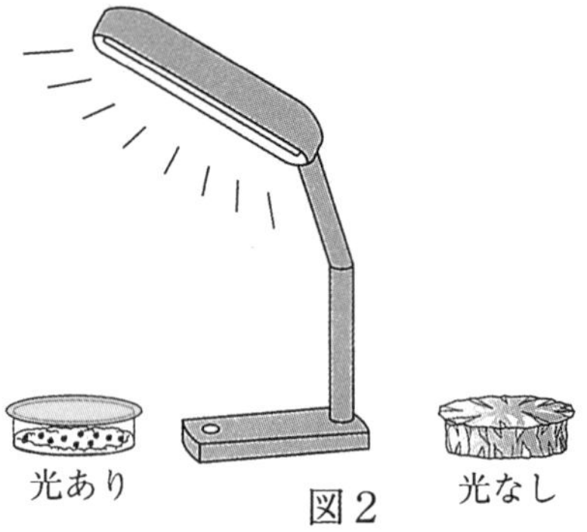

図2

表1

実験	条件			発芽したかどうか ※1週間で10個中8個以上が発芽した場合に「発芽した」とみなした。	
	だっし綿の状態	光	温度	スイカ	ホウレンソウ
1	かわいていた	なし	15℃	しなかった	しなかった
2	かわいていた	なし	28℃	しなかった	しなかった
3	かわいていた	あり	15℃	しなかった	しなかった
4	かわいていた	あり	28℃	しなかった	しなかった
5	水でしめらせた	なし	15℃	しなかった	した
6	水でしめらせた	なし	28℃	した	しなかった
7	水でしめらせた	あり	15℃	しなかった	した
8	水でしめらせた	あり	28℃	しなかった	しなかった

（1） スイカとホウレンソウについて，「発芽には水が必要である」ということを確かめるためには，実験1～8のどの実験とどの実験をくらべればよいか。次の中からそれぞれすべて選び，記号で答えよ。ただし，答えが複数あるとは限らない。

ア 実験1と実験5　　イ 実験2と実験5　　ウ 実験2と実験6
エ 実験3と実験7　　オ 実験5と実験7　　カ 実験7と実験8

（2） 次の文のうち，実験１～８の結果からわかることを正しく説明したものを１つ選び，記号で答えよ。

ア スイカは光がない条件で発芽するが，ホウレンソウは光がある条件で発芽する。
イ スイカは光がある条件で発芽するが，ホウレンソウは光がない条件で発芽する。
ウ スイカは光がない条件で発芽するが，ホウレンソウは光があってもなくても発芽する。
エ スイカは光があってもなくても発芽するが，ホウレンソウは光がある条件で発芽する。

（3） Ｓさんはだっし綿の状態と光の条件を実験１～８のように変えながら，８℃と20℃でも実験をおこなった。その結果，すべての種子が発芽しなかった。Ｓさんはおこなったすべての実験結果と表２を参考にして，種子をまく時期について，次のようにまとめた。文章中の（ ① ）～（ ③ ）にあてはまる時期の組み合わせとして正しいものを，下の**ア**～**ク**から１つ選び，記号で答えよ。

表２ 福岡県の月別の平均気温（℃）

１月	２月	３月	４月	５月	６月	７月	８月	９月	10月	11月	12月
6.9	7.8	10.8	15.4	19.9	23.3	27.4	28.4	24.7	19.6	14.2	9.1

出典：気象庁ホームページ（1991年～2020年の平均値）

スイカについて

福岡県において，スイカの種子は（ ① ）にまくと，発芽すると考えられる。調べてみると，スイカは発芽してから収かくまでに２か月～３か月程度かかり，（ ① ）に種子をまいた場合，成長に適した気温が収かくまで維持《いじ》されない。実際にスイカを育てる場合には，（ ② ）に種をまき，保温するなどして発芽させるようだ。

ホウレンソウについて

福岡県において，ホウレンソウの種子は（ ③ ）や10月～11月にまくと，発芽すると考えられる。調べてみると，ホウレンソウは品種改良によって（ ③ ）や10月～11月以外でも発芽・成長することができる品種がつくられており，１年のうち多くの月で栽培《さいばい》することができるようだ。

	①	②	③
ア	４月～５月	７月～８月	３月～４月
イ	４月～５月	７月～８月	７月～８月
ウ	４月～５月	１月～２月	７月～８月
エ	４月～５月	１月～２月	３月～４月
オ	７月～８月	４月～５月	３月～４月
カ	７月～８月	４月～５月	７月～８月
キ	７月～８月	１月～２月	７月～８月
ク	７月～８月	１月～２月	３月～４月

（4） Sさんが水，光，温度のほかに発芽に関係する条件があるかを図書館で調べてみると，イネの種子をさまざまなこさの食塩水で育て，発芽率を調べた実験を見つけた。図3はその結果である。発芽率とは100個の種子のうち，発芽した種子の個数の割合であり，食塩水のこさは，実験中は一定になるように調整されていた。図3からわかることを説明した次の文章中の（　X　）～（　Z　）にあてはまる数字をそれぞれ答えよ。

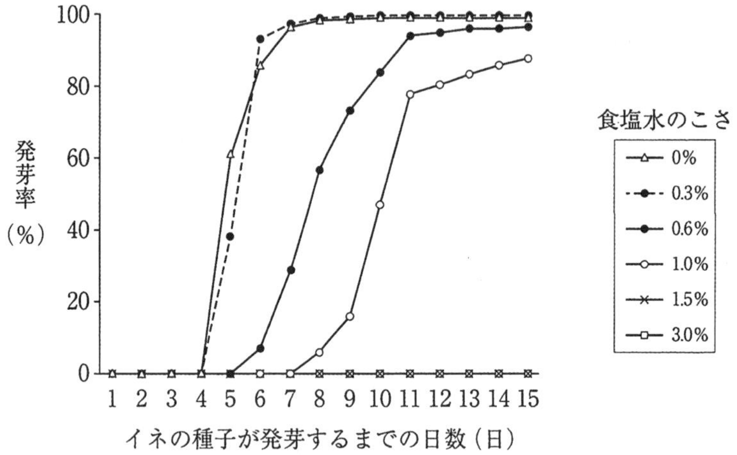

図3

食塩水のこさが（　X　）%以下であれば，食塩をふくまない水でイネを育てたときと同じような日数でほとんどの種子が発芽する。食塩水のこさが（　Y　）%の場合，発芽のおくれがみられるが，種子をまいてから10日後には食塩をふくまない水で育てたときと同じような発芽率になる。食塩水のこさが（　Z　）%以上になると，イネの種子はまったく発芽しなくなる。

3 Sさんは夏休みの科学実験イベントで入浴ざいを作りました。そのときに使った片くり粉，重そう，クエン酸の性質や，作った入浴ざいからどうしてあわが出たのかを知りたいと思い，自宅に帰って実験をおこない，方法や結果をまとめました。下の問いに答えなさい。

【実験1】 片くり粉，重そう，クエン酸の性質を調べる。

① 図1のように，10gの水に，片くり粉，重そう，クエン酸をそれぞれ2gずつ加え，ガラス棒でかき混ぜた。クエン酸はすべて水にとけたが，片くり粉，重そうはビーカーの底に固体が残った。また，どれからもあわは出ていなかった。

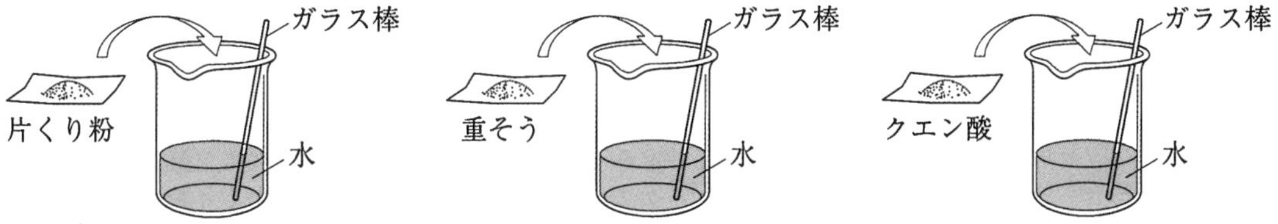

図1

② ①で片くり粉，重そうは水に少しでもとけたかどうかを調べた。その結果，片くり粉は水にとけておらず，重そうは水にとけたことがわかった。

③ 重そうの水よう液とクエン酸の水よう液をそれぞれ赤色リトマス紙，青色リトマス紙につけた。結果は表のようになった。

表

	赤色リトマス紙	青色リトマス紙
重そうの水よう液	青色に変化した	変化しなかった
クエン酸の水よう液	変化しなかった	赤色に変化した

(1) ①でできたクエン酸の水よう液の重さは何gか。

(2) ②の下線部について，片くり粉と重そうが水にとけたのかを確かめる方法を答えよ。また，重そうについて確かめた結果を答えよ。

(3) ③の結果から，重そうの水よう液，クエン酸の水よう液はそれぞれ酸性，中性，アルカリ性のどれか。

片くり粉，重そう，クエン酸を水に入れてもあわは出なかったので，２種類をまぜてから水を加えることにした。

【実験２】 片くり粉，重そう，クエン酸のうち２種類をまぜてから水を加えたときの変化を調べる。

④ 図２のように装置A，B，Cを作り，それぞれペットボトルごと重さをはかった。結果はどれも52.4gであった。

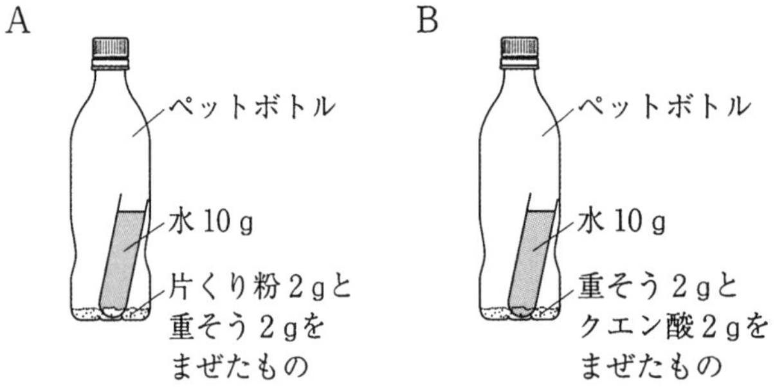

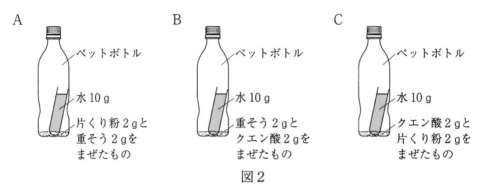

図２

⑤ 図３のように，ペットボトルをかたむけてペットボトルの中身をよくまぜた後，再び重さをはかった。どれも重さに変化はなかった。

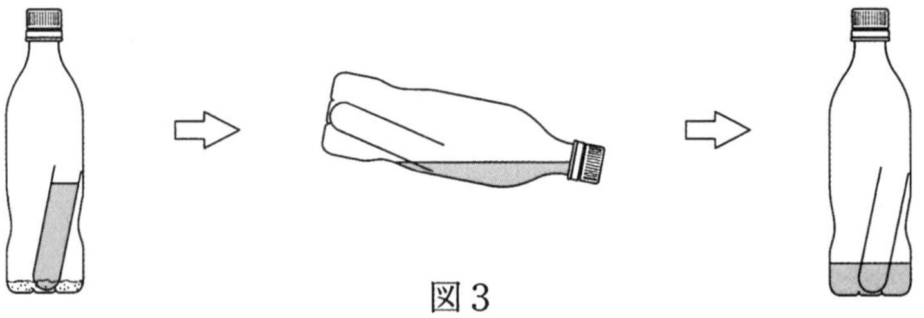

図３

⑥ 図４のようにふたを開け，ふたを開けたまま机の上に置き，しばらくしてからふたもいっしょに重さをはかった。装置Bのふたを開けるとき，「プシュッ」という音がしたが，装置A，装置Cのふたを開けても音はしなかった。装置Bは51.5gになり，装置A，Cは52.4gのままであった。

図４

【実験のまとめ】

片くり粉，重そう，クエン酸のうち１つのものからあわが出ているのではなく，水の中で（　a　）と（　b　）が反応することであわが出ているのだとわかった。装置のふたを開けたときに装置Ｂのみ重さが変わったが，これは，（　c　）と考えた。
今回使用した水の温度をはかってみると，10℃であった。これはお風呂よりも低い温度である。次はお風呂と同じくらいの温度やお風呂よりも高い温度の水を使って同じ実験をしてみたい。

（4）上の文章中の（　a　），（　b　）の組み合わせとして正しいものを，次のア～ウから選び，記号で答えよ。

	a	b
ア	片くり粉	重そう
イ	片くり粉	クエン酸
ウ	重そう	クエン酸

（5）上の文章中の（　c　）にあてはまる，装置Ｂの重さが変わった理由を答えよ。

4 長さ60cmの棒を準備し，棒の左はしに分銅をのせる皿を，左はしから20cmのところにつりひもを，さらにその先におもりをつけて，図１のようなはかりをつくりました。このはかりを使って【実験１】と【実験２】をおこないました。下の問いに答えなさい。ただし，つりひもや棒はとても軽いため，重さは考えなくてよいものとします。

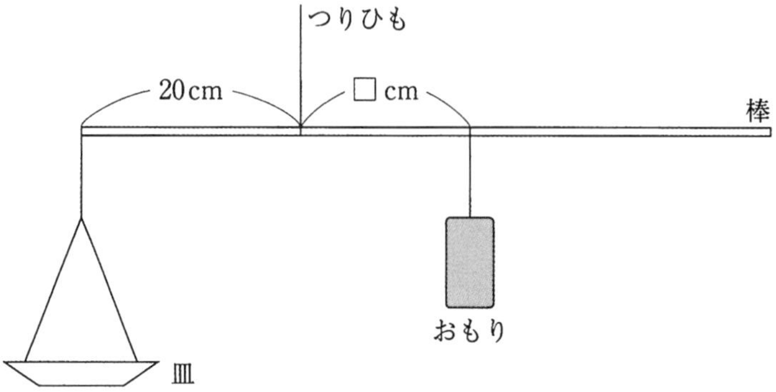

図１

【実験１】

皿には何ものせない状態で，おもりをつるし，棒が水平になるようにした。つるすおもりの重さを100g，200g，300g，400gと変え，それぞれ棒が水平になったときのつりひもからおもりまでの長さ（図１の□cm）をはかると，表の結果になった。

表

つるしたおもりの重さ（g）	100	200	300	400
つりひもからおもりまでの長さ（cm）	12	6	4	3

（1） このはかりは，てこのはたらきを応用したはかりである。棒につりひもをつけた点は，てこのはたらきでの力点，支点，作用点のどれになるか答えよ。

（2） つるしたおもりの重さを600gにしたとき，つりひもからおもりまでの長さは何cmになるか。

（3） 皿の重さは何gか。

【実験２】

実験２では100ｇのおもりを使った。はじめに，皿には何ものせない状態で棒が水平になったときのおもりをつるした位置に印をつけ，点Ｏとした。

次に，図２のように皿の上に分銅をのせた。まず，10ｇの分銅１つを皿の上にのせ，棒が水平になるようにおもりをつるす位置を変え，おもりをつるした位置に印をつけた。その後，10ｇの分銅の数を２つ，３つと，１つずつ増やし，それぞれのときに棒が水平になるようにおもりをつるす位置を変え，おもりをつるした位置に印をつけた。その結果，となりあう印と印の間の長さはどこも同じ長さであった。

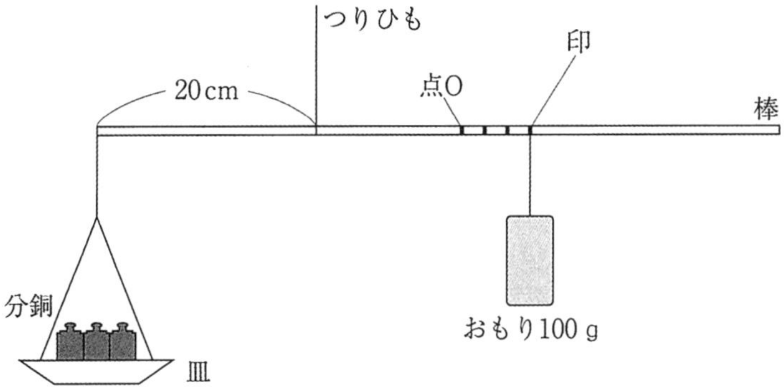

図２

（４） となりあう印と印の間の長さは何cmか。

（５） 分銅のかわりに，重さがわからないボールを皿の上にのせ，棒が水平になるようにした。このとき，点Ｏとおもりをつるす位置の間の長さは16cmだった。このボールの重さは何ｇか。

（６） 図２のはかりでは140ｇのものまでしかはかることができなかった。このはかりで500ｇの重さまではかることができるようにするためには，どのような工夫をすればよいか。次の中からすべて選び，記号で答えよ。

ア おもりを重くする。
イ おもりを軽くする。
ウ 皿を重くする。
エ 皿を軽くする。
オ つりひもを皿に近い位置につけかえる。
カ つりひもを皿から遠い位置につけかえる。

（7）（1）～（6）では軽い棒を使ったが，これを同じ長さの重い棒にとりかえると，図2のはかりではかることができる重さが変わった。次の文章は，重い棒にとりかえたときにはかることができる重さについて説明したものである。文章中の（　①　），（　②　）にあてはまることばの組み合わせとして正しいものを，下の**ア**～**エ**から1つ選び，記号で答えよ。ただし，重い棒は棒の中心に重さがかかっていると考える。

棒の重さはつりひもより（　①　）側にはたらくので，はかることができる重さは，140gよりも（　②　）くなる。

	①	②
ア	皿	重
イ	皿	軽
ウ	おもり	重
エ	おもり	軽

2024年度

社　　会

（100点　40分）

注意事項

1．試験開始のチャイムが鳴るまで、この問題冊子《さっし》を開いてはいけません。

2．問題冊子は表紙をのぞいて14ページです。

3．答えはすべて解答用紙に文字または記号で正確に記入しなさい。

4．問題冊子および解答用紙の印刷が悪いときや、ページが足りないときは、手をあげて先生に知らせなさい。

5．試験が終わったら問題冊子は持ち帰りなさい。

西南学院中学校

【1】　次の文章を読んで、問1～問8に答えなさい。

日本でつくられた古い「お金」の1つとして、708年に発行された「和同開珎《わどうかいちん(ほう)》」は知っている人も多いことでしょう。これは、①708年から958年にかけて朝廷によって発行された「本朝《ほんちょう》（皇朝《こうちょう》）十二銭《じゅうにせん》」の最初のものですが、当時の人々の間にはあまり広まりませんでした。

その後、市《いち》の発達にともない「お金」の必要性が高まったことや、②中国との貿易によって中国の「お金」が大量に輸入されたこともあり、人々がだんだんと「お金」を使った生活をするようになっていきます。たとえば、③織田信長が旗印として使用した輸入銭「永楽通宝《えいらくつうほう》」は、人々の間で広く使われました。

④江戸時代に入ると、幕府によって金貨・銀貨・銭貨のしくみが確立され、3代将軍徳川家光の時代に「寛永通宝《かんえいつうほう》」が発行されると、輸入銭の使用は禁止されていきます。一方で、独自の「藩札《はんさつ》」と呼ばれるお札を発行する藩も出てきて、人々の間ではさまざまな「お金」が使われていました。

⑤明治維新以降、新政府によって紙幣《しへい》が発行され、1871年には統一の単位である「円」が用いられるようになります。その後、政府やいくつかの国立銀行により紙幣が発行されるようになりますが、1882年に［　X　］が設立されると、その発行権は［　X　］に集約され、現在にいたります。

現代では、クレジットカードや電子マネーが広く使われるようになり、キャッシュレス化が進んでいます。かつては現金で支払われていた賃金も、銀行の口座振り込みが主流となり、昨年からは⑥法改正により、電子マネーで賃金支払いをおこなう、いわゆる「賃金のデジタル払い」が可能となりました。

今年7月には、新しいデザインの［　X　］券が発行される予定です。日本の「お金」は、今後どのように変わっていくのでしょうか。みなさんは、どう考えますか。

問1　下線部①の期間におこったできごとで、さらにその内容が正しいものをア～エから1つ選び、記号で答えなさい。

ア　菅原道真の意見により、遣唐使が停止された。
イ　清少納言が、かな文字で書かれた『枕草子』をあらわした。
ウ　高麗がほろび、新羅が朝鮮半島を統一した。
エ　中臣鎌足らが、天皇中心の政治を実現しようと蘇我氏をたおした。

問2　下線部②に関する次の文A・Bが正しいか誤っているかを判断し、その正しい組み合わせをア～エから１つ選び、記号で答えなさい。

A　平清盛は、宋との貿易をすすめるため、大輪田泊を整備した。

B　日明貿易では、正式な貿易船であることを示す勘合が使われた。

	ア	イ	ウ	エ
A	正	正	誤	誤
B	正	誤	正	誤

問3　下線部③に関するア～エのできごとを、年代の古い順に並べた場合、**３番目**にくるものを１つ選び、記号で答えなさい。

ア　桶狭間の戦いで、駿河の今川義元を破った。

イ　京都の本能寺で、家臣の明智光秀にそむかれた。

ウ　長篠の戦いで、武田の騎馬隊を破った。

エ　商工業で栄えて力を持っていた堺を直接支配した。

問4　下線部④に関連して、初代将軍徳川家康について述べた次の文章中の波線部ａ～ｃが正しいか誤っているかを判断し、ア～エからあてはまるものを１つ選び、記号で答えなさい。

> 三河の大名の家に生まれ、幼いころを今川氏の人質として過ごし、その後信長と同盟を結んで力をのばしました。信長や秀吉の死後、ａ壇ノ浦の戦いで対立する大名たちを破り、全国の大名を従えました。その後、将軍職をわずか２年で子のｂ綱吉にゆずり、徳川家が代々将軍になることを大名たちに示し、ｃ安土城をせめて豊臣氏をほろぼしました。

ア　ａが正しい　　イ　ｂが正しい　　ウ　ｃが正しい　　エ　すべて誤っている

問5　下線部⑤に関連して、当時の政策について述べた次の文中の［　C　］・［　D　］にあてはまる語句の正しい組み合わせをア～エから１つ選び、記号で答えなさい。

> 1871年に［　C　］が行われ、各地では［　D　］した役人によって政治が行われた。

	ア	イ	ウ	エ
C	廃藩置県	廃藩置県	版籍奉還	版籍奉還
D	国民が選出	政府が任命	国民が選出	政府が任命

問６　下線部⑥に関連して、日本国憲法の改正手続きについて述べた次の文中の［　E　］・［　F　］にあてはまる語句の正しい組み合わせをア～エから１つ選び、記号で答えなさい。

> 日本国憲法の改正は、衆議院と参議院それぞれで［　E　］の［　F　］の賛成があれば国民投票がおこなわれ、そこで過半数の賛成があれば、成立する。

	ア	イ	ウ	エ
E	出席議員	出席議員	総議員	総議員
F	過半数	３分の２以上	過半数	３分の２以上

問７　文章中の［　X　］にあてはまる語句を**漢字**で答えなさい。

問８　次の図は、新しいデザインの［　X　］券（１万円札）の見本です。図中にえがかれている人物名を**漢字**で答えなさい。

※なお、図は問題に合わせて一部加工しています。
（国立印刷局ホームページより作成）

【２】　次の地図をみて、問１～問５に答えなさい。

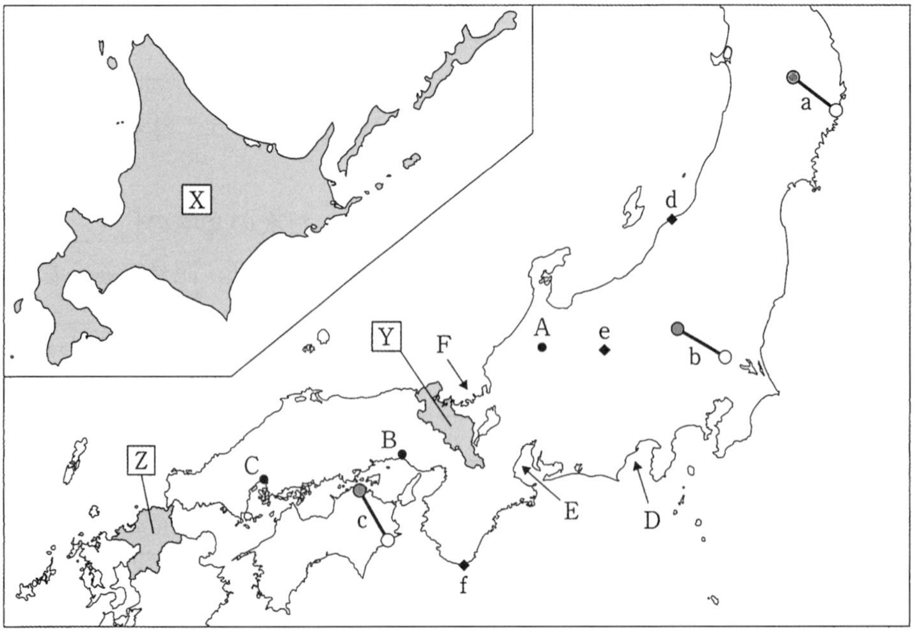

問1　次の①～③は、地図中のａ～ｃの●から○までの線に沿った地形断面図を示したものです。①～③とａ～ｃの正しい組み合わせをア～カから１つ選び、記号で答えなさい。

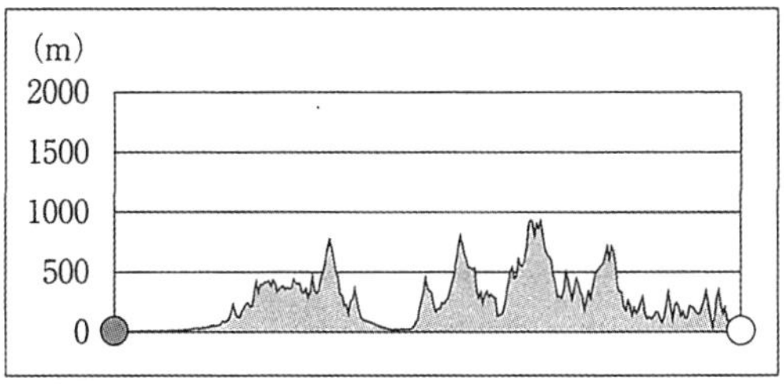

①

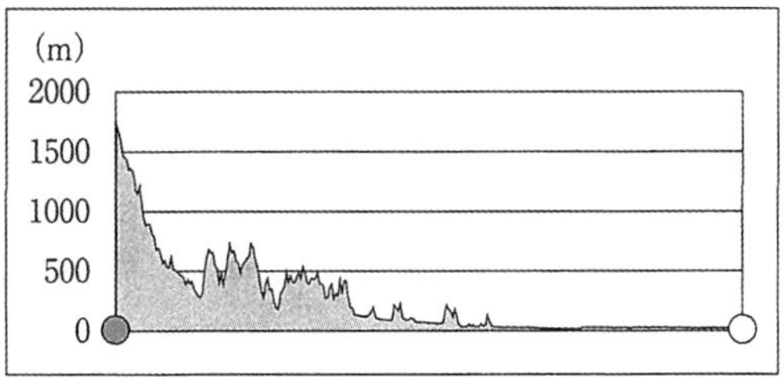

②

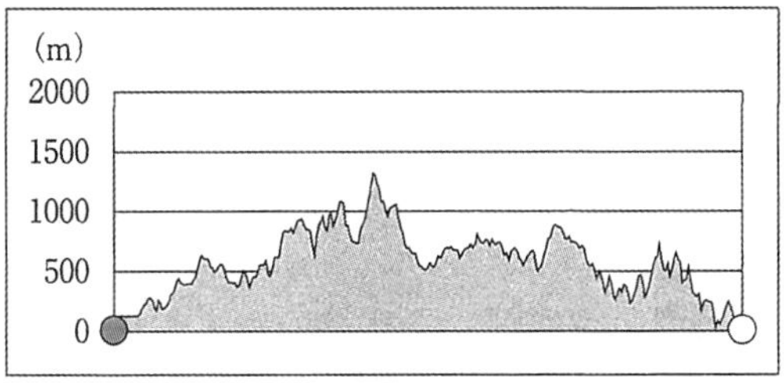

③

（地理院地図より作成）

	ア	イ	ウ	エ	オ	カ
a	①	①	②	②	③	③
b	②	③	①	③	①	②
c	③	②	③	①	②	①

問2　次のグラフ①～③は、地図中のｄ～ｆの月別降水量を示したものです。①～③とｄ～ｆの正しい組み合わせをア～カから１つ選び、記号で答えなさい。

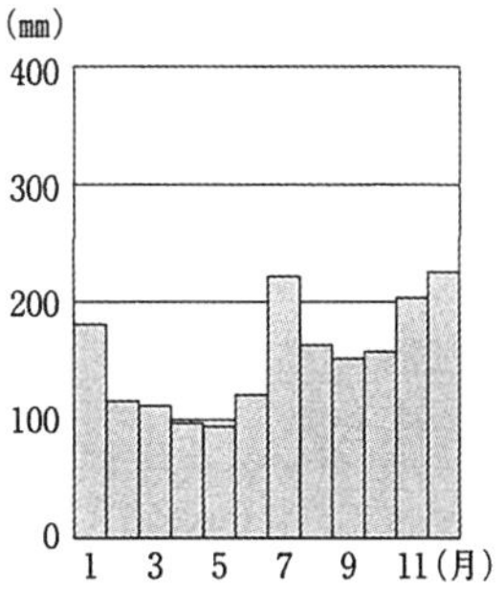

①

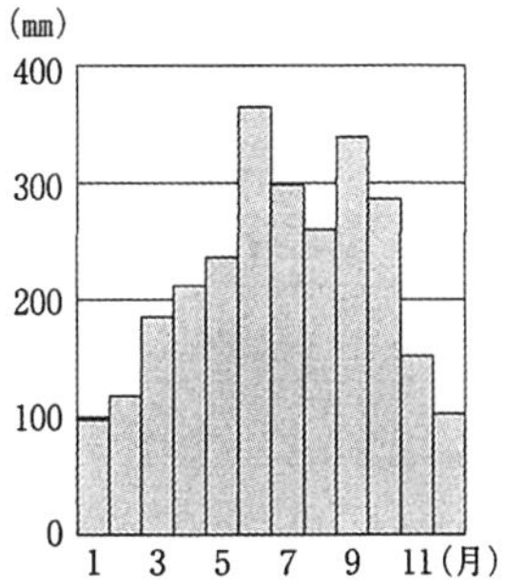

②

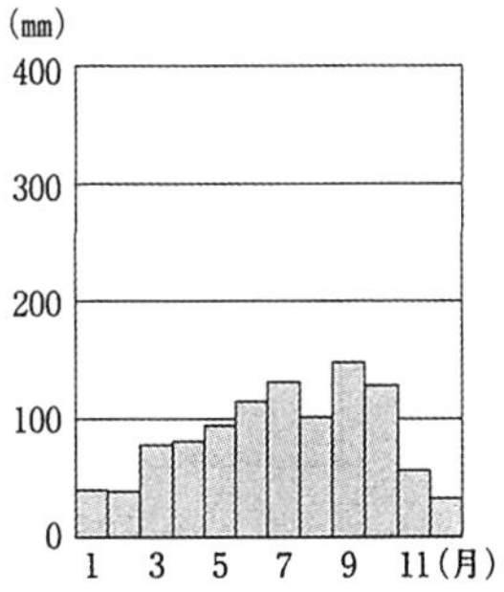

③

（『理科年表』より作成）

	ア	イ	ウ	エ	オ	カ
d	①	①	②	②	③	③
e	②	③	①	③	①	②
f	③	②	③	①	②	①

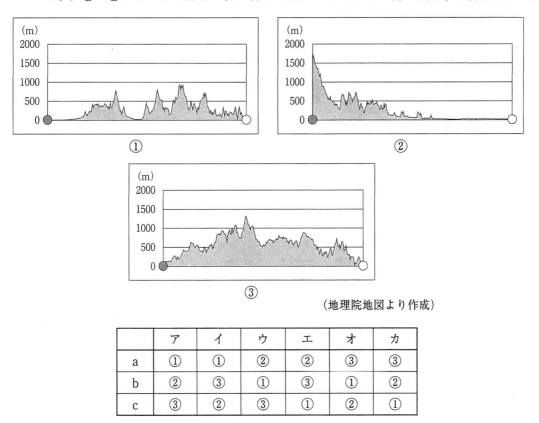

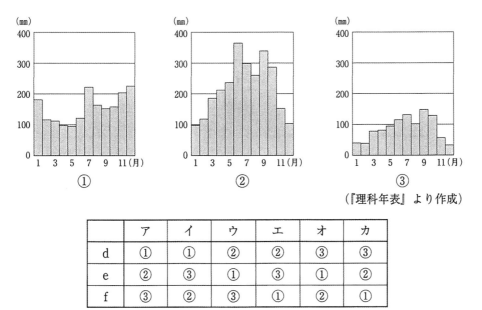

問３　次の写真①～③は、地図中のＡ～Ｃのいずれかの地点で写したものです。①～③とＡ～Ｃの正しい組み合わせをア～カから１つ選び、記号で答えなさい。

①

②

③

	ア	イ	ウ	エ	オ	カ
A	①	①	②	②	③	③
B	②	③	①	③	①	②
C	③	②	③	①	②	①

問４　地図中のＤ～Ｆは、伊勢湾、駿河湾、若狭湾のいずれかです。Ｄ～Ｆの正しい組み合わせをア～カから１つ選び、記号で答えなさい。

	ア	イ	ウ	エ	オ	カ
D	伊勢湾	伊勢湾	駿河湾	駿河湾	若狭湾	若狭湾
E	駿河湾	若狭湾	伊勢湾	若狭湾	伊勢湾	駿河湾
F	若狭湾	駿河湾	若狭湾	伊勢湾	駿河湾	伊勢湾

問５　次の表中の①～③は、地図中のＸ～Ｚの道府県の人口密度（2017年）、年間商品販売額（2016年）、国宝・重要文化財の数（2019年）を示したものです。①～③とＸ～Ｚの正しい組み合わせをア～カから１つ選び、記号で答えなさい。

	人口密度 （人/km^2）	年間商品販売額 （億円）	国宝・重要文化財の数
①	64	188,917	58
②	1,029	228,347	204
③	555	78,059	2,187

	ア	イ	ウ	エ	オ	カ
X	①	①	②	②	③	③
Y	②	③	①	③	①	②
Z	③	②	③	①	②	①

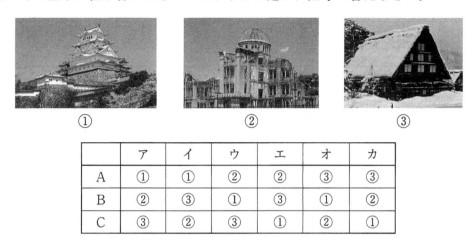

【3】　次の問１～問７に答えなさい。

問１　次のグラフは、日本のおもな食料の自給率の変化を示したものであり、グラフ中の①～③は、小麦、米、肉類のいずれかです。①～③の正しい組み合わせをア～カから１つ選び、記号で答えなさい。

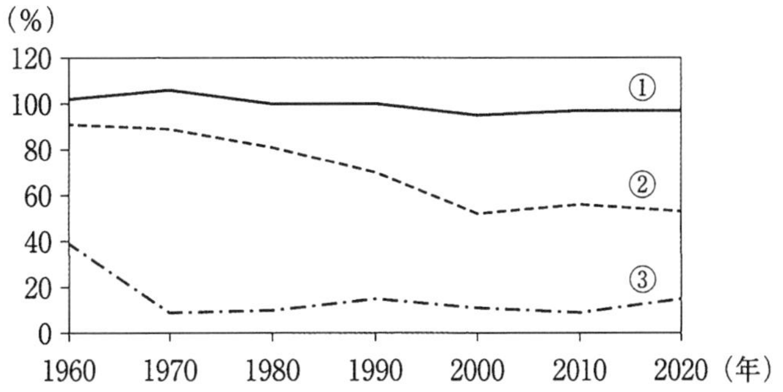

(『データブックオブザワールド』より作成)

	ア	イ	ウ	エ	オ	カ
小麦	①	①	②	②	③	③
米	②	③	①	③	①	②
肉類	③	②	③	①	②	①

問２　次のグラフは、日本のエネルギー供給量の変化を示したものであり、グラフ中の①～③は、原子力、水力、天然ガスのいずれかです。①～③の正しい組み合わせをア～カから１つ選び、記号で答えなさい。

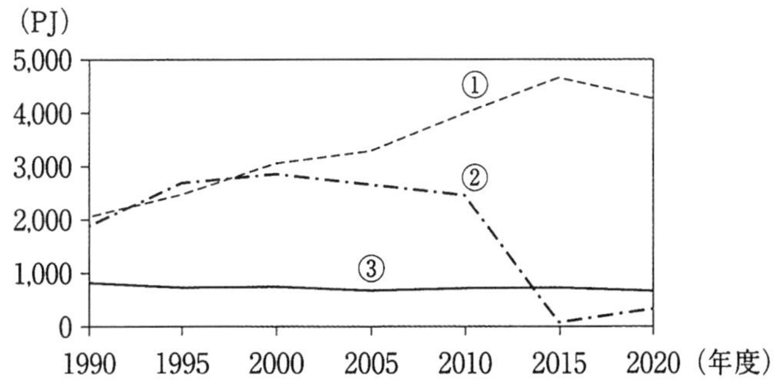

※PJはエネルギーの単位
(資源エネルギー庁ホームページ「総合エネルギー統計」より作成)

	ア	イ	ウ	エ	オ	カ
原子力	①	①	②	②	③	③
水力	②	③	①	③	①	②
天然ガス	③	②	③	①	②	①

問３　次の文章は、ある県について述べたものです。次の文章中の［　X　］にあてはまる語句をア～エから１つ選び、記号で答えなさい。

この県にある八郎潟は、かつて全国第２位の面積をもつ湖でしたが、現在は干拓《かんたく》されて、稲作などがおこなわれています。また、この県の伝統工芸品には、木工製品の樺細工《かばざいく》、大館《おおだて》曲げわっぱなどがあります。郷土料理には、［　X　］などがあります。

ア　出雲そば　　イ　きりたんぽ鍋　　ウ　ふなずし　　エ　ほうとう

問４　次の文章は、日本の領域について述べたものです。次の文章中の［　Y　］・［　Z　］にあてはまる語句の正しい組み合わせをア～エから１つ選び、記号で答えなさい。

［　Y　］は、日本の西の端に位置する島です。晴れた日には110kmほどはなれた台湾が見えることもあります。また、［　Z　］は、日本の東の端に位置する島です。標高は高いところでも９mしかありません。気象庁の観測所などがあります。

	ア	イ	ウ	エ
Y	択捉島	択捉島	与那国島	与那国島
Z	沖ノ鳥島	南鳥島	沖ノ鳥島	南鳥島

問５　次の表は、日本のおもな輸出品・輸入品を示したものであり、表中の①～③は、オーストラリア、ケニア、ブラジルのいずれかです。①～③の正しい組み合わせをア～カから１つ選び、記号で答えなさい。

	日本のおもな輸出品	日本のおもな輸入品
①	自動車、鉄鋼	紅茶、バラ、コーヒー豆
②	一般機械、自動車部品、電気機械	鉄鉱石、にわとり肉、コーヒー豆
③	自動車、石油製品、一般機械	石炭、液化天然ガス、鉄鉱石、牛肉

	ア	イ	ウ	エ	オ	カ
オーストラリア	①	①	②	②	③	③
ケニア	②	③	①	③	①	②
ブラジル	③	②	③	①	②	①

二〇二四年度　国語解答用紙

一

問1
こと

問2

問3

問4
①
②

問5

問6

問7

問8
Ⅰ
Ⅱ

問9
A　チヂ（こまった）
B　ヨケイ
C　ゲンミツ

二

問1
A　否（めません）
B　イドウ

問2
Ⅰ
Ⅱ

問3

問4

問5

問6
という感覚

問7

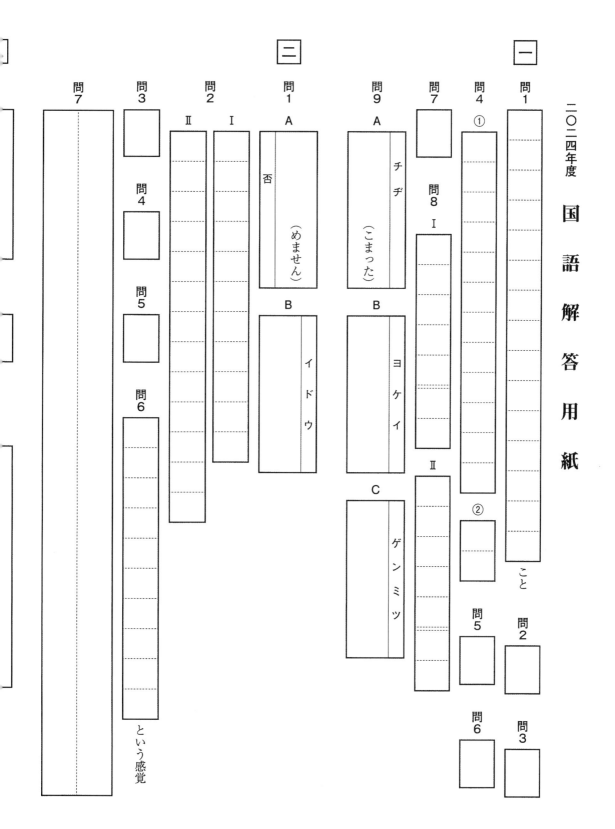

3

(1)	ア	イ	ウ	(2)	個	(3)	個

4

(1)	① cm	② cm	(2)	cm^2

5

(1)	分後	(2)	倍	(3)	m

6

(1)	通り	(2)	A 個	B 個	C 個	A 個	B 個	C 個
(3)	円							

総計	※100点満点 （配点非公表）

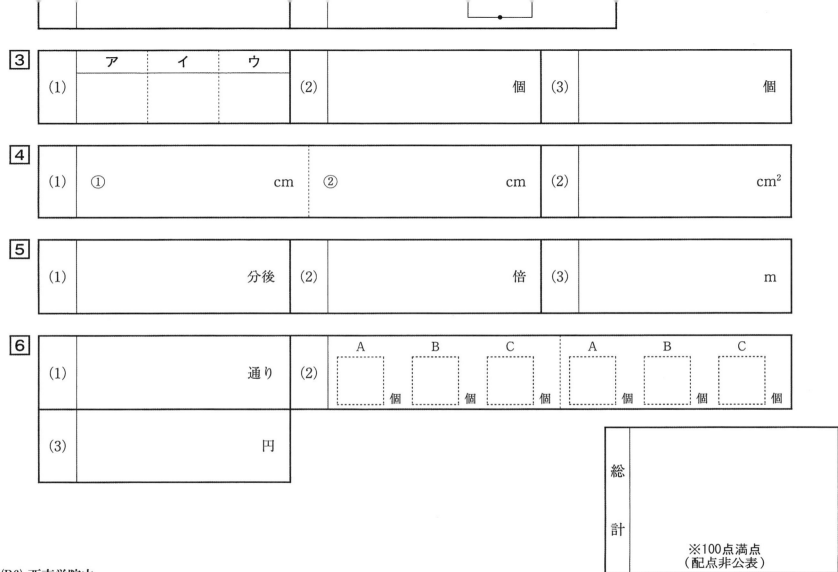

3

(1)	(2)
g	確かめる方法

(2)	(3)	
	重そう	クエン酸
結果	性	性

(4)	(5)

4

(1)	(2)	(3)	(4)
	cm	g	cm

(5)	(6)	(7)
g		

総計	※100点満点 （配点非公表）

問２	問３	問４	問５	問６	問７
					県

【５】

問１	問２	問３	問４	問５	問６ (１)

問６	(２)								
						15			

問７	問８

総計	※100点満点 （配点非公表）

受験番号	

2024年度

社　会　解　答　用　紙

【注意】
このらんには何も
記入しないこと

【1】

問1	問2	問3	問4	問5	問6	問7	問8

【2】

問1	問2	問3	問4	問5

【3】

問1	問2	問3	問4	問5

問6												
							20					

【4】

問7

問1

【解答用

受験番号	

2024年度

理　科　解　答　用　紙

1

(1)	(2)	(3)	
		X	Y

(4)					(5)
⑥	⑦	⑧	⑨	⑩	

2

(1)		(2)	(3)
スイカ	ホウレンソウ		

(4)		
X	Y	Z

【注意】
このらんには何も記入しないこと

【解答用

受験番号	

2024年度

算　数　解　答　用　紙

1

(1)		(2)		(3)	
(4)	%	(5)	円		
(6)	$y =$	(7)	cm		

(8)

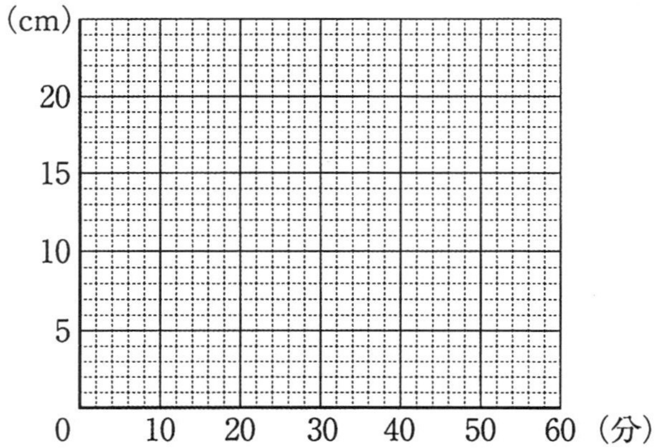

2

(1)	
(2)	度

(4)

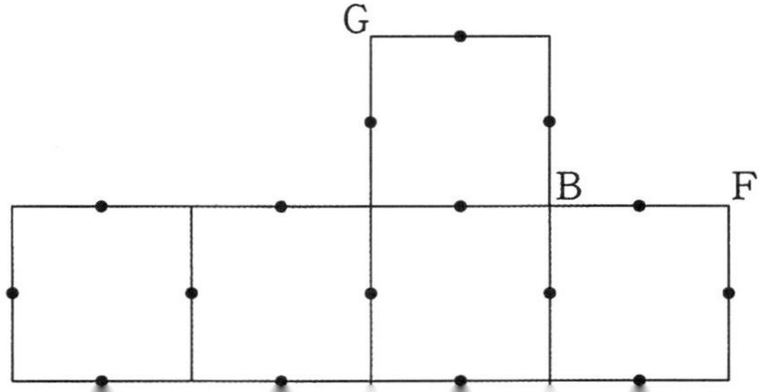

【解答用

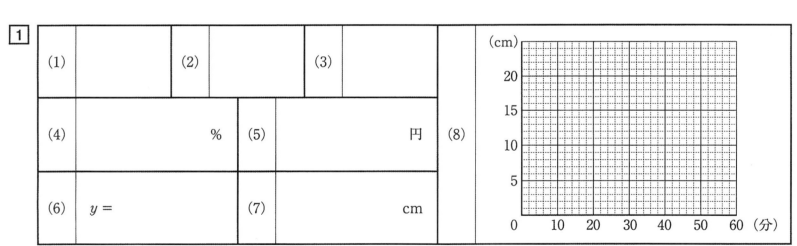

問4

姿

問5

四

問6

問7

問8

I

A

B

C

II

【注意】
このらんには何も
記入しないこと

A
B
C
D

総計	
※100点満点 （配点非公表）	

受験番号

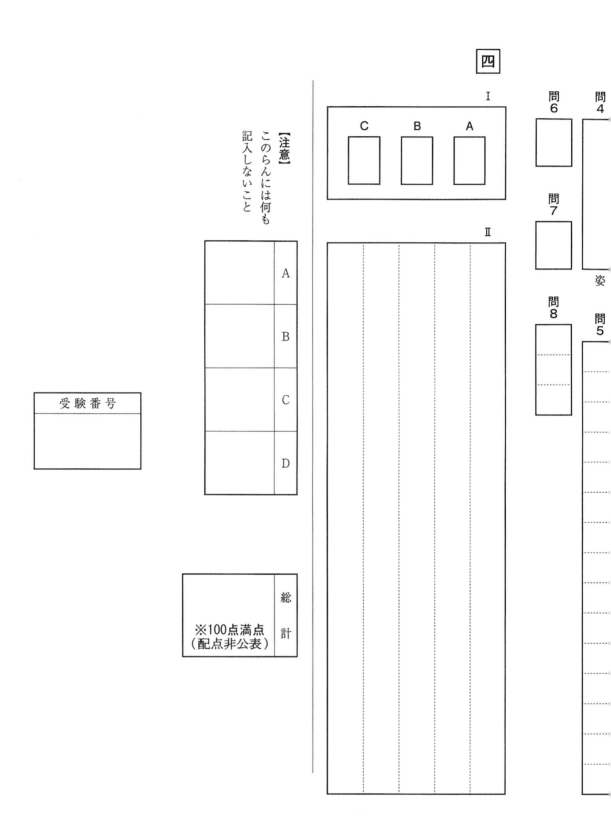

問６　戦後、日本の経済が発展した背景の一つに加工貿易があります。加工貿易とはどのようなしくみか**20字程度**で説明しなさい。

問７　しょうがいの有無、年令や性別、言葉のちがいなどにかかわらず、だれもが等しく使いやすいように、安全で便利な道具や建物を設計しようとする考え方を何というか、解答らんに合うように**カタカナ**で答えなさい。

【４】　次のＡ～Ｄは、それぞれある県について述べたものです。これらを読んで、問１～問７に答えなさい。

Ａ：この県には、弥生時代を代表する［　Ｘ　］遺跡があります。この遺跡では、1986年から本格的な発掘調査が行われ、大規模な環濠《かんごう》集落が存在していたことが判明しました。

Ｂ：この県には、①薬師寺があります。この寺院は、当時の天皇が自分の妻の病気回復をいのり建てましたが、710年に②平城京に都を移したことにともない、現在の地に移されました。

Ｃ：この県には、かつて鎌倉幕府が置かれていました。この地で政治をおこなった３代執権の北条泰時は、1232年、武家独自の法として③御成敗式目を制定しました。

Ｄ：この県には、特に④江戸時代に多く存在した［　Ｙ　］に関する世界遺産があります。2018年に世界遺産に登録され、熊本県のものを含め、12の遺産によって構成されています。

問１　Ａの空らん［　Ｘ　］と、次の新聞記事中の空らん［　Ｘ　］には同じ語句が入ります。［　Ｘ　］にあてはまる語句を、解答らんに合うように答えなさい。

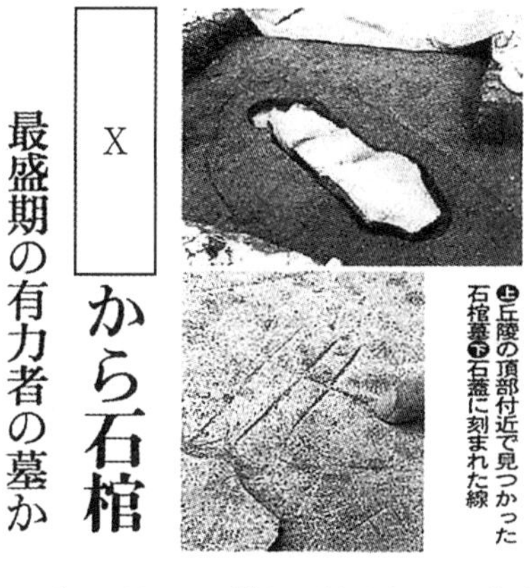
［　Ｘ　］から石棺
最盛期の有力者の墓か
㊤丘陵の頂部付近で見つかった石棺墓㊦石蓋に刻まれた線

（2023年５月30日『朝日新聞』より作成）

問2　下線部①の寺院は、平城京に移される以前、飛鳥に存在した日本で最初の本格的な都に置かれていました。この都の名称を**漢字**で答えなさい。

問3　下線部②に関連して、ある人物の和歌には、平城京の近くにある「三笠《みかさ》の山」が登場します。和歌の現代語訳を参考にして、この和歌をよんだ人物として正しいものをア～エから１つ選び、記号で答えなさい。

（現代語訳）天をあおいではるか遠くをながめれば、月がのぼっている。あの月は奈良の春日にある、三笠山にのぼっていたものと同じ月なのだなあ。

ア　阿倍仲麻呂　　イ　藤原道長　　ウ　源義経　　エ　白河天皇

問4　下線部③に関連して、次の文章は、御成敗式目の制定にともない、北条泰時が京都にいる弟へ送った手紙の現代語訳の一部です。文章から読み取れることとして**誤っているもの**をア～エから１つ選び、記号で答えなさい。

> この式目を作るにあたっては、何を本説(注1)として作成したのかと、人々が非難を加えることもありましょう。まことに、これといった本文(注2)を参考にしたということもありませんが、ただ道理(注3)の指し示すところを記したものです。（中略）あらかじめ裁決のありかたを定めて、人の身分の高下にかかわらず、偏《かたよ》りなく裁定《さいてい》されるように、詳細《しょうさい》を記録しておいたものです。この式目は、法令(注4)の教えと異なるところも少々ありますが、（中略）もっぱら武家の人々へのはからいのためばかりのものです。これによって、京都の律令の掟《おきて》は、少しも改まるべきものではありません。およそ、法令の教えは尊いものですが、武家の人々や民間の人々には、それをうかがい知っている者など、百人千人のうちに一人二人もおりません。（中略）京都の人々が非難を加えることがありましたなら、こうした基本的な考えを心得《こころえ》た上で、応答してください。

（注1）本説：基礎　　（注2）本文：参考とすべき書籍や文章
（注3）道理：武家社会のならわしや道徳　　（注4）法令：律令や公家の法

ア　御成敗式目は、特定の書物を参考にして作成したのではない、と述べている。
イ　御成敗式目は、裁定が公平に行われるように、武家社会の慣習や道徳を記したものである、と述べている。
ウ　御成敗式目と律令の内容が異なる場合、御成敗式目の内容を優先するように、と述べている。
エ　律令や公家の法の内容について、武家や民間の人々のうち、それを知っている人物はほとんどいない、と述べている。

問5　下線部④に関連して、江戸時代のできごとについて、**誤っているもの**をア～エから1つ選び、記号で答えなさい。

ア　幕府は武家諸法度を定め、これにそむいた大名は、領地を取り上げられるなどした。
イ　松尾芭蕉は、自然をたくみによみこんだ味わい深い俳句をつくった。
ウ　大阪では、幕府の元役人であった大塩平八郎が反乱を起こした。
エ　杉田玄白らは、英語の医学書をほん訳して『解体新書』を出版した。

問6　Dの空らん[Y]に関連する次の［写真1］・［写真2］を参考にして、空らん[Y]にあてはまる語句として最も適当なものをア～エから1つ選び、記号で答えなさい。

［写真1］

［写真2］

※中央の看板には「四郎家（一揆当時）」と書かれている。

ア　南蛮人　　　イ　宣教師　　　ウ　隠れキリシタン　　　エ　仏教徒

問7　次の写真の俳句が記されている石碑は、A～Dのいずれかの県にあります。写真の［説明文］を参考にして、その県名を解答らんに合うように**漢字**で答えなさい。

［説明文］
この石碑は、かつて存在した城の跡にあります。この城は、つくられた当時としては大阪城につぐ規模を持った巨大な城でした。石碑には「太閤が　睨《にら》みし海の　霞《かすみ》かな」と記されています。

【5】　次の文章を読んで、問１～問８に答えなさい。ただし、文章中の波線部ａ～ｃには誤っている語句が含まれています。

江戸時代には、メディアを通して人々が情報を得るようになりました。特に①幕末には大きな変動の中で、「瓦版《かわらばん》」がその役割を果たしました。

②明治時代に入ると、新聞が刊行されるようになりました。その中では国内外で起こった事件などが報じられ、国民の政治に対する意識にも変化がみられるようになりました。また、③政党をはじめとする様々な団体は雑誌を発行し、その中で自らの意見や考えを発信するようになりました。

大正時代には、自分たちの願いを政治に生かそうとする④社会運動が盛んになりました。例えば、「もともと、女性は太陽だった」と雑誌『青鞜』に記したａ平塚らいてうの運動などがあげられます。このような動きの中で、選挙権の拡大を求める運動が広がりをみせ、1925年には、普通選挙法が制定され、ｂ20歳以上の男子に選挙権が与えられました。

昭和に入ると、ｃ柳条湖事件をきっかけに起こった日中戦争などの戦争に突入しました。この戦争には記者が従軍して戦地での様子を伝えるなど、⑤メディアが果たした役割は大きなものでした。⑥戦後は⑦高度経済成長期を経て、インターネットがふきゅうするなど、情報の伝達は大きく進歩していきました。

問１　文章中の波線部ａ～ｃが正しいか誤っているかを判断し、ア～エからあてはまるものを１つ選び、記号で答えなさい。

ア　ａが正しい　　イ　ｂが正しい　　ウ　ｃが正しい　　エ　すべて誤っている

問２　下線部①について、次の図は1867年の二条城での会見の様子をえがいたとされるものです。図中の ◯ の人物として正しいものをア～エから１つ選び、記号で答えなさい。

ア　西郷隆盛　　イ　明治天皇　　ウ　徳川慶喜　　エ　勝海舟

問3　下線部②について、この時期の大きな政治課題に、条約改正があります。日本はまず、1894年にイギリスとの間で領事裁判権をなくす条約を結びましたが、その改正の要因と関連があるできごとを表したものとして最も適当なものをア〜ウから１つ選び、記号で答えなさい。

ア

イ

ウ

問4　下線部③について、国会開設に備えて1881年に自由党を創設した人物を**漢字**で答えなさい。

問5　下線部④について、次のグラフは、このころ発生した労働争議（労働者が自身の権利の拡大などを求めて行う運動）の件数をグラフにしたものです。このグラフについて説明したものとして正しいものをア〜エから１つ選び、記号で答えなさい。

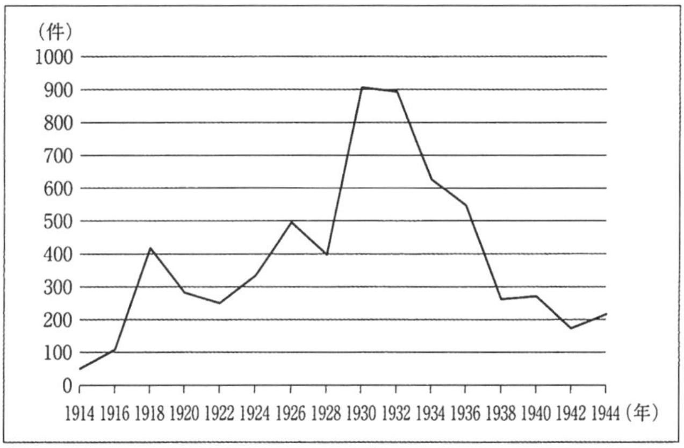

（『近現代日本経済史要覧』より作成）

ア　1912年から15年間続いた大正時代には、「デモクラシー」と呼ばれる風潮が高まったことにより、労働争議が活発化したため、前年よりも件数が少なくなった年はなく、増加し続けていた。

イ　1918年の労働争議の件数が1916年に比べて増加したのは、このころ米の値段が急激に高くなったことを受けて、人々が生活を守るために各地で運動を起こしたためだと考えられる。

ウ　1930年に労働争議の件数が最大となるのは、この年に関東大震災が発生して生活水準が悪化したことにより、労働者が待遇《たいぐう》の改善を求めたためだと考えられる。

エ　1938年以降は労働争議の件数が500件を下回っているが、これはこの年から日本の都市へアメリカ軍の空襲が始まり、運動を行う余裕《よゆう》がなくなったからだと考えられる。

問６　下線部⑤について、次の表は、『写真週報』という雑誌の記事のタイトルに使われた言葉や地名の登場回数を時期ごとに示したものです。この表の内容を考察した文章を読んで、次の（１）・（２）に答えなさい。

	時期	言葉	地名
A	1938年２月 ｜ 1940年１月	国民(18回)　家庭(17回) 陸軍(15回)　事変(13回) 学校、試練(11回) 週間、青年(９回)　海軍(８回) 航空、鉄道、演習(７回)	日本(45回)　ドイツ(20回) 上海、満州(９回) 支那(８回)　イギリス(６回) 欧州、大阪、北京(５回)
B	1941年12月 ｜ 1943年５月	学校(36回)　戦場(33回) 国民(31回)　海軍(28回) 陸軍(22回)　訓練(17回) 大会、部隊(15回) 戦線、運動、建設(14回) 航空、兵隊、増産(12回)	シンガポール(35回)　東京(33回) アメリカ(31回)　イギリス(24回) 日本、ビルマ(20回) 支那、フィリピン(17回) 満州、マレー(15回) マニラ(13回)　ボルネオ(12回)
C	1943年６月 ｜ 1945年７月	決戦(42回)　国民(34回) 増産(29回)　工場(24回) 学校、陸軍、挺身(22回) 航空(21回)　防空、大東亜(16回) 科学、基地、戦力、海軍(14回)	インド(19回)　東京(14回) イギリス(10回) アメリカ、ジャワ(９回) 日本、ビルマ(８回) 台湾、満州、シンガポール(７回)

※（　）内は登場回数

（『『写真週報』とその時代』より作成）

【考察】

記事のタイトルに使われている語句は、戦争が進んでいくにつれて変化しています。例えば、地名に注目してみると、　X　ということが考えられます。また、言葉に注目してみると、　Y　ということが分かります。

雑誌などのメディアや「ぜいたくは敵だ」などの標語をかかげた看板は、戦時中にあって、　Z　という役割を政府や軍部から期待されていたと考えられます。

（1）【考察】の文章の X ・ Y には、次の文Ⅰ～Ⅳのいずれかがあてはまります。その正しい組み合わせをア～エから１つ選び、記号で答えなさい。

Ⅰ　「シンガポール」、「フィリピン」、「マレー」などの東南アジアの地名が表中Ｂの時期に登場しはじめ、表中Ｃの時期に減っているのは、日本の占領地は広がったのちに縮小したことが影響している

Ⅱ　表中Ｃの時期に地名の中では「インド」が最も多く登場しているのは、日本軍は順調に占領を進め、東南アジアから南アジアまで占領地が広がったことが影響している

Ⅲ　表中Ａの時期には登場しなかった「陸軍」・「海軍」という言葉が、表中Ｂと表中Ｃの時期にともに上位５位までの登場回数になっている

Ⅳ　表中Ａの時期には登場しなかった「戦場」・「決戦」という言葉が、表中Ｂと表中Ｃの時期それぞれで上位２位までの登場回数になっている

	ア	イ	ウ	エ
X	Ⅰ	Ⅰ	Ⅱ	Ⅱ
Y	Ⅲ	Ⅳ	Ⅲ	Ⅳ

（2） Z に入る内容を**15字程度**で答えなさい。

問７　下線部⑥に関連して、1950年代から1970年代までの新聞や雑誌を示した次の図Ⅰ～Ⅲを、年代が古い順に並び替えた場合、正しいものをア～カから１つ選び、記号で答えなさい。

Ⅰ

講和条約こゝに調印
四十九ヵ国が参加
午前三時三十四分 吉田全権署名
会場に「日章旗」を追加

Ⅱ

佐藤前首相にノーベル平和賞
核拡散防止政策など
マクブライド氏（アイルランド）も
米大統領 インフレ抑制に新経済政策
五％の増税を提案
原油輸入も減らす
核持ち込み事前協議

Ⅲ

ア　Ⅰ → Ⅱ → Ⅲ　　イ　Ⅰ → Ⅲ → Ⅱ　　ウ　Ⅱ → Ⅰ → Ⅲ
エ　Ⅱ → Ⅲ → Ⅰ　　オ　Ⅲ → Ⅰ → Ⅱ　　カ　Ⅲ → Ⅱ → Ⅰ

問８　下線部⑦について、この時期に「３Ｃ」と呼ばれたものとして**誤っているもの**をア～エから１つ選び、記号で答えなさい。

ア　カラーテレビ　　イ　クーラー　　ウ　自家用自動車　　エ　電気洗濯《せんたく》機

2023年度

国　　語

（100点　50分）

注意事項

1．試験開始のチャイムが鳴るまで、この問題冊子《さっし》を開いてはいけません。
2．問題冊子は表紙をのぞいて16ページです。
3．答えはすべて解答用紙に文字または記号で正確に記入しなさい。
4．字数制限がある場合は、すべて句読点や「　」などの記号をふくむものとします。
5．問題冊子および解答用紙の印刷が悪いときや、ページが足りないときは、手をあげて先生に知らせなさい。
6．試験が終わったら問題冊子は持ち帰りなさい。

西南学院中学校

2023(R5) 西南学院中
K 教英出版

一　次の文章を読んで、後の問いに答えなさい。

中学三年生の「少年」は、話すときにことばにつまってしまい、なめらかにことばが出てこないという特性を持っている。「少年」は野球部に所属しているが、中学校最後の試合を控《ひか》えているなか、転校生の大野が急きょサードのレギュラーに選ばれ、その影響が自分にも及ぶことになった。

次の日、セカンドのレギュラーはマサになっていた。試合まで、たった一日しかない。少しでも慣れるよう、*富山先生はマサにつきっきりでゲッツーのときの身のこなしや、外野からの返球をカットするときのポジションを教え込んだ。

ア少年は練習の始まる時間よりだいぶ早めに部室に入って、家から持ってきた背番号4のユニフォームをマサのロッカーに置いた。*『ごんぎつね』みたいだな、と思うと、涙《なみだ》が出そうになった。

マサが持ってきた背番号14のユニフォームは、練習のあとで受け取った。マサは「シラのぶんもがんばるけん」と言った。イ少年は黙《だま》って、笑いながらうなずいた。Vサインを返してやろうとしたら、視界の隅《すみ》のほうで、大野がこっちを見ていることに気づいた。目が合うとすぐにうつむいてしまったので、表情までは読み取れなかった。

帰り道は、大野と二人で用水路沿いの道を歩いた。言葉にして誘《さそ》い合ったのではなく、ばらばらに部室を出て、正門を出たあたりでなんとなく一緒《いっしょ》になって、「おう」も「よう」もなく、並んで歩きだしたのだった。

大野は口数が少なかった。少年もほとんどしゃべらない。どうしていいかわからない。ウからっぽのバッターボックスと誰《だれ》もいないベンチが、ぼんやりと浮かぶだけだった。

いつもの駄菓子屋《だがしや》を、二人とも黙って通り過ぎた。

最初の交差点にさしかかる。大野はまっすぐ渡《わた》った。

二つ目の交差点でも、大野は帰らなかった。

三つ目の交差点——もうええけん、遠回りになるけん、ここで帰れや、と少年は言おうとしたが、「遠回り」と「ここ」と「帰れや」の代わりの言葉を探しているうちに、大野はまた、横断歩道をまっすぐ渡った。

そして、最後の［ X ］。

大野は横断歩道の手前で立ち止まった。右手で提《さ》げていたスポーツバッグを足元に、落とすように置いた。

「シラ……」

少年も足を止めた。大野は右手を胸の高さに持ち上げて、左手で右の拳《こぶし》を包《つつ》み込んでいた。

「俺《おれ》……ノックのときに突《つ》き指しちゃった」

大野はへへッ、と笑う。「嘘《うそ》じゃない」とつづけて、「さっきから我慢《がまん》してたんだけど、死ぬほど痛くてさ……」と、今度は顔をしかめた。

少年はなにも応えず、大野の手元をぼんやりと見つめる。

「明日の試合、休むよ」

大野がそう言っても、少年は目も口も動かさなかった。

「バチが当たったんだよな、俺、＊『ウルトラマン』の怪獣《かいじゅう》だから、最後はやっつけられるんだよ」

少年は黙っていた。身じろぎもせず、ただ、黙り込んでいた。

「先生に、明日、言うから」とつづける大野の声は急にか細くなって、「だって……痛くて、たまんないんだよな……」と、エさらに弱々しくなった。

少年は軽く息を吸い込んで、「がんばれや」と言った。嘘のように言葉がなめらかに出た。ひとりごとのようにしゃべったから、なのかもしれない。

大野は泣きだしそうに顔をゆがめた。

「俺、出ないって、ほんとに。シラを補欠にしてまで試合に出たくないって。俺のせいなんだからさ、いいんだよ、俺はもともといなかった奴《やつ》なんだから。俺がいなくなったって、元《もと》に戻っただけだろ？　それでいいし、そっちのほうがいいんだよ、絶対」

「アホなこと言わんでええけん……」

「信じてくれよ」

「大野、＊アンダーシャツ、返せや。試合はええけん、シャツ返せ」

返せの「カ」が、すんなり言えた。声は大きくても、これはぜんぶひとりごとなのかもしれない。

「早よ返せや、わしのシャツなんじゃけん」

少年は、ほら、と右手を出してうながした。大野はなにか言いたそうに口を開きかけたが、すぐに閉じて、「洗濯《せんたく》してから返すよ」と言い直した。

「そげなことせんでええけん、早う返してくれ。いまあるんじゃろ、早う返せや」

ほら、ほら、と右手を大野の胸の前に突き出した。言葉はすらすら出てくる。でも、耳に聞こえてくる声は、①自分の声ではないみたいにひらべったく、薄《うす》っぺらだった。

大野はもうなにも言わなかった。スポーツバッグの前にしゃがみ込み、ファスナーを開けて、しわくちゃに丸めたアンダーシャツを出した。膝《ひざ》の上で畳《たた》み直そうとするのを、少年は「ええけん」とA**セイ**して、ひったくるようにシャツを取った。

汗《あせ》で濡《ぬ》れている。B**ス**っぱいようなにおいもする。

オ捨てるつもりだった。シャツを用水路に放り込んで、大野にもう一度「がんばれよ」と言ってやって、その代わり、もう立ち止まらずに交差点をまっすぐ渡ろう、と思っていた。

シャツのおなかのところに、黒い染《し》みがあった。

違《ちが》う、それはサインペンの文字だった。

Ｎｅｖｅｒ　Ｇｉｖｅ　Ｕｐ――あまり上手《うま》くない筆記体で書いてある。

あきらめるな、と書いてある。

「シラ……ごめん、俺、もらったんだと思って、書いちゃった」

大野は「弁償《べんしょう》するから」と付け加えて、「ほんと、ごめん、すみません」と頭を下げた。

少年はおなかの文字を包み込むようにシャツを丸めた。

大野は頭を下げたままだったので、少年が、シャツをスポーツバッグに入れ直した。カネバー、ギブ、アップ、と心の中でつぶやいた。ネバー、ギブ、アップ、と繰《く》り返して、ファスナーを閉めた。

「もうええけん」と声をかけると、大野はやっと顔を上げた。目が合う前に、少年は背中を向けて歩きだした。

振《ふ》り返らずに、大野に言った。

「がっ、がっ、がっ……」

②言葉がつっかえてほっとしたなんて、生まれて初めてだったかもしれない。

「がんばるから！」大野は少年の背中に答えた。「ほんと、俺、明日がんばるから！」

少年は歩きながら、前を向いたまま、うなずいた。

でも、ほんとうは、大野は勘違《かんちが》いしていた。少年が言いたかったのは、「 Y 」ではなかった。

がんばるけん――自分のことを言いたかったのだ。

（重松 清「交差点」『きよしこ』所収 新潮文庫刊による）

注

＊富山先生 「少年」たちが所属する野球部の顧問《こもん》の先生。

＊『ごんぎつね』 童話。このお話にはきつねのごんが人間にこっそりと贈り物を届ける場面がある。

＊『ウルトラマン』の怪獣 大野は以前、転校してきて野球部の仲をぎくしゃくさせてしまった自分を、突然《とつぜん》やってきて破壊行為《はかいこうい》をする『ウルトラマン』の怪獣にたとえたことがあった。

＊アンダーシャツ 野球の際にユニフォームの下に着る衣服。大野は転校してきたばかりで「少年」たちが練習で着るおそろいのアンダーシャツを持っていなかったので、「少年」が自分のシャツをあげていた。

問1　ア少年　とは誰のことですか。本文中から抜《ぬ》き出して答えなさい。

問2　イ少年は黙って、笑いながらうなずいた　とありますが、このときの「少年」の心情を説明したものとして最も適当なものを次の中から選び、番号で答えなさい。

1　相手の思いを受け入れるしかないと思っている。
2　大野にこれ以上気を遣《つか》わせたくないと思っている。
3　周りに自分の気持ちを察してほしいと思っている。
4　機会があっても二度と試合には出たくないと思っている。

問3　ウからっぽのバッターボックスと誰もいないベンチが、ぽんやりと浮かぶだけだった　とありますが、これは「少年」のどのような様子をたとえたものですか。それを説明した次の文の□にあてはまることばを、10字以内で考えて答えなさい。

□が思い浮かばない様子。

問4　X　に入ることばを本文中から抜き出して答えなさい。

問5　エさらに弱々しくなった　とありますが、大野の声が「弱々しくなった」のはなぜだと考えられますか。その理由として最も適当なものを次の中から選び、番号で答えなさい。

1　「少年」がむこうを向いたまま全く返事をしないので、自分の話を聞いてくれていないのではないかと強い不安を感じ始めたから。
2　突き指によって試合に出られないことを先生に明日言わなければならなくなってしまい、怒《おこ》られることを心配しているから。
3　反応を返してくれないので「少年」が何を考えているのか分からず、そのまま言葉を重ねて納得《なっとく》させることに苦しさを感じているから。
4　練習中に突き指をしたことを告白しているのに「少年」が試合に出ることをなかなか了承《りょうしょう》してくれず、途方《とほう》に暮れているから。

問6　オ捨てるつもりだった　とありますが、「少年」がそうするつもりだったのはなぜだと考えられますか。その理由として最も適当なものを次の中から選び、番号で答えなさい。

1　かつて大野に自分から渡したシャツを強引《ごういん》に奪《うば》い返すことが、大野に対しての嫌《いや》がらせになると思ったから。

2　自分があげたシャツを捨てることで、大野が自分に対して気を遣わなくて済むようにしたかったから。

3　自分のシャツが返ってこないようにすることで、レギュラーになりたいという気持ちにけりをつけたかったから。

4　自らの力でレギュラーを勝ち取った大野にシャツを貸し続けることが、急に申し訳なく思えてしまったから。

問7　カネバー、ギブ、アップ、と〜ファスナーを閉めた　とありますが、ここから分かることについて説明した次の文の［　　］に共通してあてはまることばを、4字以内で考えて答えなさい。

大野が自らを［　　］ために書いた「Never Give Up」は、大野自身の野球への思いや努力が詰《つ》まったものであり、それを見た「少年」をも［　　］ことになったということ。

問8　［Y］に入ることばを考えてひらがな4字で答えなさい。

問9　①自分の声ではないみたいにひらべったく、薄っぺらだった・②言葉がつっかえてほっとした　とありますが、このときの「少年」について説明した次の文の［　　］に共通してあてはまることばを、漢字2字で考えて答えなさい。

①では、発したことばが自分の［　　］ではないと感じていたが、②では言おうとすることばが自分の［　　］から出たものになったことを自覚している。

問10　AセイしBスっぱい　のカタカナをそれぞれ漢字で書きなさい。

二 次の文章を読んで、後の問いに答えなさい。なお、1～11は段落番号です。

1 何かを学んでいこうとするとき、「好き」という感覚ほど強い味方はない。一方、「嫌《きら》い」という感覚は、学びにブレーキをかける。好きなことはいくらでもできるが、嫌いなことはやりたくない、と。加えて、好きや嫌いという感覚は個人的な感覚だから、誰《だれ》かに「私はリンゴが好きだ」と言ったとしても、「それは君が好きなだけ、僕《ぼく》はバナナが好きだ」と返される場合が少なくない。好き嫌いは何かをブロックしてひとりよがりな世界を生み出すことがあるのである。

2 しかし、内面でわき起こる好きや嫌いは、大切にしなければならない。それが人生をつくっていくのだから。だが何かを本当に学ぶためには、好き嫌いの感覚を、さしあたり停止して、どうして好きなのか、どうして嫌いなのかを正視しなければならない。矛盾《むじゅん》していると思うだろう。しかし、数学の勉強が嫌いなら、どこが好きでどこが嫌いなのかを考えてみてほしい。考えることが、ア単なる好きや嫌いの感覚から距離《きょり》を置くことを教えてくれるから。それが学ぶことの第一歩。今のうちにその術を身につけてほしい。イ好きだから、嫌いだからで終わってはいけない。

3 学ぶためのもう一つの①ポイントは、全体を見ること。それと同時にどこか一点を見なければならない。全体だけを見ていても絶対に自分のものにはならない。これも矛盾していると思うだろう。だがスポーツを想像すればわかりやすい。スポーツは単に肉体の問題ではない。例えば野球では、筋力を鍛《きた》えさえすればホームランを打てるわけではない。筋力だけでなく、身体全体を考え、何か②ポイントをつかむことでバッターとして成長できる。人はそれぞれ「癖《くせ》」を持っているものだが、それを捨て、自分なりの③ポイントをつかむことが基本だ。

4 これは思考の基本でもある。人間がものを考えるとき、*公理から出発することはありえない。全体の*コンテクストをぼんやりと視野に入れながら、その中でウ手がかりを見つけて考えを進める。A＝B、B＝C、C＝Aといったような論理は、考え抜《ぬ》いたあとで、他者に説明するために組み立てる表現だ。事件現場に立つシャーロック・ホームズを想像してほしい。彼《かれ》は、現場全体を見ながら、頭の中ではそれまでに集めた証拠《しょうこ》品のイメージや証言を繰《く》り返していることだろう。全体を見ながら、どこかに特異点を見いだそうとしているのである。さまざまな要素があり、それらがどういう関係にあるのか、そうしてそれらの関係がどう全体をかたちづくっているのかを見ていくのである。

5 こうした思考は、数学でも国語でも、研究でもビジネスの現場でも変わらない。「文科系と理科系ではアタマの使い方が異なる」などと思い込《こ》んではならない。原則は同じなのだ。文章全体を見ていながら、どこかに必ず文章全体にかかわるひっかかりがあるはずだ。それをつかむ。その④ポイントを自分なりに展開することで人間はものを考え始めることができる。学校の勉強には正解が用意されている。皆《みな》さんが誤った答案を書けば、間違《まちが》いを指摘《してき》される。[X] 皆さんに課されているのは、正解を知ることではなく、頭の働かせ方を学ぶことだ。この学びは、たんに知識を蓄《たくわ》えることではなく、自分自身を変えていくことにほかならない。全体のコンテクストがあり、その特異点をつかんで全体をもう一回つくり直す。これは自分の世界を自分でつくり直していく力でもある。

[6] 画家のパブロ・ピカソ Pablo Picasso（一八八一―一九七三）は、一四歳《さい》のとき、《初聖体拝領《はっせいたいはいりょう》》（一八九六）という作品を描《えが》いている。父親に付き添《そ》われ*聖体拝領を受けるために、跪《ひざまず》いて聖書を読み上げる少女の姿。厳粛《げんしゅく》な一瞬《いっしゅん》を美事《みごと》に捉《つか》まえている。レースや絨緞《じゅうたん》の繊細《せんさい》な質感を見ても分かる通り、ルネサンス期に活躍《かつやく》した一流の画家たちにエ比肩《ひけん》する技量だ。一四歳にしてそのようなレベルの絵を描いてしまったら、それから先、画家としてどう生きていったらいいのだろう。それがピカソの問題だった。結論をいえば、彼は完成した自分自身を「壊した」。どう壊したのかを見ていこう。

[7] ピカソは二〇歳を過ぎた頃《ころ》、《盲人《もうじん》の食事》（一九〇三）という作品を描いた。画中の人物はスペインの貧民《ひんみん》で、目がほとんど見えず手でものに触《ふ》れようとしている。ピカソは単に盲人を描きたかったのではない。彼にとっての問題は、盲人の「姿」ではなく「目が見えないということ」だった。目が見えなければ、絵を見ることはできない。目が見えるということこそが、絵画の原点なのである。一四歳にしてすでに絵画における最高の技法を獲得《かくとく》していたピカソは、絵画が生まれるとは一体どういうことなのか、絵画とは何かと問い、その原点、すなわち「目が見える」ということに立ち返り、絵画そのものをもう一度やり直し、それが成立する場を考えようとした。

[8] ピカソがそれに取り組んだ時期は「青の時代」と呼ばれる。彼が絵を青一色で描いたからだが、青一色というのは、ほとんど目の見えない人がかすかに感じる色なのだという。ピカソは盲人ではない。けれども、青一色で描くことによって絵画の原点の経験をつくり出そうとしたのである。この「やり直す力」こそ、ピカソが天才と呼ばれる理由だ。

[9] もう一つ、やり直そうとしたことがある。《盲人の食事》に描かれている年老いた盲人の食事はパン一つだけ。これは社会の最底辺を生きる姿であり、《初聖体拝領》で宗教的な儀式《ぎしき》にAノゾむ*ブルジョアジーのきらびやかさとはきわめてBタイショウ的だ。ピカソは、最も悲しく、苦しい、絶望的な場所から再出発して絵画そのものをすべてやり直そうとしていたのである。

10 その後、ピカソは《ゲルニカ》（一九三七）という巨大《きょだい》な絵を描いた。ゲルニカとは、第二次世界大戦中にナチスドイツに爆撃《ばくげき》されたスペインの小さな町である。ピカソは爆撃に怒《いか》り、これを描いたのだが、実はそれまで絵画と戦争にはほとんど何の関係もなかったのである。戦争に対して直接に抗議《こうぎ》する絵画はこの《ゲルニカ》が——おそらくゴヤという偉大《いだい》な先例を除けば——最初であり、ピカソは、絵画という＊営為《えいい》の幅《はば》をつくり替《か》えていったのだ。

11 学問もスポーツも、人間がつくり出した営みのほとんどはある意味では一四歳で世界のC**チョウテン**に立つこともできるのかもしれない。もちろん皆さんはピカソではないかもしれない。けれども、彼のように「オもう一度やり直す力」は誰にでもある。すでにできあがっているものを学びながら、既存《きそん》の世界を超《こ》える新しい世界をつくっていく力だ。

（小林　康夫「学ぶことの根拠《こんきょ》」
『何のために「学ぶ」のか』所収　ちくまプリマー新書）

注

＊公理　何かを考えるときに前提となることがらのこと。

＊コンテクスト　文脈。言語が使用される場面や文章内部の前後のつながり。

＊聖体拝領　キリスト教の儀式として、パンとぶどう酒を食すること。

＊ブルジョアジー　豊かな生活をしている資本家、地主などを指す。

＊営為　いとなみ。

《初聖体拝領》

《盲人の食事》

《ゲルニカ》

問1 A ノゾむ　B タイショウ的　C チョウテン　のカタカナをそれぞれ漢字で書きなさい。

問2 次の文章は、どの段落の後に入りますか。段落番号で答えなさい。

どのような大学に進み、どのような職業を選ぼうとも、人間は一生、学ぶことから逃《のが》れられない。人間は、決して完成しない存在なのだ。しかし、それでも完成してしまったらどうすべきだろう。実は、完成は壊《こわ》さなくてはならない。

問3 ア 単なる好きや嫌いの感覚から距離を置くこと　とは、具体的にはどういうことですか。解答欄《らん》の形式に合うように、本文中のことばを用いて、40字以内で答えなさい。

問4 イ 好きだから、嫌いだからで終わってはいけない　とありますが、筆者がこのように述べる理由として最も適当なものを次の中から選び、番号で答えなさい。

1 好き嫌いの感覚は個人的なものであり、他の人には理解されにくいので、考える内容がひとりよがりになってしまうから。

2 好き嫌いで物事をとらえることは、それ以上対象を見ることを阻止《そし》し、その後に展開する「全体を見る」ことの妨《さまた》げとなるから。

3 好き嫌いの感覚を大切にすることが、自分の感情に正直に生きることにつながって、自分の思うような人生をつくってくれるから。

4 好き嫌いを正視することが、好き嫌いそのものをなくすことにつながるので、今のうちにその術を身につけておいた方がいいから。

問5 ポイント　とありますが、①～④のうち他と異なる意味で用いられているものを一つ選び、番号で答えなさい。

問6 5段落をその内容から二つに分けるとき、後半の初めの5字を抜き出して答えなさい。

問7　X にあてはまることばを次の中から選び、番号で答えなさい。

1　そして　　2　だから　　3　だが　　4　また

問8　ウ手がかり　を言いかえたことばを4段落の中から抜き出して答えなさい。

問9　エ比肩する　と同じ意味のことばを次の中から選び、番号で答えなさい。

1　驚嘆《きょうたん》する　　2　迎合《げいごう》する
3　忖度《そんたく》する　　4　匹敵《ひってき》する

問10　オもう一度やり直す力　とありますが、ピカソの「もう一度やり直す力」を具体的に説明したものとして、あてはまらないものを次の中から一つ選び、番号で答えなさい。

1　絵画の表すものを変えようとして、それまでの自分の絵画とは異なり社会的弱者を描いたこと。
2　これまで一流の画家にしか描くことのできなかった宗教絵画を、一四歳にして描いたこと。
3　これまでほとんど描かれなかった戦争への怒りや抗議を、絵画で描き出そうとしたこと。
4　「目が見える」という絵画の原点に立ち返り、絵画が成立するとは何かを問い直したこと。

三

次の詩とそれに続く解説を読んで、後の問いに答えなさい。
なお、1～11は連番号です。

世界は一冊の本　長田　弘

1
本を読もう。
もっと本を読もう。
もっともっと本を読もう。

2
書かれた文字だけが本ではない。
日の光り、星の瞬《またた》き、鳥の声、
川の音だって、本なのだ。

3
ブナの林の静けさも、
ハナミズキの白い花々も、
おおきな孤独《こどく》なケヤキの木も、本だ。

4
本でないものはない。
ア世界というのは開かれた本で、
その本は見えない言葉で書かれている。

5
ウルムチ、メッシナ、トンブクトゥ、
地図のうえの一点でしかない
遙《はる》かな国々の遙かな街々も、本だ。

6
そこに住む人びとの本が、街だ。
自由な雑踏《ざっとう》が、本だ。
夜の窓の明かりの一つ一つが、本だ。

7
シカゴの先物市場の数字も、本だ。
ネフド砂漠《さばく》の砂あらしも、本だ。
マヤの雨の神の閉じた二つの眼《め》も、本だ。

8
人生という本を、人は胸に抱《だ》いている。
一個の人間は一冊の本なのだ。
記憶《きおく》をなくした老人の表情も、本だ。

9
草原、雲、そして風。
黙《だま》って死んでゆくガゼルもヌーも、本だ。
権威《けんい》をもたない尊厳が、すべてだ。

10　200億光年のなかの小さな星。
どんなことでもない。生きるとは、
考えることができるということだ。

11　本を読もう。
もっと本を読もう。
もっともっと本を読もう。

（長田弘『世界は一冊の本』）

【解説】

「本を読もう。」

だれもが言われたことのある、ありふれたメッセージからこの詩は始まります。始まりの1連と最後の11連ではまったく同じことが書かれていますが、この詩における〈本を読む〉ということは、どういうことなのでしょうか。

まず、2～4連を一つのまとまりとして読んでみましょう。「書かれた文字だけが本ではない」とあるように、この詩に出てくる「本」は、私たちが一般《いっぱん》的にイメージする本ではありません。2連では「日の光り」「鳥の声」といったものが、3連では「ブナ」「ハナミズキ」「ケヤキ」といった私たちが触《ふ》れることのできるより具体的なものが、「本」だとされています。2・3連で挙げられているものは、私たちの身の回りにある（　a　）であるという共通点があります。そして、4連には、その「本」は「見えない言葉で書かれている」とあります。これら身近なものを「見えない言葉」で書かれた「本」だと思って「読む」ことができたら、あたりまえのように存在すると思っているものに対して、今までとはちがう見方ができるようになるかもしれません。

次の5～7連では、先の（　a　）に対して、人間の営みが例に挙げられています。5連のはじめに挙げられている都市の名前は「ウルムチ」「メッシナ」「トンブクトゥ」といった日本に住む私たちにあまりなじみのないものです。これはまさに「遙かな国々の遙かな街々」を実感させる表現です。6連の「夜の窓の明かりの一つ一つ」などは、はるか遠くに暮らす人々の日常を想像させる表現となっています。

さらに、7連で挙げられる「ネフド砂漠」は、ひどい「砂あらし」が起こる場所として知られています。「マヤ」は古代文明の名ですが、雨が降らず、ひどい干ばつによって滅《ほろ》んだと推測されています。これらはいずれも人間を［　X　］ものです。6連にある遠い国の風景も、7連も、いずれも私たちの知っている日常とはかけ離《はな》れています。2・3連とあわせて読むことで、私たちがすでに知っているものも、そうでないものも、広く「本」であることに気づくことができます。

さて、次の8・9連では、また少し視点が変わります。

ここで「本」だとされているのは、「人生」です。8連では「記憶をなくした老人の表情」、9連では「黙って死んでゆくガゼルや「ヌー」も「本」だとされます。「記憶をなくした老人」は自らの過去について語ることができないまま命の終わりを迎《むか》える存在であり、「ガゼル」や「ヌー」は、肉食動物たちに食べられてしまう運命にある動物たちです。これらは、社会の中で（　b　）存在であるという点が似ています。しかし、その老人の「人生」が刻まれた「表情」は、次の世代に何かを伝えることがあるかもしれません。食べられてしまう動物たちは、たとえ死んでしまったとしても、自然界の中で他の命をつないでいく役割を果たしているのかもしれません。「人生」が「本」であると考えると、この世に生を受けた命やその存在そのものに思いをはせることができます。

10連は、これまでの具体例をまとめた連だと言えるでしょう。「200億光年のなかの小さな星」は地球を表しており、イこれまでに挙げた様々な「本」がすべて、この地球上に存在していることが示されます。この10連を一つの区切りとして、最後の「本を読もう。」というメッセージにつながっていきます。

この詩で挙げられている様々な「本」。それらは、私たちに直接何かを語りかけてくることはありません。言いかえるならば、私たちのほうからそれらに関わっていく必要があるということです。この詩のように、世界を一冊の「本」だと思えたら、私たちはきっと世界をもっと読みたいと思えるのではないでしょうか。

いまあなたの目の前には、どんな「本」がありますか。

問1 【解説】の二つの（　a　）に入ることばを考えて漢字2字で答えなさい。

問2 ア世界というのは開かれた本で　について、次の(1)・(2)の各問に答えなさい。

(1) ここで用いられている技法として最も適当なものを次の中から選び、番号で答えなさい。

1 直喩《ちょくゆ》　2 隠喩《いんゆ》　3 擬人法《ぎじんほう》　4 体言止め

(2) これはどのようなことを表していると考えられますか。次の中から最も適当なものを選び、番号で答えなさい。

1 長い人生の中で今まさに世界中の様々なことを学んでいる過程にあるということ
2 自ら知ろうとしなくても大切なことは世界の側から教えてくれるということ
3 世界について学ぶことを途中で諦《あきら》めてしまわなければならなかったということ
4 知りたいという気持ちがあればいつでも世界について知ることができるということ

問3 [X] に入ることばを5字以内で考えて答えなさい。

問4 （ b ）に入ることばを2字で考えて答えなさい。

問5 イ<u>これまでに挙げた様々な「本」がすべて、この地球上に存在していることが示されます</u> とはどういうことですか。次の中から最も適当なものを選び、番号で答えなさい。

1 宇宙の中の一つの星にすぎない地球にも、今日に至るまでの長い歴史があるということ

2 宇宙から見ればちっぽけな地球にも、目を向けるべきことがたくさんあるということ

3 地球は宇宙の片隅《かたすみ》にある星でしかないが、多様な生命が共存し合っているということ

4 広い宇宙から見れば地球は狭《せま》いが、そのぶん地球の全てを知ることができるということ

問6 この詩における〈本を読む〉とは、どういうことですか。それについて説明した次の文章の[ ]Ⅰ・Ⅱにあてはまることばを答えなさい。ただし、Ⅰは後の【選択肢《せんたくし》】の中から最も適当なものを選び、Ⅱは詩の中から5字で抜き出して答えなさい。

この詩の中で〈本を読む〉とは、[Ⅰ]ことを表している。それは、人間にとって大切な[Ⅱ]の出発点となる。

【選択肢】

1 どんなことにも関心を持って知ろうとする

2 目を背《そむ》けたくなる現実とも向き合おうとする

3 これまで常識だと思っていたことを疑ってみる

4 日常にある小さな幸せを見つけていこうとする

四 次の例と条件を読んで、後の問いに答えなさい。

左の作文は、「**ゆ・き・だ・る・ま**」の5文字を行の頭に置き、**条件**①～④に従って作られています。

> **ゆ**うごはんの時間だ！
> **き**ょうのメニューは
> **だ**い好きなカレーライス。
> **る**ーはピリッと
> **ま**るで大人になったみたい。

【条件】

①5行で一つの内容になっていれば、文の数はいくつになっても良い。

②行の頭になる5文字の単語はそのまま使ってはいけない。

③一つの単語が複数の行にまたがってはいけない。

④単語だけを並べて書いてはいけない。

問 上の例を参考にして、「**か・た・つ・む・り**」の5文字を行の頭に置き、**条件**①～④に従って作文を完成させなさい。

> **か**
> **た**
> **つ**
> **む**
> **り**

〈参考〉左の例は**条件**①～④を満たしていない悪い例です。

> A **ゆ**きだるま
> **き**れい。 （B）
> **だ**から、 C 消え
> **る**のが悲しいな。
> D **ま**うんてんばいくを買う。

A「ゆきだるま」をそのまま使っているので**条件**②が×

B「ゆきだるま」「きれい」と単語だけを並べているので**条件**④が×

C「消える」が、次の行にまたがっているので**条件**③が×

D 一つの内容になっていないので**条件**①が×

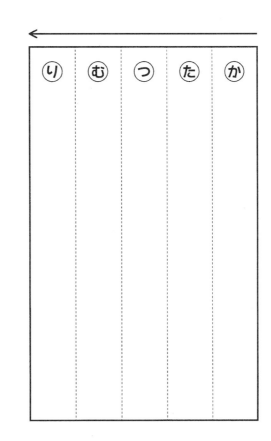

2023年度

算　数

（100点　50分）

注意事項

1．試験開始のチャイムが鳴るまで、この問題冊子《さっし》を開いてはいけません。

2．問題冊子は表紙をのぞいて 10 ページです。

3．答えはすべて解答用紙に正確に記入しなさい。

4．問題冊子および解答用紙の印刷が悪いときや、ページが足りないときは、手をあげて先生に知らせなさい。

5．問題冊子・解答用紙は切り取ってはいけません。

6．試験が終わったら問題冊子は持ち帰りなさい。

西南学院中学校

1 次の問いに答えなさい。

(1) $3+\left(0.8+\frac{1}{3}\right)\times 3\div 1.7$ を計算しなさい。

(2) 次の $\square$ にあてはまる数を答えなさい。

$$4\times\left\{\square-\left(\frac{3}{4}-\frac{1}{6}\right)\right\}-2=1$$

(3) けんじさんはマラソン大会に出場し，最初の1時間でコース全体のきょりの60％を進み，次の1時間で残りのきょりの75％である4.5 kmを進んだ。このコース全体のきょりは何kmか。

(4) 次の $\square$ にあてはまる数を求めなさい。

$$15000\,\text{cm}^2+0.0000003\,\text{km}^2=\square\,\text{m}^2$$

(5)　図の正六角形，正五角形において辺ＥＦと辺ＪＫは平行である。アの角度は何度か。

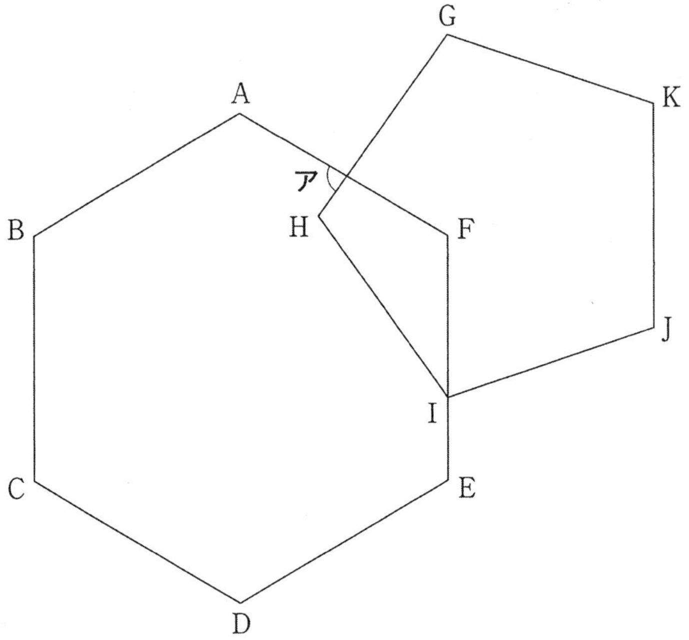

(6)　西南ビルの清掃《せいそう》を終わらせるのに，

・Ａ社だけでは30日かかり，１日あたりの料金は6000円
・Ｂ社だけでは45日かかり，１日あたりの料金は3500円

である。西南ビルの清掃を，最初から最後までＡ，Ｂの２社で協力して終わらせた。このとき，料金の合計はいくらになるか。

2 下の表は，ある中学校の１年生 50 人が，１ヶ月に借りた本の冊数とその人数をまとめたものである。50 人が借りた本の冊数の平均値は 2.6 冊であった。

冊数(冊)	0	1	2	3	4	5	6	合計
人数(人)	3	8	ア	13	イ	5	1	50

(1) アにあてはまる数を答えなさい。

(2) 50 人が借りた本の冊数の中央値と最頻値《さいひんち》を答えなさい。

3 Aさんと Bさんの2人が，図のように番号のついたマスの上でゲームをしている。
ジャンケンをして，勝った人は右に3マス進み，負けた人は動かない。
また，あいこのときは2人とも右に1マス進む。
ただし，ゲームを始める前は，2人ともスタートの位置にいるものとする。

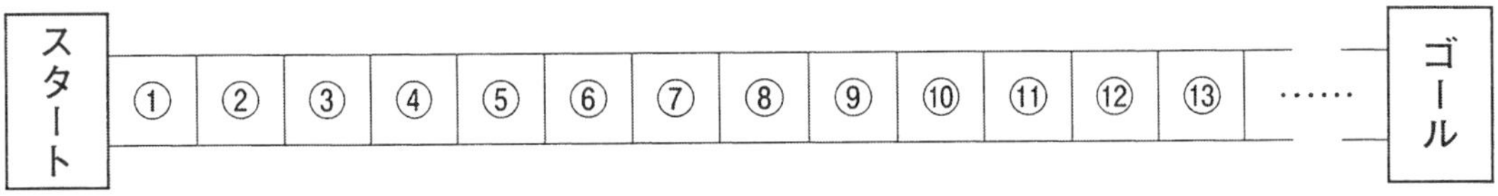

(1) ジャンケンを8回したところ，Aさんは勝ちが3回，負けが2回，残りはあいこであった。このとき，Bさんは何番のマスにいるか。

(2) ジャンケンを6回したところ，Aさんはちょうど ⑫ にたどり着いた。
このとき，Bさんは何番のマスにいるか。考えられるものをすべて答えなさい。

(3) ジャンケンを何回かしたところ，Aさんはちょうど ⑥ にたどり着き，BさんはAさんよりも左のマスにいた。このとき，ジャンケンを何回したか。考えられるもののうち，もっとも大きい数を答えなさい。

4 図1のように，点O，P，Qを中心とする3つの円があり，それぞれ円O，円P，円Qとよぶ。円Oの半径は4cmである。ただし，円周率は3.14とする。

図1

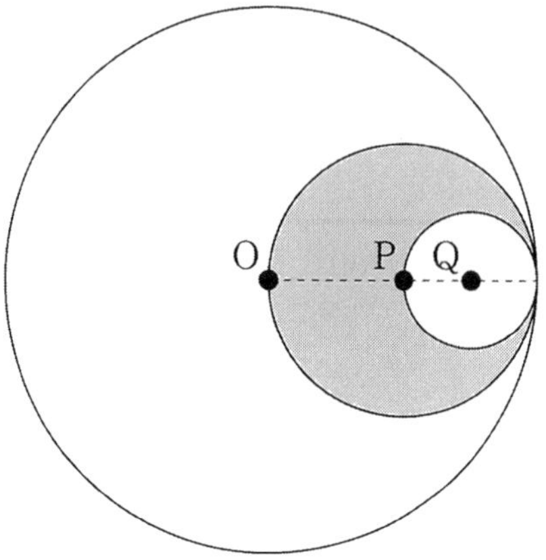

(1) 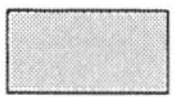 部分の面積を求めなさい。

(2) 図2のように，円Qが円Oの内側を矢印の向きにすべることなく転がる。
このとき，円Qの円周上にある点Aが動いてできる図形として，もっとも適当なものを次のア～エの中から1つ選び，記号で答えなさい。

図2

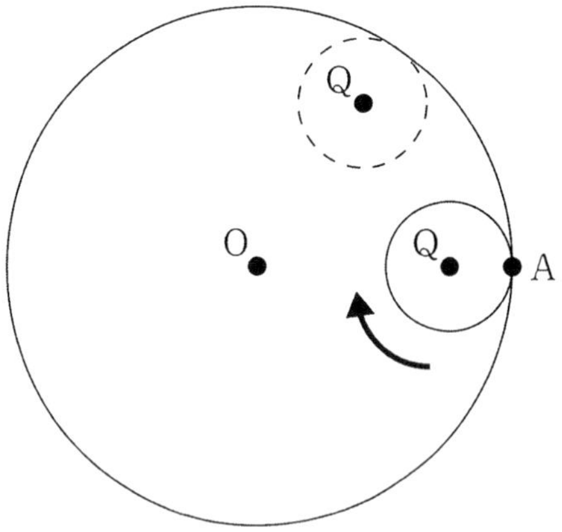

ア

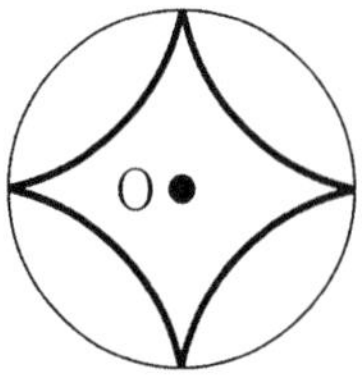

イ

ウ

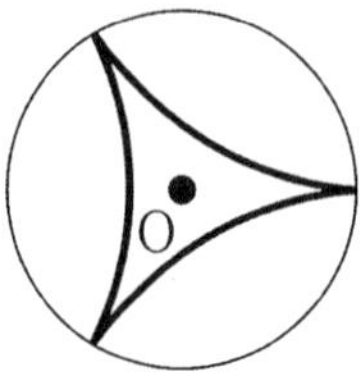

エ

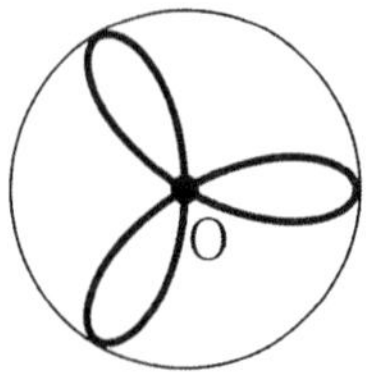

(3) **図 3** は円Ｐと同じ大きさの４つの円を，**図 4** は円Ｑと同じ大きさの４つの円を重ならないように並べたものである。**図 4** の太線部分の長さは，**図 3** の太線部分の長さの何倍か。

図 3

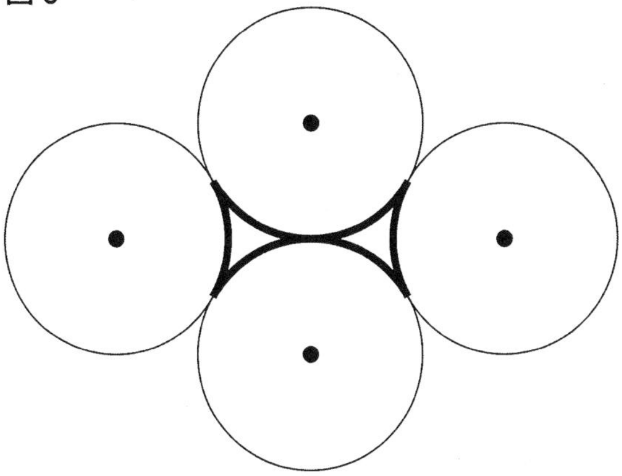

図 4

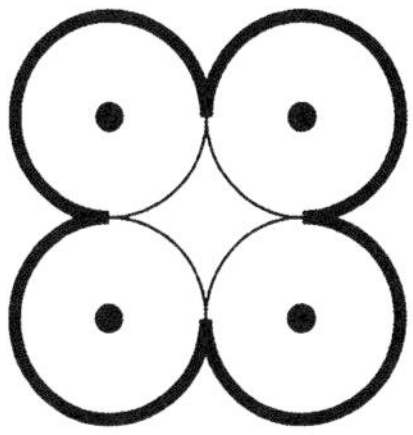

5 図のように，４つの地点Ａ，Ｂ，Ｃ，Ｄがある。ＡからＢまで，ＣからＤまでの間には，図の矢印の向きに一定の速さで進む「動く歩道」がある。区間ＡＢ，ＣＤの途中では「動く歩道」と「通路」の行き来はできないものとする。また，「動く歩道」を逆向きに歩いてもよいものとする。

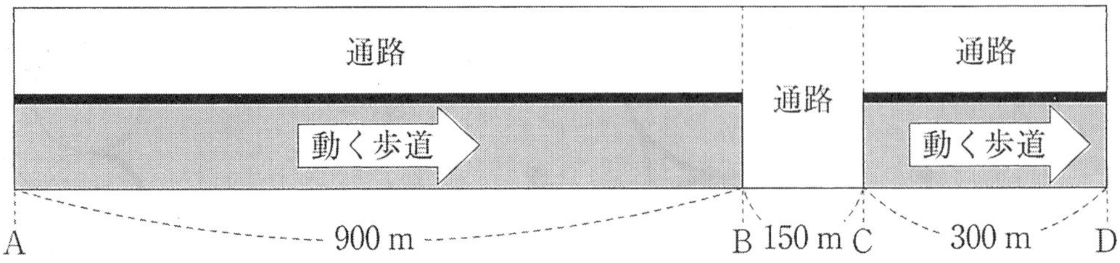

ヒロシさんは「動く歩道」の上でも「通路」でも一定の速さで歩き続ける。
下のグラフは，ヒロシさんがＡを出発してから「動く歩道」を使ってＤに着くまでの時間ときょりの関係を表したものである。

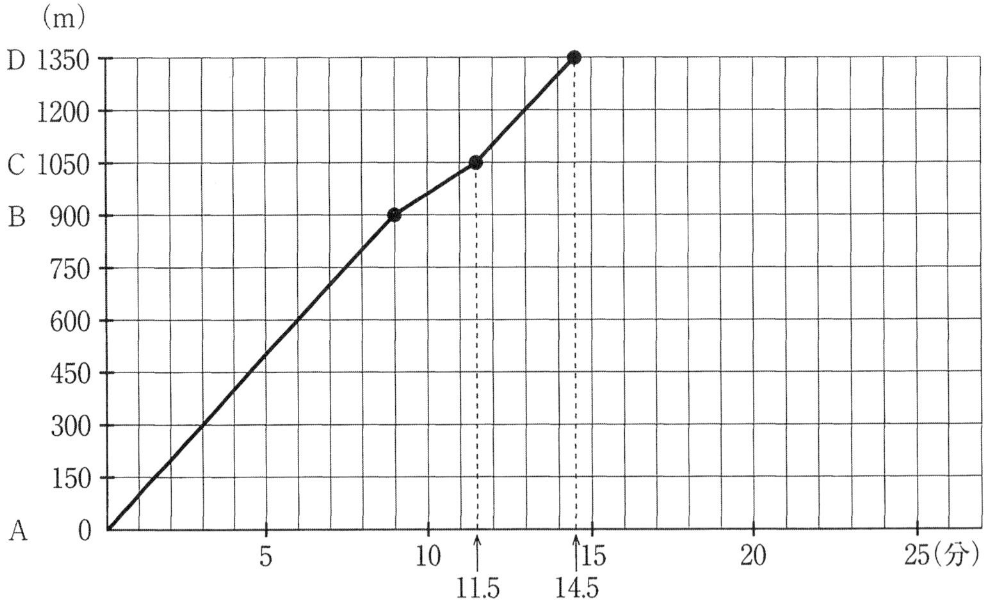

(1)　「動く歩道」の速さは分速何 m か。

(2)　ヒロシさんが A を出発するのと同時に，テルさんは D を出発し A に向かった。テルさんの歩く速さは分速 40 m であり，「通路」だけを使って D から A に向かった。このとき，ヒロシさんとテルさんがすれちがうのは，出発してから何分何秒後か。

(3)　ヒロシさんが「動く歩道」を使って A から B へ移動しているとき，ある地点 P で忘れ物に気づき，A にもどろうとした。P から「動く歩道」を逆向きに歩いて A にもどっても，P から B まで進んだあと「通路」を使って A にもどっても，かかる時間は同じである。P は A から何 m 離《はな》れたところにあるか。

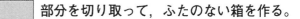

6 いろいろな形の紙の四すみから 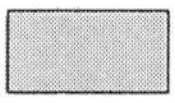 部分を切り取って，ふたのない箱を作る。

(1) **図1**のような正方形の紙の四すみから同じ大きさの正方形を切り取って箱を作った。底面の１辺の長さが，高さの２倍になるとき，箱の容積は何 cm^3 か。

図1

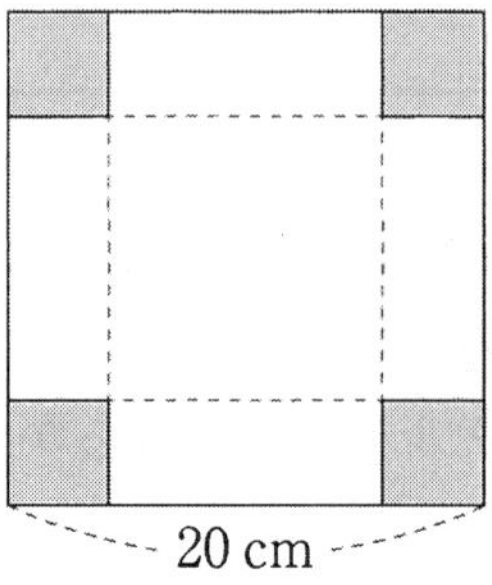

(2) **図2**のようなひし形の紙の四すみを切り取って，**図3**のような底面がひし形で，側面が底面に垂直な箱を作る。

図2

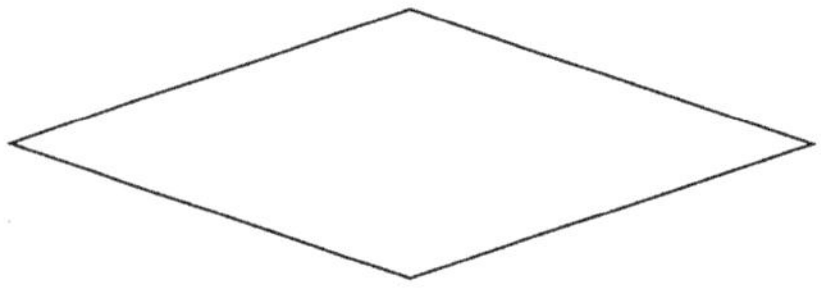

図3

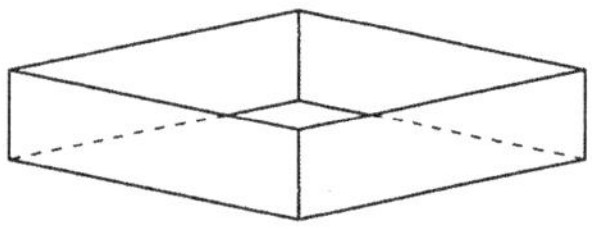

次のア～エの切り取り方のうち，もっとも適当なものを１つ選び，記号で答えなさい。

ア

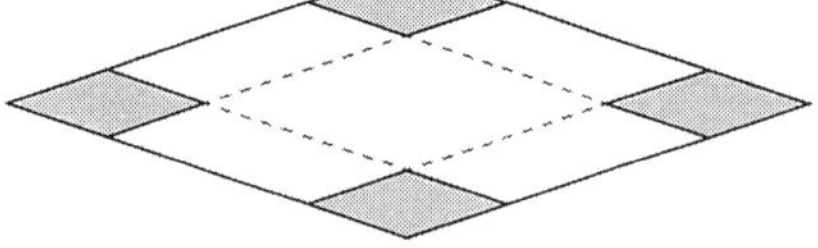

イ

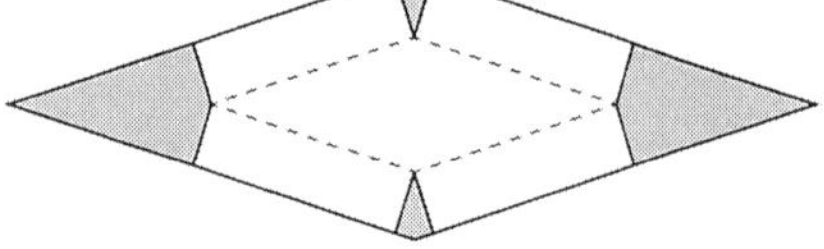

ウ

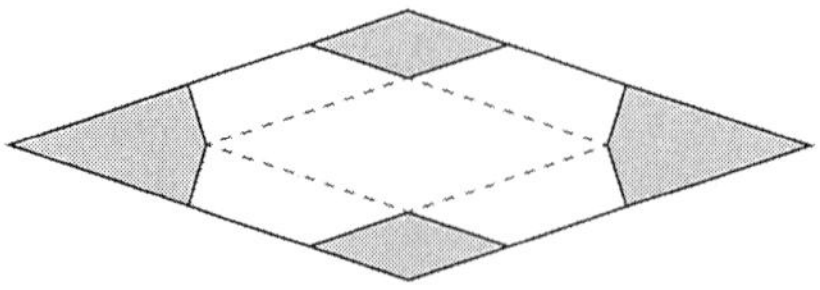

エ

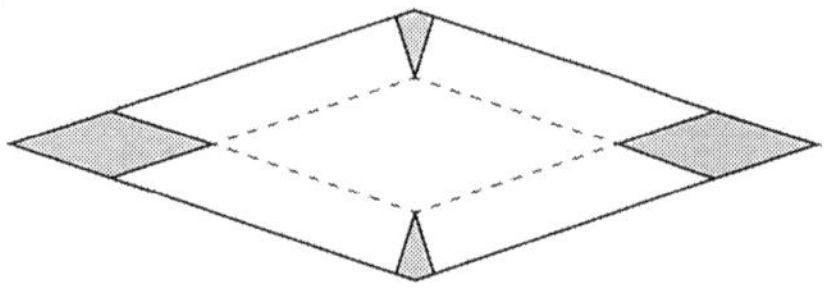

(3) **図 4** のような長方形の紙の四すみから同じ大きさの台形を切り取って箱を作った。箱の容積は何 cm^3 か。

図 4

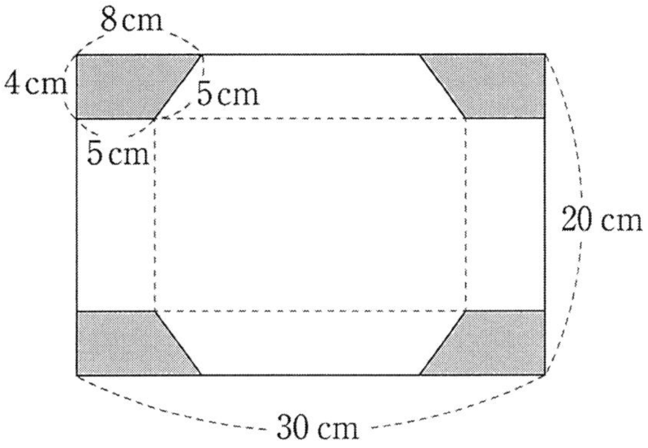

2023年度

理　　科

（100点　40分）

注意事項

1．試験開始のチャイムが鳴るまで、この問題冊子《さっし》を開いてはいけません。
2．問題冊子は表紙をのぞいて13ページです。
3．答えはすべて解答用紙に正確に記入しなさい。
4．問題冊子および解答用紙の印刷が悪いときや、ページが足りないときは、手をあげて先生に知らせなさい。
5．試験が終わったら問題冊子は持ち帰りなさい。

西南学院中学校

1 **地球の平均気温は少しずつ上がっていることがさまざまな研究機関から報告されている。これについて，次の文章を読み，下の問いに答えなさい。**

X地球の平均気温はここ100年の間で約0.6℃上がっていることがわかっており，人間活動などの影響《えいきょう》によって今後の平均気温の上がり方はより大きくなると考えられている。日本では西暦《れき》2100年には平均気温が現在より約3℃上がり，1日の最高気温が30℃以上になる（　Y　）が年間53日増加すると予測されている。

このような気温の変化は作物の育ち方など農業にも大きな影響を与えると考えられている。数年前から，青森県では，気温が上がったことでリンゴの開花や収かくの時期がずれたり，色づきが悪くなったりするなどの問題が出てきている。そこで，図1のように，ビニールハウスA～C内の温度と二酸化炭素のう度を人工的に調整してリンゴを育て，糖度や酸度などのリンゴの品質にどのような変化が出るかを調べる実験がおこなわれた。

	A	B	C
ビニールハウスの構造	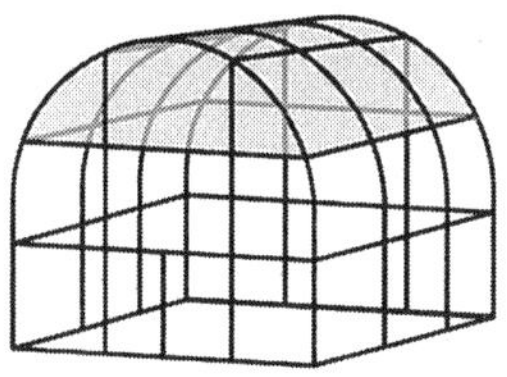 雨をよけるビニールの屋根があり，側面はビニールでおおわれていない	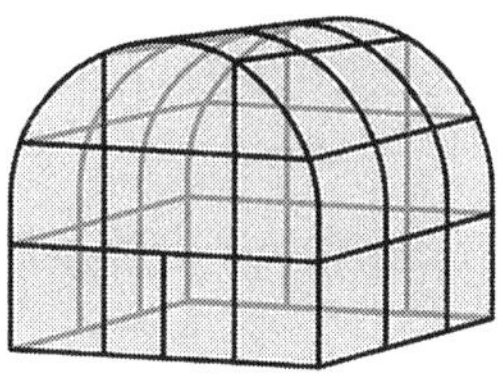 全面ビニールでおおわれている	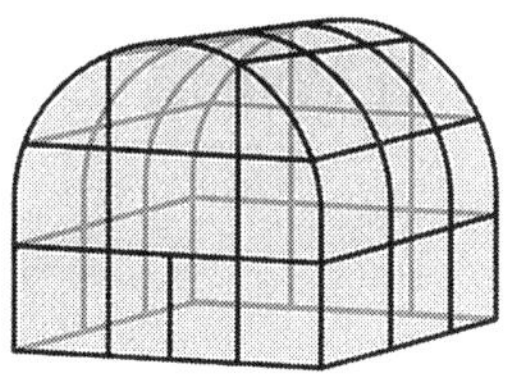 全面ビニールでおおわれている
温度	外と同じ	外より3℃高い	外より3℃高い
二酸化炭素のう度	外と同じ	外と同じ	外より高い

図1

（1）　文章中の下線部Xのような地球全体の平均気温が上がっている現象を何というか。

（2）　文章中の（　Y　）にあてはまる言葉を次の中から1つ選び，記号で答えよ。

ア　夏日　　**イ**　真夏日　　**ウ**　猛《もう》暑日　　**エ**　酷《こく》暑日　　**オ**　熱帯夜

2023(R5) 西南学院中
教英出版

（3） ある年の８月８日から８月11日までの４日間，図１のビニールハウスＡで気温を測ったところ，結果は図２のようになった。次の①，②の問いに答えよ。

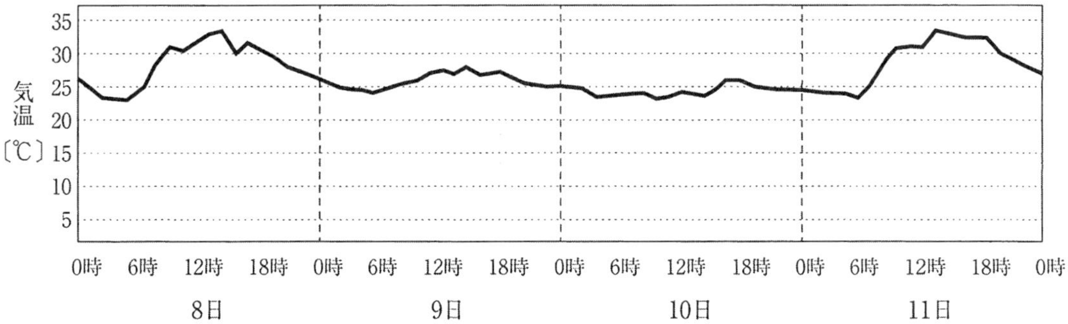

図２

① 気温を測るとき，温度計を置く場所として正しいものを次の中からすべて選び，記号で答えよ。

ア 日当たりのよいところ
イ 雨や雪などが当たらないおおいのあるところ
ウ 風がふきこみにくく，空気があまり動かないところ
エ 周りが開けていて，空気がよく動くところ
オ 地面からの高さが1.2ｍ～1.5ｍのところ
カ 地面からの高さが50㎝未満のところ

② 気温を測った４日間のそれぞれの日の天気は，晴れか雨のどちらかであった。図２から読み取れる４日間の天気の組み合わせとして正しいものを次の中から１つ選び，記号で答えよ。

	８日	９日	10日	11日
ア	雨	雨	雨	雨
イ	雨	晴れ	晴れ	雨
ウ	晴れ	雨	雨	晴れ
エ	晴れ	晴れ	晴れ	晴れ

（4） 図1の実験について説明した次の文の（　　）にあてはまる言葉を答えよ。

ビニールハウスBとCで育てたリンゴの品質を比べると，（　　　　）のちがいによってリンゴの品質がどう変化するのかわかる。

（5） ビニールハウスA～Cで育てたリンゴのそれぞれの糖度（あまさ）・酸度（すっぱさ）・硬《こう》度（かたさ）を調べた結果，図3のようになった。図3について説明した文として**まちがっているもの**を次の中からすべて選び，記号で答えよ。

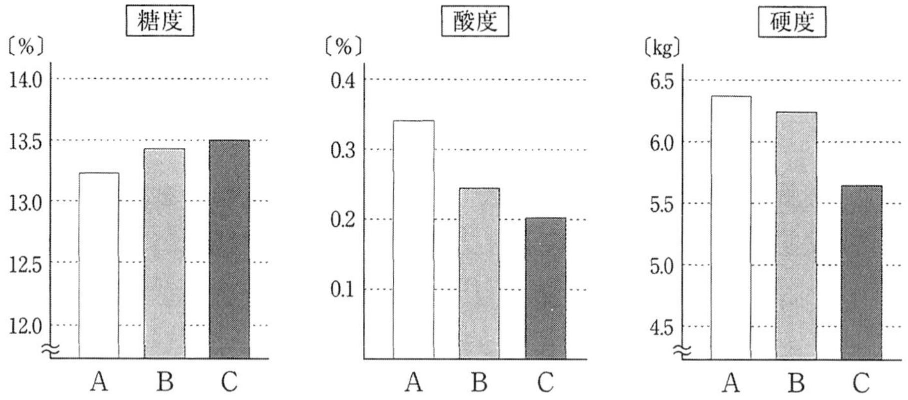

図3

ア　温度が上がると，リンゴはあまくなっている。

イ　温度が上がると，リンゴはすっぱくなっている。

ウ　二酸化炭素のう度が上がると，リンゴはやわらかくなっている。

エ　二酸化炭素のう度の変化よりも，気温の変化の方がリンゴの酸度に大きく影響を与える。

オ　二酸化炭素のう度の変化よりも，気温の変化の方がリンゴの硬度に大きく影響を与える。

(6) あるリンゴの品種では，枝の先から花の芽が出た（発芽）日の翌日をはじまりとして，毎日の平均気温の値から4を引き，それらの数をたし合わせた値が197をこえると開花が起こることが知られている。このように，リンゴの開花には，ある一定の「気温の蓄積《ちくせき》」が必要である。

西暦2021年の青森市の月別の平均気温をまとめたものが表1である。実際には毎日の平均気温をたして「気温の蓄積」を求めるが，ここでは計算を簡単にするために，毎日の平均気温はその月の平均気温と同じであると仮定して，下の例のように「気温の蓄積」を求めることとする。次の①，②の問いに答えよ。

例：3月の「気温の蓄積」＝(5.4［℃］－4)×31［日］＝43.4

表1

月	1月	2月	3月	4月	5月	6月	7月	8月	9月	10月	11月	12月
気温［℃］	−1.9	−0.7	5.4	9.0	14.4	19.4	23.9	23.5	19.8	13.9	9.0	1.7

① この品種が青森市で2021年3月31日に発芽した場合，開花するのはいつごろになると予想されるか。正しい時期を次の中から1つ選び，記号で答えよ。

ア 4月11日～4月20日　　イ 4月21日～4月30日
ウ 5月1日～5月10日　　エ 5月11日～5月20日
オ 5月21日～5月31日

② 西暦2100年に青森市の各月の平均気温が表1よりも3℃上がったと仮定すると，この品種が青森市で2100年3月31日に発芽した場合，開花するのはいつごろになると予想されるか。正しい時期を次の中から1つ選び，記号で答えよ。

ア 4月11日～4月20日　　イ 4月21日～4月30日
ウ 5月1日～5月10日　　エ 5月11日～5月20日
オ 5月21日～5月31日

2　アサガオの生活について，下の問いに答えなさい。

Ⅰ　Sさんはアサガオの葉を使って次の手順で実験1，2をおこなった。

〈実験1〉

手順1　ある日の午後に，Sさんが育てているアサガオの葉3枚（Ⓐ，Ⓑ，Ⓒとする）をアルミニウムはくでつつみ，直接日光が当たらないようにした。

手順2　次の日の朝に，Ⓐの葉をとり，アルミニウムはくを外してやわらかくなるまで数分間煮《に》た。そのあと水で洗い，デンプンがあるかどうかを調べるためにヨウ素液につけた。また，Ⓑはアルミニウムはくを外し，日光に当てた。Ⓒはアルミニウムはくを外さずそのままにして日光に当てた。

手順3　5時間後に，ⒷとⒸをとり，Ⓐと同じ手順でデンプンがあるかどうかを調べた。

〈実験2〉

白色の部分のある葉を使って下図のように葉の一部をアルミニウムはくでおおった。日光に5時間当てたあと，葉をとり，アルミニウムはくを外し，やわらかくなるまで数分間煮てヨウ素液につけた。

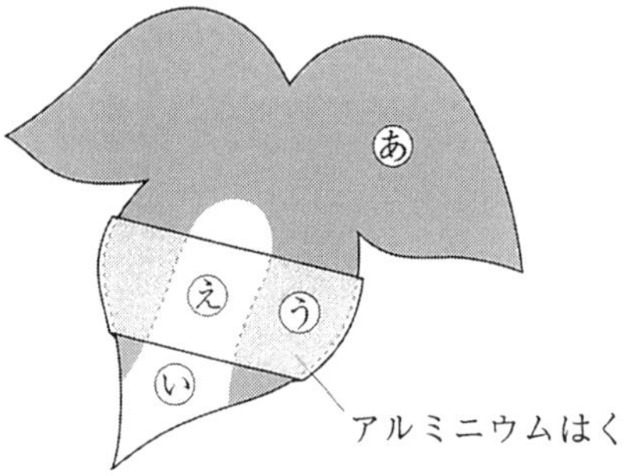

葉に直接日光が当たる部分で緑色の部分を(あ)，白色の部分を(い)，
アルミニウムはくでおおう部分で緑色の部分を(う)，白色の部分を(え)とする。

〈結果〉ヨウ素液につけたあとの葉の色の変化

実験1	Ⓐ	変化しなかった
	Ⓑ	変化した
	Ⓒ	変化しなかった
実験2	(あ)	変化した
	(い)	変化しなかった
	(う)	変化しなかった
	(え)	変化しなかった

（1） Ⓐを準備した理由として正しいものを次の中から１つ選び，記号で答えよ。

ア デンプンは日中につくられることを示すため。
イ デンプンがアサガオの生育に必要なことを示すため。
ウ デンプンをつくるには緑色の葉が必要であることを示すため。
エ 前の日につくられたデンプンが残っていないことを示すため。

（2） 実験２において，「デンプンをつくるためには日光が必要である。」ということがわかった。葉のどの部分の結果を比べるとよいか。図中の㋐～㋓から２つ選び，記号で答えよ。

（3） 実験２において，「白い部分はデンプンをつくることができない。」ということがわかった。葉のどの部分の結果を比べるとよいか。図中の㋐～㋓から２つ選び，記号で答えよ。

（4） 葉でつくられたデンプンについて述べた次の文のうち，正しいものを１つ選び，記号で答えよ。

ア デンプンはつくられた葉の中だけで使われる。
イ デンプンはそのまま水にとけて体全体にいきわたる。
ウ デンプンは実や種子などにたくわえられる。
エ 葉に光が当たらないとデンプンは使われない。

Ⅱ　Sさんはアサガオの花の観察もおこなった。花粉をけんび鏡で観察すると丸い形をしていて，表面にたくさんのトゲのようなものが見られた。Sさんが花粉について本で調べてみると，次のようなことが書いてあった。

> 植物には①風で花粉を飛ばすものや②こん虫などに花粉を運んでもらうものなどがある。自分の花粉を同じ種類の花のめしべに届け，受粉することができる植物が子孫を残すことができる。そのため風で飛ばす花粉は風にのってより遠くまで届くように，こん虫に運んでもらう花粉はこん虫につきやすくなるように変化した。また，花粉をこん虫に運んでもらう植物は目立つ花をつけるように変化した。このように花粉の量や形，花の形や色などにさまざまなちがいが見られる。

（5）　アサガオの受粉は花が開く前，夜の間におしべが急に伸《の》びて同じ花のめしべに花粉がつくことによって起こる。このように，自分の花粉で受粉することができる場合，その長所として正しいものを次の中から１つ選び，記号で答えよ。

ア　花粉の量を増やすことができる。
イ　子孫を確実に残すことができる。
ウ　特定のこん虫だけに花粉を渡《わた》すことができる。
エ　いろいろな特ちょうをもった子孫を残すことができる。

（6）　下線部①，②のような植物に見られる花粉のようすと花のようすを次の表にまとめた。下の**ア**～**オ**をすべて用いて表を完成させよ。

	花粉のようす	花のようす
①　風で飛ばす	a	b
②　こん虫が運ぶ	c	d

【花粉のようす】
ア　表面がさらさらして軽い
イ　表面にトゲやねばりけがある

【花のようす】
ウ　小さい
エ　みつを出す
オ　目立つ色をしている

（7）　下線部②の方法が下線部①の方法より優れていることを次の中から２つ選び，記号で答えよ。

ア　少ない量の花粉で受粉することができる。
イ　花粉を食べてもらうことができる。
ウ　確実に同じ種類の花に運んでもらうことができる。
エ　一度にいろいろな種類の植物の花に運んでもらうことができる。

3 インターネットを使って，ふりこの長さ（糸の上部からおもりの中心までの長さ）と1往復する時間の関係を調べたところ，図１のようなグラフになることがわかりました。このグラフを利用して，下の問いに答えなさい。

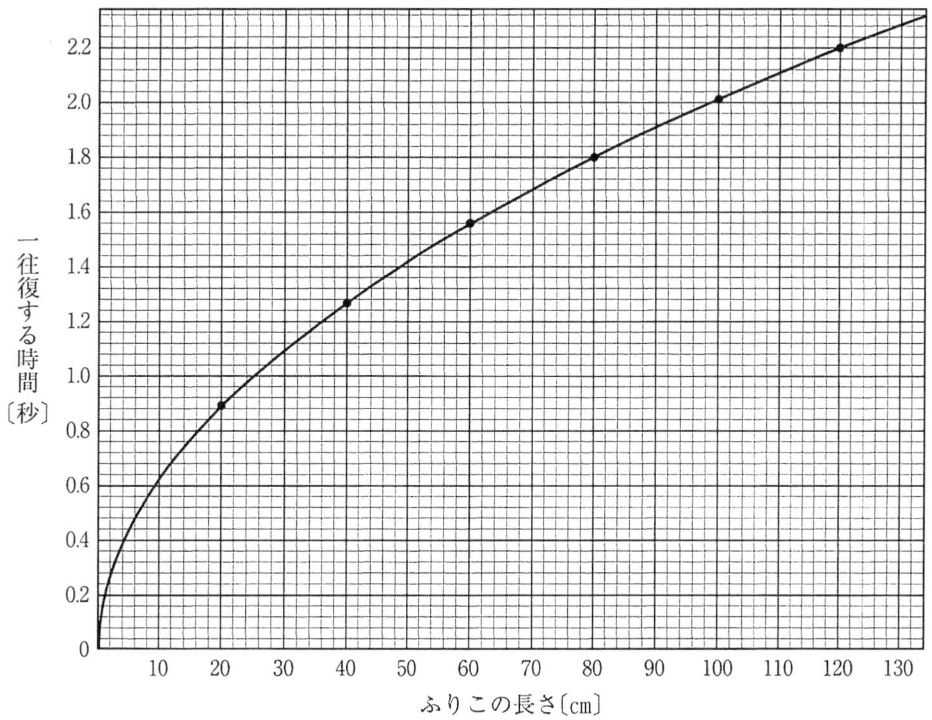

図１

（１） １往復する時間を１秒にするには，ふりこの長さを何cmにすればよいか。図１のグラフから読み取り，整数で答えよ。

（２） 図２のようにふりこの長さを120cmとしてＰの位置でおもりから手をはなした場合のふりこの運動を考える。おもりがＱの位置に来たところで糸の上部から下へ20cmの位置に固定された棒で折れ曲がり，Ｒの位置まで移動して，再びＱの位置を通ってＰの位置にもどってきた。

① Ｐ→Ｑに動く時間は何秒か。小数第２位まで答えよ。

② Ｐ→Ｑ→Ｒ→Ｑ→Ｐに動く時間は何秒か。小数第１位まで答えよ。

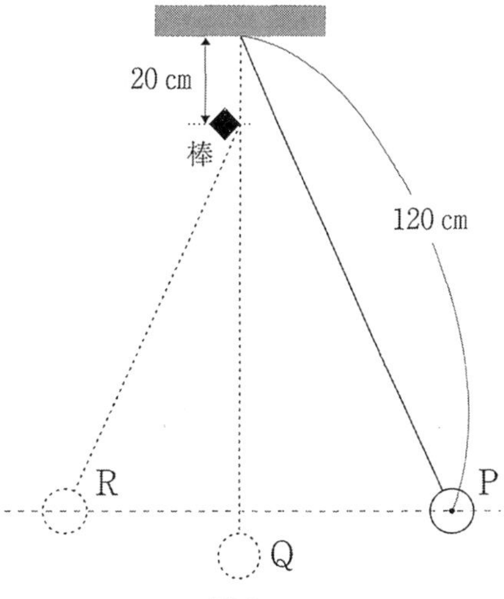

図２

次に実際にふりこをつくって下のような実験をおこなった。ただし，ふれはばは，すべて同じにした。

〈実験A〉 図3のように10ｇのおもり1個を糸につないで，ふりこの長さが20㎝になるように糸の長さを調整してふりこをふらせた。

〈実験B〉 糸の長さは変えずに，図4のように10ｇのおもり2個を糸につないで，ふりこをふらせた。

〈実験C〉 糸の長さは変えずに，図5のように10ｇのおもり3個をまっすぐつないで，ふりこをふらせた。

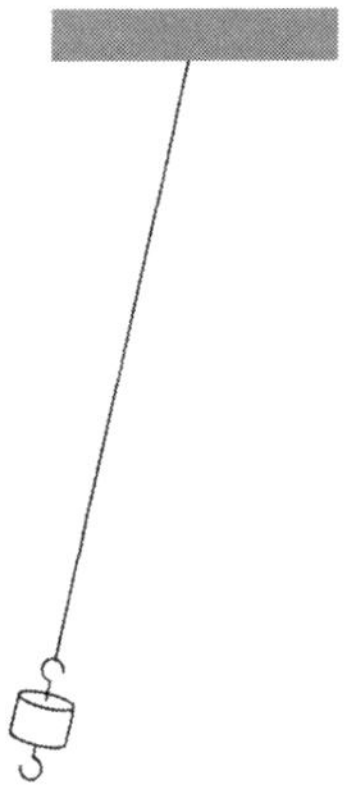

図3

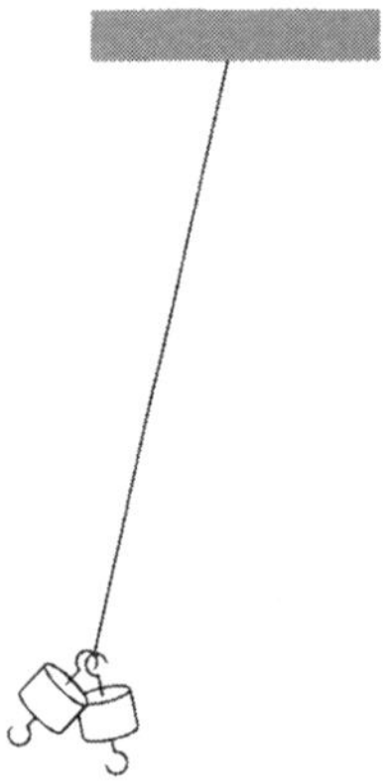

図4

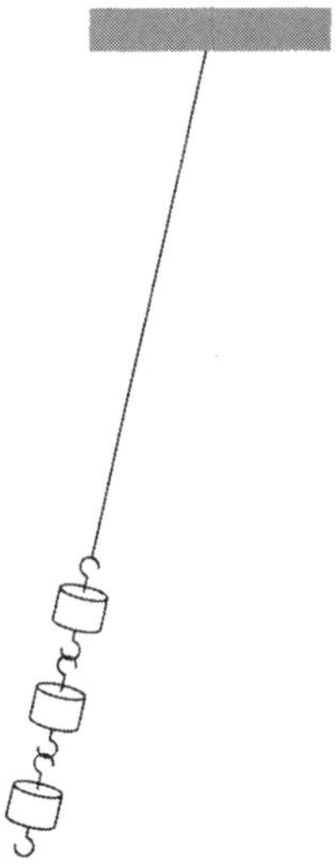

図5

〈結果〉 1往復する時間は，実験Aは0.89秒，実験Bは0.89秒，実験Cは0.98秒であった。

（3） 実験A，Bは同じ結果となったが，実験Cだけ1往復する時間が大きくなった。この理由について説明した次の文の（ ① ），（ ② ）にあてはまる言葉の組み合わせとして正しいものを，下の**ア**～**エ**から1つ選び，記号で答えよ。

実験Cでは，（ ① ）が（ ② ）なったため，1往復する時間が大きくなったと考えられる。

	①	②
ア	おもりの重さ	重く
イ	おもりの重さ	軽く
ウ	ふりこの長さ	長く
エ	ふりこの長さ	短く

（4） 図1のグラフを使って考えると，実験Cは実験Aに比べてふりこの長さが何cm変化したと考えられるか。次の中から1つ選び，記号で答えよ。

ア 1cm　**イ** 4cm　**ウ** 7cm　**エ** 10cm　**オ** 15cm　**カ** 24cm

（5） 実験Aと実験Cでは1往復する時間には，0.09秒の差がある。実験Aのふりこの長さを10cmにして，同じように実験をおこなったときの1往復する時間の差について説明した次の文の（ ① ），（ ② ）にあてはまる言葉の組み合わせとして正しいものを，下の**ア**～**エ**から1つ選び，記号で答えよ。

ふりこが1往復する時間について，ふりこの長さが80cmのときと90cmのときのように10cm変化したときの差を10で割ると，ふりこの長さが1cm変化した場合に1往復する時間にどの程度の差ができるかについての目安を知ることができる。図1より，ふりこの長さが1cm変化した場合の1往復する時間の差は，ふりこの長さが短いほど（ ① ）ため，ふりこの長さを10cmにすると1往復する時間の差は0.09秒よりも（ ② ）なる。

	①	②
ア	小さい	小さく
イ	小さい	大きく
ウ	大きい	小さく
エ	大きい	大きく

（6） 実験A～Cの結果から考えると，大人（体重80kg，身長190cm）が図6のaのようにブランコに座って乗る場合と，bのように立って乗る場合，子供（体重15kg，身長100cm）がcのように座って乗る場合について1往復する時間を大きい方から順番に並べるとどうなるか。次の**ア**～**カ**から1つ選び，記号で答えよ。ただし，風の影響《えいきょう》はなく，ブランコのふれはばは小さいものとする。また，ブランコに乗っている間は姿勢を変えず，ブランコをこがないものとする。

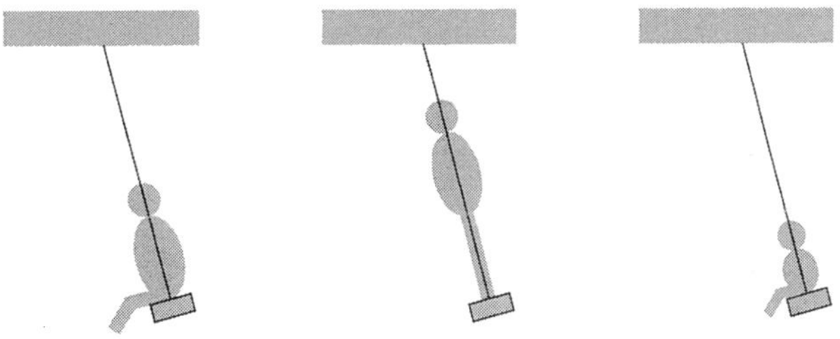

a　b　c

図6

ア a＞b＞c　**イ** a＞c＞b　**ウ** b＞a＞c
エ b＞c＞a　**オ** c＞a＞b　**カ** c＞b＞a

4　西先生と南さんの会話文を読んで，下の問いに答えなさい。

西先生：算数で「密度」について学びましたが，身のまわりのいろいろなことも密度が関係している場合があります。
南さん：例えばどのようなものがありますか。
西先生：ラーメンはスープの表面に油が浮《う》いています。これは油と水が混ざらないことに加え，油の密度と水の密度がちがうために起こります。
南さん：密度がどのように関係するのですか。
西先生：ここでの密度は，1㎤あたりの重さや1Lあたりの重さなど，単位体積あたりの重さを表す値です。例えば，100㎤の重さは水では100gですが，実験室にあるこのサラダ油では91gです。X この密度のちがいによって油が水に浮くのです。
南さん：わかりました。では，液体の水に氷を入れたときに氷が浮くのはなぜですか。
西先生：Y 水は氷や水蒸気に変化すると体積が変わります。そのため，氷，水，水蒸気はそれぞれ密度がちがいます。このことが原因で氷は水に浮くのですよ。
南さん：お祭りなどでもらう風船が浮くのも密度が関係しますか。
西先生：そうですね。Z 風船の中に入れる気体と空気の密度がちがうため，風船は浮きます。
南さん：ものが浮くことと，密度は関係があるのですね。いろいろと調べてみたいなぁ。

（1）　下線部Xについて，南さんは下の文章のように密度のちがいをまとめた。（　　　）にあてはまる値や言葉を答えよ。

水の密度は1㎤あたり（　a　）g，サラダ油の密度は1㎤あたり（　b　）gとなり，2つを比べると（　c　）の方が密度が小さいため，サラダ油は水に浮く。

（2）　下線部Yについて，次の①，②の問いに答えよ。

①　液体の水に氷を入れると図1のようになった。液体の水を冷やして固体にしたとき，液体に比べて体積はどうなるか。正しいものを次の中から1つ選び，記号で答えよ。

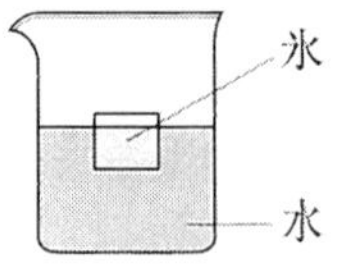

図1

ア　大きくなる　　　イ　変わらない　　　ウ　小さくなる

②　液体のろうに固体のろうを入れると図2のようになった。液体のろうを冷やして固体にしたとき，液体に比べて体積はどうなるか。正しいものを次の中から1つ選び，記号で答えよ。

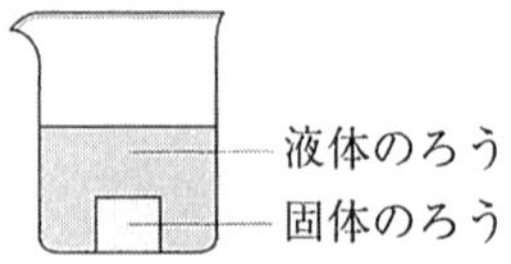

図2

ア　大きくなる　　　イ　変わらない　　　ウ　小さくなる

（3） 下線部Zについて，重さと体積が同じペットボトル（図3）を4本準備し，水素，二酸化炭素，アンモニア，空気をペットボトル内がそれぞれの気体だけになるように集めた。上皿てんびんを用いて重さを比べると，重い順に二酸化炭素，空気，アンモニア，水素となった。このことから，風船の中に入れると図4のように浮くと考えられる気体はどれか。すべて選び，その気体の名前を答えよ。ただし，風船の重さは考えないものとする。

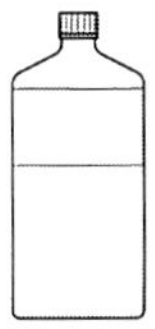

図3

図4

（4） 南さんは，図5のような熱気球についても密度が関係すると考えた。下の文章は調べたことをまとめたものである。（ ① ），（ ② ）にあてはまる言葉の組み合わせとして正しいものを下の**ア**～**エ**から1つ選び，記号で答えよ。

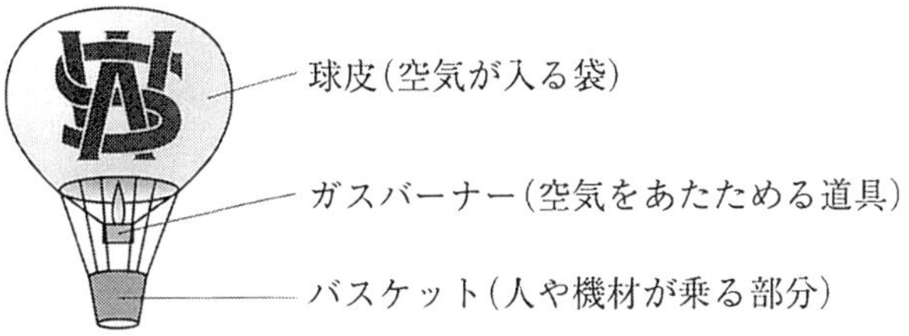

図5

熱気球はガスバーナーを用いて球皮内の空気をあたためることで上空へあがることができる乗り物である。

空気をあたためると，体積は（ ① ）なり，密度は（ ② ）なる。あたためられた空気が球皮の中にあることが，気球が浮く理由の1つである。

	①	②
ア	大きく	大きく
イ	大きく	小さく
ウ	小さく	大きく
エ	小さく	小さく

5 ビーカーA～Dには食塩水，炭酸水，アンモニア水，石灰水のいずれかが入っています。次のような操作をおこなって，それぞれのビーカーに入った水よう液が何かを調べました。下の問いに答えなさい。

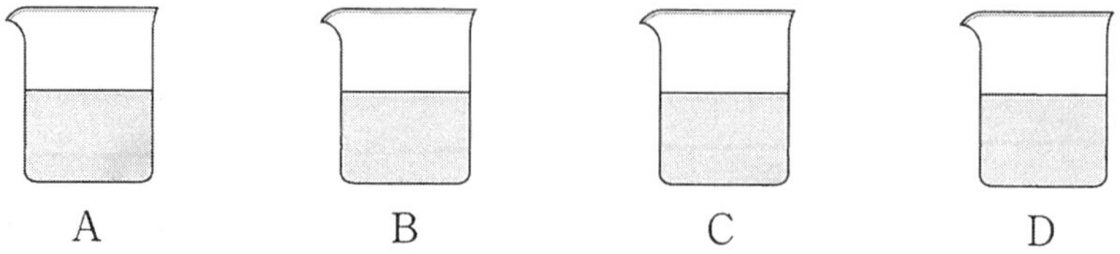

操作１　それぞれの水よう液を（　Ｘ　）色のリトマス紙につけると，ＡとＢの水よう液をつけたリトマス紙の色が変わった。

操作２　それぞれの水よう液のにおいを手であおいでかぐと，Ａの水よう液だけつんとするにおいがした。

操作３　それぞれの水よう液を蒸発皿に少しとって熱すると，ＢとＣの水よう液では白い固体が残った。

（１）　文章中の（　Ｘ　）にあてはまる色を答えよ。

（２）　リトマス紙以外で，それぞれの水よう液が酸性，中性，アルカリ性のどれであるかを区別するには何を使えばよいか。

（３）　ＡとＣの水よう液の名前を答えよ。

（４）　Ｂの水よう液にＤの水よう液を少量加えると変化が起こった。どのような変化が起こったか。水よう液の色やようすについて簡単に説明せよ。

2023年度

社　　会

（100点　40分）

注意事項

1．試験開始のチャイムが鳴るまで、この問題冊子《さっし》を開いてはいけません。

2．問題冊子は表紙をのぞいて 14 ページです。

3．答えはすべて解答用紙に文字または記号で正確に記入しなさい。

4．問題冊子および解答用紙の印刷が悪いときや、ページが足りないときは、手をあげて先生に知らせなさい。

5．試験が終わったら問題冊子は持ち帰りなさい。

西南学院中学校

1 次の問１～問９に答えなさい。

問１ 次の地図をみて、（１）～（４）に答えなさい。

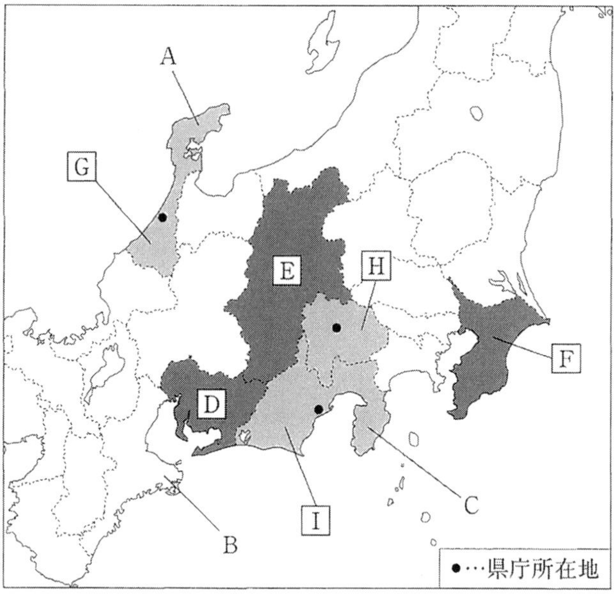

（１）地図中のＡ～Ｃの半島の名前の正しい組み合わせをア～カから１つ選び、記号で答えなさい。

	ア	イ	ウ	エ	オ	カ
伊豆半島	A	A	B	B	C	C
志摩半島	B	C	A	C	A	B
能登半島	C	B	C	A	B	A

（２）次のグラフ①～③は、地図中のＤ～Ｆ県の面積に占める山地、平野、その他の割合を示したものです。①～③とＤ～Ｆの正しい組み合わせを次ページのア～カから１つ選び、記号で答えなさい。

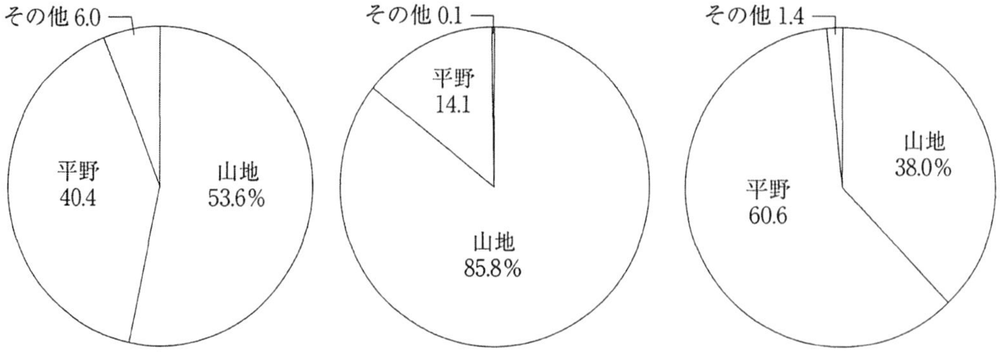

①　②　③

（『統計でみる日本2020』より作成）

	ア	イ	ウ	エ	オ	カ
①	D	D	E	E	F	F
②	E	F	D	F	D	E
③	F	E	F	D	E	D

（3）次の表は、地図中のG～I県の県庁所在地における1月・8月の月平均気温と各月の平均の日照時間を示したものです。表中の①～③とG～Iの正しい組み合わせをア～カから1つ選び、記号で答えなさい。

	月平均気温		日照時間	
	1月	8月	1月	8月
①	6.9℃	27.4℃	207.9時間	201.8時間
②	3.1℃	27.1℃	209.1時間	197.0時間
③	4.0℃	27.3℃	62.3時間	215.9時間

（『理科年表』より作成）

	ア	イ	ウ	エ	オ	カ
①	G	G	H	H	I	I
②	H	I	G	I	G	H
③	I	H	I	G	H	G

（4）次のグラフ①～③は、地図中のG～I県の農業生産額の内訳（2018年）を示したものです。①～③とG～Iの正しい組み合わせをア～カから1つ選び、記号で答えなさい。

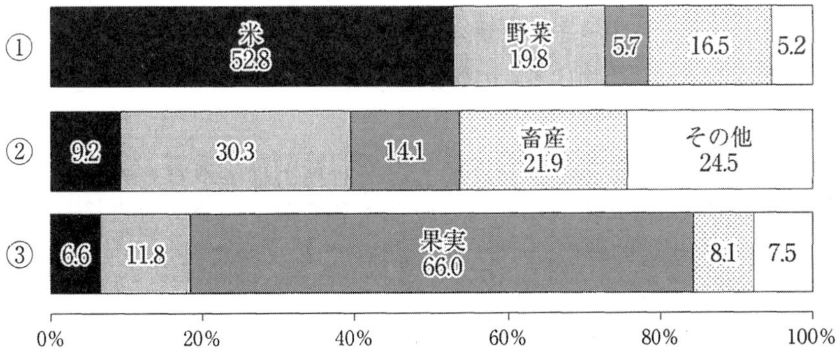

（『データでみる県勢』より作成）

	ア	イ	ウ	エ	オ	カ
①	G	G	H	H	I	I
②	H	I	G	I	G	H
③	I	H	I	G	H	G

問２　次の図①～③は、瀬戸内工業地域（岡山・広島・山口・香川・愛媛県）、東海工業地域（静岡県）、北陸工業地域（福井・石川・富山・新潟県）の工業生産額（2018年）の合計とその内訳を示したものです。①～③と工業地域の正しい組み合わせをア～カから１つ選び、記号で答えなさい。

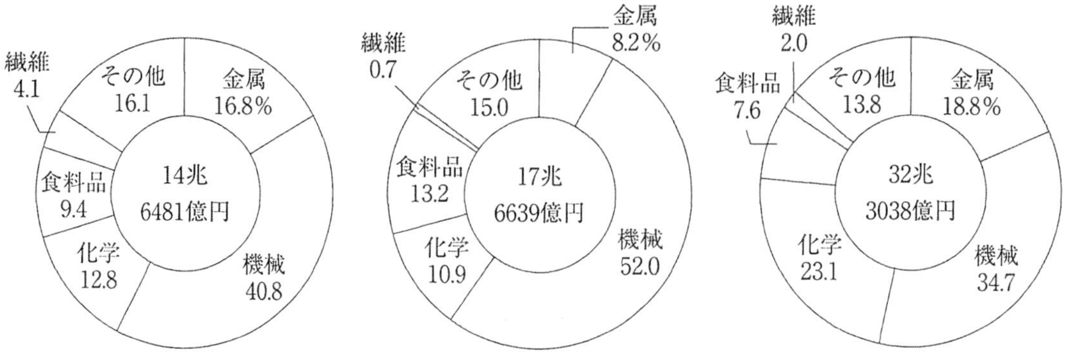

①　②　③

（『日本国勢図会』より作成）

	ア	イ	ウ	エ	オ	カ
①	瀬戸内	瀬戸内	東海	東海	北陸	北陸
②	東海	北陸	瀬戸内	北陸	瀬戸内	東海
③	北陸	東海	北陸	瀬戸内	東海	瀬戸内

問３　次の文章は、日本のある県について説明したものです。この県の県庁所在地を、解答らんにあてはまるように、**漢字**で答えなさい。

> この県は、中央部の山地をはさんで北部と南部にわかれ、どちらも海に面しています。南部の埋め立て地には多くの工場が集まり、工業製品の大規模な輸出港がある県庁所在地も南部の沿岸に位置しています。養殖のりの産地として知られているほか、この県にある世界遺産に登録されている建物は多くの観光客を集めています。

問４　次の写真は、アメリカにおける小麦の収穫の様子を写したものです。この写真と、日本とアメリカの農業の違いについてまとめた下の表を参考にしながら、アメリカにおける小麦の生産の特徴について、解答らんの文章に続けて、**30字以内**で説明しなさい。

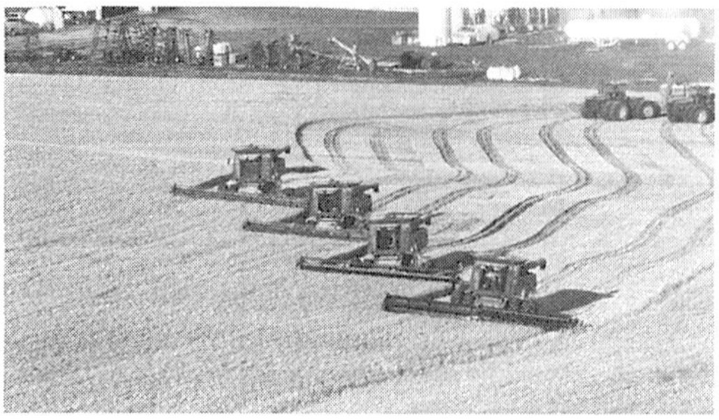

【写真】

【表】

	小麦の生産量（万トン）	１人あたりの農地面積（ha）
日本	77	1.9
アメリカ	5,129	186.1

※2018年。「１人あたり」とは、農業などの従事者１人あたりを指す。

（『世界の諸地域 NOW2022』、『日本国勢図会』などより作成）

問５　次の文中の［　X　］にあてはまる語句を**カタカナ**で答えなさい。

> ［　X　］は、「食料の重さ×輸送距離」で求められる数値で、この数値が高い食料は、輸送に使われる燃料の量や二酸化炭素の排出量が多くなるおそれがあります。日本で消費される食料は輸入されたものが多く、この数値が高い傾向にあります。

問６　次の文中の［　Y　］にあてはまる語句を**漢字２字**で答えなさい。

> 稲などの生長にとって、最も大切な夏の気温が十分高くならないため、生長が悪くなり、不作になることを［　Y　］といいます。

問７　次の表は、茶の生産上位５府県の日本にしめる割合（2018年、%）と生産上位５カ国の世界にしめる割合（2018年、%）を示したものです。表中X・Yにあてはまる県名と国名の正しい組み合わせをア～エから１つ選び、記号で答えなさい。

X	38.4
静岡	36.1
三重	8.0
宮崎	4.6
京都	3.6

Y	41.2
インド	21.2
ケニア	7.8
スリランカ	4.8
トルコ	4.3

（『データブックオブザワールド』などより作成）

	ア	イ	ウ	エ
X	鹿児島	鹿児島	福岡	福岡
Y	中国	ブラジル	中国	ブラジル

問８　次の地図記号①～③が示しているものの正しい組み合わせをア～クから１つ選び、記号で答えなさい。

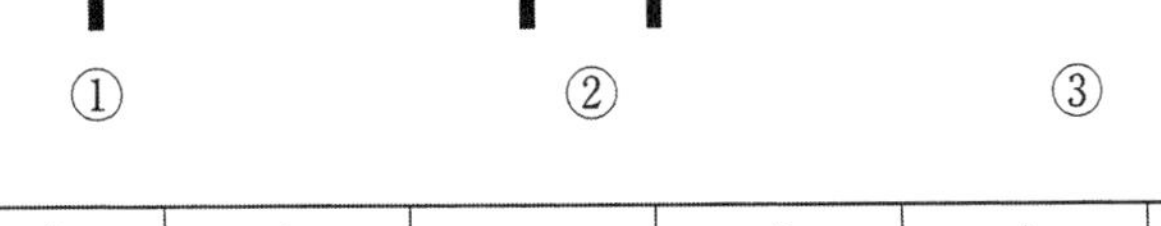

①　　②　　③

	ア	イ	ウ	エ	オ	カ	キ	ク
①	警察署	警察署	警察署	警察署	消防署	消防署	消防署	消防署
②	寺院	寺院	神社	神社	寺院	寺院	神社	神社
③	果樹園	畑	果樹園	畑	果樹園	畑	果樹園	畑

問９　次の写真①～③は、下の地図中Ａ～Ｃのいずれかの地点で写したものです。①～③とＡ～Ｃの正しい組み合わせをア～カから１つ選び、記号で答えなさい。

①

②

③

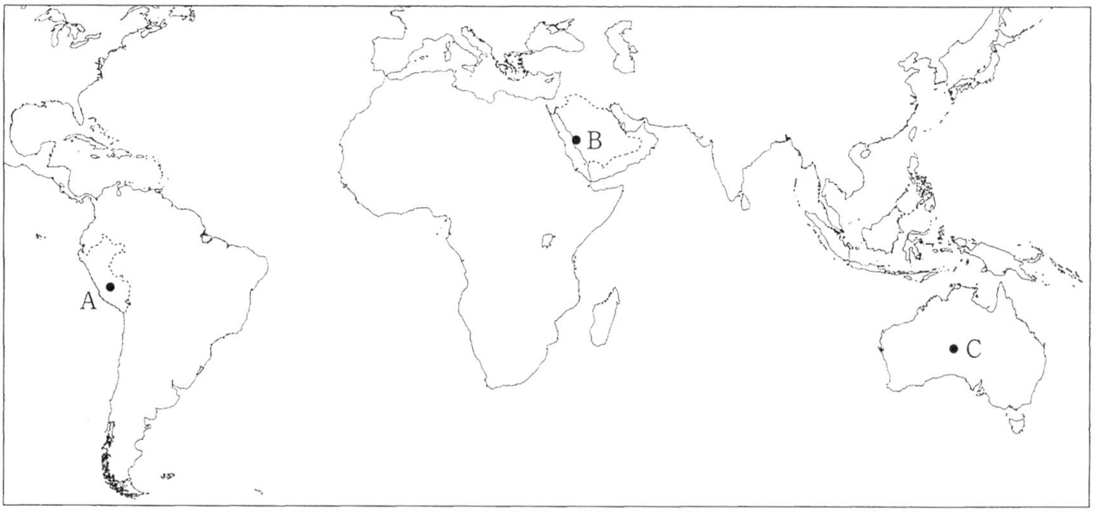

	ア	イ	ウ	エ	オ	カ
①	A	A	B	B	C	C
②	B	C	A	C	A	B
③	C	B	C	A	B	A

2 **世界遺産に興味をもった小学生たちが、日本の中で登録されている世界遺産について調べて、カードを作りました。これらのカードを見て、次の問１～問６に答えなさい。**

A　この建物は、第二次世界大戦の被害を忘れず、①平和な世界を目指すために残された遺産です。これが残されている県から衆議院議員に選出された②岸田文雄氏は、第100代の③内閣総理大臣になりました。

B　この建物は、ある幕府の初代将軍をまつるために３代将軍の〔　あ　〕が建て直させました。この建物をつくるためにばく大な金額と人員が用いられたことは、幕府の力を示すことにつながりました。

C　この建物は、日本で初めて世界遺産に登録された文化遺産の１つです。７世紀後半に火災にあい、再建されましたが、現存する最古の木造建築です。

D　この建物は、奥州藤原氏によって建てられました。合戦でなくなったすべての人々、命あるものすべての霊魂が浄土に行けるような願いが込められました。

E　ここは、信仰の対象として世界文化遺産に登録されています。浮世絵の題材としてもよくえがかれ、浮世絵に影響を受けたゴッホの作品にもえがかれています。

【まとめ】　世界遺産について調べるうちに、ユネスコでは、自然遺産や文化遺産以外にも守り伝えるべき芸能や祭りなどを無形文化遺産として、登録していることがわかりました。例えば、④室町時代に足利義満の保護を受けて、発展した芸能もその１つです。

問１　Aのカードに関連して、（１）～（３）に答えなさい。

（１）下線部①を守ることは、日本国憲法の原則の１つです。次の文章は平和主義について記された日本国憲法第９条の条文です。［　X　］にあてはまる語句を**漢字２字**で答えなさい。

１項　日本国民は、正義と秩序《ちつじょ》を基調とする国際平和を誠実《せいじつ》に希求し、国権の発動たる戦争と、武力による威嚇《いかく》又は武力の行使は、国際紛争《ふんそう》を解決する手段としては、永久にこれを放棄《ほうき》する。

２項　前項《ぜんこう》の目的を達するため、陸海空軍その他の［　X　］はこれを保持しない。国の交戦権は、これを認《みと》めない。

（2）下線部②について、次の文中の [Y] にあてはまる国名を下のア～エから１つ選び、記号で答えなさい。

2022年11月12日、ＡＳＥＡＮ＋３（プラス スリー）首脳会議に出席するために、下線部②はカンボジアのプノンペンを訪問しました。＋３とは、 [Y] と中国と日本のことを指しており、この会議の次の日に、 [Y] の大統領との間で、３年ぶりに首脳会談が行われたことも話題となりました。

ア　アメリカ　　イ　インド　　ウ　オーストラリア　　エ　韓国

（3）下線部③の仕事として、正しいものを次のア～エから１つ選び、記号で答えなさい。

ア　国会を召集すること。　　イ　法律を制定すること。
ウ　外国と条約を結ぶこと。　　エ　憲法改正の発議をすること。

問２　Ｂのカードの建物を建て直させた〔　あ　〕にあてはまる人物を**漢字**で答えなさい。

問３　Ｃのカードが示す建物を７世紀初めに建てさせた人物の説明として、正しいものをア～エから１つ選び、記号で答えなさい。

ア　渡来人との結びつきを強め、天皇をしのぐほどの力を持つようになった。
イ　政治を行う役人の心構えを示すために、十七条の憲法を定めた。
ウ　30ほどのくにを従え、うらないをして政治をおこなった。
エ　碁盤目状の道をもつ都をつくり、有力な豪族を貴族として政治に参加させた。

問４　Ｄのカードが示す建物をア～エから１つ選び、記号で答えなさい。

ア　中尊寺金色堂　　イ　平等院鳳凰堂　　ウ　平城宮朱雀門　　エ　鹿苑寺金閣

問５　【まとめ】のカードの下線部④について説明した文として、正しいものをア～エから１つ選び、記号で答えなさい。

ア　この芸能の役者たちを題材とした浮世絵が多くえがかれ、人々の間で流行した。
イ　こっけいな話を１人で演じるこの芸能を見るために、寄席《よせ》には多くの人が集まった。
ウ　歴史上の物語を題材にした浄瑠璃を人形で表現するこの芸能は、人々の人気を集めた。
エ　この芸能は、猿楽に、田植えのときに働く人たちを楽しませる田楽が取り入れられて発展した。

二〇二三年度 国語解答用紙

一

問1

問2

問3

問4

問5

問6

問7

問8

問9

問10

A セイ し

B ス っぱい

二

問1

A ノゾ む

B タイショウ 的

C チョウテン

問2 段落

問3 こと

問4

問5

問6

問7

問8

問9

問10

4

(1)	cm^2	(2)		(3)	倍

5

(1)	分速　　　　m	(2)	分　　　秒後	(3)	m

6

(1)	cm^3	(2)		(3)	cm^3

総計	※100点満点 （配点非公表）

3

(1)	(2)	
	①	②
cm	秒	秒

(3)	(4)	(5)	(6)

4

(1)			(2)	
a	b	c	①	②

(3)	(4)

5

(1)	(2)	(3)	
		A	C

(4)

総計	※100点満点 （配点非公表）

3

問1	問2

	(1)
問3	20 30

	(2)	問4	問5	問6
問3				

4

問1	問2	問3	問4		(1)	(2)
				問5		

問6	問7	問8

総計	※100点満点 （配点非公表）

受験番号	

2023年度

社　会　解　答　用　紙

1

	(1)	(2)	(3)	(4)	問2	問3
問1						市

問4	日本と比べてアメリカでは、
	30

問5	問6	問7	問8	問9

2

	(1)	(2)	(3)	問2	問3
問1					

【注意】
このらんには何も記入しないこと

受験番号	

2023年度

理　科　解　答　用　紙

【注意】
このらんには何も
記入しないこと

1

(1)	(2)	(3)	
		①	②

(4)	(5)	(6)	
		①	②

2

(1)	(2)		(3)		(4)

(5)	(6)		(7)	
	a	b		
	c	d		

受験番号	

2023年度

算　数　解　答　用　紙

1

(1)		(2)		(3)	km
(4)	m^2	(5)	度	(6)	円

2

(1)		(2)	中央値　　冊	最頻値　　冊

3

(1)		(2)		(3)	回

【解答

問4

問5

問6

Ⅰ

Ⅱ

四

ⓚ	ⓣ	ⓣ	ⓜ	ⓡ

ⓐ

【注意】このらんには何も記入しないこと

A	
B	
C	
D	

総計	※100点満点（配点非公表）

受験番号

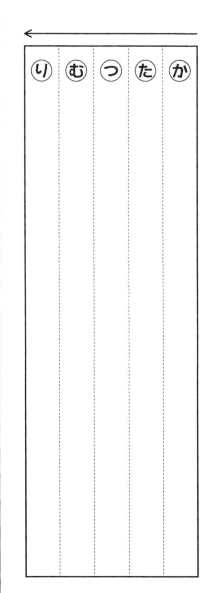

問6　A～Eのカードが示すものがある場所を次の地図①～⑤から選び、その組み合わせが正しいものをア～カから１つ選び、記号で答えなさい。

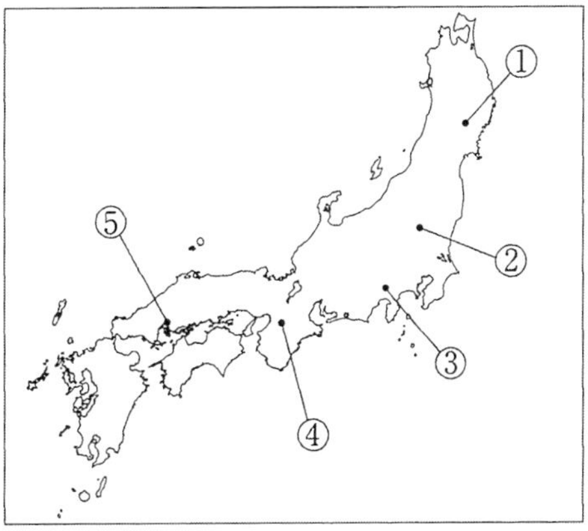

ア　A－②　B－④　　イ　A－③　C－④　　ウ　B－⑤　E－③
エ　C－③　E－①　　オ　C－④　D－①　　カ　D－①　E－②

３　**次の略年表は、現在の福岡県にあたる地域で起こった歴史的なできごとについてまとめたものです。この表を見て、問１～問６に答えなさい。**

〔a〕
第１回目の遣隋使である小野妹子らが隋から筑紫に帰着する。
〔b〕
京都を追われた菅原道真が、太宰府に到着する。
〔c〕
足利尊氏が太宰府において、出陣のための体制を整える。
〔d〕
２代目の福岡藩主・黒田忠之が島原にむけて出陣する。
〔e〕

【図１】

問１　略年表中〔a〕の期間に起こったできごとで、さらにその内容が正しいものをア～エから１つ選び、記号で答えなさい。

ア　朝鮮半島から九州北部に米作りが伝わったことで、縄文時代が始まった。
イ　聖武天皇は仏教の力で国を治めようと、東大寺を建て、大仏づくりをはじめた。
ウ　現在の大阪府堺市に、日本で最も大きな前方後円墳である大仙古墳が作られた。
エ　中大兄皇子らは、天皇中心の国づくりのため、大化の改新と呼ばれる改革を行った。

問２　略年表中〔b〕の期間には、紙が豊富ではなかったため、【図１】のような木の札に文字を書いていました。この木札を何というか、**漢字**で答えなさい。

問３　略年表中〔ｃ〕の期間について、（１）・（２）に答えなさい。

（１）この期間には平清盛が大きな権力を持つようになりました。そのように権力を持つことができた理由には、藤原道長と共通点があります。その共通点を**20字以上30字以内**で説明しなさい。

（２）【図２】は、この期間に活動した僧の生がいをえがいた史料の一部です。この史料から読み取れることとして正しいものをア～エから１つ選び、記号で答えなさい。

【図２】

ア　これは貴族の屋敷《やしき》で、束帯《そくたい》を身に着けた人がえがかれていることから、貴族たちは屋敷の中でも正装をしてくらしていたと考えられる。

イ　これは貴族の屋敷で、鷹《たか》が飼育されていることから、貴族は日常的に狩りを行っていたと考えられる。

ウ　これは武士の屋敷で、馬が飼育されていることから、武士は日ごろから「かさがけ」などの武芸の訓練を行っていたと考えられる。

エ　これは武士の屋敷で、やぐらには武器など何も置いていないことから、敵からおそわれたり、うばわれたりすることに備えていたと考えられる。

問４　略年表中〔ｄ〕の期間に起こったア～エのできごとを、年代の古い順に並べた場合、**３番目**にくるものを１つ選び、記号で答えなさい。

ア　京都で、応仁の乱がおこり、戦乱が11年間も続いた。

イ　ポルトガル船が種子島にたどり着き、鉄砲が伝えられた。

ウ　豊臣秀吉が百姓への支配を固めるために、全国各地で検地を行った。

エ　足利義政が京都の東山に銀閣を建てた。

問5　略年表中〔ｅ〕の期間にあたる江戸時代の大阪は、「天下の台所」と呼ばれていました。小学生のミナミさんはなぜそのように呼ばれていたのか気になって調べたところ、次の【資料】を見つけ、その内容から【まとめ】を作成しました。その文章の（X）・（Y）に入る説明文として適当なものを、Xは①・②から、Yは③・④からそれぞれ選びなさい。そしてその正しい組み合わせを、ア～エから１つ選び、記号で答えなさい。

【資料】大阪における主要商品の移入と移出（1714年）

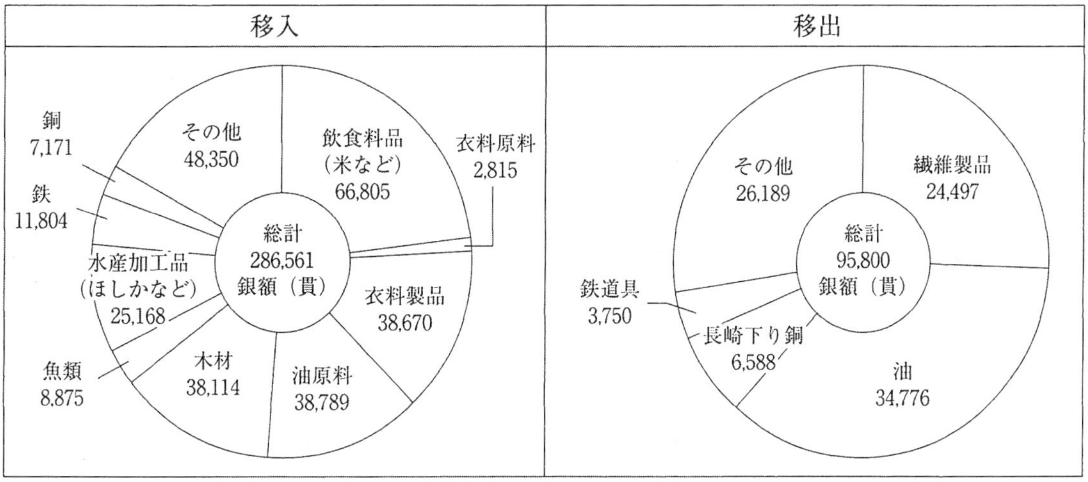

（『地図・グラフ・図解でみる　一目でわかる江戸時代』より作成）

【まとめ】

大阪は全国各地から商品を集めて、それを消費地に送り出す場所でした。しかし【資料】からは、そのことに加えて18世紀の大阪は、消費都市でもあり、工業都市でもあったことが読み取れます。消費都市だということがわかる理由は、（　　X　　）です。また、工業都市だということがわかる理由は、（　　Y　　）です。

①　大阪には各地の大名が蔵屋敷をおいて年貢《ねんぐ》米を運び入れていたことから、「飲食料品」の移入が多く、全体の約40％に上っているから

②　「魚類」や「水産加工品」については、約３万４千貫もの多くの品を移入しており、食品としての消費に加え、「ほしか」のように肥料として周辺地域で消費されたと考えられるから

③　たくさんの銅を移入し、それを製品に加工して、「長崎下り銅」として長崎に移出され、スペインやポルトガルの商人に輸出していたと考えられるから

④　移入品では「油原料」を多く移入しているが、それが移出品では「油」となって出荷されていることなど、大阪では仕入れた原料を製品として出荷したと考えられるから

	ア	イ	ウ	エ
X	①	①	②	②
Y	③	④	③	④

問６　次の文（ⅰ）・（ⅱ）は、８ページの略年表中〔ａ〕～〔ｅ〕のどの期間のできごとか、正しい組み合わせをア～カから１つ選び、記号で答えなさい。

（ⅰ）国を守るために、北部九州地方に防人《さきもり》と呼ばれる兵士を置くことが、制度として定められた。

（ⅱ）将軍の家の血筋が３代で絶えたのち、初代将軍の妻の家の一族が執権として幕府の政治を進めていくようになった。

	ア	イ	ウ	エ	オ	カ
ⅰ	a	a	a	b	b	b
ⅱ	c	d	e	c	d	e

４　**2022年８月、なつみさんたちのクラスは、九州国立博物館の特別展「琉球」を見学し、次の日クラスで特別展に関連した話をしました。その時の会話文を読んで、次の問１～問８に答えなさい。**

先　生：昨日の特別展は、どうでしたか？この特別展は、沖縄県の本土復帰［　X　］周年を記念して行われました。日本は、①第二次世界大戦の敗戦後、アメリカなどの連合国軍に一時占領されましたが、1951年に［　Y　］平和条約を結んで、②1952年に主権を回復しました。ただ、沖縄はその後もアメリカに占領されたままだったんですよ。

なつみ：沖縄は、第二次世界大戦中に、地上戦が行われた激戦地ですよね。多くの人が犠牲になったと勉強しました。特別展で見たものはその戦火を乗り越えてきたものだと思うと、見ることができてよかったです。

先　生：皆は、何が印象に残りましたか？

ふゆこ：私は、やっぱり、琉球ならではのあざやかな衣装や装飾品がすてきだなと思いました。授業で、琉球王国は、東アジアや東南アジアとの中継貿易で栄えたと勉強したけど、そういった地域の影響をうけつつ、琉球独自の文化がつくられたのかなと思いました。

あきら：確かに、展示品には、貿易で栄えた琉球王国の那覇港の様子がわかる絵や、当時の中国とやりとりをした記録がたくさんあったもんね。

先　生：皆、習ったことをよく覚えていたね。琉球王国は15世紀に成立して、③明治時代の1879年に沖縄県が設置されるまでの450年間、日本とは異なる国として成立していました。

はるき：江戸時代の初めに、［　Z　］藩に征服されて支配を受けたけど、中国にも従う形をとったんですよね。そういえば、幕末、④【図１】の航路でやってきた人物も、日本に行く途中、那覇に立ち寄ったそうですね。

先　生：よく勉強していますね。この人物は、日本の態度次第では、琉球を借り受けて支配下に置くことも考えていたそうですよ。結局、日本はこのあと開国をすることになりました。

なつみ：琉球は、それだけ重要な場所にあったんですね。私は、今回の展示の中で、琉球独自の信仰や宗教について扱っていたところが面白かったです。沖縄では、⑤女性は生まれつき霊的な資質を持つとされ、神職につくことが多かったそうです。

あきら：知らないことがたくさんあったな。せっかくなので、もっと調べようと思います。

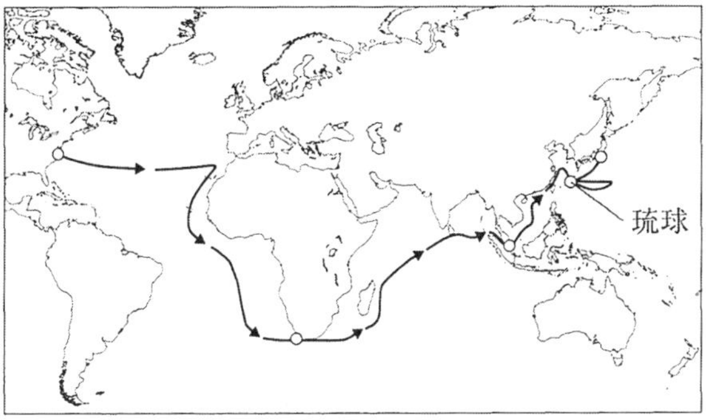

【図1】

【図2】

問1　会話文中の［ X ］にあてはまる数字を、**算用数字**で答えなさい。

問2　会話文中の下線部①に関するア～エのできごとを年代の古い順に並べた場合、**3番目**にくるものを1つ選び、記号で答えなさい。

ア　アメリカ軍が、長崎に原子爆弾を投下した。
イ　アメリカ軍が、沖縄本島に上陸した。
ウ　ソ連が、日本とたがいに戦わないという条約を破り宣戦した。
エ　日本軍が、イギリス領マレー半島に上陸した。

問3　会話文中の［ Y ］にあてはまる語句を答えなさい。

問4　会話文中の下線部②について、1952年以前に起こったできごととして、**誤っているもの**をア～エから1つ選び、記号で答えなさい。

ア　日本とソ連が国交を回復した。
イ　日米安全保障条約が結ばれた。
ウ　朝鮮戦争が始まった。
エ　日本国憲法が公布された。

問５　会話文中の下線部③について、（１）・（２）に答えなさい。

（１）明治時代に日本で始まったこととして、**誤っているもの**をア～エから１つ選び、記号で答えなさい。

ア　郵便制度が開始される。
イ　太陰暦が取り入れられる。
ウ　横浜に初めてガス灯が設置される。
エ　新橋・横浜間に鉄道が開通する。

（２）【図２】は、明治時代に起こったあるできごとをえがいた風刺《ふうし》画です。このできごとに関連する次の文Ａ・Ｂが正しいか誤っているかを判断し、その正しい組み合わせをア～エから１つ選び、記号で答えなさい。

Ａ　この事件によって、領事裁判権の廃止を求める国民の声がいちだんと高まった。
Ｂ　この事件を受けて、岩倉使節団が欧米に派遣されることになった。

	ア	イ	ウ	エ
Ａ	正	正	誤	誤
Ｂ	正	誤	正	誤

問６　会話文中の［　Ｚ　］にあてはまる語句をア～エから１つ選び、記号で答えなさい。

ア　薩摩　　イ　長州　　ウ　対馬　　エ　松前

問７　会話文中の下線部④について、次の文章中の波線部ａ・ｂが正しいか誤っているかを判断し、その正しい組み合わせをア～エから１つ選び、記号で答えなさい。

この人物は、1853年、４せきの軍艦を率いてａ下田にあらわれ、開国を求めました。翌年日本は、ｂ日米修好通商条約を結んで国交をひらきました。

	ア	イ	ウ	エ
ａ	正	正	誤	誤
ｂ	正	誤	正	誤

問8　会話文中の下線部⑤に関連して、19～20世紀にかけて活躍した女性の説明として正しいものをア～エから１つ選び、記号で答えなさい。

ア　樋口一葉は、小説『坊ちゃん』で人々のありのままのすがたを表現した。

イ　与謝野晶子は、日露戦争時、戦場の弟を思う詩「君死にたまふことなかれ」を発表した。

ウ　津田梅子は、イギリス留学から帰国後、女子英学塾をつくり、女子教育に貢献した。

エ　平塚らいてうは、全国水平社を結成し、女性の自由と権利の拡大をめざした。

2022年度

国　語

（100点　50分）

注意事項

1．試験開始のチャイムが鳴るまで、この問題冊《さっ》子《し》を開いてはいけません。

2．問題冊子は表紙をのぞいて14ページです。

3．答えはすべて解答用紙に文字または記号で正確に記入しなさい。

4．字数制限がある場合は、すべて句読点や「　」などの記号をふくむものとします。

5．問題冊子および解答用紙の印刷が悪いときや、ページが足りないときは、手をあげて先生に知らせなさい。

6．試験が終わったら問題冊子は持ち帰りなさい。

西南学院中学校

2022(R4) 西南学院中
教英出版

一　次の文章を読んで、後の問いに答えなさい。

長崎県の離島《りとう》にある中学校。産休に入る音楽教師、松山先生の代理として、幼なじみの柏木《かしわぎ》先生が赴任《ふにん》し、合唱部の顧問《こもん》となった。

三年生にとって最後の大会となる*Nコンの地方大会のまさにその日、松山先生の出産が始まったという連絡《れんらく》が柏木先生のもとに届く。心臓の弱い松山先生は、出産自体に命の危険が伴《ともな》う。それを知っていた柏木先生は動揺《どうよう》を隠《かく》せない。その様子から出産が始まったことに気付いた部員たちもまた、松山先生の出産が危険であるということを知っていた。

次の場面は、自分たちの出番が迫《せま》り、部員がステージ横に入ったところである。

そのとき、ずっと黙《だま》っていた向井《むかい》ケイスケが、手をあげて発言した。

「ア……先生、いいことかんがえたばい《（よ）》。電話ば《（を）》貸してくれんね《（くれないか）》」

大人数のせまくるしい廊下《ろうか》で、あまり身動きできない状態だったけれど、全員が首を彼《かれ》のほうにむける。

「どうして?」

柏木先生が聞き返す。彼はa係員のほうをちらりと気にしながら言った。

「松山先生に電話ば《（を）》かけよう」

彼の背中を仲村ナズナが突《つ》いた。

「あんた、ここに来て、なんば言いよっとね《（何を言ってるのよ）》!」

ステージ上にもれないよう、あたりをはばかるような声である。

「今は時間がなかけん《（ないから）》、文句は後で聞く」

向井ケイスケは、係員を気にしながら、柏木先生の腕《うで》をつかんで楽屋廊下を引き返し、展示ロビーの方に消えた。ステージ上から漏《も》れ聞こえていた課題曲が終わるころ、向井ケイスケだけが楽屋廊下にもどってくる。

「柏木先生は?」

辻《つじ》エリが聞いた。

「今、むこうで電話しよる《（してる）》。そのうちもどってくるけん《（から）》。なあ、部長、ちょっと耳ば《（を）》貸してくれんか《（くれないか）》」

彼は辻エリにちかづいて、b係員に背中をむけながらそっと耳もとになにかをささやいた。彼女《かのじょ》はすこしおどろいたような顔をするが、うなずいて、指でOKのサインをつくる。向井ケイスケは次に三田村リクに耳打ちし、辻エリは仲村ナズナの耳にひそひそと話をする。話を聞いた者は、ちかくのだれかに耳打ちするというのをくりかえして情報を伝達した。楽屋廊下にひしめいている合唱部員全員で、c係員に背中をむけて、なにごとかをささやきあう。係員はその様子を怪訝《けげん》な表情で見ていた。

「サトル、おまえ、もう聞いたか?」

向井ケイスケに声をかけられ、僕《ぼく》は首を横にふる。

「じゃあ、ちょっと耳ば《（を）》かせ」

向井ケイスケが、小声でその計画をおしえてくれた。

「松山先生に電話ば《(を)》つなげたままステージに出るぞ。俺《おれ》たちの歌声ば《(を)》、島に届けるけんね《(からね)》」

＊　＊　＊

おおきな舞台《ぶたい》で合唱をするのは、はじめてではない。これまでにも何度かNコンや*朝コンで歌ったことがある。入場する直前の舞台袖《そで》ではいつも、小声ではげましあったり、わらったりしていた。不思議とそのようなとき、歌詞をさらって、どこをどのように歌おうなどというおさらいはしなかった。

頭のなかで百回歌えば、百回おなじに歌える。けれど実際の舞台ではそうならない。百回中の九十五回は平凡《へいぼん》な演奏で、四回くらいノリの悪いダメな演奏があり、そして一回くらいは神がかったような演奏ができる。本番のステージで、どうかイ奇跡《きせき》の一回がまわってきますようにと祈《いの》る。練習しまくって、準備を万端《ばんたん》にととのえて、最後の最後は、祈るしかない。

十一校目の合唱を、ステージ袖に設置された反響板《はんきょうばん》の後ろで聞いていた。周囲はうす暗い。移動してすぐは、自分の手足も見えないほどだった。反響板の裏側に設置されているモニターが光をAハナっている。演奏中の合唱部員たちが映し出されており、どうしてもそれをじっと見てしまう。だれも言葉を発さない。聞こえてくる課題曲のテンポがうちとは異なっていた。影響《えいきょう》をうけないように、耳を手でおさえたり、耳元を手のひらでパタパタとやって聞こえないようにしたりする。

Bキタイにこたえたい、というプラスの思考と、失敗したらどうしよう、というマイナスの思考がCコンザイする。モニターの光に照らし出された一年生のくちびるがふるえていた。頭が真っ白になっているのだろうなとおもう。自分も一年生のときはそうだった。「こんな風に歌おう」などと、事前にかんがえていたことがすべてふっとんでしまうのだ。三年生になった今現在の自分はどうだろう。緊張《きんちょう》を気合いでねじふせようとしているような気がする。最後の大会だからにちがいない。次の代にすばらしい状態でつなぎたかった。

やがて自由曲がおわり、観客席の方から拍手《はくしゅ》がふってくる。係員の誘導《ゆうどう》で、十一校目の合唱部員たちがステージ上手側の出入り口から楽屋廊下に出ていった。

私たちの番だ。反響板の後ろから出て、ステージ上のひな壇《だん》にむかう。視界が上下左右にひろがって、どこまでも広い空間に私たちは姿をさらす。一階席、二階席、ともにほぼ満席状態で、無数の人の顔がいっせいに私たちをのぞきこんでいるようにおもえる。さきほどの拍手がおわり、しんとしずまりかえった。

声を発してはならない。ウ音楽というパズルのピースになるのだ。ひな壇に上がる。音をたてないようにと注意する。ゆっくり、胸をはってあるくようにこころがける。履《は》いているローファーが、カツカツと音をたてないようにと。
柏木先生が、下手側に配置されているグランドピアノの横に立つ。一応、楽譜《がくふ》を譜面台にたてかける。いつも見ないし、譜めくりをする人もいないけれど。
辻エリが、たったひとり、私たちの前に進み出た。エ客席からむけられる大勢の視線の圧力を引き受ける防波堤《ぼうはてい》のようだ。私たちは彼女についていけばいい。
舞台上手から順番に、男声パート、アルトパート、ソプラノパートの順に三列で整列した。司会者が私たちの中学校名を紹介《しょうかい》する。指揮の辻エリが観客にむかって一礼し、まわれ右をして私たちにむきなおった。柏木先生も一礼後ピアノに座《すわ》る。
男声パートのならんでいる一画で、向井ケイスケが派手なくしゃみをする。その音はホール内にひろがった。大勢の観客と、Nコンの運営をしている係員が彼のほうをふりかえる。くしゃみは意図的なものだった。下手側にあるグランドピアノから視線をそらせるため、上手側の向井ケイスケが注意をひきつけてくれたのだ。その隙《すき》に、柏木先生が服の裏にかくしていた携帯《けいたい》電話を取り出し、自分の足もとに置いた。折りたたみ式の携帯電話をくの字にして横たえる。その上に足首まである長いスカートの裾《すそ》をかぶせた。一連の動作はすばやかったし、客席とは反対側の左手でおこなわれた。見ていた人がいたとしても、スカートの裾をなおしただけに見えただろう。通話中の携帯電話をステージに持ち込《こ》んでいるだなんて気づかれたら、減点どころのさわぎではない。しかし、見咎《みとが》められてストップの声がかかることはなかった。
柏木先生の電話は、松山先生の妹のアカリさんの電話とつながっていた。五島のとある産科で、出産に立ち会っているという松山先生の旦那《だんな》さんの手により、アカリさんの電話は、松山先生の顔のそばに置かれているはずだ。本番直前、提案された計画に対して柏木先生は即断即決《そくだんそっけつ》で賛成し、向井ケイスケが廊下で計画内容を広めている間、彼女はアカリさんに電話をかけて松山先生のもとに携帯電話をとどけるように指示を出したのである。
指揮をする辻エリが、私たちの顔を見渡《みわた》す。彼女の表情に、さきほどまであった不安はもうない。運命に挑《いど》むような決意が見える。ひな壇の私たちに電気のようなものが走った。オ全員がおなじおもいを共有していた。これまでに体験した、どんな大会ともちがっている。金賞をとって勝ち進みたいという願望もなければ、ミスをしないだろうかという恐怖《きょうふ》も消えた。今、私たちにあるのは、もっと純粋《じゅんすい》で、つよい心だった。私たちは、ただ歌を届けたかった。海をわたったところにいる、大切な人に。

（中田 永一『くちびるに歌を』による）

注 ＊Nコン　NHK全国学校音楽コンクールの略。日本最大規模の合唱コンクール。
＊朝コン　全日本合唱コンクール。全日本合唱連盟と朝日新聞社が主催《しゅさい》し、毎年開催される合唱大会。

問1　この作品は、場面によって二人の語り手が入れ替《か》わるという特徴《とくちょう》を持っています。本文の「　＊　＊　＊　」の前と後では、語り手が異なっています。前と後の語り手を次の中からそれぞれ選び、番号で答えなさい。

1　柏木先生（合唱部の顧問の先生）
2　辻エリ（合唱部三年生の女子生徒で、合唱部の部長）
3　桑原《くわばら》サトル（合唱部三年生の男子生徒）
4　仲村ナズナ（合唱部三年生の女子生徒）
5　作品外の人物

問2　ア先生、いいことかんがえたばい　の「いいこと」とはどのようなことですか。その内容を「　＊　＊　＊　」より前の本文のことばを用いて、解答欄《らん》の形式に合わせて30字以内で書きなさい。

問3　〰〰〰　a～cは、部員たちが係員に対してとった行動です。なぜこのような行動をとったのでしょうか。その理由が分かる一文を、「　＊　＊　＊　」より後の本文から抜《ぬ》き出し、初めの4字を答えなさい。

問4　イ奇跡の一回　とはどのような演奏のことですか。解答欄の形式に合わせて15字以内でわかりやすく説明しなさい。ただし、この段落の表現を使わずに書くこと。

問5　ウ音楽というパズルのピースになるのだ　とありますが、これはどのようなことですか。最も適当なものを次の中から選び、番号で答えなさい。

1　一日一日の練習がこの日につながっていると信じて、その成果をすべて発揮して自分たちの部活動の集大成とすること
2　自分たちの出番の最初から最後までを一つの音楽と考えて、一人ひとりがそれを作り上げる一部分として行動すること
3　三年生の最後の大会にふさわしい今年いちばんの音楽を作り上げるために、それぞれが持ち味を最大限に発揮すること
4　一人ひとりの歌声が合唱を作り上げることを自覚し、気持ちまで少しのずれもないようにぴったり合わせて歌うこと

問6 エ客席からむけられる大勢の視線の圧力 とありますが、「私」がこの圧力を感じていることが表現されている部分を、これより前から30字程度で抜き出し、初めと終わりのそれぞれ3字を答えなさい。

問7 オ全員がおなじおもいを共有していた とありますが、ここでの「おなじおもい」とは何ですか。最も適当なものを次の中から選び、番号で答えなさい。

1 今の自分たちにできる最高の合唱を松山先生に聞かせたいというおもい
2 自分たちの歌に対する情熱を後輩《こうはい》たちの代につなぎたいというおもい
3 客席にいる人たちにこれまでにない大きな感動を与《あた》えたいというおもい
4 余計なことは考えずにただ目の前の歌だけに集中したいというおもい

問8 Aハナって　Bキタイ　Cコンザイ　のカタカナをそれぞれ漢字で書きなさい。

二 次の文章を読んで、後の問いに答えなさい。

【強さにはいろいろある】

強くなければ生きていけない自然界で、弱い植物である雑草ははびこっています。これはなぜでしょう。

強さというのは、何も競争に強いだけを指しません。

英国の生態学者であるジョン・フィリップ・グライムという人は、植物が成功するためには三つの強さがあると言いました。

一つは競争に強いということです。

植物は、光を浴びて光合成をしなければ生きていくことができません。植物の競争は、まずは光の奪《うば》い合いです。成長が早くて、大きくなる植物は、光を独占《どくせん》することができます。もし、その植物の陰《かげ》になれば、十分に光を浴びることはできません。植物にとって、光の争奪《そうだつ》に勝つことは、生きていく上で大切なことなのです。

しかし、この競争に強い植物が、必ずしも勝ち抜くとは限りません。競争に強い植物が強さを発揮できない場所もたくさんあるのです。それは、水がなかったり、寒かったりという過酷《かこく》な環境《かんきょう》です。

この環境にじっと耐《た》えるというのが二つ目の強さです。

たとえば、サボテンは水がない砂漠《さばく》でも枯《か》れることはありません。高い雪山に生える高山植物は、じっと氷雪に耐え忍《しの》ぶことができます。厳しい環境に負けないでじっと我慢《がまん》することも、「強さ」なのです。

三つ目が変化を乗り越《こ》える力です。

さまざまなピンチがAオトズれても、次々にそれを乗り越えていく、これが三つ目の強さです。

じつは、雑草はこの三つ目の強さに優《すぐ》れていると言われています。

雑草の生える場所を思い浮《う》かべてみてください。

草取りをされたり、草刈《か》りをされたり、踏《ふ》まれてみたり、土をBタガヤされたり。雑草が生えている場所は、人間によってさまざまな環境の変化がもたらされます。そのピンチを次々に乗り越えていく、これが雑草の強さなのです。

実際には、地球上の植物が、この三つのいずれかに分類されるということではなく、むしろ、すべての植物が、この三つの強さを持っていて、そのバランスで自らの戦略を組み立てていると考えられています。

ア植物にとって競争に勝つことだけが、強さの象徴《しょうちょう》ではありません。一口に「強さ」と言っても、本当にいろいろな強さがあるのです。

【 I 】

自然界は X の世界です。

しかし、競争や戦いに強いものが勝つとは限らないのが、自然界の面白《おもしろ》いところです。

競争や戦いをする上では、体が大きい方が有利です。

しかし、実際には小さい方が有利ということもたくさんあります。

大きな体は体自体を維持《いじ》しなければなりませんし、何しろ目立ちますから、常にライバルに狙《ねら》われて、戦い続けなければなりません。小さい体であれば、すばしこく逃《に》げたり、物陰に隠《かく》れたりすることができます。 Y 。

他にも例はあります。

動物の中でもっとも走るスピードが速いのがチーターです。

チーターの走る速度は、時速一〇〇キロメートルを上回ると言います。

一方、獲物《えもの》となる*ガゼルのスピードは、時速七〇キロメートルしかありません。これでは、とてもチーターから逃げ切ることはできないように思えます。

ところが、これだけ圧倒的《あっとうてき》なスピードの差があるにもかかわらず、チーターの狩《か》りは、半分くらいは失敗しているようです。つまり、ガゼルが、時速一〇〇キロメートルのチーターから逃げ切っているのです。

チーターに追われると、ガゼルは巧《たく》みなステップで飛び跳《は》ねながら、ジグザグに走って逃げます。そして、ときには、*クイックターンをして方向転換《てんかん》をします。

もちろん、走り方を複雑にすると、ガゼルも、本来の最高速度を出すことはできません。

しかし、まっすぐに走るだけではチーターのほうが速いに決まっています。チーターにはできない走り方をすることでガゼルがチーターに勝ってしまうのです。

【　Ⅱ　】

自然界には、競争や戦いには弱くても、それ以外の強さを発揮して*ニッチを獲得《かくとく》している生き物がたくさんいます。

じつは、人間もその一つです。

人間は、学名をホモ・サピエンスという生物です。

人類の祖先は森を失って草原地帯に追い出されたサルの仲間だったと考えられています。肉食獣《じゅう》と戦える力を持っているわけではありません。シマウマのように速く走れるわけでもありません。弱い存在であった人類は、知能を発達させ、道具を作り、他の動物たちに対抗《たいこう》してきました。

知能を発達させてきたことは、人間の強さの一つです。

ですから、人間は考えることをやめてはいけないのです。

しかし、それだけではありません。

じつは、知能を発達させてきたのは、私たちホモ・サピエンスだけではありません。

人類の進化を遡《さかのぼ》ると、ホモ・サピエンス以外の人類も出現していました。ホモ・サピエンスのライバルとなったのがホモ・ネアンデルターレンシスの学名を持つネアンデルタール人です。

ネアンデルタール人は、ホモ・サピエンスよりも大きくて、がっしりとした体を持っていました。さらに、ホモ・サピエンスよりも優れた知能を発達させていたと考えられています。

ホモ・サピエンスは、ネアンデルタール人と比べると体も小さく力も弱い存在でした。脳の容量もネアンデルタール人よりも小さく、知能でも劣《おと》っていたのです。

イ しかし今、生き残っているのは、ホモ・サピエンスです。

私たちホモ・サピエンスはどうして生き残ることができたのでしょうか。そして、どうしてネアンデルタール人は滅《ほろ》んでしまったのでしょうか。

ホモ・サピエンスは弱い存在でした。

力が弱かったホモ・サピエンスは、*先にも述べたように「助け合う」という能力を発達させました。そして、足りない能力を互《たが》いに補い合いながら暮らしていったのです。そうしなければ生きていけなかったのです。

現代を生きる私たちも、人の役に立つと何だか満たされたような気持ちになります。知らない人に道を教えたり、電車やバスの席を譲《ゆず》ったりして、ありがとうと言われると、なんだかすぐったいようなうれしい気持ちになります。それが、ホモ・サピエンスが獲得し、生き抜くために発揮した能力なのです。

一方、優れた能力を持つネアンデルタール人は、集団生活をしなくても生きていくことができました。しかし、環境の変化が起こったとき、仲間と助け合うことのできなかったネアンデルタール人は、その困難を乗り越えることができなかったと考えられているのです。

（稲垣　栄洋『はずれ者が進化をつくる』ちくまプリマー新書による）

注　＊ガゼル　アフリカに生息するウシ科の動物。

＊クイックターン　すばやく折り返す動作。

＊ニッチ　生態学の中で、ある一つの種の生存に必要な環境・条件（空間、餌《えさ》など）。

＊先にも述べたように　筆者はこれより前に「人間は『助け合う』ということを発達させてきました。助け合いを通して、さまざまな役割分担を行い、社会を築いてきたのです。」と述べている。

問1　A**オトズ**れ　B**タガヤ**され　のカタカナをそれぞれ漢字で書きなさい。

問2　ア植物にとって競争に勝つことだけが、強さの象徴ではありません　とありますが、筆者は植物にとっての強さには「競争に強いこと」のほかにどのような強さがあると述べていますか。本文中のことばを用いて二つ答えなさい。ただし、解答欄《らん》の形式に合わせてそれぞれ10字以内で答えること。

問3　［X］にあてはまる最も適当な四字熟語を答えなさい。

問4　［Y］に入る一文として最も適当なものを次の中から選び、番号で答えなさい。

1　大きいことが強さであるのと同じように、小さいことも強さなのです

2　小さいことこそが、大きいものを打ち負かすための条件なのです

3　小さい大きいの違《ちが》いはあっても、互いに助け合うことが大切なのです

4　大きくて不利になることもありますが、結局大きいほうが勝つのです

問5 イ今、生き残っているのは、ホモ・サピエンスです とありますが、筆者はその理由をどのように述べていますか。本文中のことばを用いて、ネアンデルタール人と比較《ひかく》しながら100字以上120字以内で説明しなさい。

問6 この文章の【 Ⅰ 】、【 Ⅱ 】には小見出しが付いています。Ⅰ、Ⅱに入る小見出しとして最も適当なものを次の中からそれぞれ選び、番号で答えなさい。

1 弱いことが一番強い
2 人間も弱い生き物
3 人間は強くなりたかった
4 強さこそが正義
5 強いものが勝つとは限らない
6 生き物はみな弱い

問7 人間は考えることをやめてはいけないのです とありますが、この部分に対して**1**～**4**の四人の生徒が意見を述べました。筆者の言いたいことをよく理解していると思われる生徒はだれですか。次の中から一つ選び、生徒の番号で答えなさい。

生徒1 人間にとって考えることは非常に重要な能力だから、もっとその能力を伸《の》ばして、生活や社会が豊かになるように役立てなければならないのだと思います。

生徒2 人間は人工知能を生み出してしまったのだから、知能を発達させ続けなければ、いずれ仕事や役割が奪われてしまうという不安を述べているのだと思います。

生徒3 考えることはほかの生物にはない唯一《ゆいいつ》のことだから、それをやめてしまうと滅びてしまいかねないんだという危機感を込めてその重要性を伝えているのだと思います。

生徒4 考えるということは、祖先から受け継《つ》いだ大切な能力だから、生態系の頂点として他の動物に負けないために大切にしなくてはならないのだと思います。

三　次の詩と、それについての先生と生徒の会話を読んで、後の問いに答えなさい。ただし、一～五は、連の番号です。

名前を呼ばれて　　　魚本　藤子

お詫び
著作権上の都合により、文章は掲載しておりません。
ご不便をおかけし、誠に申し訳ございません。
教英出版

お詫び
著作権上の都合により、文章は掲載しておりません。
ご不便をおかけし、誠に申し訳ございません。
教英出版

（魚本　藤子『鳥をつくる』より）

先生　この詩は五つの連に分かれていますが、内容から大きく三つに分けるとしたら、どのように分けることができるでしょう。三つめのはじまりはどこからになりますか。

生徒　第［A］連になるのではないでしょうか。この連は見た目もインパクトがあります。

先生　はい。そうですね。作者が述べたいのはこの連から書かれている「人」についてということですね。

生徒　先生、作者は「蜘蛛」と「人」は同じだ、と書いていると思うのですが、どのような点で同じなのでしょうか。

先生　それでは、「蜘蛛」の方から見てみましょう。第一連の蜘蛛と第二連の蜘蛛には違《ちが》いがありますが、どのように変わっているか分かりますか。

生徒　第一連の蜘蛛は動いていないけど、第二連の蜘蛛は動いています。

先生　その通り。では、その違いはどこから生じたのでしょう。この詩のタイトルを思い出してみてください。

生徒　そうか。第二連でこどもが名前を呼んでいることですね。

先生　そうです。第一連は名前を呼ばれる前の蜘蛛、第二連は名前を呼ばれた後の蜘蛛が書かれているのです。

生徒　なるほど。それが人についても同じだと言っているのですね。

先生　はい。蜘蛛も人も、名前を呼ばれる前は「自分ではないもの」になっています。それが、名前を呼ばれると、動き出していますね。

生徒　どういうことなのでしょうか。

先生　それについて考えるために第三連を見てみましょう。第三連は、「蜘蛛」の内容を受けて書かれていますが、これは、「人」にもあてはまる内容になっています。まず、名前を呼ばれる前の蜘蛛や人は、4行目に、［B］で「忘れられた塵」に喩《たと》えられていますね。「塵」というだけでもほとんど意味のないものですが、さらに「忘れられた」わけですから、無いに等しいと言っているわけです。

生徒　確かにそうですね。ア「自分ではないもの」になっている蜘蛛は、まるで風景の一部で「ただそこにあるだけ」という感じがします。人も同じように書かれていますね。

先生　そうです。それでは、名前を呼ばれた後は第三連でどのように書かれていますか。

生徒　「形象が動く」と書かれています。これは、蜘蛛で言えば「虫になろうとする」のところで、人で言えば「その名前になって振り向く」というところですよね。名前を呼ばれる前は「自分ではないもの」だから、これはようやく自分になれたということを意味しているのでしょうか。

先生　そこには注意が必要です。ここではあえて「蜘蛛」ではなく「虫」と書かれていると考えるべきでしょう。蜘蛛は「虫」と呼ばれて、「虫」になろうとしているのです。

生徒　なるほど。でも、人には名前は一つしかありませんよね。

先生　はい。しかし、呼び方、呼ばれ方は一つではありません。姓《せい》で呼ぶか、下の名前で呼ぶか、呼び捨てか、「さん」や「ちゃん」を付けて呼ぶか。それらは、相手との関係によって異なります。

生徒　そうか。自分は自分でも、「相手にとっての自分」になる、ということでしょうか。蜘蛛は、「こどもにとっての自分」になっていて、それがこの場合は「虫」だったということですね。なんだか難しいですね。

先生　そうですね。ただ言えることは、この詩が表現しているのは「自分ではないもの」から「自分」になる、という変化ではないということです。

生徒　では、どのような変化だと捉《とら》えればよいのでしょうか。

先生　イ蜘蛛も人も名前を呼ばれる前は、無いに等しいものです。それが、名前を呼ばれて、それに応答して動きます。この呼びかけと応答によって初めて相手との関係が結ばれて、私たちは意味を持った存在になるということが言われているのです。

生徒　なるほど、そういう変化か。その変化のきっかけが「名前を呼ばれる」ことなんですね。そう考えると、普段《ふだん》は特に気にしていないけど、名前を呼ぶってとても大切なことなんですね。

先生　そうですね。名前を呼ばれる前の人は、「捨てられた自転車」と表現されていますが、この表現からは［C］が感じられますね。私たちは誰かに名前を呼ばれなければ、何の意味も持たず、存在していないのと同じなのです。しかし、逆に［D］ということでもあります。大切にしていきましょうね。

問1　［A］にあてはまる連の番号を、漢数字で答えなさい。

問2　［B］にあてはまる技法として最も適当なものを次の中から選びなさい。

1　擬人法《ぎじんほう》　　2　直喩法《ちょくゆほう》
3　体言止め　　4　隠喩法《いんゆほう》

問3　ア「自分ではないもの」になっている蜘蛛　とありますが、具体的に何になっていると書かれていますか。詩の中から二つ抜き出して答えなさい。

問4　イ蜘蛛も人も名前を呼ばれる前は、無いに等しいもの　とありますが、これを説明したものとして最も適当なものを次の中から選び、番号で答えなさい。

1　誰かを待っているだけで、自分からは積極的に動こうとしないもの

2　あまりに目立たず、そこにいても誰からも気づかれることのないもの

3　誰とも関係を結んでおらず、いてもいなくても誰にも影《えい》響《きょう》を与《あた》えないもの

4　自分を表現することができず、誰からも正しく理解してもらえないもの

問5　［C］には、感情を表すことばが入ります。ひらがな4字で考えて答えなさい。

問6　［D］にあてはまるものとして最も適当なものを次の中から選び、番号で答えなさい。

1　名前を呼ばずにその人の存在に気付くことができる

2　名前を呼ばなくても誰かと関係を結ぶことができる

3　名前を呼ぶことで誰かを意味ある存在にできる

4　名前を呼んだらその人を理解することができる

四 次の例と説明を読んで、後の問いに答えなさい。

例

A	火花 が散る
B	花火 があがる

右のように、上の字と下の字を入れ替えると別の熟語になる漢字の組み合わせがあります。

問 次の1～4の A ・ B にあてはまる漢字の組み合わせを、下の漢字を用いて考え、それぞれ A の熟語を答えなさい。

1 A を見る　B にしない

2 A を見る　B を目指す

3 A を上る　B を経る

4 A に行く　B に出る

現　手　相　階　段　社　実　会　話　神　出

2022年度

算　　数

（100点　50分）

注意事項

1．試験開始のチャイムが鳴るまで、この問題冊子《さっし》を開いてはいけません。
2．問題冊子は表紙をのぞいて10ページです。
3．答えはすべて解答用紙に正確に記入しなさい。
4．問題冊子の印刷が悪かったり、ページが足りないときや、解答用紙のよごれなどに気づいた場合は、手をあげて先生に知らせなさい。
5．問題冊子・解答用紙は切り取ってはいけません。
6．試験が終わったら問題冊子は持ち帰りなさい。

西南学院中学校

1 次の問いに答えなさい。

(1) $\frac{16}{15} \times 0.75 - 0.125 \div \frac{5}{12}$ を計算しなさい。

(2) 次の $\square$ にあてはまる数を答えなさい。

$$\left\{110 - 3 \times (\square - 2)\right\} \div 7 = 14$$

(3) 時速 1.44 km は，秒速何 cm か。

(4) 2種類の食塩水Ａ，Ｂがある。ＡとＢの重さの比は3：1で，とけている食塩の重さの比は5：3である。また，Ａ，Ｂをすべて混ぜると6％の食塩水200 g ができる。Ａは何％の食塩水か。

(5) **図 1** のように，水の入った三角柱の容器を床に置き，**図 2** の直方体のおもりを容器の底に置いたところ，容器の水はちょうどいっぱいになった。はじめにあった水の深さは何 cm か。

図 1

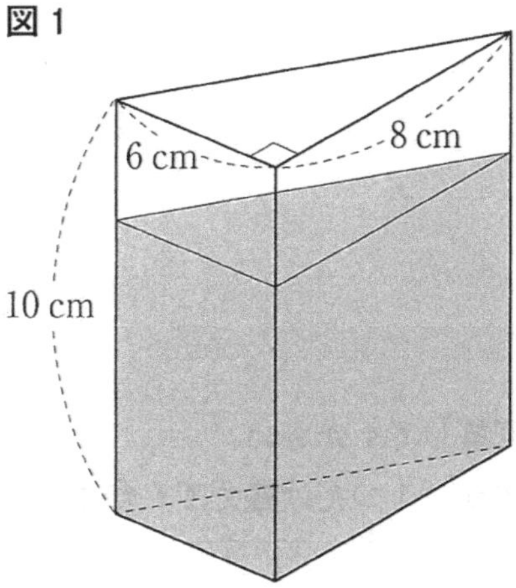

図 2

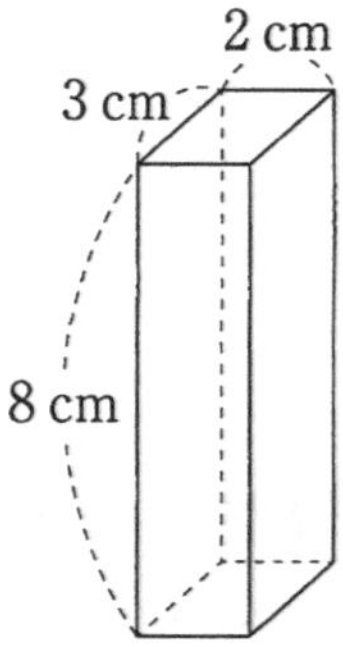

(6) 図のように，円を横一列に重ねていくつかの部分に分ける。
例えば，円が 2 つのときは，① ～ ③ の 3 個の部分に分けることができる。

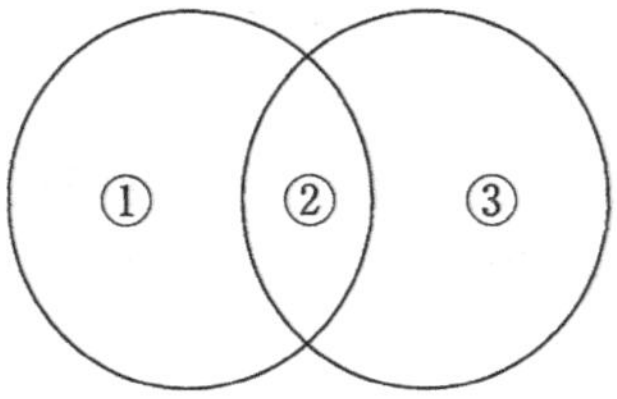

円が 3 つのときは，① ～ ⑤ の 5 個の部分に分けることができる。

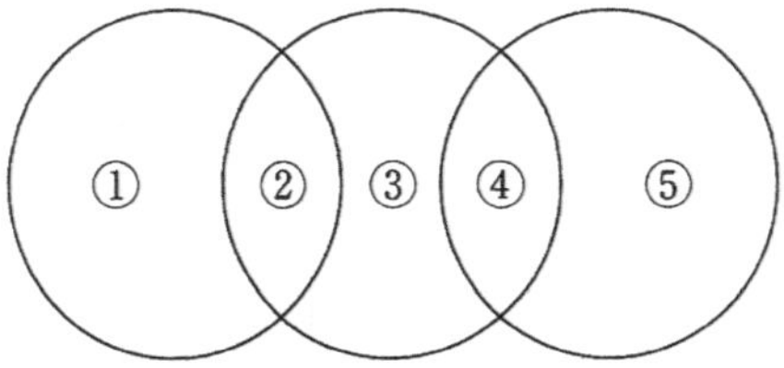

① ～ ㊿㊂ の 53 個の部分に分けるには円はいくつ必要か。

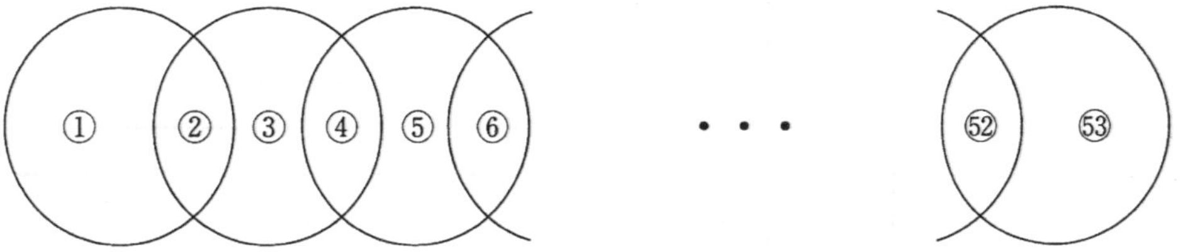

2 以下は，ある小学校の６年生全員にとったアンケートの項目《こうもく》とその結果である。

質問１．スポーツを習っていますか？

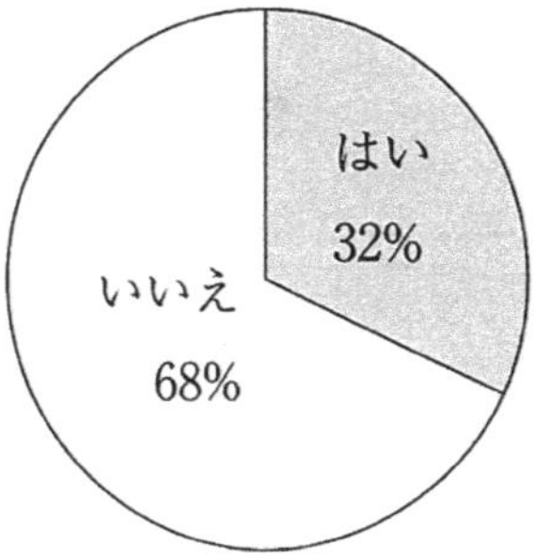

質問２．質問１で「はい」と答えた人だけ回答してください。
どのようなスポーツを習っていますか？１つだけ答えてください。

水泳	サッカー	野球	空手	卓球	その他
15人	8人	6人	4人	2人	5人

質問３．質問１で「はい」と答えた人だけ回答してください。
１日あたりの練習時間はどれだけですか？

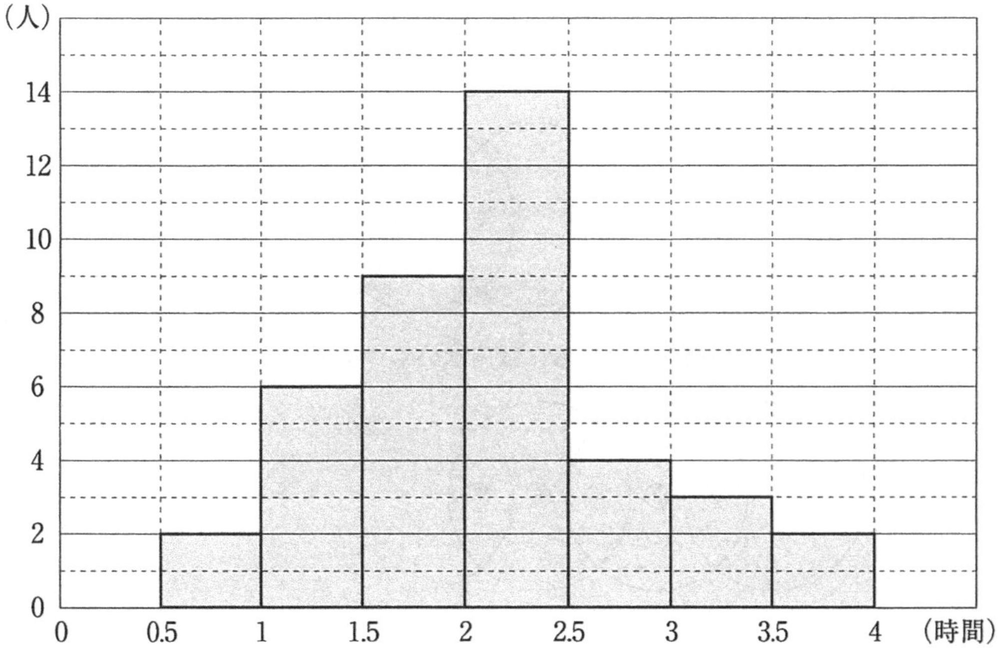

(1)　6年生は全員で何人か。

(2)　ヒストグラムについて，次のことがらが分かっている。

・2時間以上2.5時間未満の階級に，「野球」，「空手」，「卓球」，「その他」が少なくとも1人ずつはいる。
・「水泳」はどの階級にも少なくとも2人ずつはいる。
・「サッカー」は全員，同じ階級にいる。
・「空手」の4人は，それぞれ異なる階級にいる。
・「その他」の5人は，それぞれ異なる階級にいる。

「野球」の人数はどの階級がもっとも多いか。

3 正方形の中に，図１～図３のように直線をひいた。

(1) 図１の印のついた角度の和は何度か。

図１

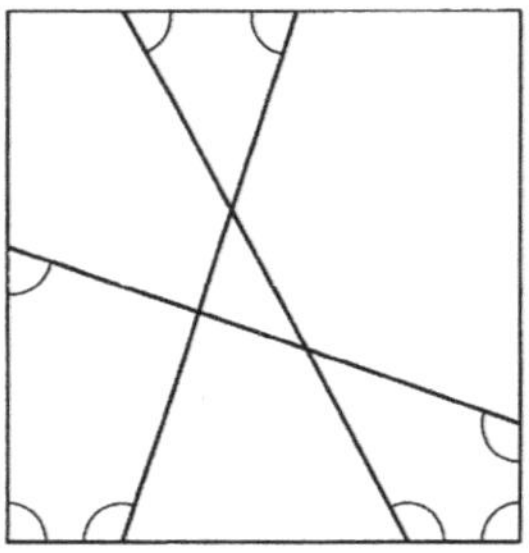

(2) 図２のアとイの部分の面積が等しいとき，□にあてはまる数を答えなさい。

図２

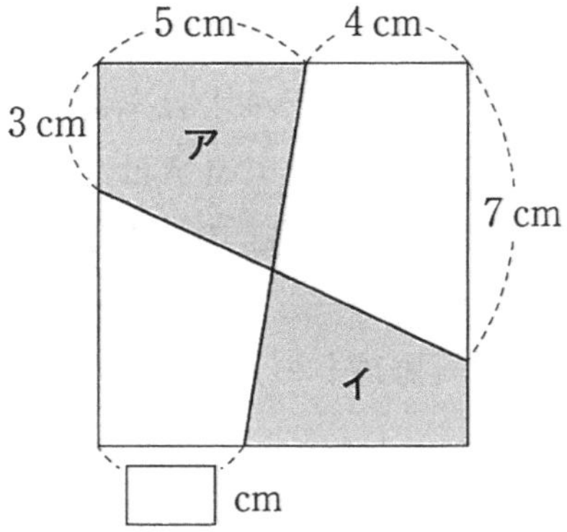

(3) 図３の▨部分の面積の和は何 cm^2 か。

図３

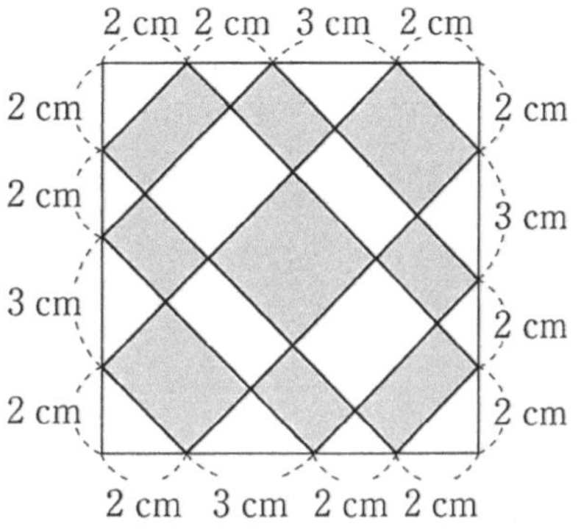

4 **図 1 は，図 2 の立体の展開図であり，同じ半円を 2 つ組み合わせた形をしている。ただし，円周率は 3.14 とする。**

図 1

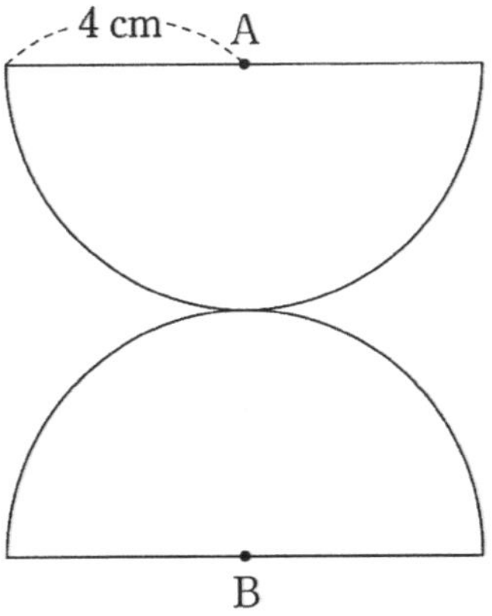

図 2

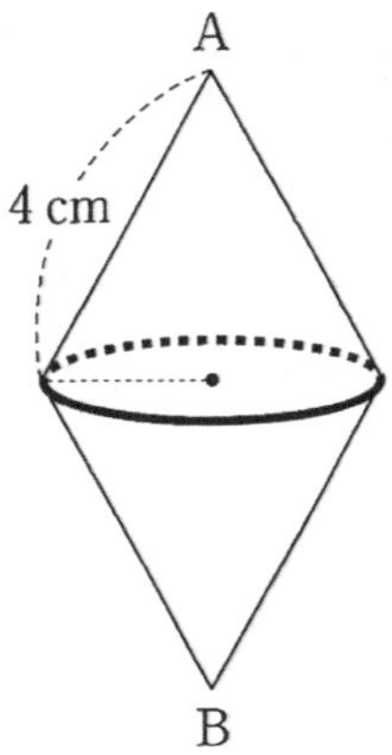

(1) **図 2** の立体の表面積は何 cm^2 か。

(2) **図 2** の ━━ 部分の図形は円である。この円の直径は何 cm か。

(3) **図 3** のように，**図 2** の立体を横にして床《ゆか》の上に置き，点 A を中心として転がす。元の位置に戻《もど》ってくるまで転がしたとき，点 B が動いてできる線の長さは何 cm か。

図 3

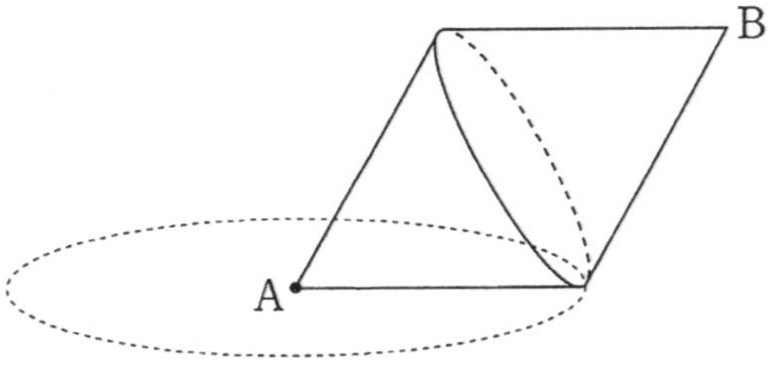

5 Aは1以上の整数とする。記号《A》は，Aの一の位から連続して並ぶ0の個数を表すこととする。例えば，

《6000》＝3

《10050》＝1

《20＋22》＝《42》＝0

である。

(1) Aは3けたの整数とする。

《A》= 1 となる整数Aは全部で何個あるか。

(2) Aは2けたの整数とする。

《A》+《A + 10》+《A + 20》= 4 となる整数Aをすべて答えなさい。

(3) Aは $1\times2\times3\times4\times5\times\cdots\cdots\times29\times30$ を計算した数とする。

《A》を求めなさい。

このページには問題はありません

6 兄は学校を，弟は駅を同時に出発し，歩いて学校と駅との間を何回か往復する。兄は弟よりも速く歩くものとし，２人はそれぞれ一定の速さで歩き続ける。下のグラフは，「出発してからの時間」と「２人の間のきょり」の関係を表したものである。

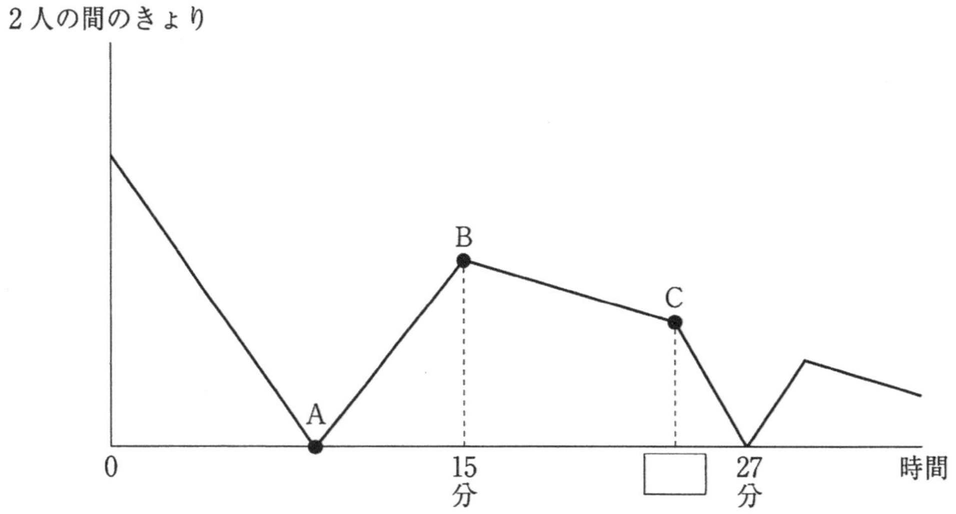

(1) グラフのＡ，Ｂ，Ｃがどのようなときであるか正しく説明したものを，次の**ア**～**カ**の中から１つ選び，記号で答えなさい。

	A	B	C
ア	兄が駅に着いた	兄が学校に着いた	１回目にすれちがった
イ	兄が駅に着いた	弟が学校に着いた	１回目にすれちがった
ウ	兄が駅に着いた	兄が学校に着いた	弟が学校に着いた
エ	１回目にすれちがった	兄が駅に着いた	弟が学校に着いた
オ	１回目にすれちがった	兄が駅に着いた	兄が学校に着いた
カ	１回目にすれちがった	２回目にすれちがった	３回目にすれちがった

(2) 出発してから２回目にすれちがうまでに，兄が歩いた道のりと弟が歩いた道のりの比を求めなさい。ただし，もっとも簡単な整数の比で答えなさい。

(3) グラフの □ にあてはまる時間は何分何秒か。

2022年度

理　　科

（100点　40分）

注意事項

1．試験開始のチャイムが鳴るまで、この問題冊子《さっし》を開いてはいけません。

2．問題冊子は表紙をのぞいて 10 ページです。

3．答えはすべて解答用紙に正確に記入しなさい。

4．問題冊子および解答用紙の印刷が悪いときや、ページが足りないときは、手をあげて先生に知らせなさい。

5．試験が終わったら問題冊子は持ち帰りなさい。

西南学院中学校

1　次のＳさんと，Ｗさんの会話文を読んで，下の問いに答えなさい。

Ｓさん：ハー，ハー。
Ｗさん：息があらいようだけど大じょう夫。
Ｓさん：休み時間にサッカーをして走りまわったからだよ。
Ｗさん：激しく動いたから，体がいつもより多く（　①　）を必要としているんだね。
Ｓさん：そうだね。だから呼吸が速くなるだけじゃなくて，（　①　）を運ぶ血液を送り出している心臓のＡはく動も速くなっているんだ。
Ｗさん：お腹がすいたな。どうしてたくさん体を動かすと，お腹がすくのかな。
Ｓさん：それは体を動かすにはエネルギーが必要で，そのエネルギーをＢ食べ物を消化して吸収した養分から取り出しているからじゃない。
Ｗさん：そういえば，養分からエネルギーを取り出すときに（　①　）を使うことも，この前習ったね。そして，そのときに（　②　）やＣ体にとって不要なものもできるという話だったよ。
Ｓさん：激しく動くと呼吸が速くなるのは，（　①　）をたくさん取り入れるためだけじゃなくて，（　②　）をはい出するためでもあるんだ。
Ｗさん：人間の体ってうまくできているんだね。

（１）　会話文の①，②にあてはまる気体の名前を答えよ。

（２）　ふつう心臓は体のどこにあるか。正面から見たときの，心臓の位置を正しく表したものを次の中から１つ選び，記号で答えよ。

ア　　　　イ　　　　ウ

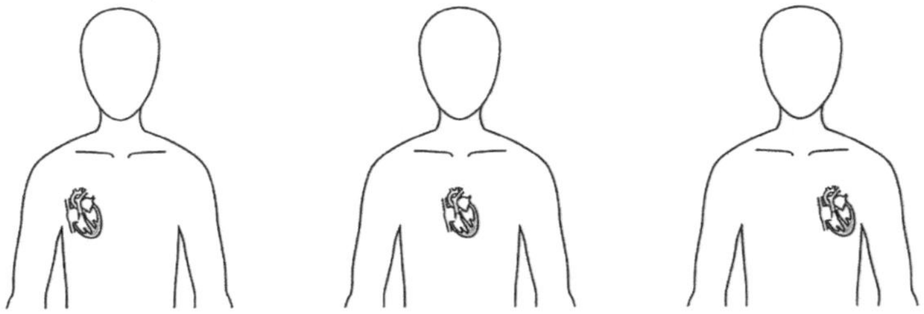

（３）　会話文の下線部Ａについて，はく動が速くなったことは，はく動によって起こる血管の動きでも確かめることができる。手首や首筋《すじ》などを指でおさえて確かめることができる，この血管の動きを何というか。

（4） 右の図は体の正面から見た心臓のつくりを表したものである。心臓は筋肉でできており，筋肉がゆるんだり縮んだりをくり返すことで血液を肺と全身にじゅんかんさせている。心臓から血液が送り出されるしくみについて正しく説明したものを下のア～エから１つ選び，記号で答えよ。

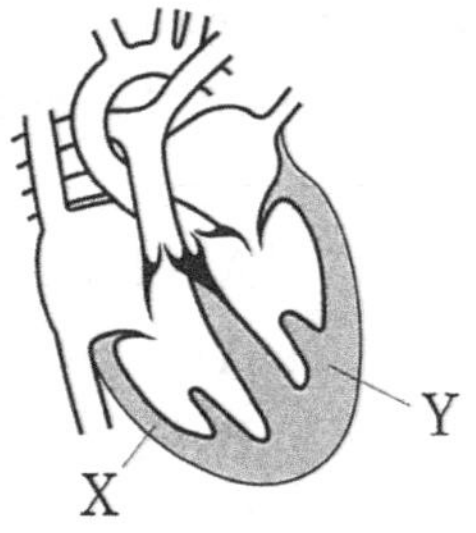

ア　Xの筋肉とYの筋肉が交ごに縮み，Xの筋肉が縮んだときは肺に，Yの筋肉が縮んだときは全身に血液が送り出されている。

イ　Xの筋肉とYの筋肉が交ごに縮み，Xの筋肉が縮んだときは全身に，Yの筋肉が縮んだときは肺に血液が送り出されている。

ウ　Xの筋肉とYの筋肉が同時に縮み，Xの筋肉が血液を肺に，Yの筋肉が血液を全身に送り出している。

エ　Xの筋肉とYの筋肉が同時に縮み，Xの筋肉が血液を全身に，Yの筋肉が血液を肺に送り出している。

（5） 会話文の下線部Bについて，食べ物は，消化管を通るうちに消化・吸収される。動物の種類と，その動物の消化管の長さが体長のおよそ何倍あるのかを表している下の表を見ると，ウマやウシ，ヒツジの消化管は，ライオンやヒトの消化管に比べて長いことがわかる。その理由を，「ウマやウシ，ヒツジは…」に続けて20字程度で説明せよ。

動物名	体長に対しての消化管の長さの割合
ライオン	約４倍
ヒト	約６倍
ウマ	約12倍
ウシ	約25倍
ヒツジ	約27倍

（6） 会話文の下線部Cについて，体にとって不要なものは血液によってある臓器に運ばれ，そこでこし出されて余分な水分とともに体の外にはい出される。不要なものをこし出すはたらきをもつ臓器の名前を答えよ。またその臓器を表した図を次の中から１つ選び，記号で答えよ。ただし，臓器の図はほぼ同じ大きさにしてある。

ア

イ
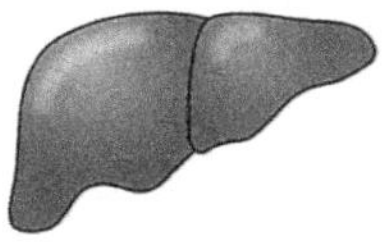

ウ
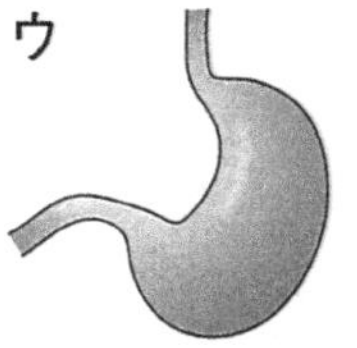

エ
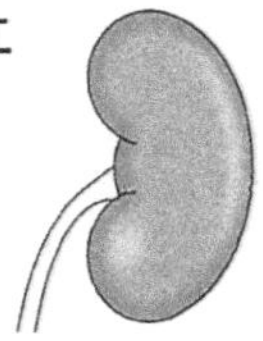

2 Ｓさんは，自由研究で地層の観察をおこないました。図１は観察した地層の特ちょうと気づいたことをまとめたものです。下の問いに答えなさい。

〈Ａ～Ｅの層の特ちょう〉
Ａ……砂の層
Ｂ……火山灰の層
Ｃ……貝がらの化石をふくむ砂の層
Ｄ……どろの層
Ｅ……れきの層

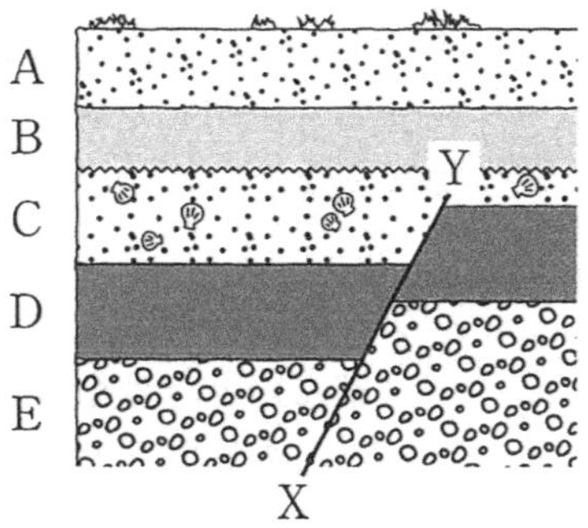

〈気づいたこと〉
地層のずれＸＹがみられた。

図１

（１） ＸＹのような地層のずれのことを何というか。漢字２字で答えよ。

（２） 図１の地層について，次の**ア**～**カ**のできごとをおこった順に並べよ。

ア Ｅの地層ができた
イ ふん火がおこり地層Ｂができた
ウ Ｃの地層ができた
エ 地震《じしん》によって地層のずれＸＹが生じた
オ Ａの地層ができた
カ Ｄの地層ができた

（３） 図２は，この土地が２億5000万年前から6600万年前ごろに海底であったことを示す化石の１つである。何の化石であるか答えよ。

図２

（4） 地震には，土地に大きな力がはたらいてずれができるときにおこる地震（図3）と，プレートと呼ばれる板状の岩ばんの境界でおこる地震（図4）の2種類がある。図3の地震ではそのずれの周辺で強いゆれがおこる。図4の地震では強いゆれとともに津波がおこることがある。

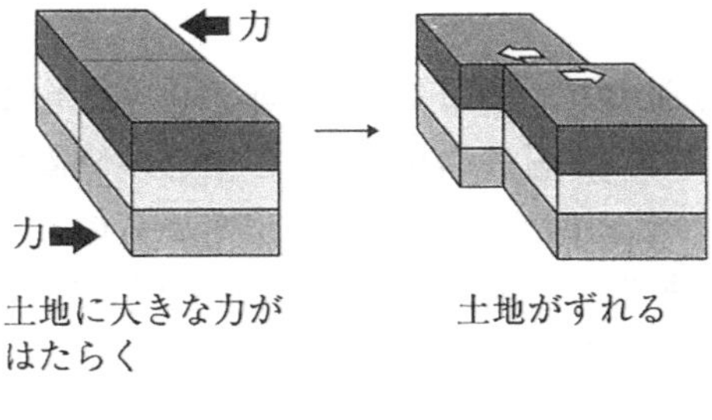

土地がずれる

図3

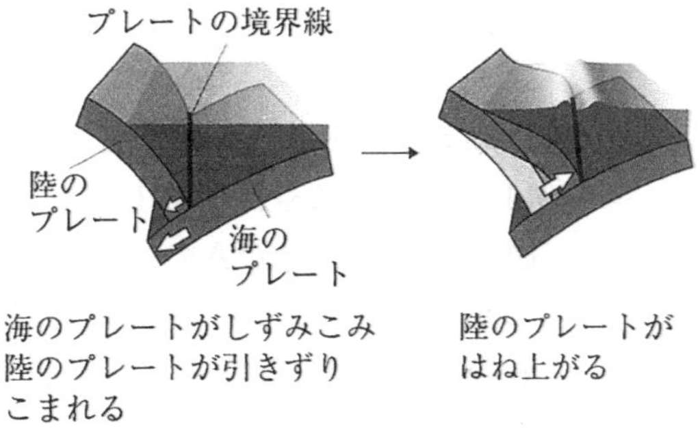

海のプレートがしずみこみ陸のプレートが引きずりこまれる
陸のプレートがはね上がる

図4

次の図5は福岡西方沖地震（①）と東北地方太平洋沖地震（②）がおこった場所を表したもの，図6は日本付近にあるプレートの境界線を表したものである。①，②の地震は，図3，図4のどちらの地震がおこったと考えられるか。正しい組み合わせを**ア**～**エ**の中から1つ選び，記号で答えよ。

図5

図6

	①	②
ア	図3	図3
イ	図3	図4
ウ	図4	図3
エ	図4	図4

3　日本の天気について，下の問いに答えなさい。

（1）　日本付近の天気は，雲の動きにともなって変化する。春の天気の移り変わりの向きとして正しいものを，次の中から１つ選び，記号で答えよ。

ア　南から北　　　**イ**　北から南　　　**ウ**　東から西　　　**エ**　西から東

（2）　毎年夏から秋にかけて日本には台風が近づく。図１は2021年に生じた台風８号，14号，16号の進路を表している。Aは９月17日の台風14号の中心の位置である。図２は台風14号がAの位置にあるときの雲画像，図３は台風14号がAの位置にあるときに雨が降っていた場所を表した図である。台風についての説明として**正しくないもの**を下の**ア**～**エ**から１つ選び，記号で答えよ。

図１

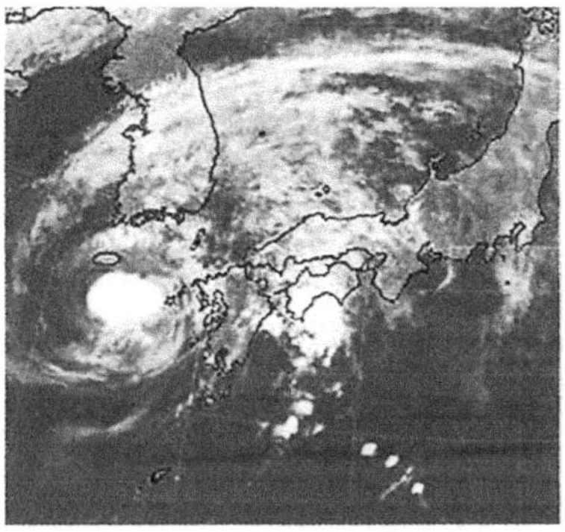
図２

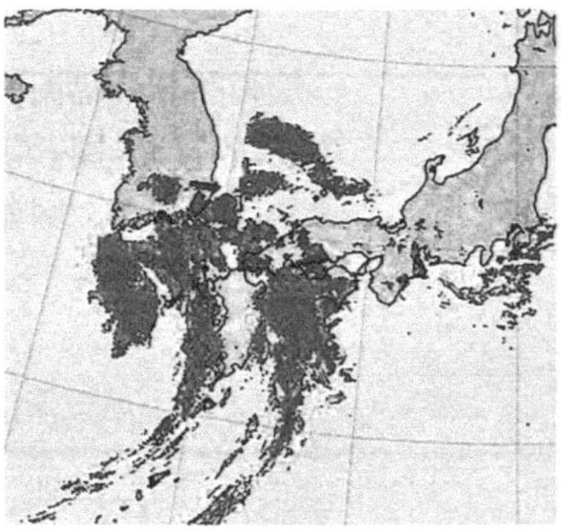
図３
こい色がついているところで雨が降っていることを表している。

ア　台風は日本の南の海上で発生する
イ　台風は必ず北へ進んだのち西から東へ進む
ウ　台風からはなれた場所でも台風のえいきょうではげしい雨が降ることがある
エ　台風の風は中心に向かって反時計回りにふきこむ

（3）　近年，発達した雨雲が線状に次々と発生し，ほぼ同じ場所に停たいすることで，結果として非常に強い雨が特定の地域に長時間降り続く現象が起こっている。この大雨をもたらす降水域を何というか。名前を答えよ。

4 Sさんは夏休みの自由研究で，水の量や温度を変えて，砂糖を水にとかす実験をしました。下の問いに答えなさい。

〈実験１〉

重さと温度がそれぞれ異なる水を入れたビーカー①～⑨を用意した。ビーカー①～⑨にそれぞれ200ｇの砂糖を加えて十分にかきまぜ，どれくらいとけるかを観察した。表１はその結果である。その後，砂糖がすべてとけたビーカーから砂糖水の一部をとりだし，とりだした砂糖水それぞれに砂糖を加えると，どれもさらにとけることがわかった。

表１

ビーカー	水の重さ	温度	結果
①	50ｇ	20℃	とけ残った
②	100ｇ	20℃	とけ残った
③	150ｇ	20℃	すべてとけた
④	50ｇ	60℃	とけ残った
⑤	100ｇ	60℃	すべてとけた
⑥	150ｇ	60℃	すべてとけた
⑦	50ｇ	100℃	すべてとけた
⑧	100ｇ	100℃	すべてとけた
⑨	150ｇ	100℃	すべてとけた

（１） 砂糖水のように，水にものがとけた透明《とうめい》な液のことを何というか。

（２） 次の中から（１）をすべて選び，記号で答えよ。

ア 酢《す》　イ 牛乳　ウ 塩酸
エ 石灰水　オ 油性のインク　カ ガソリン

（３） 液のこさは決まった量の水にとけているものの量で決まる。次の（ｉ）（ii）について，よりこい砂糖水である方をそれぞれ選び，番号で答えよ。

（ｉ） ①の上ずみ液と④の上ずみ液
（ii） ⑤と⑥

（４） ビーカー①，②，③の上ずみ液を10ｇずつはかりとり，それぞれの砂糖水から砂糖を固体としてすべてとりだした場合，砂糖水からでてくる砂糖の重さを重い方から順に答えよ。ただし，答えは例にならって，＞，＝の記号から必要なものを使って表せ。

例：①＞②＝③

実験の片付けを忘れていたSさんは後日，いくつかのビーカーの中に大きな固体を見つけた。Sさんは水にとけていた砂糖がでてきたのだと考えたが，学校で先生にも意見をきいてみることにした。次の文章はSさんと先生の会話文である。

Sさん：先生，いろいろなこさの砂糖水を置いておくと，固体ができていました。これは砂糖ですか。

先　生：はい。それは砂糖のかたまりでしょうね。X水が蒸発することで水にとけていた砂糖がでてきたのでしょう。

Sさん：以前の授業で大きなミョウバンを見せてもらいましたが，あのミョウバンのように砂糖でも大きなかたまりをつくることはできますか。

先　生：できますよ。これは氷砂糖という，砂糖の大きなかたまりです（図1）。授業ではYミョウバン水からミョウバンを固体としてとりだす方法を２つ学習しましたが，ただ固体をとりだすのではなく，大きなかたまりとしてとりだすためには少し工夫が必要です。ミョウバンを使っていろいろな方法で実験してみましょう。

Sさん：はい，ぜひやってみたいです。

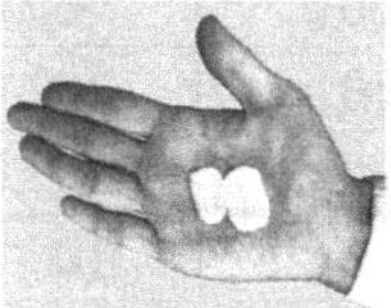

図１

（５）　会話文の下線部X，Yについて，ミョウバン水からミョウバンを固体としてとりだす方法の１つはミョウバン水の水を蒸発させることである。もう１つの方法を簡単に答えよ。

Sさんと先生はミョウバン水からミョウバンがでてくるようすを観察するために次の実験をおこなった。

〈実験２〉

80℃の水をビーカーに入れ，そこにミョウバンがとけなくなるまでとかした。このミョウバン水を温かいうちに４つのビーカーに分け，そのうちの３つには図２のようにミョウバンのつぶをつけた糸を入れた。残りの１つにはミョウバンのつぶがついていない糸を入れた。その後，表２のA～Dの４つの方法でどのようにミョウバンがでてくるかを観察した。

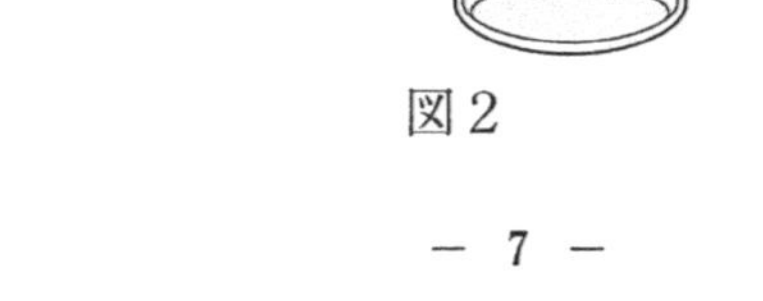

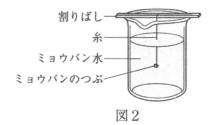

図２

表2

	ミョウバンを取り出す方法	ビーカーのようす
A	ビーカーを室温 20 ℃の部屋に置き，ミョウバン水の温度が20℃になるまで待った。	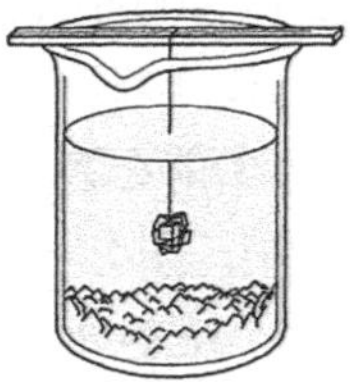
B	ビーカーを保温容器の中に入れ，ミョウバン水の温度が20℃になるまで待った。	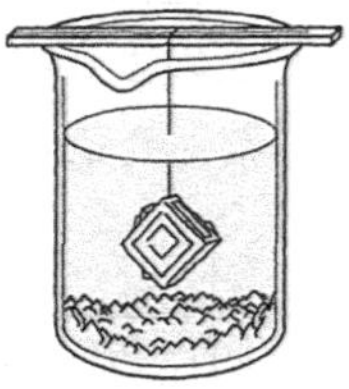
C	ビーカー内の水がなくなるまで加熱した。	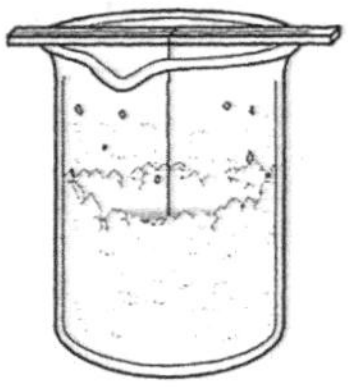
D	ミョウバンのつぶがついていない糸をいれたビーカーを室温20℃の部屋に置き，ミョウバン水の温度が20℃になるまで待った。	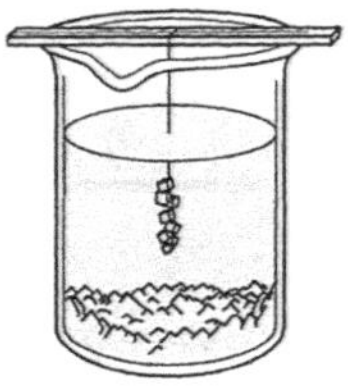

Sさんは実験2から水にとけたものを大きな固体としてとりだす方法を学ぶことができたので，自分の家でも氷砂糖のような砂糖のかたまりをつくってみようと考えた。

（6） 室温 20 ℃の部屋で砂糖がとけなくなるまでとかした 20 ℃の砂糖水を使って下のa～cの操作をおこなう場合，氷砂糖のように大きな砂糖のかたまりをつくりやすいと考えられるものは○，そうでないものは×と答えよ。

a　糸につるした砂糖のつぶを砂糖水に入れる
b　砂糖水を入れた容器を氷水で冷やす
c　容器の口をラップフィルムでしっかりおおう

5 ふりことてこについて，下の問いに答えなさい。

（1） 400年くらい前にイタリアのピサという町の教会で，シャンデリアがふりこのようにゆれるようすから，ふりこの性質を発見した，「近代科学の父」とよばれる人物の名前を答えよ。

（2） 長さ1mの糸に25gのおもりをつけて，ふりこを作った。ふれはばを10°にすると1往復する時間は約2秒であった。1往復する時間を1秒に近づけようとして，下の表のように糸の長さ，おもりの重さ，ふれはばを変えてみた。1往復する時間が短くなったものを次の中からすべて選び，記号で答えよ。

	糸の長さ	おもりの重さ	ふれはば
ア	2 m	50g	20°
イ	1 m	50g	5°
ウ	0.5m	50g	20°
エ	2 m	25g	10°
オ	1 m	25g	20°
カ	0.5m	25g	10°
キ	2 m	10g	5°
ク	1 m	10g	10°
ケ	0.5m	10g	5°

（3） てこを使った次の道具の中から，力点に加えた力よりも作用点に加わる力の方が小さくなるものをすべて選び，記号で答えよ。

ア 糸切りばさみ　　**イ** くぎぬき　　**ウ** ペンチ
エ ピンセット　　**オ** 手回し発電機

（4） 図のように棒をA，B，Cの3人で水平方向かつ棒に垂直な矢印の向きに引いたところ，棒は動かなかった。ABの間かくはBCの間かくよりも短い。A，B，Cが加えた力の大きさを大きい方から順に並べ，その大小関係を例にならって，>，＝の記号から必要なものを使って表せ。ただし，棒はとても軽く，持ち上げるために必要な力は考えなくてよいものとする。

例：A > B ＝ C

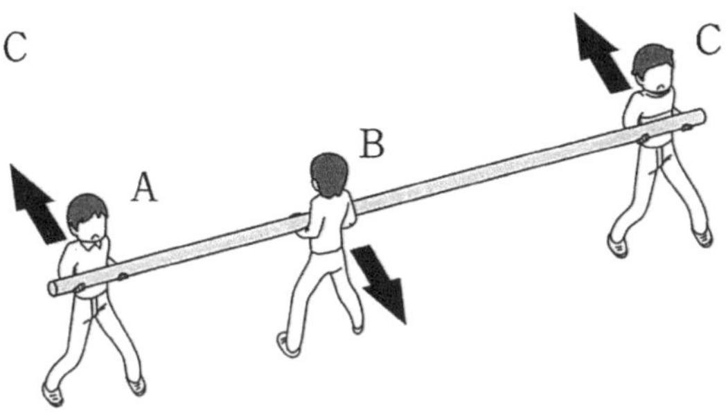

6 豆電球，発光ダイオード，手回し発電機，コンデンサーを使って実験をおこないました。下の問いに答えなさい。

〈実験１〉

手回し発電機を豆電球と発光ダイオードにそれぞれつないで，同じ明るさになるようにハンドルを回した。また，ハンドルを逆向きに回すとどうなるか調べた。

〈実験２〉

同じコンデンサーを２つ準備して，それぞれのコンデンサーを手回し発電機につないで，ハンドルを１秒間に３回の速さで30秒間回して同じ量の電気をためた。電気のたまったコンデンサーをそれぞれ豆電球と発光ダイオードにつないで，明かりがついている時間を調べた。

（１） 実験１の結果について，正しいものを次の中からすべて選び，記号で答えよ。

ア 豆電球を光らせた方が，ハンドルの手ごたえは軽かった。
イ 発光ダイオードを光らせた方が，ハンドルの手ごたえは軽かった。
ウ ハンドルの手ごたえは，どちらも同じだった。
エ ハンドルを逆向きに回すと，豆電球は光らなかった。
オ ハンドルを逆向きに回すと，発光ダイオードは光らなかった。

（２） 実験２で豆電球は30秒間明かりがついていた。このとき発光ダイオードはどのくらい明かりがついていると考えられるか。次の中から１つ選び，記号で答えよ。

ア ３秒間
イ 15秒間
ウ 30秒間
エ ３分間以上

（３） アメリカのエジソンが電球を発明した後，さまざまな家庭用品が電化された。次の家庭用品の中から，もともとは，電気がなくても使われていたものをすべて選び，記号で答えよ。

ア パソコン　**イ** ミシン　**ウ** 携帯《けいたい》電話
エ アイロン　**オ** 時計　**カ** テレビ

2022年度

社　　会

（100点　40分）

注意事項

1．試験開始のチャイムが鳴るまで、この問題冊子《さっし》を開いてはいけません。

2．問題冊子は表紙をのぞいて 14 ページです。

3．答えはすべて解答用紙に文字または記号で正確に記入しなさい。

4．問題冊子および解答用紙の印刷が悪いときや、ページが足りないときは、手をあげて先生に知らせなさい。

5．試験が終わったら問題冊子は持ち帰りなさい。

西南学院中学校

1 次の文章と地図をみて、問１～問４に答えなさい。

2015年、ニューヨークの国連本部で会議が開かれ、豊かな生活と環境とのバランスのとれた社会を実現するために、2030年までの行動計画が立てられました。その中心として示されたのが［ X ］な開発目標（ＳＤＧｓ）です。「だれひとり取り残さない」という理念のもと、17の目標が設定されました。目標11では「①住み続けられるまちづくりを」、目標13では「②気候変動に具体的な取り組みを」、目標14では「③海の豊かさを守ろう」がかかげられています。

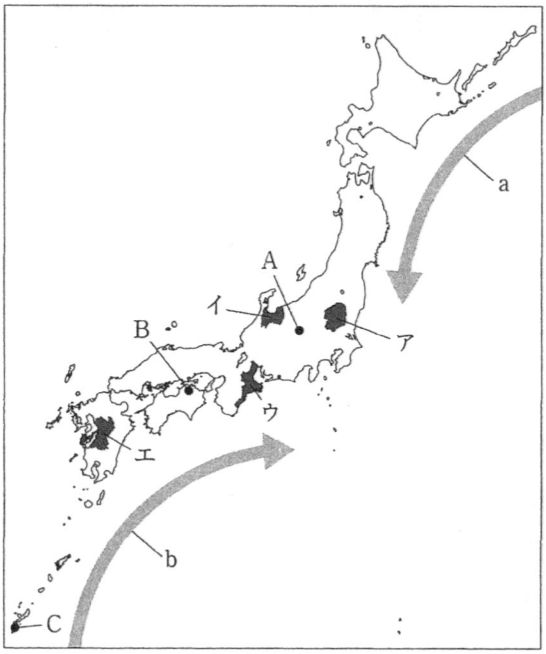

問１　文章中の［ X ］にあてはまる語句を**漢字**で答えなさい。

問２　文章中の下線部①について、（１）・（２）に答えなさい。

（１）日本では、工業化にともなってさまざまな公害が発生しました。次の文章は、ある公害について述べたものです。この公害が発生した県として適当なものを地図中のア～エから１つ選び、記号で答えなさい。

この公害は鉱山から河川に流入したカドミウムが原因で、1910年代から、神通川の下流で発生したと考えられています。カドミウムをふくむ水を農業や生活に用いたため、人体に影響《えいきょう》が出ました。ほねがもろくなり、折れやすくなるなどの症状があらわれました。

（2）次の文章は、自然災害への取り組みについて述べたものです。文章中の［ Y ］にあてはまる語句を**漢字２字**で答えなさい。

> 自然災害を未然に防いだり、自然災害による被害を防ぐための取り組みを防災といいます。しかし、自然災害を完全になくすことはできません。そのため、ハザードマップを用いて、こう水や地震、津波に備えて避難《ひなん》訓練を行うなど、自然災害の被害を最小限にするための取り組みが重要になります。このような取り組みを［ Y ］といいます。

問３　文章中の下線部②について、次のグラフは地図中のＡ～Ｃの月別平均気温と月別降水量を示したものです。地図中のＡ～Ｃとグラフ①～③の正しい組み合わせをア～カから１つ選び、記号で答えなさい。

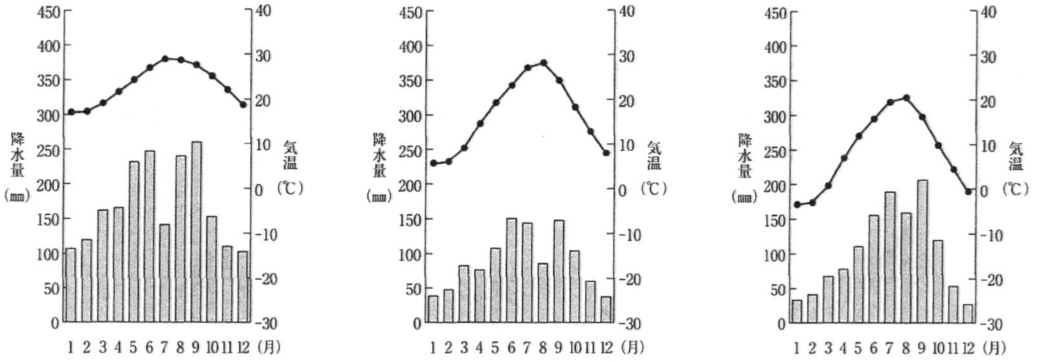

①　②　③

（『理科年表』より作成）

	ア	イ	ウ	エ	オ	カ
A	①	①	②	②	③	③
B	②	③	①	③	①	②
C	③	②	③	①	②	①

問４　文章中の下線部③について、地図中のａ・ｂには栄養分が豊富な海流が流れており、魚介類のえさとなるプランクトンをたくさん育むため、豊かな漁場が発達しています。この海流ａ・ｂの名前の正しい組み合わせをア～エから１つ選び、記号で答えなさい。

	ア	イ	ウ	エ
a	リマン海流	対馬海流	黒潮	親潮
b	対馬海流	リマン海流	親潮	黒潮

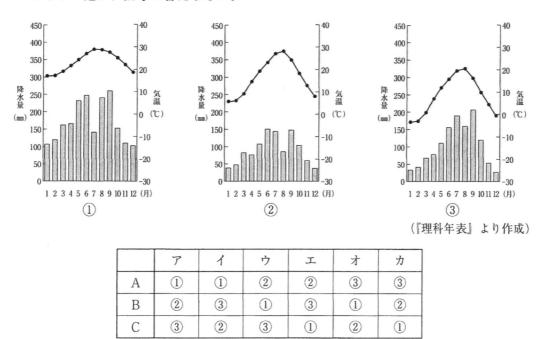

2 次の地図をみて、問１～問６に答えなさい。

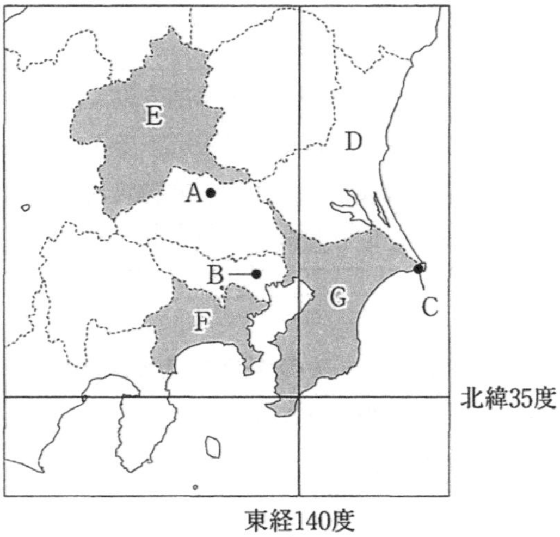

問１ 地図中の「北緯35度」の緯線、「東経140度」の経線にあてはまる線を、次の地図Ⅰ中の①・②、地図Ⅱ中の③・④から１つずつ選び、その正しい組み合わせをア～エから１つ選び、記号で答えなさい。

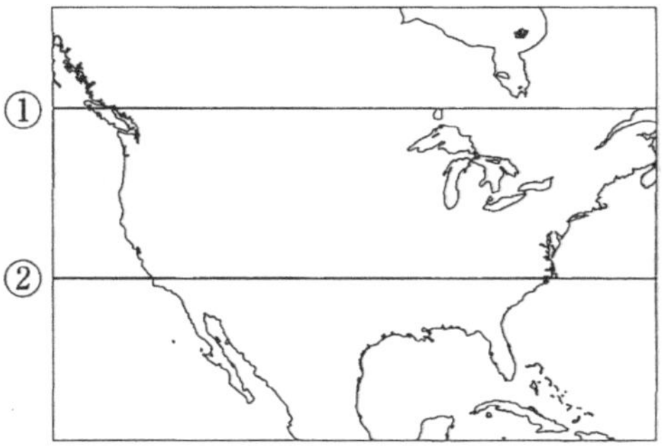

地図Ⅰ

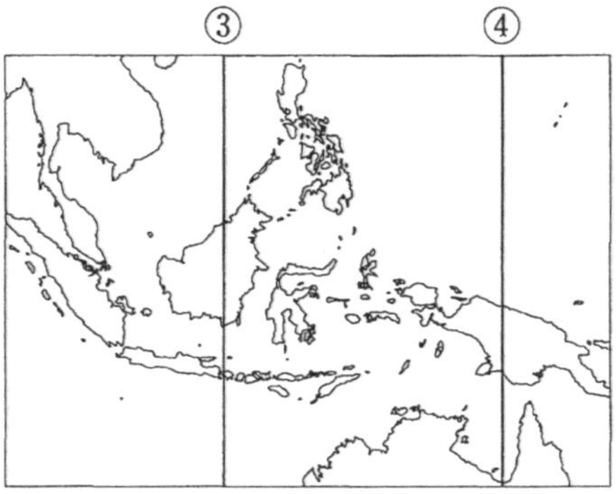

地図Ⅱ

	ア	イ	ウ	エ
北緯35度	①	①	②	②
東経140度	③	④	③	④

問２ 次の表は、地図中のＡ～Ｃ地点の気候に関するさまざまな統計資料をまとめたものです。表中の①～③とＡ～Ｃの正しい組み合わせを次ページのア～カから１つ選び、記号で答えなさい。

	１月の平均気温	８月の平均気温	気温の最高記録	１年間に強い風が吹いた日の日数
①	6.4℃	25.2℃	35.3℃	143.3日
②	5.2℃	26.4℃	39.5℃	22.1日
③	4.0℃	26.8℃	41.1℃	11.5日

※「気温の最高記録」は、統計開始から2019年までの記録。「１年間に強い風が吹いた日の日数」は、１日の最大風速が毎秒10m以上であった日の日数で、1980年から2010年までの平均の数値。

（『理科年表』より作成）

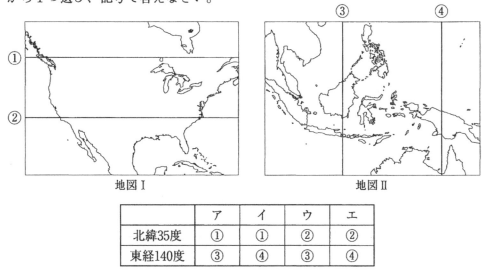

	ア	イ	ウ	エ	オ	カ
①	A	A	B	B	C	C
②	B	C	A	C	A	B
③	C	B	C	A	B	A

問3　次の文章を読み、文章中の［　X　］にあてはまる魚の種類をア～エから1つ選び、記号で答えなさい。また、文章中の［　Y　］にあてはまる語句を**漢字**で答えなさい。

> 地図中のC地点には、日本有数の水あげ量で知られる漁港があります。この漁港で水あげされる魚の多くは［　X　］です。なお、この漁港は日本で2番目に長い川である［　Y　］川の河口に位置しています。

ア　かつお・まぐろ　　イ　さけ・ます　　ウ　さば・いわし　　エ　さんま・たら

問4　次のグラフは、東京都の市場に出荷された「ある農産物」の月別・産地別割合（2020年）を示したものであり、グラフ中の［D］県は、地図中のD県があてはまります。この農産物をア～エから1つ選び、記号で答えなさい。

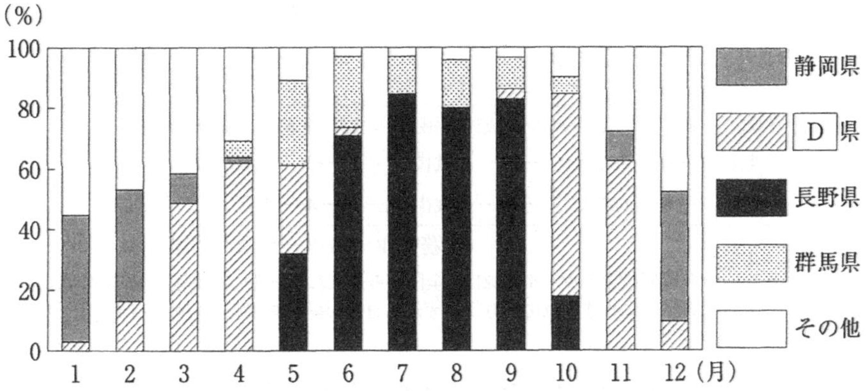

（東京都中央卸売市場ホームページより作成）

ア　キャベツ　　イ　きゅうり　　ウ　大根　　エ　レタス

問5　地図中のD県の県庁所在地を、解答らんに合うように**漢字**で答えなさい。

問6　次の表は、地図中のE～G県の工業生産額の内訳（2017年、%）を示したものです。この表から、E県はF・G県と比べて化学、石油製品、鉄鋼などの生産の割合が低いことが分かります。その理由を、解答らんに合うように**20字以内**で答えなさい。

	食料品	化学	石油製品など	鉄鋼	自動車など	その他
E	9.2	7.1	0.1	2.9	40.7	40.0
F	8.9	10.8	12.6	3.5	22.8	41.4
G	12.7	19.1	20.9	13.9	1.0	32.4

（『データブックオブザワールド』より作成）

3 次の問１～問３に答えなさい。

問１ 次のグラフは、平成時代に行われた衆議院議員総選挙における年代別投票率の推移、右の表は平成29年に行われた選挙の際の有権者数を示したものです。これらから読み取れることや考えられることとして正しいものをア～オから**２つ**選び、記号で答えなさい。

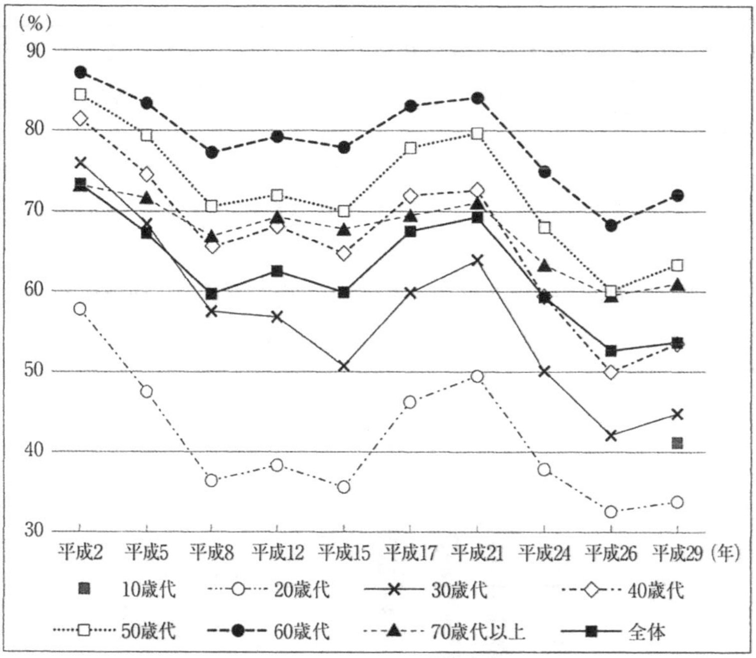

（総務省ホームページより作成）

（人）

10歳代	12,327
20歳代	51,687
30歳代	64,754
40歳代	79,649
50歳代	69,414
60歳代	82,643
70歳代以上	118,130
合計	478,604

（総務省ホームページより作成）

※年代別投票率や有権者数は、全国から選ばれた一部の投票区（平成29年は188の投票区）のデータに基づいて作成されており、いずれも日本の総数を表したものではありません。

ア　平成時代に行われた選挙では、全体の投票率は50%から60%台にとどまり、70%を上回ったことはない。

イ　平成時代に行われた選挙では、年代別の投票率は年代が低ければ低いほど低くなっている。

ウ　平成29年の選挙の際、30歳代は50歳代と比べて投票率は低いものの有権者数は多いため、投票した人数は30歳代のほうが50歳代より多いと考えられる。

エ　平成29年の選挙の際、60歳代は70歳代以上と比べて投票率は高いものの有権者数は少ないため、投票した人数は60歳代のほうが70歳代以上より少ないと考えられる。

オ　平成29年の選挙の際、60歳代と70歳代以上の有権者数を合わせた数は、有権者数の合計の30%以上になっている。

問2　裁判員として裁判員裁判に参加した人の感想として最も適当なものをア～エから１つ選び、記号で答えなさい。

ア「裁判員として参加した一般の人より、専門家である裁判官のほうが人数が多かったので安心しました。」

イ「16歳の高校生も裁判員として参加しており、しっかりと自らの考えを述べていたので感心しました。」

ウ「家庭内のもめ事に関する裁判だったので、原告と被告、両方の主張にしっかりと耳をかたむけるように気をつけました。」

エ「有罪か無罪かだけでなく、死刑を適用すべきかどうかまで判断しなければならなかったので、判断に迷いました。」

問3　イスラム教について述べた文Ⅰ・Ⅱの下線部が正しいか、誤っているかを判断し、その正しい組み合わせをア～エから１つ選び、記号で答えなさい。

Ⅰ　モスクという礼拝堂でイスラム教の聖典であるコーランが読み上げられる。

Ⅱ　ぶた肉を食べることを禁止する教えや聖地への巡礼などの義務がある。

	ア	イ	ウ	エ
Ⅰ	正	正	誤	誤
Ⅱ	正	誤	正	誤

4　**マンガ好きの小学生が、自由研究で日本のマンガの表現技法に関する歴史について調べました。その時に作った略年表や調べた感想をみて、問１～問６に答えなさい。**

〔略年表〕

時代	内容
①室町時代	『福富草紙《ふくとみそうし》』などの作品に、絵の中に言葉を入れる技法が見られる。
江戸時代	『 X 漫画《まんが》』に、コマ割りの技法が見られる。
明治時代	ビゴーが刊行した風刺《ふうし》漫画雑誌②『トバエ』の影響もあり、一枚の絵で社会を風刺するスタイルが広まる。
大正時代	マンガに起承転結の要素を加えた③４コママンガが、新聞で連載《れんさい》されるようになる。
昭和時代	④手塚治虫《てづかおさむ》が、マンガをアニメーションと結びつけて作品を世に広める。

〔調べた感想〕

調べてわかったことは、現在のマンガにつながるような⑤表現の一部が古くからあること、そしてそれらが段々と合わさって、発展してきているということです。今度は海外のマンガ文化との関係などにも着目して調べてみようと思います。

問１　下線部①の文化に関する説明として正しいものをア～エから１つ選び、記号で答えなさい。

ア　昔の物語や一般の人々のくらしにまつわる題材を男性がはでな衣装を着て演じる歌舞伎が、当時の人々の楽しみの一つであった。

イ　観阿弥・世阿弥の父子が、当時の日常の言葉を使いこっけいな動作やせりふで人々を楽しませる能を大成させた。

ウ　書院造の床の間をかざる生け花や、茶室で心静かに茶を楽しむ茶の湯が人々の間に広まった。

エ　漢字をくずしたひらがなや漢字の一部をとったカタカナがつくられ、日本古来の言葉や感情をより自由に表現できるようになった。

問２　[X]には、海外で「First《ファースト》 Manga《マンガ》 Master《マスター》」（「マンガの第一人者」の意味）と呼ばれることもある、この時代の文化を代表する人物名の一部が入ります。図１をえがいたことでも知られるこの人物名をア～エから１つ選び、記号で答えなさい。

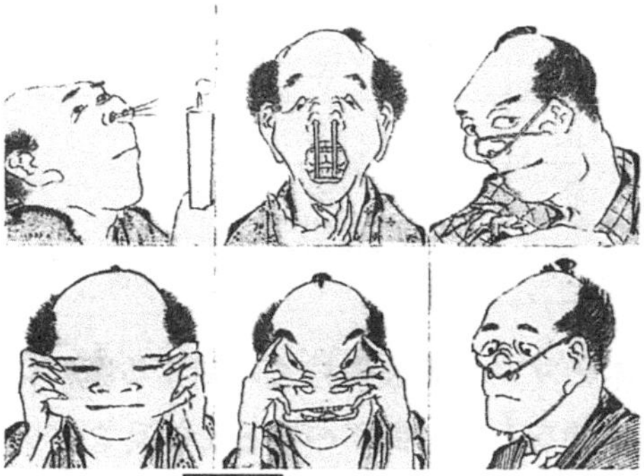

『[X]漫画』の一部

（『[X]漫画 VOL.Ⅰ 江戸百態』より引用）

図１

ア　葛飾北斎　　イ　歌川広重　　ウ　近松門左衛門　　エ　東洲斎写楽

問３　下線部②に掲載《けいさい》された次の風刺画について説明した次ページの文章中[Y]・[Z]に入る語句の正しい組み合わせをア～エから１つ選び、記号で答えなさい。

（清水勲《いさお》『ビゴー『トバエ』全素描《そびょう》集』より引用）

二〇二二年度

国語解答用紙

一

問1
前
後

問2
こと

問3

問4
演奏

問5

問6
〜

問7

問8
A ハナって
B キタイ
C コンザイ

二

問1
A オトズれ
B タガヤされ

問2
こと
こと

問3

問4

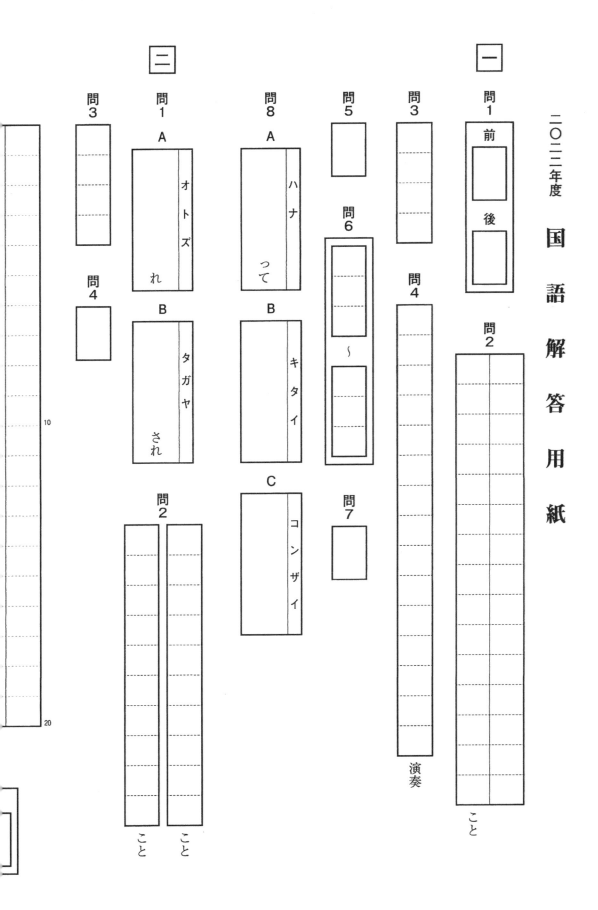

4					
(1)	cm^2	(2)	cm	(3)	cm

5					
(1)	個	(2)		(3)	

6					
(1)		(2)	：	(3)	分　　秒

総計	

※100点満点
（配点非公表）

3

(1)	(2)	(3)

4

(1)	(2)	(3)	
		i	ii

(4)	(5)

(6)		
a	b	c

5

(1)	(2)	(3)

(4)

6

(1)	(2)	(3)

総計	

※100点満点
（配点非公表）

5

問1（1）	
X	
Y	
Z	

問1	（2）	問2	問3	問4	問5	問6	3番目	5番目

6

問1	（1）	（2）	問2	（1）	（2）	Y	Z	問3

問4	（1）	（2）	問5	問6
		→ → →		

総計	

※100点満点
（配点非公表）

受験番号	

2022年度

社　会　解　答　用　紙

【注意】
このらんには何も
記入しないこと

1

問1	問2 (1)	問2 (2)	問3	問4

2

問1	問2	問3 X	問3 Y	問4	問5
			川		市

問6

Ｅ県はＦ・Ｇ県と比べて内陸部にあるので、

3

問1	問2	問3

【解答用

受験番号	

2022年度

理　科　解　答　用　紙

【注意】
このらんには何も記入しないこと

1

(1) ①	(1) ②	(2)

(3)	(4)

(5)
ウマやウシ，ヒツジは

(6) 名前	(6) 図

2

(1)	(2)	(3)
	→ → → → →	

(4)

【解答用

受験番号	

2022年度

算　数　解　答　用　紙

1

(1)		(2)		(3)	秒速　　　　cm
(4)	%	(5)	cm	(6)	個

2

(1)	人	(2)	時間以上　　　　時間未満

3

(1)	度	(2)	cm	(3)	cm^2

【解答用

問5

100

問7

Ⅱ

【解答用

三

問1

問2

問3

問4

問5

問6

四

1

2

3

4

【注意】
このらんには何も記入しないこと

A	
B	
C	
D	

総計	

※100点満点
（配点非公表）

受験番号

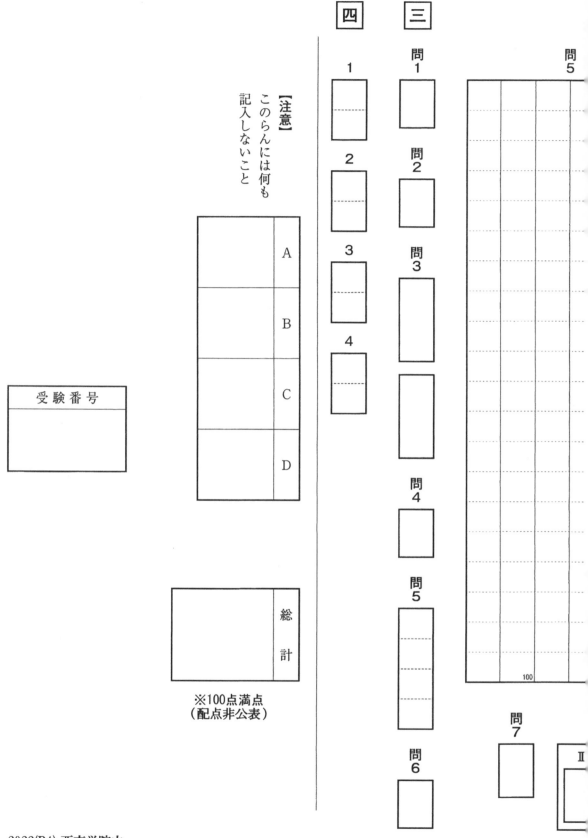

[Y]のビスマルクをまるで神様であるかのようにあつかい、その肖像画《しょうぞうが》にむかって新年のあいさつをする[Z]がえがかれています。[Z]は、ヨーロッパに渡り、帰国後[Y]の憲法を参考に大日本帝国憲法の草案を作成するなど、[Y]にならった国作りを目指しました。これは、当時のそのような日本の洋風化を風刺したものだと考えられます。

	ア	イ	ウ	エ
Y	イギリス	ドイツ	イギリス	ドイツ
Z	伊藤博文	伊藤博文	大隈重信	大隈重信

問4　下線部③について、新聞に4コママンガが毎日連載され始めるのは、1923年10月以降のことです。当時の人々が同じ年の9月に発生したある災害に心を痛めていたなか、新聞の4コママンガはそのような人々の心をなごませていたようです。1923年9月に発生したその災害名を、**漢字5字**で答えなさい。

問5　下線部④の生涯《しょうがい》をまとめた次の略年表について述べた文ア～エのうち**誤っているもの**を1つ選び、記号で答えなさい。

1928年	大阪に生まれる
1939年	自分の名前「治」に虫をつけて「治虫」をペンネームとする
1963年	初の国産テレビアニメ「鉄腕《てつわん》アトム」を発表する
1973年	「ブラックジャック」の連載を開始する
1989年	胃がんにより60歳で亡くなる

ア　ペンネームが「治虫」とされた年、ヨーロッパでは第二次世界大戦が始まった。
イ　「鉄腕アトム」が発表された年、日本ではカラーテレビが各家庭に広まっていた。
ウ　「ブラックジャック」の連載が開始された年、日本では石油危機がおこった。
エ　手塚治虫が亡くなった年、ヨーロッパではベルリンの壁《かべ》が崩壊《ほうかい》した。

問6　下線部⑤に関連して、東京2020オリンピック開会式では、図2のような絵記号をパントマイムで表現したパフォーマンスが行われ、話題となりました。図2・3のような絵記号は、国籍《こくせき》や年齢《ねんれい》などを問わず、誰もが一目で表す内容がわかるようにデザインされています。このような絵記号を何と呼ぶか、**カタカナ6字**で答えなさい。

図2「陸上競技」を表したもの

図3「非常口」を表したもの

5 次のメモA～Eには、日本のある時代に関するできごとがそれぞれ示されています。これらをみて、問1～問6に答えなさい。

A	『源氏物語』がつくられる
B	鑑真が来日する
C	倭の五王が中国に使いを送る
D	御成敗式目がつくられる
E	九州北部から東北地方にかけて米作りが伝わる

問1　メモAについて、次の図1はこの時代につくられた都の略図です。また、2つのグラフは図1中の各点を結んだ線の断面図を示したものです。これらをみて、（1）・（2）に答えなさい。

※ ■…貴族のやしきや寺社などの建物　　「宮」…都の中心となる区域

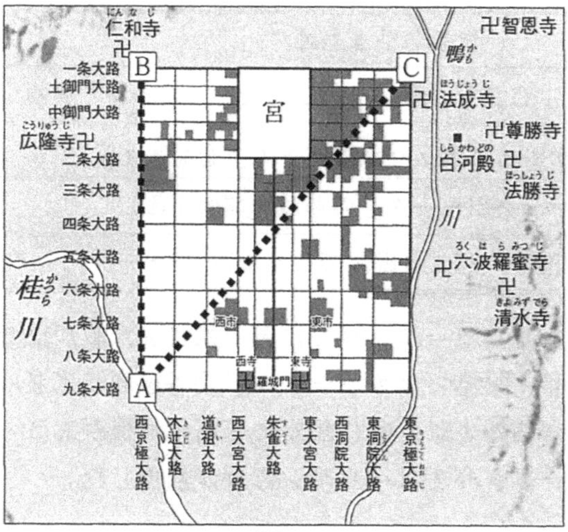

図1

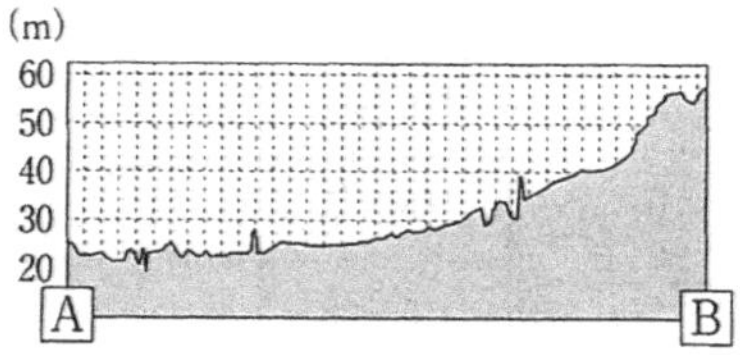

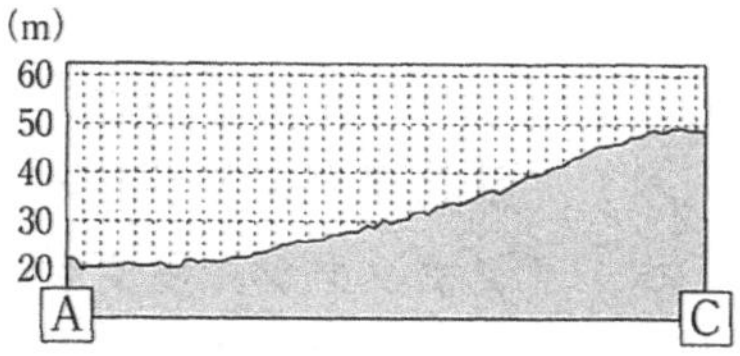

（1）図1の都の南西部は、北東部に比べて貴族のやしきや寺社などの建物が少ないことがわかります。その理由を考察した次の文章中の［ X ］～［ Z ］にあてはまる内容をそれぞれ**10字以内**で答えなさい。

> 図1から、都の南西部は［ X ］ことがわかります。また、2つのグラフからA地点は、B地点やC地点よりも［ Y ］ことがわかります。これらのことから、都の南西部は北東部に比べて［ Z ］ため、人々がくらしにくく、建物が少なくなっていると考えられます。

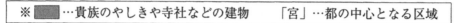

（2）次の図2・3は、メモAの時代とは別の時代の都の略図です。図1～3から共通して読み取れる情報をa・bから1つ選びなさい。さらに歴史的な事実として正しいものをc～eから1つ選び、正しい組み合わせをア～カから1つ選び、記号で答えなさい。

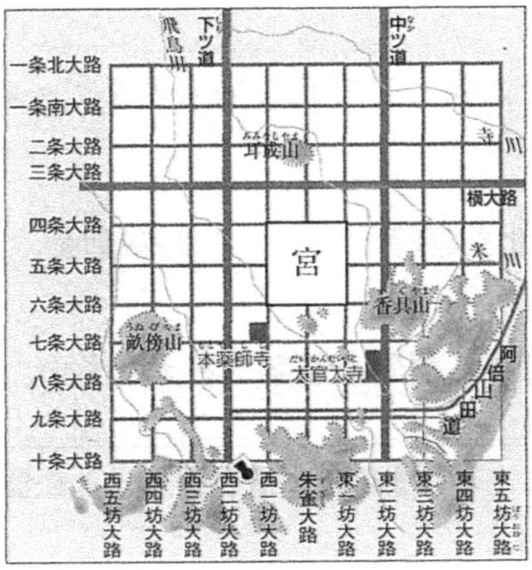

図2

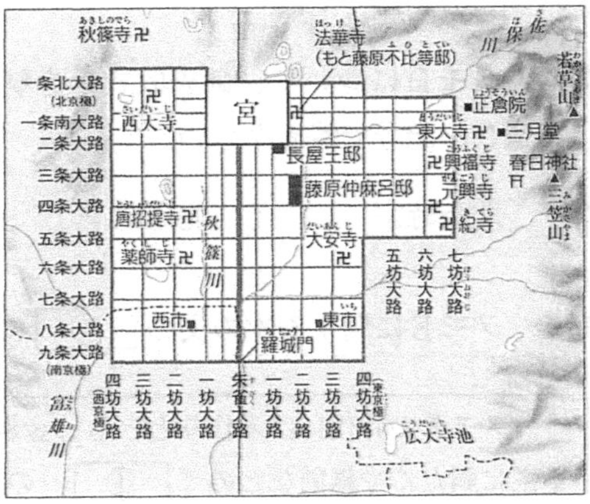

図3

〈読み取れる情報〉

a　都の中央に朱雀大路が通っており、縦横に直線的な道が走っていた。

b　宮の周囲に大規模な寺院が並んでいた。

〈歴史的な事実〉

c　図1に都が置かれていた時代に、「日本」という国名を名のるようになった。

d　図2の都は、中国の制度を手本としてつくられた日本で最初の本格的な都である。

e　図3の都は、図1や図2の都よりも北部につくられた。

	ア	イ	ウ	エ	オ	カ
読み取れる情報	a	a	a	b	b	b
歴史的な事実	c	d	e	c	d	e

問2　メモBの時代に関する説明として正しいものをア～エから1つ選び、記号で答えなさい。

ア　墾田永年私財法が定められ、新たに土地を開いた場合であれば私有が認められた。

イ　坂上田村麻呂を征夷大将軍とする軍が東北地方を攻め、支配を広げた。

ウ　藤原氏が摂関政治を行い、頼通とその子道長の時代に最も栄えた。

エ　冠位十二階が定められ、家がらに関係なく能力や功績で役人が取り立てられた。

問3　メモCについて、中国の歴史書に記されている倭の五王はそれぞれ天皇であると考えられています。このうち「武」とされる天皇として正しいものをア～エから1つ選び、記号で答えなさい。

ア　桓武天皇　　イ　推古天皇　　ウ　天武天皇　　エ　雄略天皇

問4　メモDについて、御成敗式目を制定した人物として正しいものをア～エから1つ選び、記号で答えなさい。

ア　北条時宗　　イ　北条政子　　ウ　北条泰時　　エ　北条義時

問5　メモEに関する次の文の［　①　］にあてはまる語句を**漢字**で答えなさい。

メモEの時代には米作りとともに金属器が伝えられました。金属器とは「鉄器」と、主に銅たくや銅剣などの「［　①　］」のことです。

問6　メモA～Eに次のメモFを加えて、古いものから順に並べなさい。その場合、3番目と5番目にあてはまるものをA～Fから選び、記号で答えなさい。

F	雪舟が「天橋立《あまのはしだて》図《ず》」をえがく

6　**次の略年表について、問1～問6に答えなさい。**

年	できごと
1774	①［　X　］・前野良沢が『解体新書』を出版する
	［Ⅰ］
1867	大政奉還が行われる
	［Ⅱ］
1890	第一回②衆議院議員総選挙が行われる
	［Ⅲ］
1914	第一次世界大戦が始まる
	［Ⅳ］
1951	サンフランシスコ平和条約が結ばれる
	［Ⅴ］
2001	アメリカで同時多発テロがおきる

問1　下線部①について、（1）・（2）に答えなさい。

（1）略年表中の［　X　］にあてはまる人物名を**漢字**で答えなさい。

（2）次の文章中の波線部ａ～ｃが正しいか誤っているかを判断し、ア～エからあてはまるものを１つ選び、記号で答えなさい。

> 18世紀になると、将軍 a徳川綱吉の改革により、それまで禁止されていた西洋の本が一部認められたこともあり、輸入ができるようになりました。その結果、 bオランダ語の書物を通してヨーロッパの学問を研究する c儒学が盛んになりました。『解体新書』もその成果の一例です。

ア　ａが正しい　　イ　ｂが正しい　　ウ　ｃが正しい　　エ　すべて誤っている

問2　下線部②について、次の説明文を読んで（1）・（2）に答えなさい。

> 右の図１を見ると、［　あ　］年では、総人口にしめる有権者の割合は、1890年と比べると18倍になっています。これは、［　あ　］年の３年前に選挙法が改正され、有権者の資格が［　Y　］に改められたからです。
> また、［　い　］年では、総人口にしめる有権者の割合は、約50％になっています。これは、前年に、有権者の資格が［　Z　］に改められたからです。

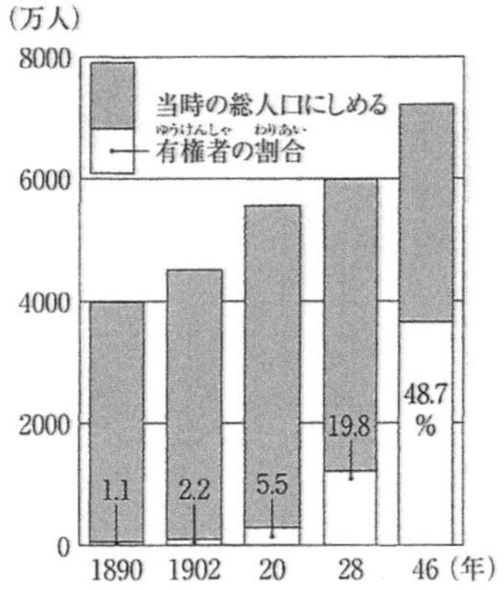

図１

（1）文章中の［　あ　］・［　い　］年頃の日本の様子についての文Ⅰ・Ⅱが正しいか、誤っているかを判断し、その正しい組み合わせをア～エから１つ選び、記号で答えなさい。

Ⅰ　［　あ　］年頃、電報や郵便の制度が開始され、新聞や雑誌の発行も盛んになった。
Ⅱ　［　い　］年頃、アメリカを中心とした連合国軍の指示のもと、日本の民主化が進んだ。

	ア	イ	ウ	エ
Ⅰ	正	正	誤	誤
Ⅱ	正	誤	正	誤

（2）文章中の［　Y　］・［　Z　］にあてはまる有権者の資格について、正しいものをア～エからそれぞれ選び、記号で答えなさい。

ア　20歳以上のすべての男性　　　イ　20歳以上のすべての男女
ウ　25歳以上のすべての男性　　　エ　25歳以上のすべての男女

問３　略年表中［Ⅱ］の期間におこったこととして**誤っているもの**をア～エから１つ選び、記号で答えなさい。

ア　福沢諭吉が書いた『学問のすゝめ』が出版された。
イ　板垣退助が政府に意見書を提出したのをきっかけに、自由民権運動が盛んになった。
ウ　西郷隆盛を指導者とした西南戦争がおこった。
エ　外務大臣陸奥宗光の交渉により、イギリスとの条約を改正した。

問４　次の地図①～④は、略年表中［Ⅲ］の期間の日本の領土を示しています。これらに関する会話文を読んで（１）・（２）に答えなさい。

①

②
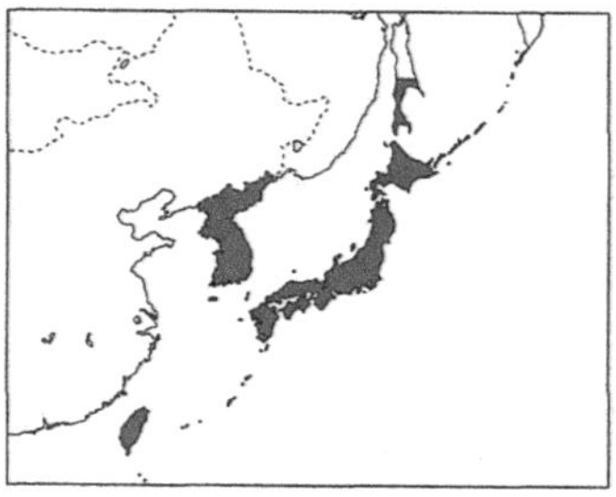

③
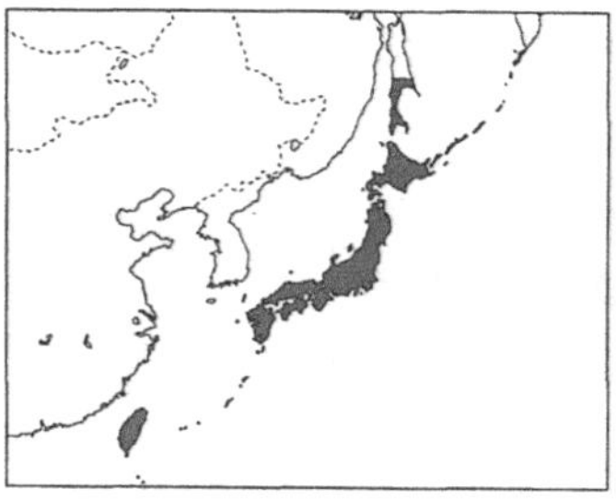

④
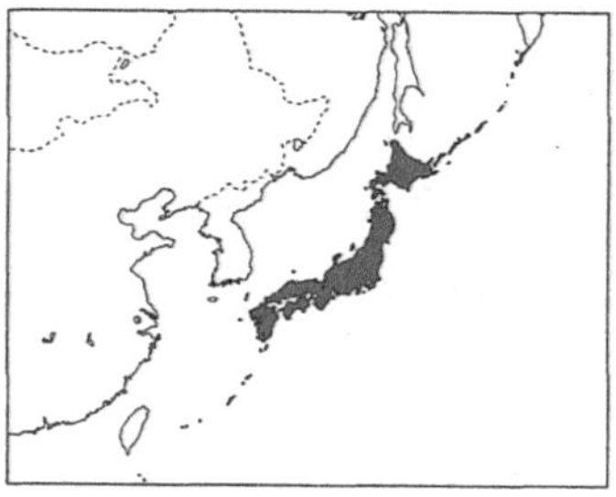

先生：地図①～④は、1890年～1914年の約25年間の日本の領土の変化を示しているよ。この変化はなぜおこったのか、それぞれどの時期の地図か、一緒に考えてみよう。
生徒：地図①は、［　う　］戦争後の地図じゃないかと思います。
先生：どうして、そう考えたのかな？
生徒：［　え　］が含まれているからです。［　う　］戦争の講和条約で［　え　］などが日本の領土になったと勉強しました。
先生：そうだね。じゃあ、地図②はいつの時期のものだろう。
生徒：地図①と比べると、日本の領土が広がっています。地図③や地図④と比べても、一番領土としてぬられているところが多いです。
先生：比べてみて、気づいたんだね。地図②は、韓国併合後の地図だよ。じゃあ、地図③は、どの時期の地図かな？
生徒：［　お　］の南半分が日本の領土になっているので、［　か　］戦争後の地図だと思います。この戦争では、賠償金を得られなかったことが、国内で大きな問題になったと勉強しました。

先生：その通り。じゃあ、最後に、地図①～④を古い順に並びかえると、どうなるかな？
生徒：［　　　き　　　］になると思います。

（1）会話文中の［　う　］～［　か　］にあてはまる語句の正しい組み合わせをア～クから1つ選び、記号で答えなさい。

	ア	イ	ウ	エ	オ	カ	キ	ク
う	日清	日清	日清	日清	日露	日露	日露	日露
え	台湾	香港	台湾	香港	台湾	香港	台湾	香港
お	樺太	樺太	千島	千島	樺太	樺太	千島	千島
か	日露	日露	日露	日露	日清	日清	日清	日清

（2）会話文中の［　き　］にあてはまる正しい順番を、解答らんにあてはまるように答えなさい。

問5　略年表中［Ⅴ］の期間におこったA～Cのできごとを古い順に並べた場合、正しいものをア～カから1つ選び、記号で答えなさい。

A　日中平和友好条約が結ばれる。
B　沖縄が日本に復帰する。
C　日本の国民総生産（GNP）がアメリカに次いで初めて世界第2位になる。

ア　A → B → C　　イ　A → C → B　　ウ　B → A → C
エ　B → C → A　　オ　C → A → B　　カ　C → B → A

問6　次の（ⅰ）・（ⅱ）のできごとは、略年表中［Ⅰ］～［Ⅴ］の期間のいずれかにそれぞれあてはまります。正しい組み合わせをア～カから1つ選び、記号で答えなさい。

（ⅰ）解放令が出される。
（ⅱ）国際連盟が発足する。

	ア	イ	ウ	エ	オ	カ
（ⅰ）	Ⅰ	Ⅰ	Ⅰ	Ⅱ	Ⅱ	Ⅱ
（ⅱ）	Ⅲ	Ⅳ	Ⅴ	Ⅲ	Ⅳ	Ⅴ

2021年度

国　　語

（100点　50分）

注意事項

1．試験開始のチャイムが鳴るまで、この問題冊子《さっし》を開いてはいけません。

2．問題冊子は表紙をのぞいて14ページです。

3．答えはすべて解答用紙に文字または記号で正確に記入しなさい。

4．字数制限がある場合は、すべて句読点や「　」などの記号をふくむものとします。

5．問題冊子および解答用紙の印刷が悪いときや、ページが足りないときは、手をあげて先生に知らせなさい。

6．試験が終わったら問題冊子は持ち帰りなさい。

西南学院中学校

2021(R3) 西南学院中
K 教英出版

一　次の文章を読んで、後の問いに答えなさい。

高校生の歩《あゆむ》は将棋部《しょうぎぶ》に所属している。今日も部の活動を終えて、帰宅したところである。

著作権に関係する弊社の都合により
本文は省略いたします。

教英出版編集部

著作権に関係する弊社の都合により
本文は省略いたします。

教英出版編集部

著作権に関係する弊社の都合により
本文は省略いたします。

教英出版編集部

（小山田　桐子『将棋ボーイズ』による）

注　＊Ａ級　将棋の大会のクラス。強い順にＡ級、Ｂ級、Ｃ級とあり、参加者がどのクラスに出場するかを選択《せんたく》する。

＊瓢箪から飛び出た馬　「瓢箪から駒《こま》」という「意外なところから意外なものが出る、思いもかけないことが現実に起こる」という意味のことわざがある。本文より前の場面で、歩と将棋部の部員たちが「駒」とは「将棋の駒」ではなく「馬」のことだと話題にしていた。

＊歩　将棋の駒のひとつ。相手の陣地《じんち》まで進むと、「金」（「歩《ふ》」より強い）に変わることができる。歩《あゆむ》という名前はここから付けられた。

＊吐しゃ物　嘔吐《おうと》によって排出《はいしゅつ》されたもの。

問1　ア居心地の悪さ　とありますが、歩はなぜ「居心地の悪さ」を感じているのでしょうか。その理由として最も適当なものを次の中から選び、番号で答えなさい。

1　Ａ級に出場することをまだ家族には秘密にしていたかったのに、無理にみんなの前で発表させられ、不本意なかたちで褒められてしまったから。

2　Ａ級に出場することはまだ決まっていないのに、まるでそれが確定して、しかも先生に実力を認められたからであるかのように話されているから。

3　Ａ級に出場するかどうかはまだ迷っていたのに、出場するものと祖父に誤解され、今さら出場しないとは言えない状況《じょうきょう》になってしまったから。

4　Ａ級に出場できるかどうかではなく、自分が努力していることを評価してほしかったのに、出場が決まったという結果しか見てくれないから。

問2 イそうだけど……どのクラスに出るか決まりはないから、自分が出ようと思えば出られるよ について、次のａ・ｂの各問に答えなさい。

ａ 「そう」が指す内容として最も適当なものを次の中から選び、番号で答えなさい。

1 A級に出場するかどうかはまだ決定ではないということ
2 A級に出場したとしても勝てる可能性がないということ
3 A級に出場できるだけの実力がついていないということ
4 A級に出場することは不可能とは言えないということ

ｂ このときの歩の気持ちを説明したものとして最も適当なものを次の中から選び、番号で答えなさい。

1 祖父にA級出場を強く勧《すす》められるのも困るが、自分のやる気を認めず、強く反対する父に自分の出たい気持ちを分かってほしいと思っている。
2 祖父がいつも以上に褒めてくれているのに、あいかわらず冷淡《れいたん》な態度のままでいる父に、少しでも自分に関心を持ってほしいと思っている。
3 祖父はA級に出場することに賛成してくれているのに、酒に酔《よ》った父が大して考えもせず、反対ばかりしてくることに不満を感じている。
4 祖父からの評価は高すぎると自分でも分かっているが、その評価を自分以上に否定し、低い評価しかしようとしない父に抵抗《ていこう》を感じている。

問3 ウ鼻を鳴らす とありますが、これは「父」のどのような様子を表していますか。最も適当なものを次の中から選び、番号で答えなさい。

1 歩をなだめている様子
2 歩に感心している様子
3 歩を小ばかにしている様子
4 歩にがっかりしている様子

問4 A ・ B ・ C にあてはまることばの組み合わせとして最も適当なものを次の中から選び、番号で答えなさい。

1 A：穏《おだ》やかな口調 B：堂々とした口調
C：無責任に明るい声

2 A：険しい口調 B：淡々《たんたん》とした口調
C：無責任に明るい声

3 A：険しい口調 B：堂々とした口調
C：興味のなさそうな声

4 A：穏やかな口調 B：淡々とした口調
C：興味のなさそうな声

問5 エ頭のイメージの中で、瓢箪から飛び出た馬が鼻息荒く暴れまわっていた について、ここでは歩のどのような様子が表現されていますか。最も適当なものを次の中から選び、番号で答えなさい。

1 先生の了解《りょうかい》も得ないままに軽い気持ちでA級出場を決めてしまい、もしも先生に反対されたらどうしようと気が気でない様子

2 父に対して初めて自分の気持ちを堂々と言えたことに満足していたが、あまりに強く言い過ぎたと気づき、自らを責めている様子

3 会話の流れの中できちんと考えもせずに大きなことを言ってしまい、今ごろ家族にどう思われているか気になって仕方がない様子

4 自分にとって重大な決定を感情的になってみんなの前で宣言してしまい、今さら引っ込めることもできず、ひどく取り乱している様子

問6 オA級に出るということをまるで武器であるかのように振りかざした とありますが、「武器」とはここでは何のための道具だと考えられますか。次の文の □ にあてはまることばを5字以内で考えて答えなさい。

父を □ ための道具

問7 カノックの音がする。のろのろと体を起こしてドアを開けると祖父が立っていた 以降の祖父と歩とのやり取りを説明したものとして最も適当なものを次の中から選び、番号で答えなさい。

1　祖父は歩の才能を信じており、努力すればいつかは立派な「金」になれると思っているが、歩は自分にそのような自信が持てず、祖父の大きな期待にいつも応えられないことを心苦しく思っている。

2　祖父は歩の優《やさ》しさや正しさを評価しつつも、さらに周囲に対して負けん気を持つことが成長につながると励ましているが、歩は今の自分に満足しており、祖父から理解されないことに苦しんでいる。

3　祖父は今の歩を十分立派で、「金」だと思っており、自信を持てと励ましているが、歩は祖父のそのことばを今の自分は「金」になる前の「歩」であると言われているように感じて苦しんでいる。

4　祖父は歩に将棋の才能があると思うからこそ、なかなか「理想の歩」にならないことにいら立ちを覚えているが、歩は自分の思いをまったく聞こうとしない祖父を苦々しく思っている。

問8 A**キショク**　B**カショウ**　C**フタン**　のカタカナをそれぞれ漢字で書きなさい。

二　次の文章を読んで、後の問いに答えなさい。なお、1～18は、段落番号です。

1　「人は一人では生きていけない」

2　皆《みな》さんは先生やご両親から、よくこうした言葉を聞かされたことはありませんか。テレビドラマなどでもこんなセリフをよく耳にします。「たしかにそうだな、人間一人では生きていけないな」、とこの言葉に素直《すなお》に納得《なっとく》する人もいるかもしれません。でも反対に「ホントにそうかな。なんかしっくりこないな。人はじつは一人でだって十分生きていけるんじゃないかな」と思う人だっているでしょう。

3　皆さんはどう思われるでしょうか。

4　この問いに関する答えの傾向《けいこう》としては、アこんな予想が立てられます。年齢《ねんれい》が上になればなるほど、そして暮らしている場所が地方であればあるほど、「人は一人では生きていられない」と答える可能性が高い。そして若い年代でしかも都会暮らしであればあるほど、「案外人間は一人で生きていけるのではないか」と答える割合が多いのではないかと。もちろん都会暮らしの若者すべてが「一人でも生きていられる」と考えるわけではないでしょう。しかし全体的にはこうした傾向が見られるのではないかと思われます。

5　人と人との〈つながり〉の問題を考える最初の出発点として、人は本当に一人では生きられないのか、それとも、まあそれなりに生きていけるのかといった問いを立ててみましょう。

6　かつての日本には「ムラ社会」という言葉でよく表現されるような地域共同体が存在していました。「ご近所の人の顔と名前はぜんぶわかる」といった集落がそれですね。これは、何も地方の農村や漁村だけに限ったことでなく、東京のような都会にだってあったのです。『ALWAYS　三丁目の夕日』――映画ですから描《えが》き方には X の要素も多分に入っているとはいえ――のように、近所に住む住人同士の関係が非常に濃密《のうみつ》な「ご町内」が、昭和四〇年くらいまでの日本には確かにありました。

7　そんな「ムラ社会」が確固として存在した昔であれば、これは明らかに「一人では生きていけない」ということは厳然とした事実でした。

8　なにより、食料や衣類をはじめ、生活に必要な物資をAチョウタツするためにも、仕事に就《つ》くにしても、いろいろな人たちの手を借りなければいけなかったからです。こうした、物理的に一人では生活できない時代は長く続きました。だから村の交際から締《し》め出されてしまう「村八分」という Y は、わりと最近までBシカツ問題だったわけです。

9　ところが近代社会になってきて、貨幣《かへい》(＝お金)というものが、より生活を*媒介《ばいかい》する手段として浸透《しんとう》していくと、極端《きょくたん》な話お金さえあれば、生きるために必要なサービスはだいたい*享受《きょうじゅ》できるようになりました。

10 とりわけ、今はコンビニなど二十四時間営業の店も増え、思い立った時にいつでも生活必需品《ひつじゅひん》は手に入れられるし、ネットショッピングと宅配を使えば、部屋から一歩も出ずにあらゆるサービスを受けることも可能になっています。働くにしても、仕事の種類によってはメールとファックスで全部済んでしまう場合だってあります。

11 このように、一人で生きていても昔のように困ることはありません。生き方としては、「　Z　」ことも選択《せんたく》可能なのです。

12 ある意味で、イ「人は一人では生きていけない」というこれまでの前提がもはや成立しない状況《じょうきょう》は現実には生じているといえるのです。

13 さて、こうした現代的状況を目の前にして私が言いたいのは、「だから、一人でも生きていけるんだよ」ということではありません。みんなバラバラに自分の欲望のおもむくままに勝手に生きていきましょうといったことでもありません。「一人でも生きていくことができてしまう社会だから、人とつながることが昔より複雑で難しいのは当たり前だし、人とのつながりが本当の意味で大切になってきている」ということが言いたいのです。つながりの問題は、こうした観点から考え直したほうがよさそうです。

14 今の私たちは、お金さえあれば一人でも生きていける社会に生きています。

15 でも、普通《ふつう》の人間の直感として「そうは言っても、一人はさびしいな」という感覚がありますね。本当に世捨て人のような生活が理想だという人もいないわけではありませんが、たいてい、仮にどんな孤独癖《こどくへき》の強い人でも、まったくの一人ぼっちではさびしいと感じるものです。

16 ではなぜ一人ではさびしいのでしょうか。やはり親しい人、心から安心できる人と交流していたい、誰《だれ》かとつながりを保ちたい。そのことが、人間の幸せのひとつの大きな柱を作っているからです。だからほとんどの人が友だちがほしいし、家庭の幸せを求めているわけです。

17 あの人と付き合うと便利だとか便利じゃないとか、得だとか損だとかいった、そういった利得の側面で人がつながっている面もたしかにあるけれども、しかし人と人とのつながりはそれだけではないわけです。

18 だから、「人は一人でも生きていけるか」という問いに対する私の答えは、「現代社会において基本的に人間は経済的条件と身体的条件がそろえば、一人で生きていくことも不可能ではない。ウしかし、大丈夫《だいじょうぶ》、一人で生きていると思い込んでいても、人はどこかで必ず他の人々とのつながりを求めがちになるだろう」です。

（菅野　仁『友だち幻想《げんそう》』ちくまプリマー新書による）

注 ＊媒介　両方の間に立って橋渡しをすること。
＊享受　受け取って自分のものにすること。

問1 Aチョウタツ　Bシカツ　のカタカナをそれぞれ漢字で書きなさい。

問2 アこんな予想が立てられます　とありますが、筆者の立てた予想を図に示した場合、A「人は一人では生きていられない」と答える層と、B「一人でも生きていられる」と答える層は1～4のどれになりますか。それぞれ選び、番号で答えなさい。

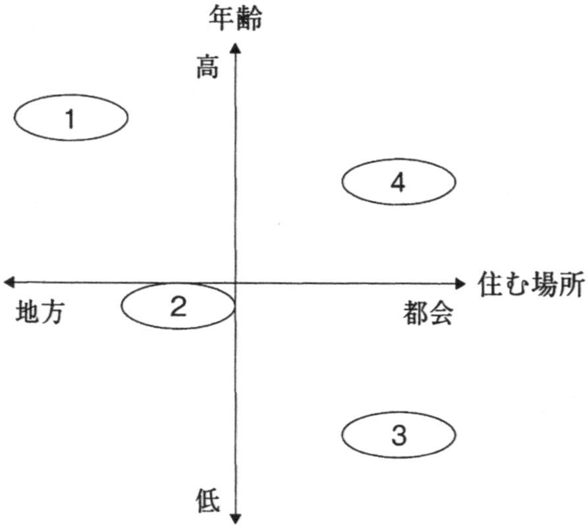

問3 X・Y にあてはまることばとして最も適当なものを次の中からそれぞれ選び、番号で答えなさい。

1 メディア
2 ペナルティ
3 コンセプト
4 フィクション
5 アナウンス

問4 Z にあてはまるものとして最も適当なものを次の中から選び、番号で答えなさい。

1 お金を使わず、最小限の人と付き合う
2 部屋から出ずに、多くの人と交わる
3 誰とも付き合わず、一人で生きる
4 ほとんど働かず、遊んで暮らす

問5 イ「人は一人では生きていけない」というこれまでの前提がもはや成立しない状況　とありますが、「『人は一人では生きていけない』というこれまでの前提」が以前は成り立っていたのはなぜですか。その理由が書かれている段落の番号を答えなさい。

問6 ウしかし、大丈夫、一人で生きていると思い込んでいても、人はどこかで必ず他の人々とのつながりを求めがちになるだろう　とありますが、筆者がこのように考えるのはなぜですか。本文中のことばを用いて40字以内で説明しなさい。

問7 この文章を読んで、四人の生徒が自分の身近な例を挙げて感想を書きました。筆者の言いたいことをよく理解していると思われるものはどれですか。次の中から一つ選び、生徒の番号で答えなさい。

生徒1　私は自分勝手なところがあり、よく、両親から「一人で生きているようだ」と叱《しか》られます。でも一人で生きられるはずがないので、感謝を忘れずに生活しようと思うようになりました。

生徒2　私には困った時に助けてくれる友だちがいます。これからもこの友だちとのつながりを大切にし、困っていたら、私も手助けをしたいと思います。

生徒3　私は友だちからメールの返信がこないととても不安になります。だから人との関係性を大事にして、早くメールを返信することを心がけたいと思います。

生徒4　コロナの影響《えいきょう》で学校が休校になっても、動画で授業を受けられて、特に困ることはないと思っていました。しかしやはり友だちや先生と直接会って話したいなと思うようになりました。

三　次の二つの詩とそれに続く解説を読んで、後の問いに答えなさい。なお、それぞれの詩の行頭の数字は行番号です。詩の中の句読点は、原文の通りです。

子守唄《こもりうた》　　室生犀星《むろうさいせい》

雪がふると子守唄がきこえる
これは永い間のわたしの*ならわしだ。
窓から戸口から
空から
子もりうたがきこえる。
だがわたしは子もりうたを聞いたことがない
母というものを子供のときにしらないわたしに
そういう唄の記憶《きおく》があろうとは思えない。
だが不思議に
雪のふる日は聴《きこ》える
どこできいたこともない唄がきこえる。

注　*ならわし　習慣。生活の中でくりかえし行う決まった動作・行為《こうい》。

卵　　室生犀星

卵をじっと見ていると
お母さんがおもい出されてくる。
どこがお母さんと似ているのか、
お母さんが似ているのか、
卵が似ているのか
卵を手にとって見ると
まんまるくて懐《なつ》かしく、
少しおもくて何やら悲しい、
なぜかといえば、
卵がお母さんにならないから。
きょうも
卵を見ていると
お母さんのどこかに似ている。

詩を作った人を作者といい、この二つの詩の作者は同じです。詩の語り手を話者といい、作者と同一とは限りません。この二つの詩の話者は、『 A 』の話者の方がア少々幼いように感じられますが、今回はこの二つの詩の話者を同一の人物として考えてみましょう。

詩は、そのつくりを「起承転結」で表すことができます。「起承転結」の内容はそれぞれ次のとおりです。

【起】 うたい起こす
【承】 起を承《う》けて発展させる
【転】 大きく内容を変化させる
【結】 全体を結ぶ

『子守唄』をこのつくりにあてはめて分けると、イこの詩の**転**は□～□行目です。

この詩の**起**・**承**では「雪がふると子守唄がきこえる」ということが語られています。普通、「雪がふる」ことと「子守唄がきこえる」こととに関係はありませんから、少し気になるところです。それに**転**で語られている内容が加わると「子守唄がきこえる」こと自体が、とても不思議なことになってしまいます。

それでは、「雪がふると子守唄がきこえる」ということについて、二つの点から考えてみましょう。

まず第一に、なぜ「雪」と「子守唄」が結びつくのかということです。

ここでの「子守唄」は「母」を表すものとして用いられているようです。

雪が降るのですから気温は低く、部屋の中にいても床《ゆか》から冷たさがはい上がってくるような寒い日でしょう。暖かさが恋《こい》しいそのようなときに、実感することも想像することも難しいだけに、母のぬくもりを恋しく感じたのかもしれません。

また、ここでは雪がどのくらい降っているかは書かれていませんが、ウしんしんと降り積もる雪は、白く柔《やわ》らかなイメージがあり、それが、話者の想像する母と重なるのかもしれません。

もう一つの疑問は、なぜ、「母」のイメージとして、話者自身が聞いたことのない「子守唄」を用いているのか、ということです。

「子守唄」は、温かい布団《ふとん》の中で、静かに眠《ねむ》りに導いてくれるものです。そこにあるのは、エ心も体もあずけることのできる□□感でしょう。

「雪のふる日」には、想像の母のぬくもりを伝えるものとして、同じように想像するしかない「子守唄」が、話者の耳だけに聞こえる。読者はそこに、話者の母を恋しく思う気持ちを強く、そして悲しく感じることができるのです。

次に『卵』をみてみましょう。

『卵』も「起承転結」の四つに分けることができそうです。

起・**承**では「卵がお母さんに似ている」ということが語られ、

オ**転**では、話者の卵に対する感情や思いが語られています。そして**結**では、それが話者の唐突《とうとつ》な思いつきではなく、いつも卵を見てはお母さんを思っているということが表現されているのです。

「卵」は珍《めずら》しいものではなく、日常的に目にし、手にとるものです。話者はその「卵」を見て、「お母さん」を連想していますが、「卵」と「お母さん」のイメージの重なりはどこにあるのでしょうか。

「まんまるくて」とあるように、その角のない優しい形でしょうか。「少しおもくて」とあるのは、「卵」も「お母さん」もカその中に□を育む、□の源となる重要な存在であるからかもしれません。

次に、話者の感情に注目してみましょう。

離《はな》れて生活している「お母さん」を思い出して「懐かしく」思うのは不思議ではありませんが、話者が「何やら悲しい」と感じるのはなぜでしょうか。詩の中には答えも表現されていて、「　B　」です。

普通、「卵」を手にしてそう考えることはありませんが、『子守唄』にある「母というものを子供のときにしらない」話者と同一の人物であるならば、この思いにも納得《なっとく》できます。「卵」を見るたびにお母さんに対する思いをいだき、その思いが強くなればなるほど、「お母さん」に会えない悲しみが深まっていくのでしょう。

『子守唄』と『卵』の話者を同一の人物だととらえることで、話者の、母親を恋しく思う気持ちと、キ見たことのない母親への強い□□□□を感じ、あらためて、それぞれの詩に心を揺《ゆ》さぶられるのです。

問1 ア少々幼いように感じられます　とありますが、このように感じられるのは、同じものを表現することばが、それぞれの詩で異なっているからです。二つの詩を比べて考え、『　A　』にあてはまる詩の題名を書きなさい。

問2 イこの詩の**転**は□〜□行目です　の□にあてはまる行番号をそれぞれ答えなさい。

問3 ウしんしんと降り積もる雪は〜話者の想像する母と重なるとありますが、このように考えた場合、雪と母とのどのようなところが重なるのでしょうか。次の文の□にあてはまることばを5字以内で考えて書きなさい。

降り積もる雪も母も、周りにあるものを優しく□ところ

問4　エ心も体もあずけることのできる□□感でしょう　とありますが、□□にあてはまる漢字2字の熟語を考えて書きなさい。

問5　オ転では、話者の卵に対する感情や思いが語られています　とありますが、このことから考えると、『卵』の転はどこですか。解答欄《らん》の□にあてはまる行番号をそれぞれ答えなさい。

問6　カその中に□を育む、□の源となる重要な存在である　の□には同じことばが入ります。「卵」と「お母さん」との共通点を考えて、あてはまることばを漢字1字で答えなさい。

問7　「B」にあてはまることばはどの行に書かれていますか。行番号を答えなさい。

問8　キ見たことのない母親への強い□□□□を感じ　とありますが、□□□□にあてはまることばをひらがな4字で考えて書きなさい。

四

次のA～Dのグループの中には、他とは異なるものが一つずつ入っています。それぞれ選び、番号で答えなさい。

A　1　危機一髪　2　五里夢中　3　異句同音　4　絶対絶命

B　1　さしあげる　2　うかがう　3　おっしゃる　4　いただく

C　1　正義だ　2　簡単だ　3　立派だ　4　丈夫だ

D　1　手本　2　身分　3　野宿　4　試合

2021年度

算　　数

（100点　50分）

注意事項

1．試験開始のチャイムが鳴るまで、この問題冊子《さっし》を開いてはいけません。
2．問題冊子は表紙をのぞいて10ページです。
3．答えはすべて解答用紙に正確に記入しなさい。
4．問題冊子の印刷が悪かったり、ページが足りないときや、解答用紙のよごれなどに気づいた場合は、手をあげて先生に知らせなさい。
5．問題冊子・解答用紙は切り取ってはいけません。
6．試験が終わったら問題冊子は持ち帰りなさい。

西南学院中学校

1　**次の問いに答えなさい。**

(1)　$2.5 \div \frac{1}{2} - 4 \times \left(\frac{3}{8} - 0.125 \right)$　を計算しなさい。

(2)　7.5 km^2 は何 ha か。

(3)　分母と分子の差が 14 で，約分すると $\frac{20}{21}$ となる分数を答えなさい。

(4)　図のように，縦《たて》，横，ななめに道路がある。A 地点から B 地点まで最短で行く方法は何通りあるか。

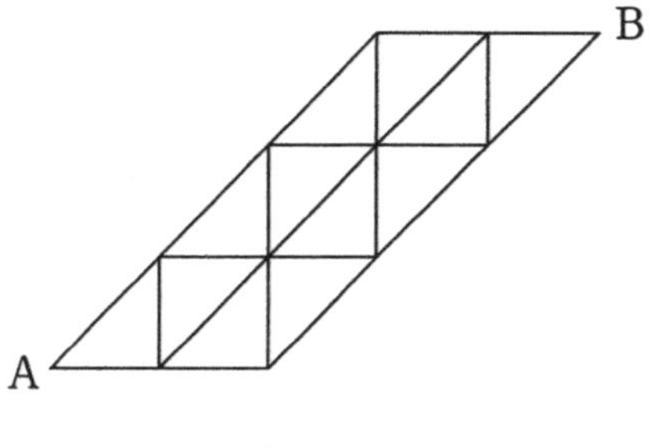

(5) 右の図は，同じ大きさの正方形を 6 個並べたものである。
アとイの角度の和を求めなさい。

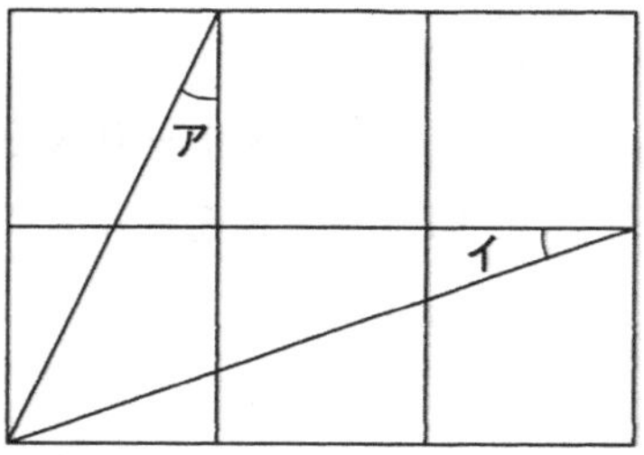

(6) 次の立体の展開図として正しいものを次のア～ウのうち 1 つ選び，記号で答えなさい。

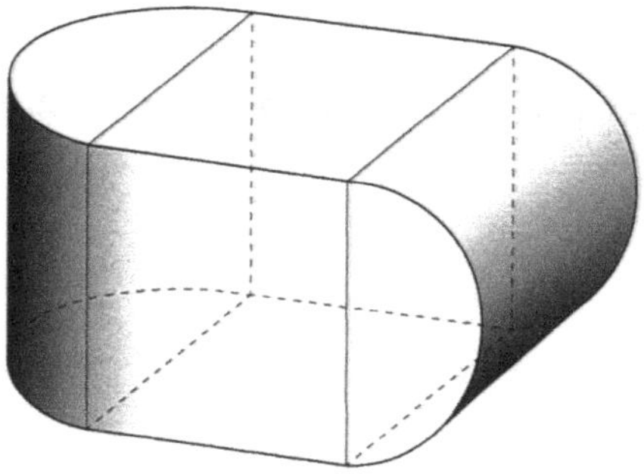

ア

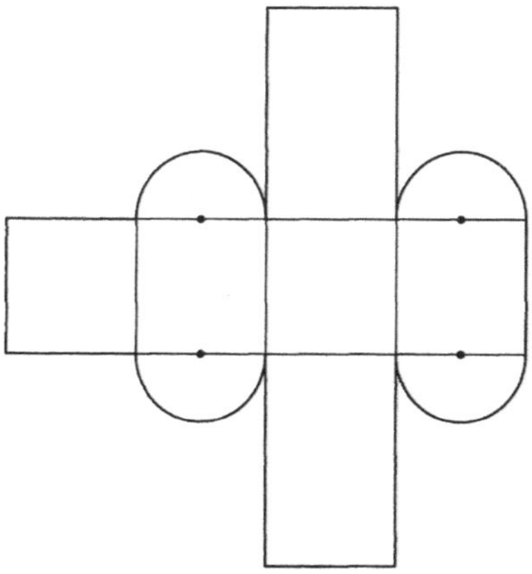

イ

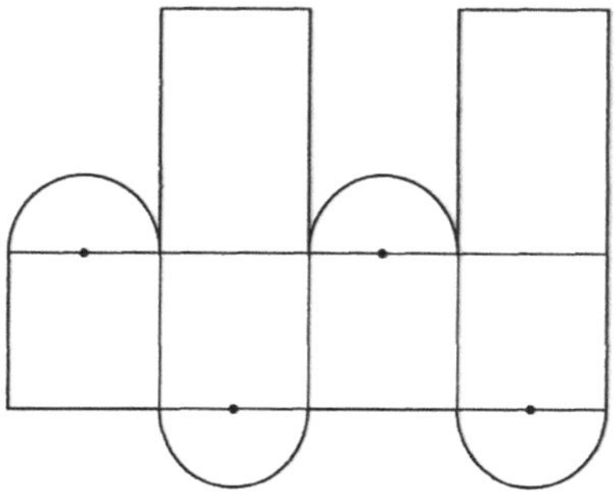

ウ

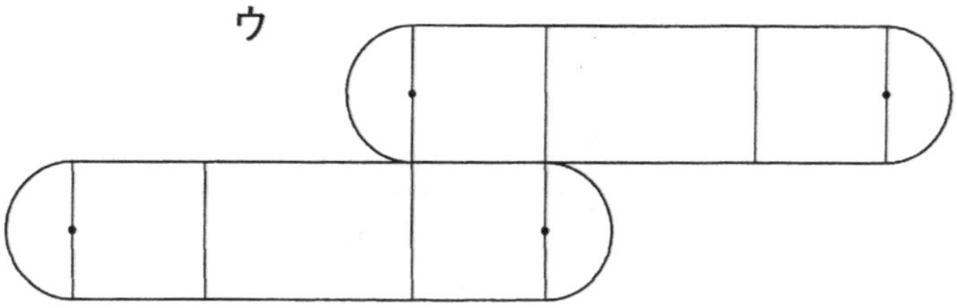

2　**Xは１以上の整数とする。記号〔X〕は，Xどうしをかけたものと X よりも１小さい数どうしをかけたものの差を表すこととする。**
例えば，
〔1〕= 1 × 1 − 0 × 0　となるので，〔1〕= 1
〔5〕= 5 × 5 − 4 × 4　となるので，〔5〕= 9
である。

(1)　〔X〕= 13 となるような X を求めなさい。

(2)　〔100〕+〔99〕+〔98〕+ …… +〔3〕+〔2〕+〔1〕　を計算しなさい。

(3)　図のように，１辺の長さが 7 cm と 9 cm の正方形を重ねた。
このとき，　　部分の面積は〔**ア**〕+〔**イ**〕cm² となる。
ア，**イ**に入る数の和を求めなさい。

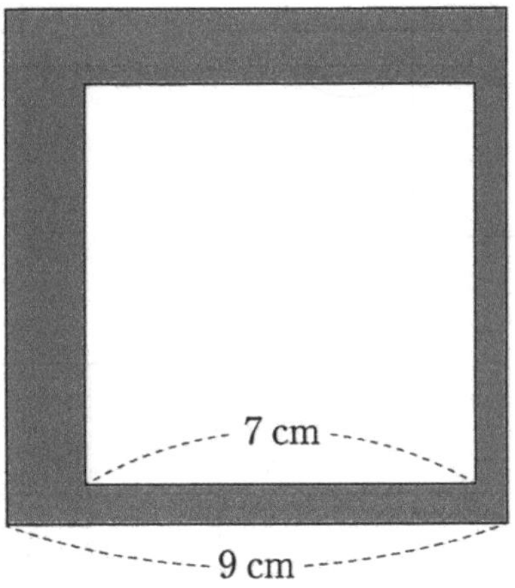

3 福岡市は，東区，博多区，中央区，南区，城南《じょうなん》区，早良《さわら》区，西区の７つの区に分かれている。次の表は，2020 年の福岡市と福岡市の各区における，面積，人口，福岡市における人口の割合，市立中学校の数を表したものである。
ただし，表の一部は空欄《らん》にしている。

	福岡市	東区	博多区	中央区	南区	城南区	早良区	西区
面積 (km^2)	343.46	69.46	31.62	15.39	30.98	15.99	95.87	84.15
人口（人）	1601755							
福岡市における人口の割合（%）	100.0	20.0	15.3	12.8	16.6	8.3	13.8	13.2
市立中学校の数（校）	69	15	10	5	12	5	10	12

2020 年５月「福岡市統計人口」「福岡市教育委員会 HP」をもとに作成

次のア～オの文について，表から読み取れることとして必ず正しいといえるものには〇を，そうでないものには×をかきなさい。

ア 中央区の面積は，福岡市の面積の５％以下である。

イ 面積 $1\ km^2$ あたりの人口がもっとも多い区は南区である。

ウ 博多区と城南区の人口の差は 12 万人以上である。

エ 人口１万人あたりの市立中学校の数がもっとも多い区は西区である。

オ 市立中学校１校あたりの中学生の人数がもっとも多い区は中央区である。

4　**1辺の長さが 12 cm の正方形の紙 ① がある。この紙を下の手順にしたがって，頂点が点 A に重なるように 3 回折って，④ の形にする。**

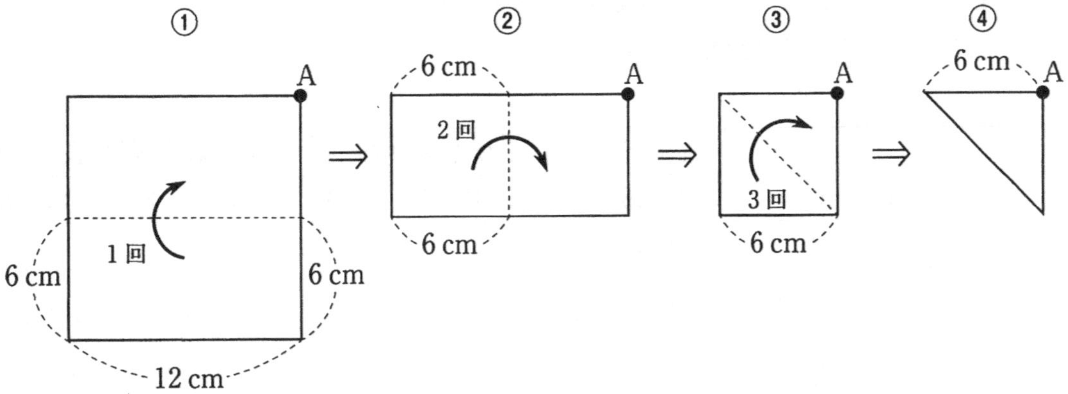

(1)　④ を次のように太線（ ―― ）に沿って切り， 部分を残した。
 部分を，折ったときと逆の手順で ① まで広げたとき，紙の面積は何 cm^2 になるか。

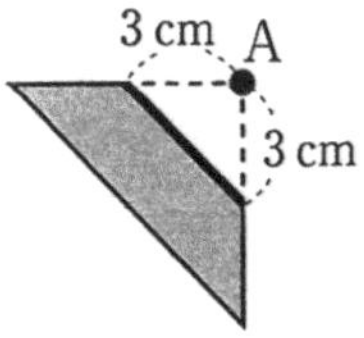

(2)　④ を次のように太線（ ―― ）に沿って切り， 部分を残した。
 部分を，折ったときと逆の手順で ① まで広げたとき，紙の面積は何 cm^2 になるか。ただし，円周率は 3.14 とし，切り口の太線は**図 1**（半円の半分）の太線と同じものとする。

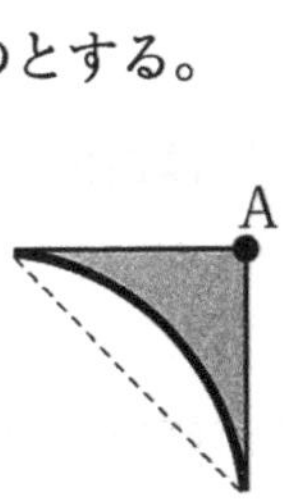

図 1

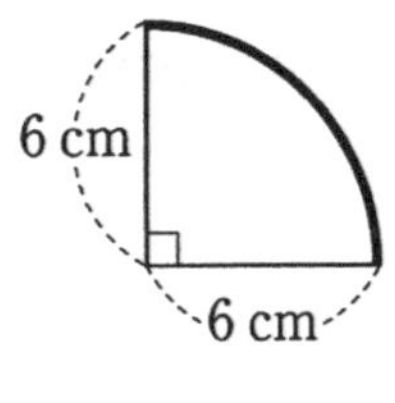

2021(R3) 西南学院中
教英出版

(3) 次の**ア～オ**の図形のうち，④を何回か切って①まで広げたときに作ることのできるものをすべて選び，記号で答えなさい。

ア

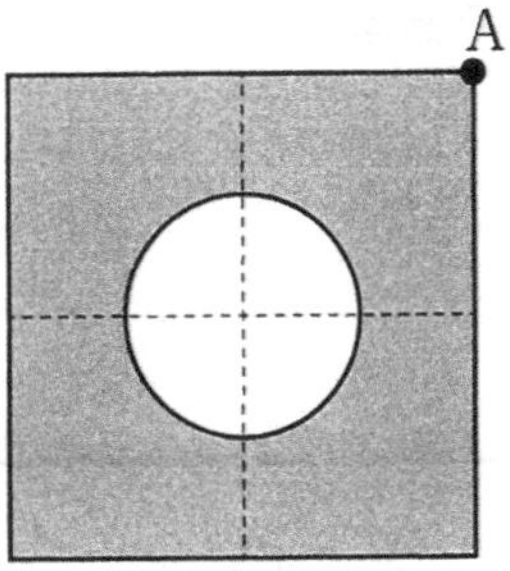

イ

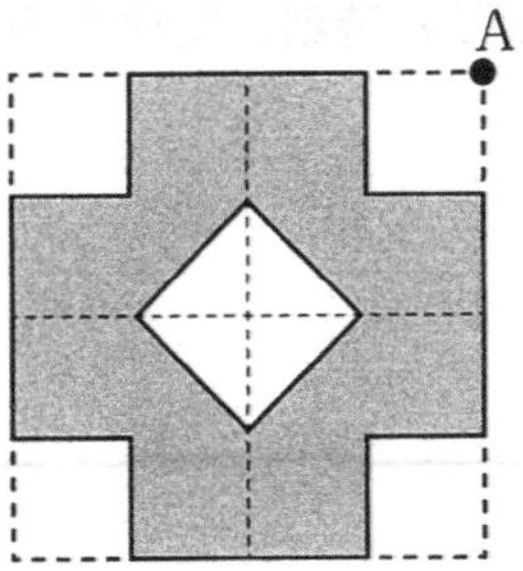

ウ

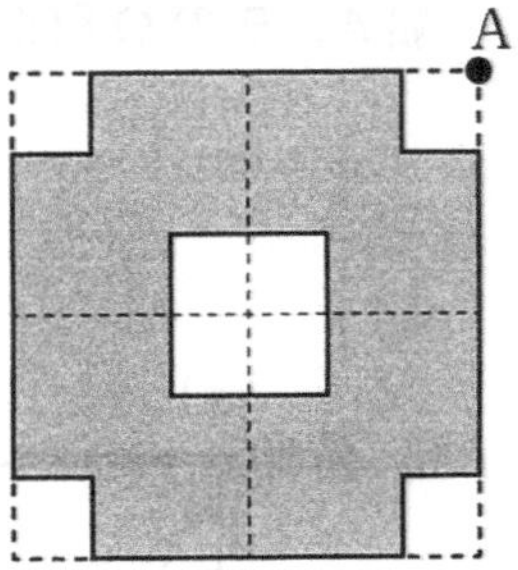

エ

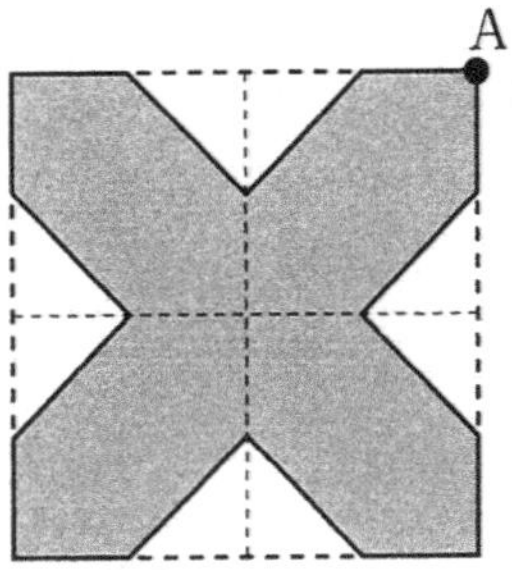

オ

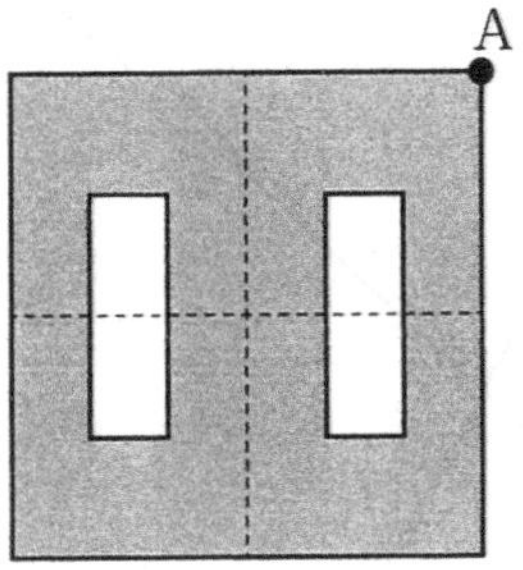

5 川の上流のＰ町と下流のＱ町は 2700 m はなれており，船Ａ，ＢはＰＱ間を往復している。川の流れの速さは一定であり，船Ａは流れが止まっている水の上では分速 35 m で進む。

ある日の９時に船ＡがＰ町から，船ＢがＱ町から同時に出発した。下のグラフは，船Ａ，ＢのＱ町からのきょりと時刻の関係を表したものである。

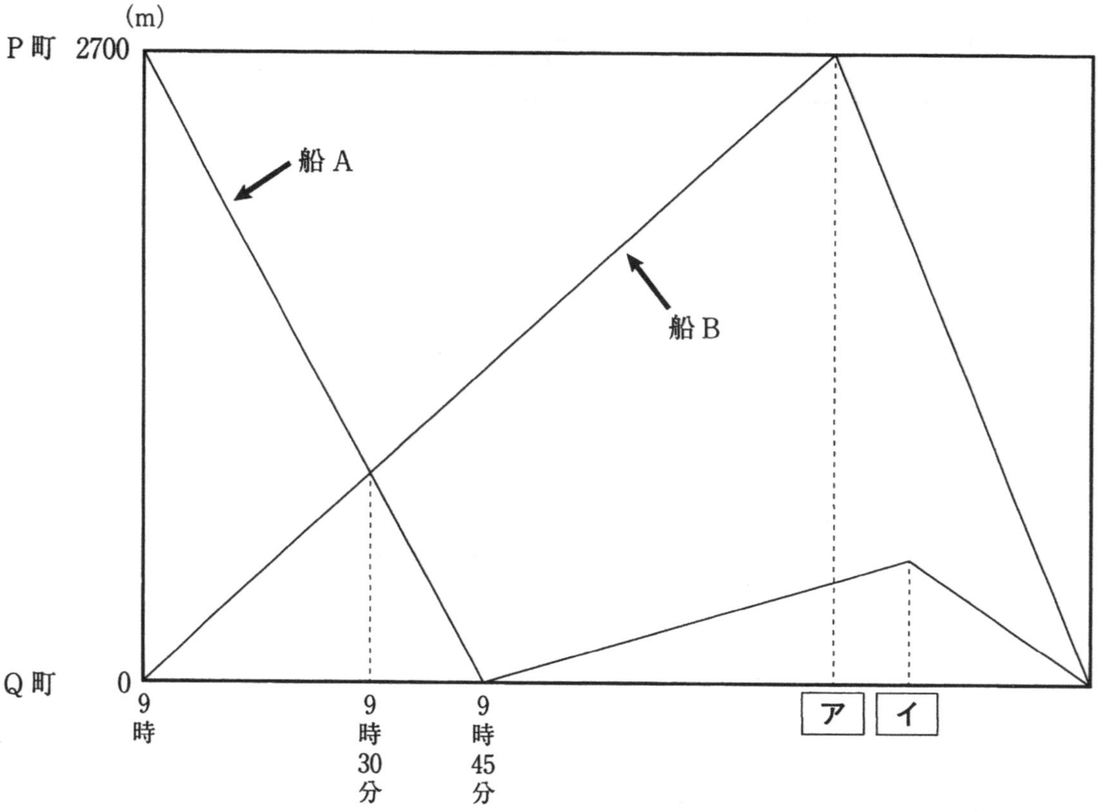

(1) 川の流れの速さは分速何 m か。

(2) **ア** にあてはまる時刻は何時何分か。

(3) 船Aは Q 町から P 町に向かう途中でエンジンが止まり川に流された。その後，船Bと同時に Q 町に到着した。**イ** にあてはまる時刻は何時何分何秒か。

6 1辺の長さが30 cmの立方体の容器Aがあり，容積の半分だけ水を注いだ。

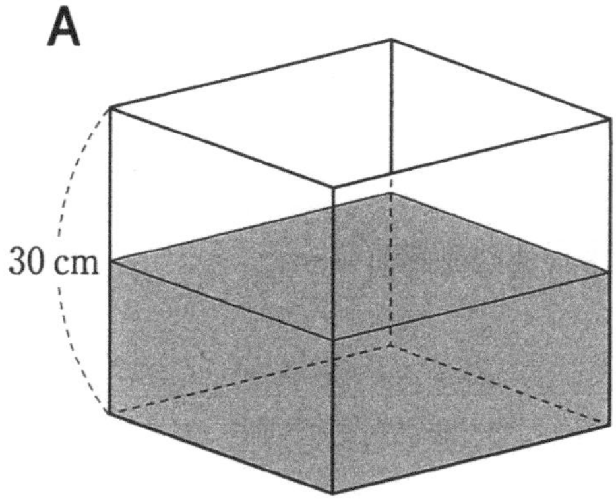

(1) 水の入ったAにふたをしたあと，Aを持ってかたむける。このときに水面の形として，つくることのできないものをア～エのうち1つ選び，記号で答えなさい。

ア 正方形　　**イ** 長方形　　**ウ** 正三角形　　**エ** 正六角形

(2) 図のように，水の入ったAを床に置き，1辺の長さが10 cmの立方体をAの底に置いた。底から水面までの高さは何cmか。
ただし，答えは四《し》捨《しゃ》五《ご》入《にゅう》して $\frac{1}{100}$ の位までのがい数で表しなさい。

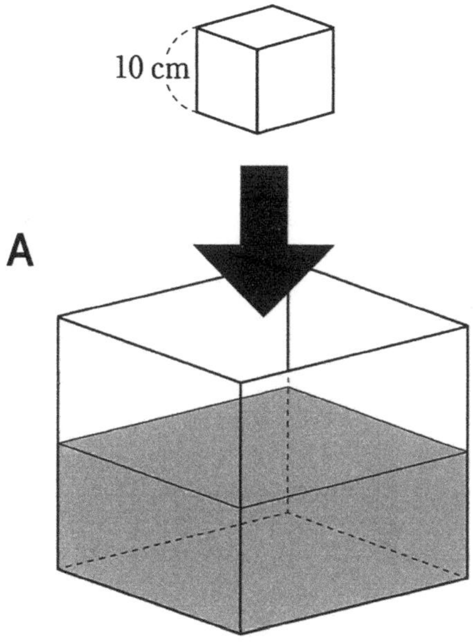

(3) 図のように，水の入った**A**を床に置き，1辺の長さが10 cmの立方体を10個積み上げて作った立体**B**を**A**の底に置いた。底から水面までの高さは何cmか。
ただし，答えは四捨五入して$\frac{1}{100}$の位までのがい数で表しなさい。

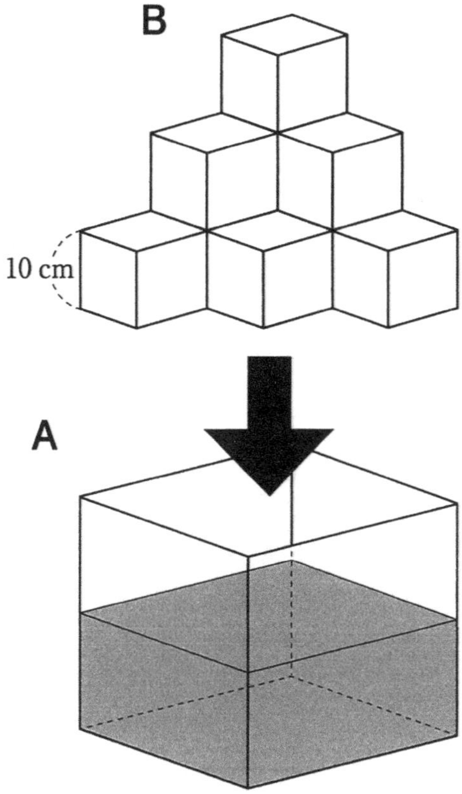

2021年度

理　科

（100点　40分）

注意事項

1．試験開始のチャイムが鳴るまで、この問題冊子《さっし》を開いてはいけません。

2．問題冊子は表紙をのぞいて14ページです。

3．答えはすべて解答用紙に正確に記入しなさい。

4．問題冊子および解答用紙の印刷が悪いときや、ページが足りないときは、手をあげて先生に知らせなさい。

5．試験が終わったら問題冊子は持ち帰りなさい。

西南学院中学校

1　**福岡市の小学校に通う，ＳさんとＷさんが太陽の動きとかげのでき方について話した会話文を読んで，下の問いに答えなさい。**

Ｓさんは，自分の教室の同じ窓から前日数時間おきにとった写真Ａ，Ｂ，Ｃ（図１）を先生からわたされました。先生から，とった時刻が早い順に模造紙にはるように言われましたが，はろうとするとどの順番にはったらいいのか分からず，Ｗさんに相談しました。

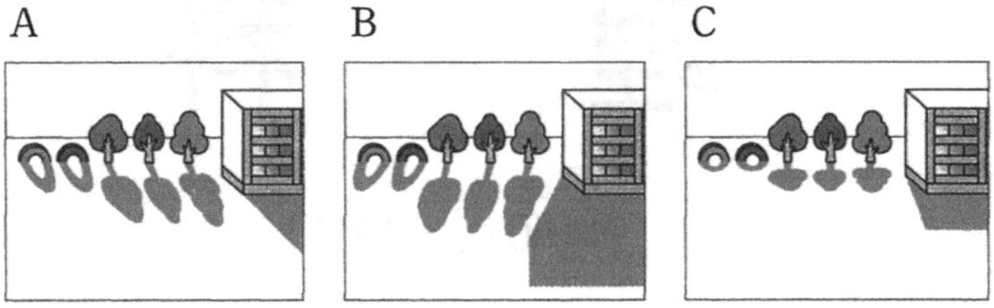

図１

Ｓさん：Ｗさん，この３枚の写真をとった時刻が早い順に並べたいのだけど，どうしたら順番がわかるかしら。

Ｗさん：ほとんど同じような写真だけど，よく見るとかげの向きがちがうね。かげの向きを参考にしたらどうかな。

Ｓさん：なるほど。先週みんなで日時計をつくって太陽の動きとかげのでき方を調べたから，あのときのことを思い出してみるわ。あのときは重しを入れた箱の上に短いえんぴつをはり付けて，１時間ごとにえんぴつのかげと時刻を書きこんだね。

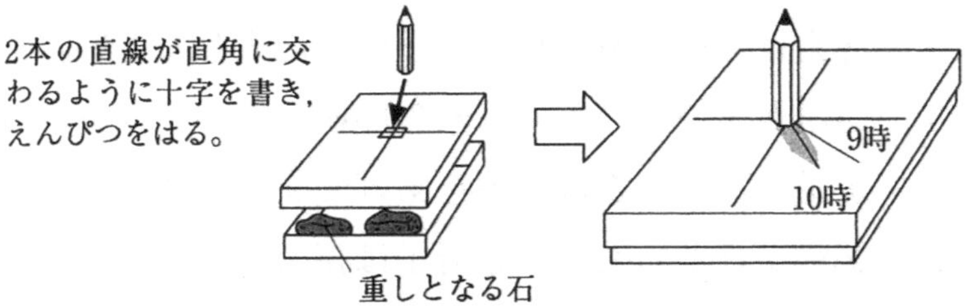

図２　日時計のつくり方

Ｗさん：日時計を日当たりのよい平らなところに置くことと，X<u>箱の上に書いた十字をきちんと東西南北の方位に合わせておくこと</u>が大事だったよ。

Ｓさん：朝は太陽が（　①　）からのぼるから，午前中はかげが（　②　）の方に動いていき，午後は太陽が（　③　）の方に沈んでいくから，かげが（　④　）の方に動いていたよね。

Ｗさん：Y<u>かげの長さが一番短くなったのはお昼の12時ごろだったね。</u>

Ｓさん：そうすると，３枚の写真をとった時刻が早い順に並べると（　⑤　）になるのね。どうもありがとう。

（1） 会話文の下線部Xについて，箱の上に書いた十字を東西南北に合わせて図3のようにａ～ｄに方位を書きこんだ。ａとｄにあてはまる方位は東西南北のうちどれか。

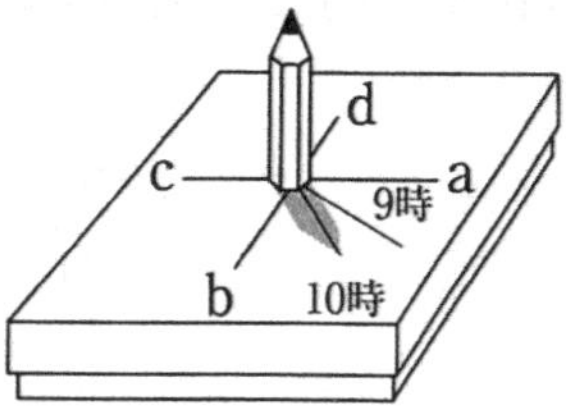

図3

（2） 会話文の（ ① ）と（ ③ ）には東西南北のいずれかが入る。それぞれあてはまる方位を答えよ。

（3） 会話文の（ ② ）と（ ④ ）にあてはまる言葉を，次の中からそれぞれ1つずつ選び，記号で答えよ。

ア 東から北　**イ** 東から南　**ウ** 西から北　**エ** 西から南
オ 南から西　**カ** 南から東　**キ** 北から西　**ク** 北から東

（4） 会話文の下線部Yについて，昼の12時ごろにえんぴつのかげの長さが一番短くなったのはどうしてか。その理由を次の中から1つ選び，記号で答えよ。

ア 太陽の高さがもっとも低くなったから
イ 太陽の高さがもっとも高くなったから
ウ 太陽の方位がちょうど南になったから
エ 太陽の方位がちょうど北になったから

（5） 会話文の（ ⑤ ）には図1のA～Cの写真を順番に並べたものが入る。あてはまるものを次の中から1つ選び，記号で答えよ。

ア A→B→C　**イ** A→C→B　**ウ** B→A→C
エ B→C→A　**オ** C→A→B　**カ** C→B→A

(6) 方位を調べるときには，方位磁針を用いる。図4のように水平にした手のひらに方位磁針をのせると，どの方位を向いて立っていても方位磁針の針の色がついた方はいつも北を指す。その理由を説明した次の文の（ ① ）～（ ③ ）にあてはまる言葉を答えよ。

図4

地球は北極付近を（ ① ）極とする大きな（ ② ）である。また，方位磁針の針も（ ② ）で，色がついた方が（ ③ ）極となっているため，方位磁針の針の色がついた方は必ず北を指すようになっている。

(7) 地球の長い歴史の中では，地球のN極とS極は，今とは逆になっている時代が何度もあったと考えられている。一番最後にN極とS極が今とは逆だったのは約77万年前で，そのことを示す地層が千葉県の市原市で見つかっている。このことから，2020年1月に国際地質科学連合により，約77万4000年前から約12万9000年前までの時代に対して新しい名前がつけられた。その時代の名前をカタカナで答えよ。

2 気体の発生についてのＳさん，Ｗさん，先生の会話文を読んで，下の問いに答えなさい。

Ｓさん：昨日お風呂に入ったときに入浴剤《ざい》を入れると，入浴剤からたくさん気体が発生しました。あの気体は何ですか。

先　生：みなさんは何だと思いますか。

Ｗさん：体によいものが出ると思うから酸素かな。

先　生：では，発生した気体が何なのかを確認するために〈実験１〉をおこないましょう。

〈実験１〉

手順１　40℃の水の入った三角フラスコに，気体の発生する入浴剤を入れ，図１のように気体を発生させ，２本の試験管ＡとＢに集めた。

手順２　図２のように試験管Ａに火のついた線香を入れると（　①　）。このことから，発生した気体は酸素ではないことがわかった。

手順３　図３のように試験管Ｂに（　②　）を入れてよくふり，変化を観察すると白くにごった。このことから，発生した気体は二酸化炭素であることがわかった。

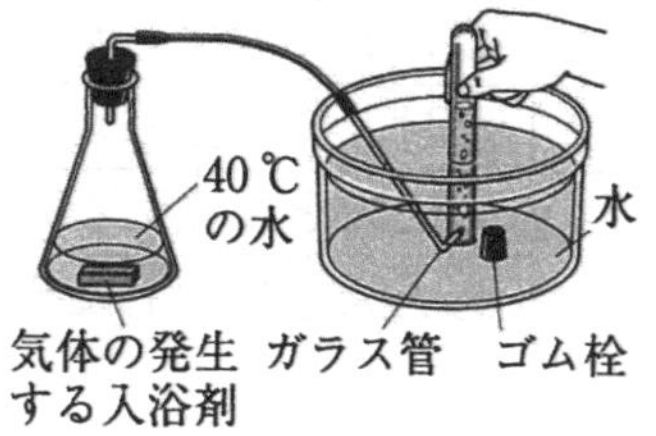

図１

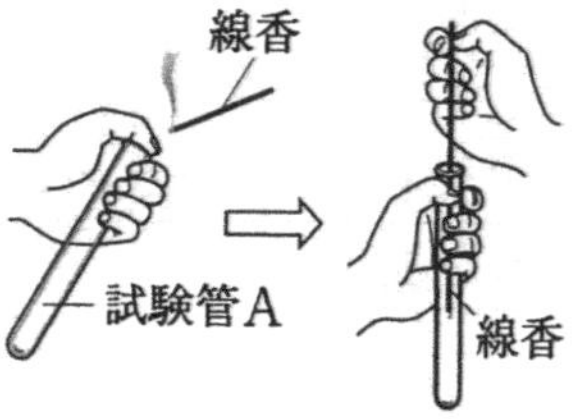

図２

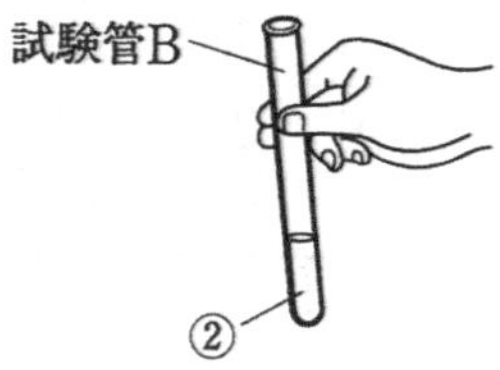

図３

（1）　手順１について，気体を集めるとき最初にでてくる気体は集めない。その理由として正しいものを次の中から１つ選び，記号で答えよ。

ア　三角フラスコ内に水そうの水が逆流して入ってこないようにするため
イ　ガラス管が割れないようにするため
ウ　三角フラスコ内の空気が試験管内に入らないようにするため
エ　発生した気体が水そうの水にとけないようにするため

（2）　（　①　）にあてはまる文章を答えよ。

（3）　（　②　）にあてはまる液体の名前を漢字で答えよ。

Ｓさん：どうして入浴剤から二酸化炭素が発生するのですか。

先　生：入浴剤の主な成分は炭酸水素ナトリウムで，これが二酸化炭素を発生する物質だからです。

Ｗさん：お湯に炭酸水素ナトリウムをとかしたから，あんなに二酸化炭素が発生したのかな。

先　生：では，炭酸水素ナトリウムがどのような条件で二酸化炭素をより多く発生するか確認するために，〈実験２〉をおこないましょう。

〈実験２〉

７つのビーカーに2gずつ炭酸水素ナトリウムを取り，それぞれ以下の操作をおこなった。その結果を次の表にまとめた。

	操　作	二酸化炭素の発生のようす
1	20℃の水を加えた	ほとんど発生しなかった
2	40℃の水を加えた	少し発生した
3	70℃の水を加えた	はげしく発生した
4	20℃のうすい塩酸を加えた	はげしく発生した
5	20℃の酢を加えた	はげしく発生した
6	20℃のうすい水酸化ナトリウム水よう液を加えた	ほとんど発生しなかった
7	20℃のアンモニア水を加えた	ほとんど発生しなかった

（４）　〈実験２〉の結果から考えると，二酸化炭素がたくさん発生するのは，どのような条件のときか。次の中から２つ選び，記号で答えよ。

ア　低い温度の水にとかしたとき
イ　高い温度の水にとかしたとき
ウ　中性の液体にとかしたとき
エ　酸性の液体にとかしたとき
オ　アルカリ性の液体にとかしたとき

（５）　Ｓさんは，入浴剤に入っている炭酸水素ナトリウム以外の成分のはたらきによって，二酸化炭素がたくさん発生すると考えた。成分表示を見るとクエン酸が入っていて，調べてみるとクエン酸のはたらきで二酸化炭素がたくさん発生するとわかった。〈実験２〉の結果から考えると，クエン酸の水よう液は何性か。

Ｓさんは炭酸水素ナトリウムがホットケーキミックスの中にも入っていることを知った。そこで，炭酸水素ナトリウムが入っている理由を考えるために，ホットケーキを作る〈実験３〉をおこなった。

〈実験３〉

ホットケーキミックスに水を加えて混ぜ，半分はそのまま焼き，もう半分にはレモン汁《じる》を加えて焼いた。すると，そのまま焼いた方はふっくらと焼けたが，レモン汁を加えた方は焼いてもふくらまなかった。

（6） 次の文章は，炭酸水素ナトリウムがホットケーキミックスに入っている理由と，ホットケーキのふくらみ方にちがいがあった理由について，Ｓさんが考えてまとめたものである。（　③　），（　④　）にあてはまる言葉を答えよ。

ホットケーキミックスに炭酸水素ナトリウムが入っているのは，（　③　）することによって二酸化炭素を発生させ，ホットケーキをふくらませるためである。レモン汁を加えるとふくらまなかったのは，レモン汁が（　④　）性なので，加えると二酸化炭素が発生し，ホットケーキがふくらむ前に生地《きじ》から逃げたからである。

3　Ｓさんは，自由研究で動物の泳ぎ方について調べ，レポートにまとめました。図１はそのレポートの一部です。これについて，下の問いに答えなさい。

1．調べたきっかけ

水族館でサメとイルカを観察したとき，泳ぎ方にちがいがあるように感じた。
そこで，泳ぎ方にどのようなちがいがあるのか，これらの動物を比かくして調べてみたいと思った。

2．からだのつくりと泳ぎ方

●サメ

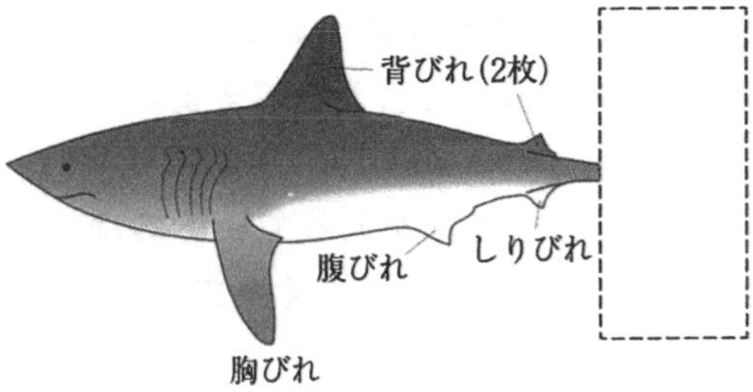

- 尾びれがからだに対して垂直についている。
- 尾びれを左右に動かして泳ぐ。

〈サメを上から見た図〉

●イルカ

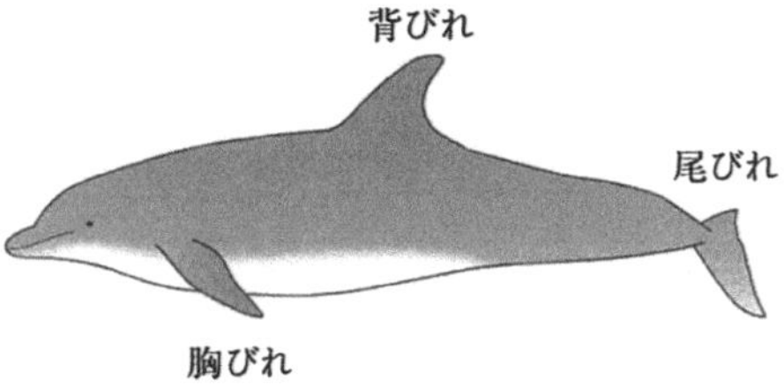

- 尾びれがからだに対して水平についている。
- 尾びれを上下に動かして泳ぐ。

〈イルカを横から見た図〉

図１

（1）　図１の［　　　］に入るものとして最も正しいものを次の中から１つ選び，記号で答えよ。

ア

イ

ウ

エ

2021(R3) 西南学院中
教英出版

（2） サメのそれぞれのひれの枚数は，背びれ以外はメダカと同じ枚数である。サメの胸びれ，腹びれ，しりびれの枚数の組み合わせとして正しいものを次の中から1つ選び，記号で答えよ。

	胸びれ	腹びれ	しりびれ
ア	1	1	1
イ	1	2	2
ウ	2	1	2
エ	2	2	1

（3） 次の文章は，Sさん，Wさん，先生がこのレポートを見ながらおこなった会話文である。これを読んで，あとの①，②の問いに答えよ。

Wさん：イルカは，サメとからだの形が似ているけど，泳ぎ方がちがうから，魚ではないのかな。

Sさん：そうそう。もともと魚のひれが足に変わって陸上で生活する動物が生まれたけど，イルカの祖先は足ができた後，また海にもどったらしいよ。

先　生：よく知っているね。イルカの骨格標本を見てみようか。前足や後ろ足のなごりを見つけることができるよね。イルカがもともと持っていた足や他の動物が持っている足は，魚が2枚ずつ持つひれが変化してできたと考えられているよ。

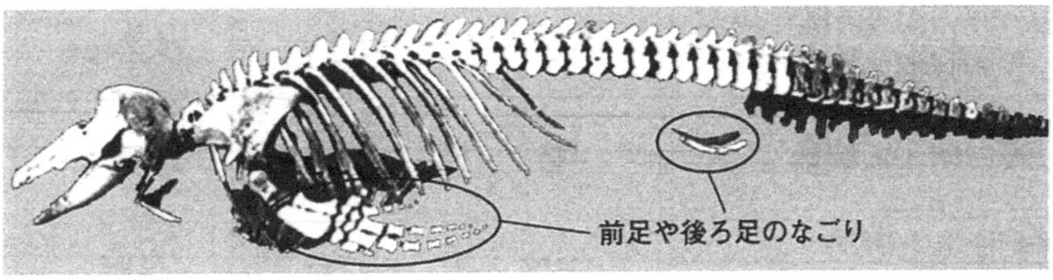

Wさん：ということは，前足は（　X　）が，後ろ足は（　Y　）が変化してできたんですか。

先　生：その通り。ちなみに，チーターの骨格と足のつき方を見くらべてごらん。

Sさん：イルカもチーターも，足はどう体から下向きについています。

先　生：そう。だから，チーターは歩はばを大きくするためにからだを上下に動かして運動するんだ。イルカの運動のしかたも似ているよね。

Sさん：トカゲの骨格では，足はどう体から横向きについていますね。

先　生：そう，だからからだを左右に動かして運動するんだ。その動きはサメに近いよね。運動するときのからだを動かす方向など，いろいろな特ちょうで動物をなかま分けしてみたらどうかな。

① 会話文中の（　X　），（　Y　）に入る言葉をそれぞれ答えよ。

② チーターとトカゲの骨格標本を次の中からそれぞれ選び，記号で答えよ。

ア

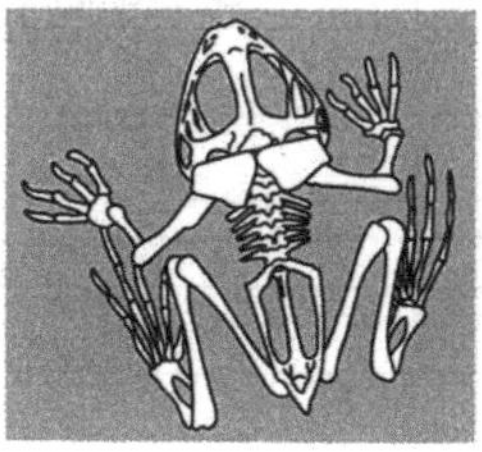

イ

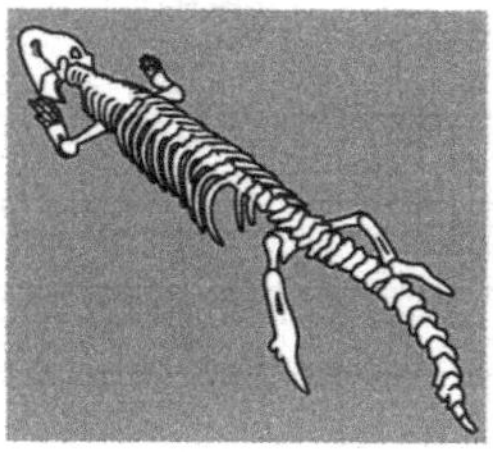

ウ

エ

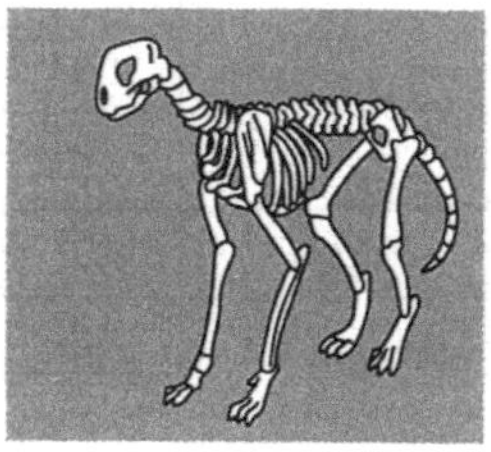

（4） Sさんは，様々な動物をなかま分けする方法を学習し，イルカと他の動物との関係図を作ってみることにした。試しに，動物の特ちょう4つについてまとめた表1をつくり，それぞれの動物で共通している特ちょうを「共通点の数」として表2のようにまとめた。その後，先生から教えてもらった【関係図の作り方】を参考にしながら図5の関係図を完成させた。次の A ～ C に入る言葉と（a），（b）に入る数を答えよ。ただし，（a），（b）は分数で答えてもよい。

表1　動物の特ちょう

	イルカ	サメ	トカゲ	チーター
背骨	あり	あり	あり	あり
まわりの温度が変わったときの体温の変化	小さい	大きい	大きい	小さい
呼吸に関する臓器	肺	A	肺	肺
運動するときのからだを動かす方向	上下	左右	左右	上下

表2　動物の共通点の数

	イルカ	サメ	トカゲ	チーター
イルカ	—	1	2	4
サメ	1	—	3	1
トカゲ	2	3	—	2
チーター	4	1	2	—

【関係図の作り方】

手順１　表２において，共通点が４つと最も大きいイルカとチーターを最も似ている動物として線で結ぶ（図２）。

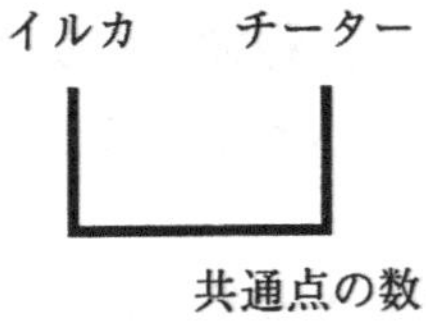

図２

手順２　結んだ「イルカ・チーターのグループ」とサメの共通点の数を計算する。この数は，イルカとサメの共通点の数と，チーターとサメの共通点の数を平均して求める（図３）。

式：（１＋１）÷２＝１

よって共通点の数は１となる。

	イルカ	サメ	トカゲ	チーター
イルカ	—	1	2	4
サメ	①	—	3	①
トカゲ	2	3	—	2
チーター	4	1	2	—

図３

手順３　同じように，「イルカ・チーターのグループ」とトカゲの共通点の数を計算する。この数は，イルカとトカゲの共通点の数と，チーターとトカゲの共通点の数を平均して求める。

手順４　手順２と手順３の計算結果を比べて，共通点の数が大きい B はイルカ・チーターと関係が近く，小さい C は関係が遠いと判断できる（図４）。

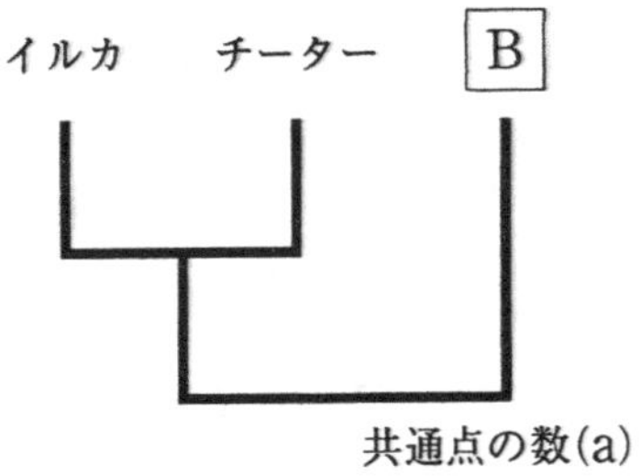

図４

手順５　手順２，３と同じようにして，「イルカ・チーター・ B のグループ」と C の共通点の数を計算する。これにより，共通点の数で動物をなかま分けした関係図が作成できる（図５）。

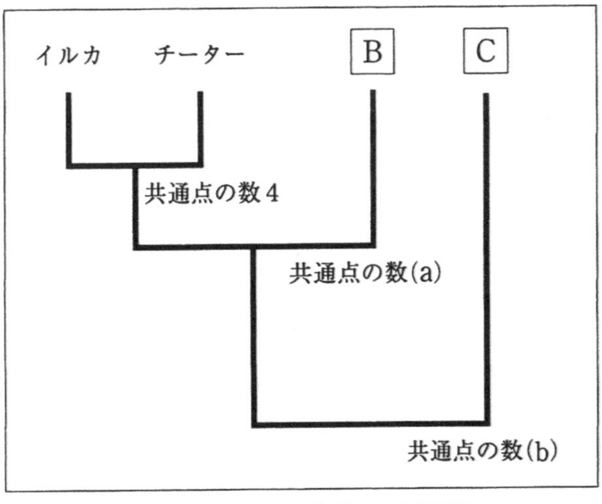

図５　４つの動物の関係図

4 糸におもりをつけてふりこを作り，ふりこの１往復する時間を調べる実験をしました。まず，種類のちがうふりこを作って，何によって１往復する時間が変わるのか，その原因を調べることにしました。下の問いに答えなさい。

【変える条件】

A：ふりこの長さ	20㎝	
	40㎝	
	80㎝	
B：おもりの重さ （大きさは同じ）	アルミニウムの玉	（約 5ｇ）
	鉄の玉	（約15ｇ）
	なまりの玉	（約21ｇ）
C：ふれはば	10°	
	20°	

（支点の真下から片側に最大にふれたときの角度）

（1） A，B，Cの条件をそれぞれ変えてふりこを作り実験すると，全部で何種類の実験をすることになるか。次の中から１つ選び，記号で答えよ。

ア 6種類　　イ 8種類　　ウ 12種類　　エ 18種類　　オ 24種類

（2） ふりこの長さをはかるときは，糸の支点からどこまでをはかるのが正しいか。次の中から1つ選び，記号で答えよ。

ア
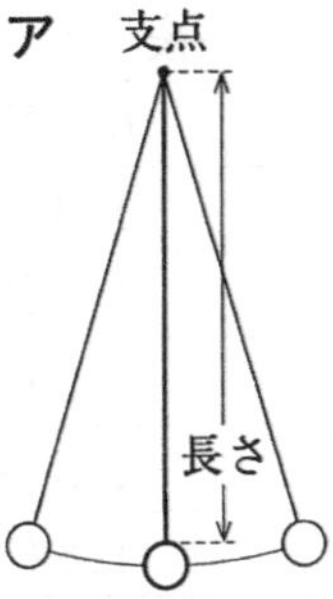

おもりの最下点位置での
おもりの上まで

イ
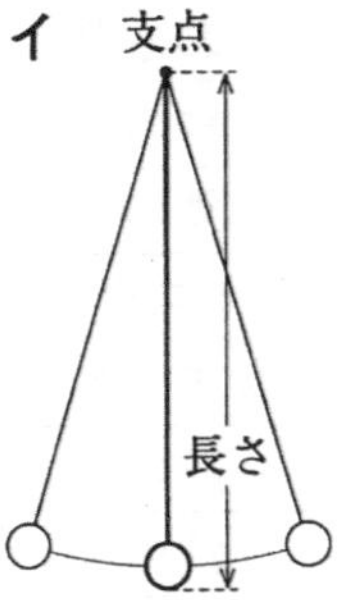

おもりの最下点位置での
おもりの下まで

ウ
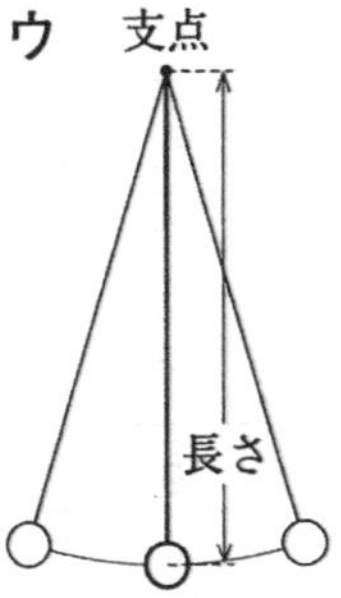

おもりの最下点位置での
おもりの中心まで

エ
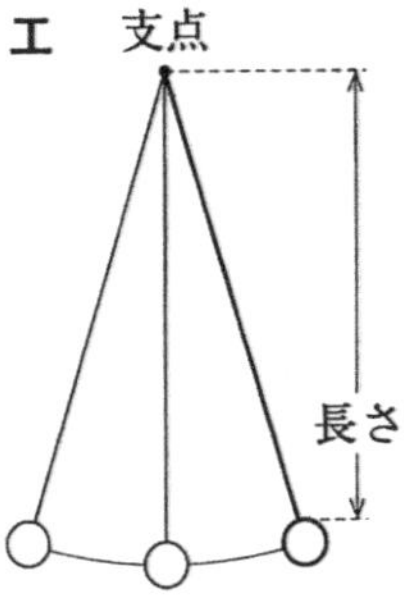

おもりの最高点位置での
おもりの上まで

オ
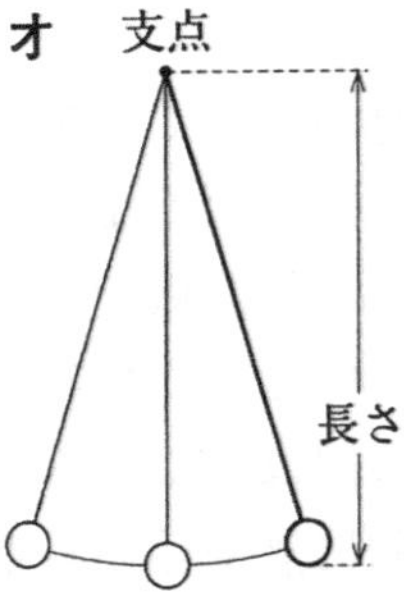

おもりの最高点位置での
おもりの下まで

カ
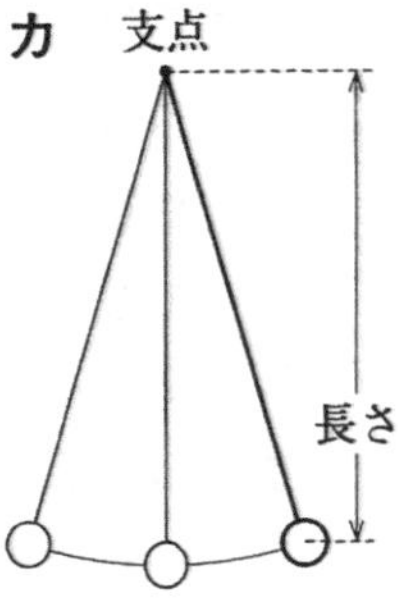

おもりの最高点位置での
おもりの中心まで

（3） 1往復する時間の調べ方については，なるべく正確に求めるために10往復する時間を3回はかって求めることにする。下のような実験結果が得られた場合，1往復する時間は何秒か。ただし，小数第2位を四捨五入して小数第1位まで求めること。

【10往復する時間】

1回目	14.8秒
2回目	15.2秒
3回目	14.9秒

①～⑥のようにふりこの条件を変えて実験したところ，下の表のような結果が得られた。

	ふりこの長さ	おもり	ふれはば	1往復にかかる時間
①	20 cm	鉄の玉	20°	0.9秒
②	40 cm	鉄の玉	20°	1.3秒
③	40 cm	アルミニウムの玉	20°	1.3秒
④	40 cm	なまりの玉	20°	1.3秒
⑤	40 cm	鉄の玉	10°	1.3秒
⑥	80 cm	鉄の玉	20°	1.8秒

（4） ①，②，⑥の結果から，ふりこの1往復する時間についてわかることを，次の中から1つ選び，記号で答えよ。

ア おもりが重いほど，時間は長くなる。
イ おもりが重いほど，時間は短くなる。
ウ おもりの重さは，時間に無関係である。
エ ふりこが長いほど，時間は長くなる。
オ ふりこが長いほど，時間は短くなる。
カ ふりこの長さは，時間に無関係である。
キ ふれはばが大きいほど，時間は長くなる。
ク ふれはばが大きいほど，時間は短くなる。
ケ ふれはばの大きさは，時間に無関係である。
コ この条件だけでは，結論を出すことはできない。

（5） ①，②，⑥の結果からわかるふりこの性質を利用したものを，次の中から1つ選び，記号で答えよ。

ア 温度計　**イ** しつ度計　**ウ** けむり感知器
エ スピードガン　**オ** 加しつ器　**カ** ちょうしん器
キ メトロノーム　**ク** ジェットコースター

（6） ②，③，④の結果から，ふりこの１往復する時間についてわかることを（4）の**ア〜コ**から１つ選び，記号で答えよ。

（7） ②と⑤の結果から，ふりこの１往復する時間についてわかることを（4）の**ア〜コ**から１つ選び，記号で答えよ。

（8） 次の文章の（　　）に入る科学者はだれか。次の中から１つ選び，記号で答えよ。

今から約170年前，フランスの（　　　）は，長さ68 m，重さ28 kgのふりこをつくり，フランスのパリのパンテオンという建物で実験をした。そのとき，このふりこの１往復する時間は，約16秒もかかった。この実験により，地球が回転していること（自転）が示された。

ア　ニュートン　　**イ**　コペルニクス　　**ウ**　フーコー
エ　ガリレオ　　**オ**　スタージャン

2021年度

社　会

（100点　40分）

注意事項

1．試験開始のチャイムが鳴るまで、この問題冊子《さっし》を開いてはいけません。
2．問題冊子は表紙をのぞいて14ページです。
3．答えはすべて解答用紙に文字または記号で正確に記入しなさい。
4．問題冊子および解答用紙の印刷が悪いときや、ページが足りないときは、手をあげて先生に知らせなさい。
5．試験が終わったら問題冊子は持ち帰りなさい。

西南学院中学校

1 ある小学生たちが伝染病に関する歴史について調べました。その時につくったまとめのカードや年表、参考にした地図を見て、次の問１～問８に答えなさい。

〔まとめのカード〕

わたしたちは、これまでに世界と日本で伝染病が流行した様子を〔年表〕にまとめました。調べてみると、伝染病が流行するのは、①新しく国家間の交流が始まるなど、世界がつながりを持ったときに多いようです。病気が流行すると多くの人が亡くなったり、②差別が生まれたりします。そして、病気への不安を和らげるために宗教が広まることもあります。また、ワクチンや特効薬の開発や新しい法律が制定されるなど、医療や科学の発達、③人権意識の広がりにつながるという部分もあることがわかりました。

今回の新型コロナウイルスの流行でも、多くの影響がでています。④国際社会で協力して、ワクチンや特効薬を開発し、人々の生活が落ち着いた後には、新しい考え方や生活様式が生まれることで、より良い社会になっているといいなと思います。

〔年表〕

時期	できごと
8世紀	伝染病に苦しむ人々を救うため、⑤東大寺に大仏がつくられる
14世紀頃	⑥ヨーロッパで伝染病のペストが流行する
16世紀頃	アメリカ大陸で天然痘《とう》が流行する　…X
19世紀末	⑦破傷風の治療法が発見される
20世紀前半	⑧スペイン風邪が流行する

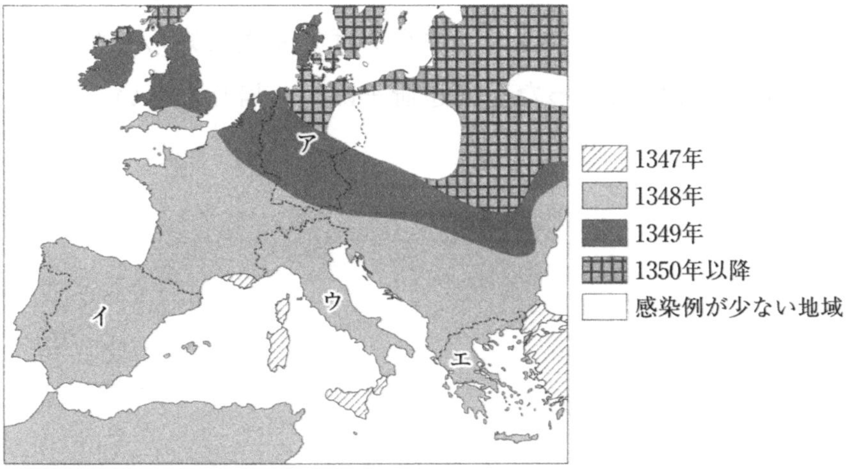

〔地図〕ペストが流行した地域と時期（ア～エの国境線は現在のものである。）

（グローバルワイド　最新世界史図表などより作成）

問1　下線部①に関して、〔年表〕のXの時期には、日本にもヨーロッパの人々が来航し、キリスト教や鉄砲など、ヨーロッパの文化や技術を伝えました。この時におこなわれた日本とヨーロッパの国々との貿易を何と呼ぶか、解答らんにあうように**漢字2字**で答えなさい。

問2　下線部②を解消する日本での取り組みに関する説明として**誤っているもの**をア～エから1つ選び、記号で答えなさい。

ア　ハンセン病の患者が強制的に療養所に入れられる政策は、ハンセン病がほとんど感染しないことがわかったことですぐに見直された。
イ　障がいがあることを理由に、役所や会社・店などがサービスの提供を不当に断ったり、制限したりすることを禁止する障害者差別解消法が制定された。
ウ　義務教育が受けられなかった人のために、国籍に関係なく通うことができる中学校夜間学級の設置が進められている。
エ　国際連合で先住民族の権利を守ることを目指す宣言が採択されたことをうけて、日本の国会では、「アイヌ民族を先住民族とすることを求める決議」が採択された。

問3　下線部③に関して、日本国憲法に定められている基本的人権として、**あてはまらないもの**をア～エから1つ選び、記号で答えなさい。

ア　教育を受ける権利　　　イ　健康で文化的な生活を営む権利
ウ　裁判を受ける権利　　　エ　情報を知る権利

問4　下線部④に関して、国際連合の専門機関の1つで、世界の人々の健康を増進することを目的とし、伝染病の対策などにも取り組む機関を世界保健機関といいます。この機関を**アルファベット3字**で答えなさい。

問5　下線部⑤を命じた人物をア～エから1つ選び、記号で答えなさい。

ア　聖徳太子　　　イ　聖武天皇　　　ウ　天智天皇　　　エ　中臣鎌足

問6　下線部⑥に関して、〔地図〕から読み取れることとして、正しいものをア～エから1つ選び、記号で答えなさい。

ア　ペストの感染はヨーロッパの北部から始まり、南部にまで拡大した。
イ　1348年にはイギリスにもペストの感染が広がったことがわかる。
ウ　ヨーロッパのすべての地域でペストの感染が非常に多かったことがわかる。
エ　地中海より南のアフリカにはペストの感染が拡大しなかったことがわかる。

問７　下線部⑦を発見した人物をア～エから１つ選び、記号で答えなさい。

ア　北里柴三郎　　　イ　志賀潔　　　ウ　田中正造　　　エ　野口英世

問８　下線部⑧に関して、スペインの場所を１ページの〔地図〕中のア～エから１つ選び、記号で答えなさい。

２　**次の文章を読んで、問１～問７に答えなさい。ただし、文章中の波線部ａ～ｃには誤っている語句が含まれています。**

弓の歴史は、①縄文時代までさかのぼることができます。弓は、弥生時代につくられたａ【図１】の銅鏡に描かれたように、狩りの道具として使われました。また、②古墳時代につくられたｂ【図２】の土偶からわかるように、武器としても使用されました。

③平安時代後半になると、武芸を職業として朝廷や貴族に仕え、合戦や警備などにあたる武士が登場しました。1192年、ｃ源義経は、朝廷から④征夷大将軍に任命されました。彼が鎌倉に開いた幕府を、⑤鎌倉幕府といいます。以後、武士が中心となって政治を動かす時代が続きました。

戦国時代になると、百姓などの領民も戦いに加わり、刀や弓などの武器を手にするようになりました。そこで、豊臣秀吉は⑥刀狩令を出し、武士と百姓や町民の身分を区別しました。

【図１】

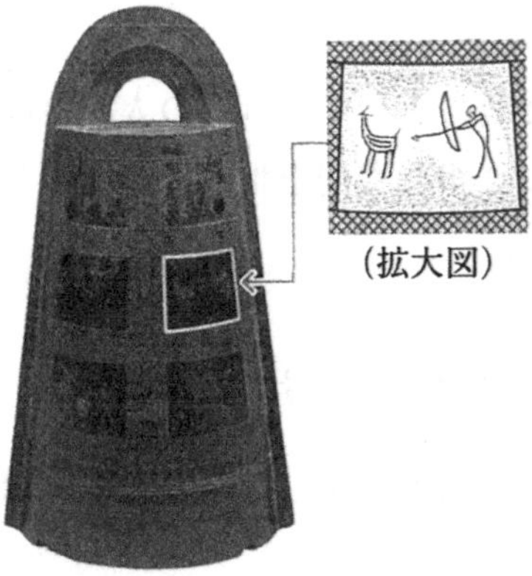

【図２】

右手は腰に帯びた大刀にそえ、左手に弓を持っている。

問１　文章中の波線部ａ～ｃが正しいか誤っているかを判断し、ア～エからあてはまるものを１つ選び、記号で答えなさい。

ア　ａが正しい　　　イ　ｂが正しい　　　ウ　ｃが正しい　　　エ　すべて誤っている

問2　下線部①について、縄文時代の人々の生活のようすを知るのに重要な手がかりになるのが、当時の人々が食料のごみなどを捨てた場所です。この場所のことを何というか、**漢字**で答えなさい。

問3　下線部②について、古墳時代に伝えられたと考えられるものとして、正しいものをア～エから１つ選び、記号で答えなさい。

ア　稲作　　　イ　鉄器　　　ウ　仏教　　　エ　火薬

問4　下線部③について、ある小学生たちが、次の【図３】～【図５】を見ながら会話をしています。下の会話文を読んで、会話文中の A ～ C にあてはまる語句の正しい組み合わせをア～カから１つ選び、記号で答えなさい。

【図３】

【図４】

【図５】

はるき：【図３】は A の貴族の服装を描いていて、【図３】の女性が着ている服は、和服のもとになったんだよね。

なつみ：ええそうよ。【図５】の女性も同じ服装をしているわ。この頃の貴族の正装だったのね。

あきら：この服装が貴族の正装として用いられた頃、中国の文化をもとにした日本らしい新しい文化が生まれたんだ。【図５】も B という、この時代に日本で生まれた絵で、貴族の生活ぶりが描かれているんだよ。

ふゆみ：なるほど。【図４】は C の貴族の服装を描いたものだけど、【図３】に比べると、中国風かしら。

はるき：そうだね。当時、中国との交流が盛んだったので、中国の影響を強く受けたんだね。

	ア	イ	ウ	エ	オ	カ
A	平城京	平城京	平城京	平安京	平安京	平安京
B	浮世絵	水墨画	大和絵	浮世絵	水墨画	大和絵
C	平安京	平安京	平安京	平城京	平城京	平城京

問５　下線部④について、朝廷により征夷大将軍に任命された人物として**誤っているもの**をア～エから**すべて**選び、記号で答えなさい。

ア　足利尊氏　　　イ　平清盛　　　ウ　徳川家康　　　エ　北条時宗

問６　下線部⑤について、次の図は、承久の乱のあとの鎌倉幕府のしくみを示したものです。承久の乱のあと、新たに幕府のしくみに加えられた機関として正しいものを次の図のア～エから１つ選び、記号で答えなさい。

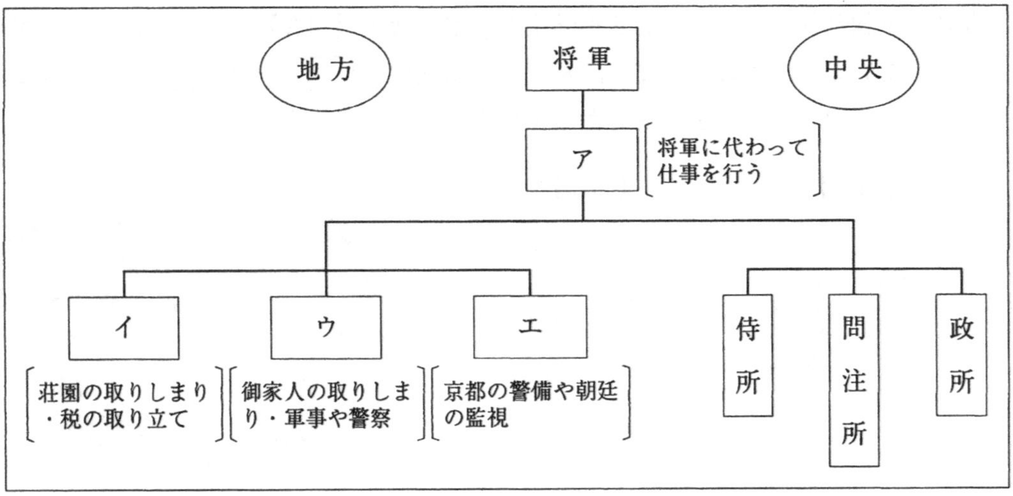

問７　次の【史料】は、下線部⑥の内容を示したものです。【史料】の［　X　］にあてはまる最も適当な語句を**漢字２字**で答えなさい。

【史料：刀狩令】

一　百姓が刀・弓・やり・鉄砲、そのほかの武器を持つことをかたく禁止する。不必要な武器を持ち、ねんぐを納めず、［　X　］をくわだてて武士に反抗すれば罰する。
大名は、百姓の武器を取り上げて、秀吉にさし出せ。

3 次の略年表について、問１～問７に答えなさい。

年	できごと
1635	①参勤交代の制度が定められる
	［ａ］
1801	伊能忠敬が全国の測量を開始する
	［ｂ］
1875	平民に名字が許される
	［ｃ］
1922	全国水平社が創立される
	［ｄ］
1956	②日本とソ連が国交を回復する
	［ｅ］
1970	日本が人工衛星の打ち上げに成功する

問１　下線部①に関連して、次の【図】と【史料】は参勤交代に関するものです。これらに関する文として正しいものをア～エから１つ選び、記号で答えなさい。

【図：参勤交代にかかった日数】

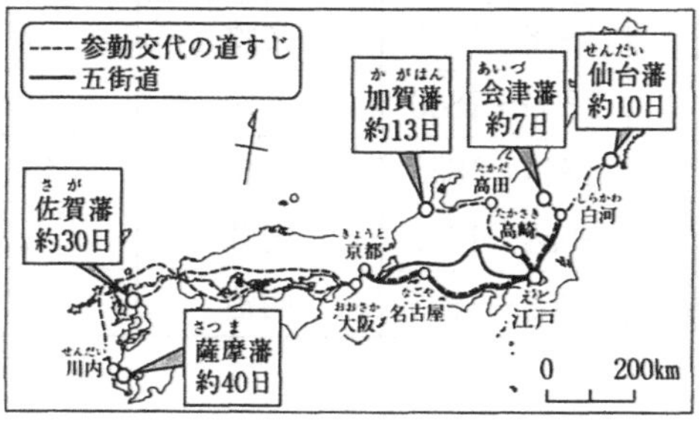

【史料：武家諸法度（一部）】

一　大名は領地と江戸に交代で住み、毎年４月に江戸に参勤すること。従者の人数が最近多いようである。これは無駄であり、また一方で、領民の負担となる。以後は身分に応じて人数を減らせ。

ア　江戸に参勤する時期は、各藩の判断に任せられていたことが読み取れる。
イ　外様大名のみに参勤交代が義務づけられていたことが読み取れる。
ウ　加賀藩の従者の人数は、他の藩と比べて最も多かったことが読み取れる。
エ　薩摩藩は、東海道を利用して江戸へ参勤していたことが読み取れる。

問２　下線部②と同じ年のできごととして正しいものをア～エから１つ選び、記号で答えなさい。

ア　日本が大韓民国との国交を開く。　　　イ　日本が国際連合に加盟する。
ウ　日本がポツダム宣言を受け入れる。　　エ　日本が主権を回復する。

問3　略年表中［ａ］の期間に、農産物の生産量を増やすために新しい農具が普及しました。下の図は麦やいねを脱穀する際に使用された農具です。これを何というか答えなさい。

問4　略年表中［ｂ］の期間について、下の図は江戸時代の寺子屋のようすを、表は寺子屋が開かれた数を年代ごとに示しています。これらに関する会話文を読んで（１）～（３）に答えなさい。

年代	当時の主な元号（年号）	開かれた数
1801～1803	享和	58
1804～1817	文化	387
1818～1829	文政	676
1830～1840	天保	1984
1844～1853	弘化	2398
1854～1867	安政	4293
1868～1875	明治	1035

先生：江戸時代の寺子屋のようすを見て気づいたことはあるかな？

生徒：［　Ｘ　］

先生：その通りですね。では、表を見て気づいたことはあるかな？

生徒：年代によって開かれた数に大きな差があることが分かります。前の年代に比べて約３倍に増えている時期がありますが、なぜでしょうか？

先生：その時期には、庶民が生活する上で読み・書き・そろばんが必要になってきたことに加えて、当時［　Ｙ　］が行っていた改革の影響があるといわれているよ。

生徒：明治に入ると、開かれた数が減っているのはなぜでしょうか？

先生：それは、政府が近代的な教育制度を整えようとしたからだよ。1872年に公布した［　①　］によって６才以上の男女は［　②　］が定められたため、寺子屋の教育機関としての役割が失われていったんだ。

二〇二一年度

国語解答用紙

一

問1

問2 a b

問3

問4

問5

問6 父を（　）ための道具

問7

問8 A キショク B カショウ C フタン

二

問1 A チョウタツ B シカツ

問2 A B

問3 X Y

問4

問5 （　）段落

問6

問7

4

(1)	cm^2	(2)	cm^2	(3)	

5

(1)	分速　　　　m	(2)	時　　　分	(3)	時　　　分　　　秒

6

(1)		(2)	cm	(3)	cm

総計	※100点満点 (配点非公表)

(6)	
③	④

3

(1)	(2)

(3)			
①		②	
X	Y	チーター	トカゲ

(4)				
A	B	C	(a)	(b)

4

(1)	(2)	(3)	(4)	(5)
		秒		

(6)	(7)	(8)

総計	
	※100点満点 (配点非公表)

問5	問6	問7

4

問1 (1)	(2)	問2	問3	問4 (1)	(2)	(3)

(4)									
									10
									20

(5)	問5	問6	問7
	市		

総計	※100点満点 (配点非公表)

受験番号	

2021年度

社　会　解　答　用　紙

【注意】
このらんには何も
記入しないこと

1

問1	問2	問3	問4	問5	問6	問7	問8
貿易							

2

問1	問2	問3	問4	問5	問6

問7

3

問1	問2	問3	問4 (1)	問4 (2)

【解答用

受験番号	

2021年度

理　科　解　答　用　紙

【注意】
このらんには何も記入しないこと

1

(1)		(2)	
a	d	①	③

(3)		(4)	(5)
②	④		

(6)		
①	②	③

(7)

2

(1)	(2)

【解答用

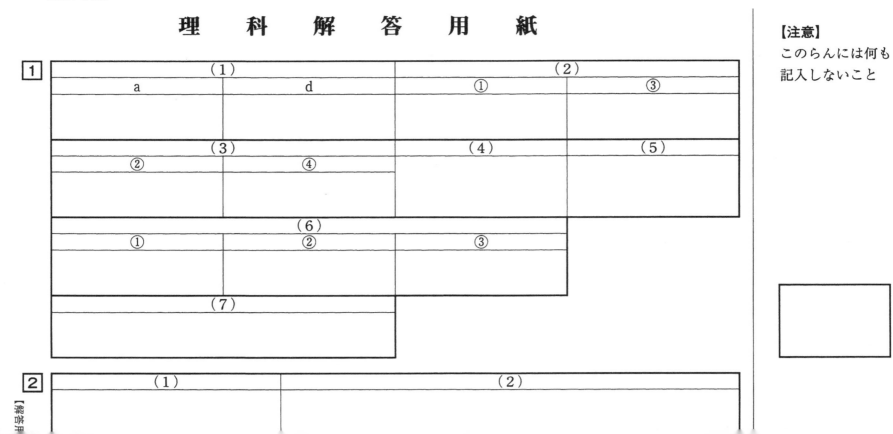

受験番号	

2021年度

算　数　解　答　用　紙

1

(1)		(2)	ha	(3)	
(4)	通り	(5)	度	(6)	

2

(1)		(2)		(3)	

【解答用

3

三

問1

問2

〜

行目

問3

問4

問5

〜

行目

問6

問7

問8

四

A

B

C

D

【注意】
このらんには何も記入しないこと

A	
B	
C	
D	

総計	※100点満点 （配点非公表）

受験番号

（1）会話文中の X にあてはまる文として、最も適当なものをア～エから1つ選び、記号で答えなさい。

ア　きちんとならんで先生のほうを向いて授業を受けているようです。
イ　みんなそれぞれ自分の勉強をしているようです。
ウ　先生は洋服を着て、頭の毛も短く切っているようです。
エ　刀をつかって、武術のけいこに取り組んでいるようです。

（2）会話文中の Y にあてはまる人物名をア～エから1つ選び、記号で答えなさい。

ア　木戸孝允　　イ　徳川吉宗　　ウ　松平定信　　エ　水野忠邦

（3）会話文中の［　①　］にあてはまる語句を**漢字**で答えなさい。また、［　②　］にあてはまる内容を**10字以内**で答えなさい。

問5　次の図A～Cは略年表中［c］の期間のできごとを表しています。これらを古い順に並べた場合、正しいものをア～カから1つ選び、記号で答えなさい。

A　初めての選挙の様子

B　大日本帝国憲法の発布式の様子

C　衆議院での審議の様子

ア　A → B → C　　イ　A → C → B　　ウ　B → A → C
エ　B → C → A　　オ　C → A → B　　カ　C → B → A

問6　略年表中［ｅ］の期間に、日本では高度経済成長とよばれる経済発展がみられ、電気製品が広まりました。当時「三種の神器」と呼ばれた製品は電気冷蔵庫・電気せんたく機ともう１つは何ですか、ア～エから１つ選び、記号で答えなさい。

ア　クーラー　　イ　自動車　　ウ　白黒テレビ　　エ　パソコン

問7　次の（ⅰ）・（ⅱ）のできごとは、略年表中［ａ］～［ｅ］の期間のいずれかにそれぞれあてはまります。その正しい組み合わせをア～カから１つ選び、記号で答えなさい。

（ⅰ）シャクシャインに率いられたアイヌの人々が、松前藩と戦った。
（ⅱ）日本が関税自主権を回復した。

	ア	イ	ウ	エ	オ	カ
（ⅰ）	a	a	a	b	b	b
（ⅱ）	c	d	e	c	d	e

4　次の問１～問７に答えなさい。

問1　次の地図１をみて、（１）・（２）に答えなさい。

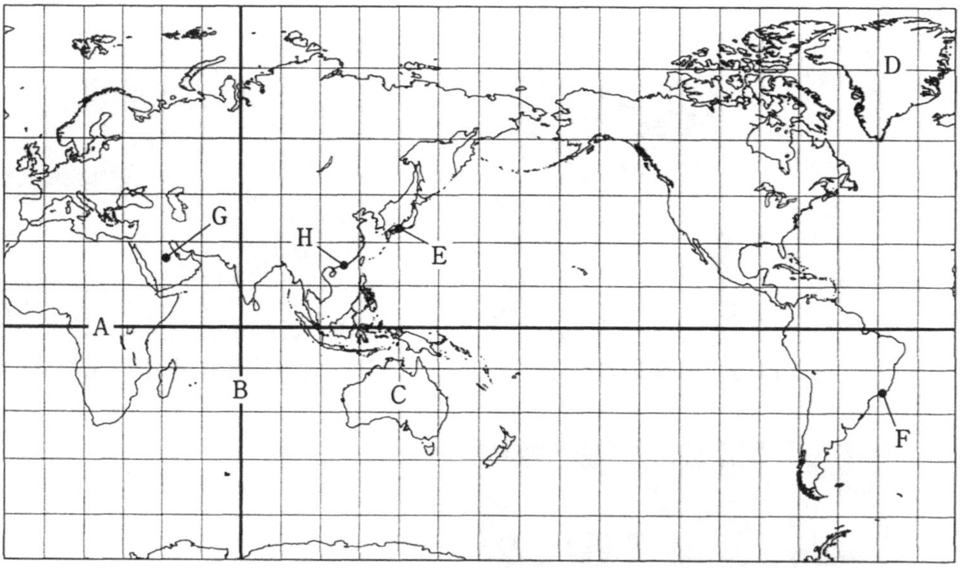

地図１

（１）地図１は、経線と緯線を15度間隔《かんかく》で示しています。地図１について述べた次の文ア～エのうち、**下線部が誤っているもの**を１つ選び、記号で答えなさい。

ア　線Ａの実際の距離は、約４万㎞である。
イ　線Ｂは、東経75度を示した経線である。
ウ　陸地Ｃと陸地Ｄの実際の面積は、陸地Ｄの方が広い。
エ　都市Ｅと都市Ｆの間は、約12時間の時差がある。

（2）次の図①～③は、地図１中の都市Ｆ～Ｈの月別平均気温と月別降水量を示したものです。①～③とＦ～Ｈの正しい組み合わせをア～カから１つ選び、記号で答えなさい。

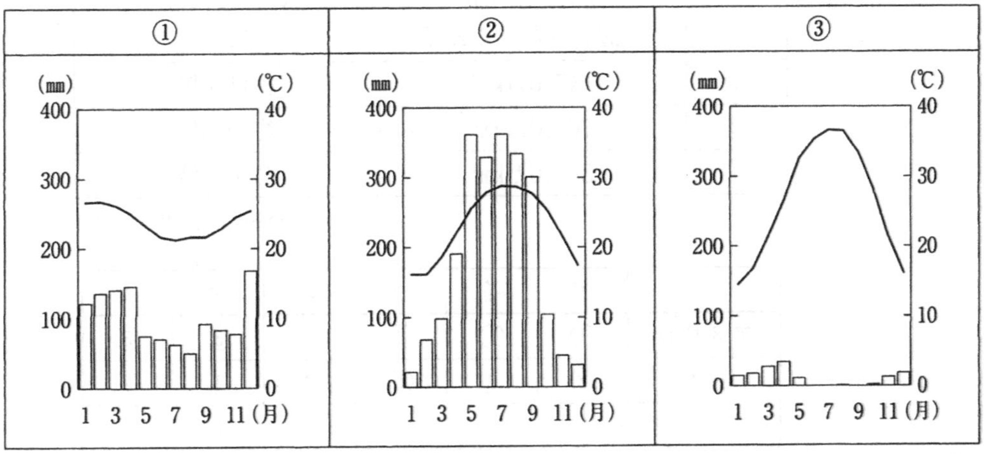

(理科年表より作成)

	ア	イ	ウ	エ	オ	カ
F	①	①	②	②	③	③
G	②	③	①	③	①	②
H	③	②	③	①	②	①

問２　次の表は、日本の貿易における主な輸入相手先と輸入額の変化を示したものであり、表中の①～③はアメリカ、サウジアラビア、中国のいずれかです。①～③と国名の正しい組み合わせをア～カから１つ選び、記号で答えなさい。

(億円)

1980年		2018年	
①	55,581	③	191,937
②	44,279	①	90,149
インドネシア	30,044	オーストラリア	50,528
アラブ首長国連邦	18,504	②	37,329
オーストラリア	15,852	韓国	35,505
カナダ	10,740	アラブ首長国連邦	30,463
③	9,778	台湾	29,975

(数字でみる日本の100年より作成)

	ア	イ	ウ	エ	オ	カ
アメリカ	①	①	②	②	③	③
サウジアラビア	②	③	①	③	①	②
中国	③	②	③	①	②	①

問３　次の表は、アメリカ、日本、ブラジルの排他的経済水域と領海を合わせた面積と、領土の面積に対するそれらの面積の広さを示したものです。表中の①～③と国名の正しい組み合わせをア～カから１つ選び、記号で答えなさい。

	排他的経済水域と領海を合わせた面積	領土の面積に対する広さ
①	447.0万km^2	約11.8倍
②	762.0万km^2	約 0.8倍
③	317.0万km^2	約 0.4倍

（海洋白書より作成）

	ア	イ	ウ	エ	オ	カ
アメリカ	①	①	②	②	③	③
日本	②	③	①	③	①	②
ブラジル	③	②	③	①	②	①

問４　次の地図２をみて、（１）～（５）に答えなさい。

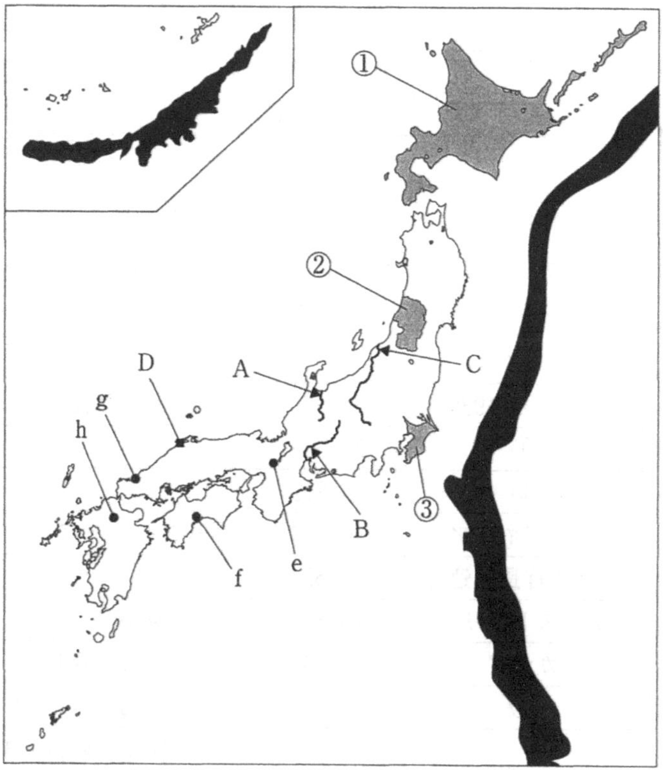

地図２

（１）地図２中の■の部分は、海底の中でも深さが6,000m以上の場所を示しています。このような場所を何というか、**漢字２字**で答えなさい。

（2）次の図X～Zは、地図２中の①～③の道県の農業生産額（2017年）にしめる米、野菜、果実、畜産、その他の割合を示したものです。X～Zと①～③の正しい組み合わせをア～カから１つ選び、記号で答えなさい。

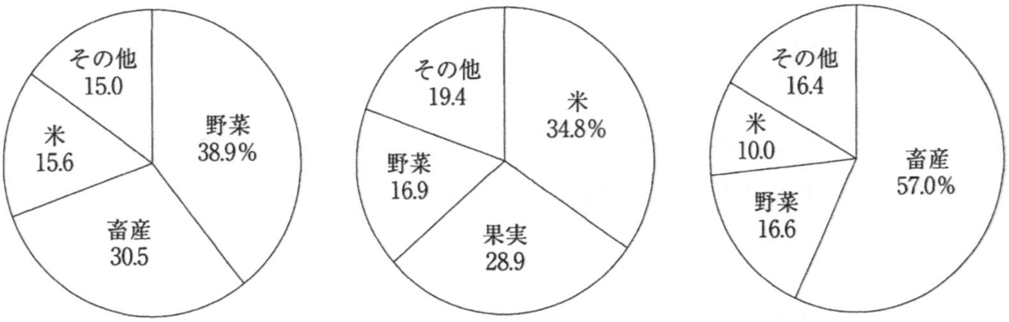

X　　Y　　Z

（データでみる県勢より作成）

	ア	イ	ウ	エ	オ	カ
X	①	①	②	②	③	③
Y	②	③	①	③	①	②
Z	③	②	③	①	②	①

（3）地図２中の河川A～Cの名前の正しい組み合わせをア～カから１つ選び、記号で答えなさい。

	ア	イ	ウ	エ	オ	カ
木曽川	A	A	B	B	C	C
信濃川	B	C	A	C	A	B
神通川	C	B	C	A	B	A

（4）次の写真１、２は、地図２中のDの地域で撮影《さつえい》されたものです。写真１、２のように、Dの地域では「築地松《ついじまつ》」とよばれる防風林を備えた家屋が数多くみられ、「築地松」はおもに家屋の北側と西側に植えてあります。Dの地域ではなぜこのような防風林が必要なのか、「**日本海側**」という語句を必ず用いて、**20字以内**で説明しなさい。

写真１

写真２

（最新地理図表GEO、街道紀行第５巻山陰・山陽路より作成）

（5）地図2中のe～hの地域では、それぞれ古くから受け継がれた伝統工芸品が今も生産されています。e～hと伝統工芸品の組み合わせとして**誤っているもの**をア～エから1つ選び、記号で答えなさい。

ア　e ― 京友禅　　イ　f ― 土佐和紙　　ウ　g ― 萩焼　　エ　h ― 備前焼

問5　次の文章は、日本のある県について説明したものです。この県の県庁所在地を、解答らんにあてはまるように**漢字**で答えなさい。

この県は、周囲を標高の高い山地に囲まれており、中央部に盆地があります。山のなだらかな斜面に広がる水はけのよい土地と、雨が少なく、昼と夜の気温差が大きい気候を活かして果樹栽培がさかんで、特に、ぶどうとももの生産量は日本一です。特産品のぶどうは、ワインに加工され、海外にも輸出されるようになりました。

問6　次の図は、日本の産業別人口の割合の変化について示したものであり、図中の①～③は、「農業・林業・水産業」、「工業など」、「商業など」のいずれかです。①～③の正しい組み合わせをア～カから1つ選び、記号で答えなさい。

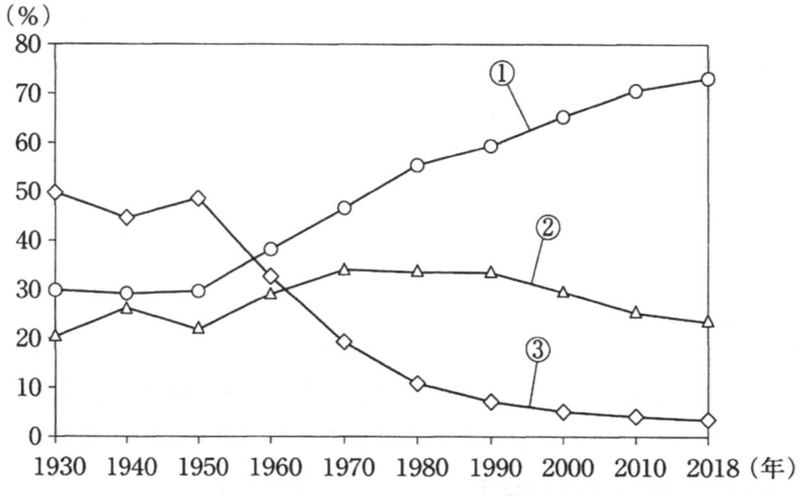

（数字でみる日本の100年などより作成）

	ア	イ	ウ	エ	オ	カ
農業・林業・水産業	①	①	②	②	③	③
工業など	②	③	①	③	①	②
商業など	③	②	③	①	②	①

問7　次の図①～③は、電子部品、パルプ・紙、輸送用機械の生産額上位10都道府県（2018年）を示したものです。図①～③にあてはまるものの正しい組み合わせをア～カから1つ選び、記号で答えなさい。

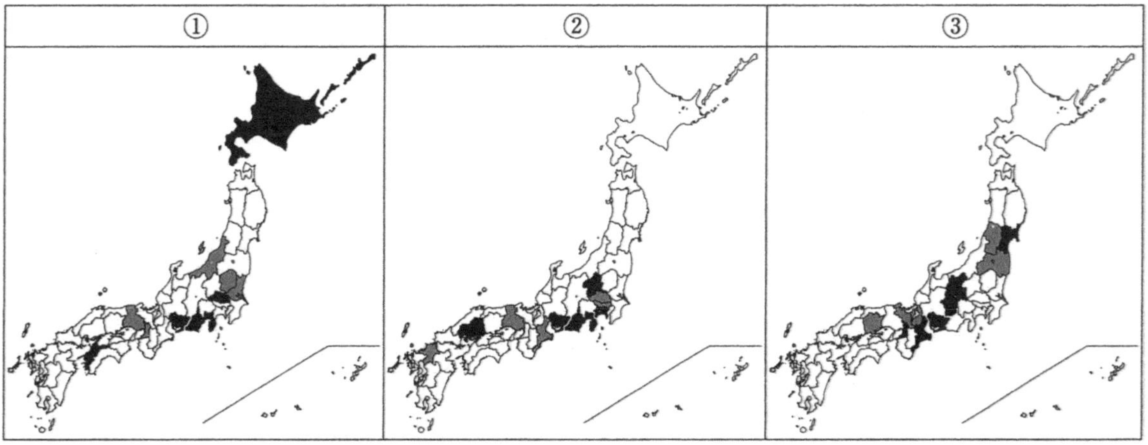

（■は1位～5位、■は6位～10位。）　　（データでみる県勢より作成）

	ア	イ	ウ	エ	オ	カ
電子部品	①	①	②	②	③	③
パルプ・紙	②	③	①	③	①	②
輸送用機械	③	②	③	①	②	①

2020年度

国　　語

（100点　50分）

注意事項

1．試験開始のチャイムが鳴るまで、この問題冊子《さっし》を開いてはいけません。
2．問題冊子は表紙をのぞいて14ページです。
3．答えはすべて解答用紙に文字または記号で正確に記入しなさい。
4．字数制限がある場合は、すべて句読点や「　」などの記号をふくむものとします。
5．問題冊子および解答用紙の印刷が悪いときや、ページが足りないときは、手をあげて先生に知らせなさい。
6．試験が終わったら問題冊子は持ち帰りなさい。

西南学院中学校

2020(R2) 西南学院中
K 教英出版

一　次の文章を読んで、後の問いに答えなさい。

十四歳《さい》の矢吉《やきち》は、貧しい故郷の黒谷（京都北部の山あいの村）を出て出稼《でかせ》ぎをしていたが、どんな仕事も長続きしなかった。京都の左官屋（京都の中心地にあった壁塗《かべぬ》り大工）を半年で逃《に》げ出《だ》した矢吉は、二度と逃げ出さないと心に決めて、砥石山《といしやま》（黒谷と同じく京都の北部にある山）で砥石（刃物《はもの》を研《と》ぐための石）運びとして働き始めたが、三ヶ月もたたずに逃げ出したくなっていた。そこに黒谷から二つ年下のトメがやってきた。働き始めてすぐにケガをしたトメを故郷に送ることを口実に、矢吉は砥石山を出ようとしたが、かしらに見抜《みぬ》かれ、平手打ちされたのだった。それでも矢吉は、トメを連れて黒谷に向かっている。

あたりが薄墨《うすずみ》色に変わってきた。もう、すれちがう人もいない。

矢吉は、ずり落ちそうなトメを揺《ゆ》すりあげながら、足を早めた。

やがて、闇《やみ》の向こうから、かすかな音が聞こえ始めた。

　　トーン　トーン

澄《す》んだ冬の大気をふるわすように、同じ調子で響《ひび》いてくる。

「一年ぶりや……」

それは、黒谷の冬の夜なべ*に繰《く》り返《かえ》される音。明日の紙すきのために、*コウゾの白皮を棒でたたいて柔《やわ》らかくする紙たたきの音だ。

矢吉も、よくたたかされた。

木灰《きばい》をいれて煮《に》たコウゾの白皮を、手が切れるほど冷たい川水につけてアクを抜き、ていねいにチリを取り除いて台の上に広げる。それを長い棒で、眠《ねむ》い目をこすりながらたたくのだ。

いつも、辛抱《しんぼう》できずに居眠りをしては、おふくろに、「ほれ矢吉。もうひとふんばりしょうな」と揺り起こされた。

小さな土橋を渡《わた》ると、谷の真ん中をチロチロと流れる黒谷川が白く見えてきた。

この川へ真冬に素足《すあし》で入り、コウゾの皮をもんでいたおふくろの、真っ赤になった足首が目にうかぶ。

川の両がわの斜面《しゃめん》には、へばりつくように、かやぶき屋根の家が建っている。わずか十数戸の家にともる灯《あか》りは、どれも暗い。

X　トーン　トーン

あちこちの家から紙たたきの音が響いてくる。

しびれるような故郷《ふるさと》のにおいが、矢吉の体をほわりと包んだ。

「トメ……おまえも紙すきをしたら、どうや」

「あれは女の仕事やもん」

たしかに黒谷の男は、山仕事をするか、谷の外へ出稼ぎにいく。谷に残って紙すきをするのは女たちだ。

「けど、おまえには人足は向いてへん。紙すきをして、もっと京都へ売りこんだらどうや」

「売りこんでも、買ってもらえへんかったら、あかんやろ」

「おれが京都の左官屋におったとき、親方に連れられて呉服屋《ごふくや》の土蔵《どぞう》直しに行ったら、『黒谷の紙は丈夫《じょうぶ》で強いから使い勝手がええ』って言うてたぞ」
「このごろは、着物をつつむ畳紙《たとうがみ》づくりに力を入れ始めてるんや」
「紙すきをしてるほうが、おまえに似合ってるのと違《ちが》うか」
「矢吉兄いが谷に残って紙すきをするんやったら、おいらも残る」
「ドあほ！　おれには人足が向いとるんや」
　トメの家へ登る坂道の下まで来たとき、
「……おりる」
　トメが、矢吉の背中から地面へすべりおりて片足で立った。
「ひとりで、この坂を登れるか」
　つえを持ち直し、つばを飲みこんで、こくっとうなずく。
「自分で登る」
　家族には、背負われて帰る姿をみせたくないのだろう。ア□□□最後は、自分の足で帰りたいに違いない。
「じゃあ、気をつけて行け。おれと会ったことは、だれにも言うなよ」
「えっ、矢吉兄いは一緒《いっしょ》に帰らへんの？」
「どの面さげて、みんなに会えるんや」
「ちょっとだけでも顔をみせてあげたら、おふくろさんが大喜びするで」
　イどうやらトメは、そのために、なんだかんだと言いながら、矢吉をここまで引っぱって来たらしい。
「なあ、せっかくここまで帰ってきたんやし、ちょっとだけ寄っていけばええやん」
【　a　】
【　b　】
【　c　】
【　d　】
　矢吉はふところから銭《ぜに》の入った巾着袋《きんちゃくぶくろ》を取り出した。百文銭《ひゃくもんせん》を五枚だけ抜いて自分のふところへしまい、残りを袋ごとトメの手に乗せた。
「おふくろに渡しといてくれ」
「いやや。自分で渡してあげなよ」
「うるさい！　さっさと行け」
　手にぐいと押《お》しつけると、トメが、半べそをかいたような顔でうなずいた。
「ほな……この銭は、矢吉兄いに京都でAアズかったことにしとくわ。そしたら、おいらも京都で人足してケガしたって言えるもん」
「ええか、もう二度と人足をしようなんて思うな。おまえは、ここで紙すきをしろ」
　小さくうなずいたトメは、つえにすがりながらジグザグの坂道をゆっくり登り始めた。トメの家は坂の途中《とちゅう》にあるから、ひとりでも、なんとかたどりつけるだろう。

矢吉は、そこに立ったまま、さらに上を見あげた。

トメの家から少し登ると、矢吉の家がある。薄い灯りがともり、Yトーン、トーンという音が、遠慮《えんりょ》がちに聞こえてくる。

おふくろが、たったひとりで白皮をたたいているのだ。明日は、また朝早くから、冷たい水をBハったすき舟《ふね》の中で、手を真っ赤にしながら紙をすくのだろう。

坂道を登っていたトメの小さな影《かげ》が、自分の家の戸口に立った。だが、すぐに戸をあけようとはしない。

谷を出てから、たった十日でケガをしてもどってきたのだ。やっぱり、入りにくいらしい。そのまま、じっと立ちつくしている。

いつまでたっても、戸に手をかけないばかりか、逃げだすようなそぶりさえ見せる。

「何をしとるんや。さっさと中へ入らんかい。おまえは、どこへも逃げられへんのやで」

つぶやいたその言葉が、矢吉自身の胸を突《つ》き刺《さ》した。

――おれは、砥石山を逃げてきたんや……。

すると、砥石山のかしらの顔が浮《う》かんできた。矢吉を「なまくらめ！」とどなった、あの無精《ぶしょう》ひげの顔が。

たしかに、ウ今の矢吉はなまくらだ。だけど、このままでいいとは思っていない。心の底では、いつかは一人前になりたいと願っている。

いや、願っているだけでは、一人前になれない。エ根っこのところから自分が変わらなければ……。

矢吉は、戸口で立ちすくんでいるトメに大声で叫《さけ》んだ。

オ「トメー、ええやないか。砥石山でケガをしたって言えよ。おやじと同じことになってしもうたって言えよ！」

とたんに、紙たたきの音が消え、谷は静まりかえった。

「そのかぼそい体で、家のために働こうとしたんやないか。一生《いっしょう》懸命《けんめい》稼ごうとしたんやないか。恥《は》ずかしいことなんかあらへん。胸をはって帰れ！」

トメの小さな影が、こちらを向くのが分かった。

「矢吉兄い……＊おおきに」

「おれのおふくろに言うといてくれ。矢吉は、左官屋は逃げだしたけど、砥石山で、一人前になるための修業《しゅぎょう》をしているってな」

矢吉の家の戸がゴトゴトとあき、人影がのぞいた。暗くて、その顔は定かに分からなかった。カだが、矢吉の目には、ちゃんと見えていた。ほつれた髪《かみ》をかきあげる、あかぎれで痛そうな手が……。

手だけではない。

こけた頬《ほお》も、うすい唇《くちびる》も、つつみこむようなやさしい目も、はっきりと見えていた。

思わず、わらじが一歩前に出た。そのまま坂道を走って登り、なつかしいおふくろの胸にとびこみたかった。だが、足の指先に力をこめ、動き出そうとするわらじを止めた。

――おふくろ……待っててくれ。

矢吉は、くるりと*きびすを返し、黒谷をあとにした。

（吉橋　通夫『なまくら』による）

注　*夜なべ　夜間に仕事をすること。
*コウゾ　植物の名。紙の原料となる。
*おおきに　京都の方言で「ありがとう」の意。
*きびすを返し　あともどりをして。引き返して。

問1　文章中には「トーン　トーン」という音が何度か出てきます。Xトーン　トーン・Yトーン、トーン、トーン　は矢吉にとってそれぞれどのような音だと考えられますか。ふさわしいものを次の中から一つ選び、番号で答えなさい。

1　Xは期待に応えられなかった自分を責める厳しい音で、Yは貧しく苦しい生活に一人で耐《た》える母を思わせる悲しい音

2　Xは故郷での楽しい思い出を呼び起こすあたたかい音で、Yは近所を気遣《きづか》うひかえめな母を思わせる優《やさ》しい音

3　Xは故郷に戻《もど》ってきたことを感じさせる懐《なつ》かしい音で、Yはつつましく懸命に働く母の姿を思い起こさせる切ない音

4　Xは自分を受け止めてくれるどっしりと落ち着いた音で、Yは逃げ出してきた自分を拒絶《きょぜつ》するかのような緊張《きんちょう》した音

問2　ア□□□　には、「最低限それだけは実現させたい」という気持ちを表すことばが入ります。あてはまるひらがな3字のことばを答えなさい。

問3 イどうやらトメは、そのためになんだかんだと言いながら、矢吉をここまで引っぱって来たらしい　とありますが、「そのため」を具体的に言いかえたとき、次の□にあてはまる10字以内のことばを考えて書きなさい。

矢吉を□ため

問4 【ａ】〜【ｄ】には、矢吉が心の中で考えていることばが入ります。次の**1**〜**4**を正しい順番に並べかえなさい。

1　きのう給金をもらったばかりだ。これまで、ためたぶんもあわせれば、土産《みやげ》代《が》わりにおふくろにいくらか渡せる。ほんまにちょっとだけ顔を見に……。

2　だが、おふくろにうそはつけない。小さいころから、うそをついては、すぐに見ぬかれてしかられた。

3　待てよ。まだ左官屋にいることにして、休みをもらって帰ったことにすれば……。

4　いや、だめだ。辛抱できずに左官屋をとびだしたことを知ったら、おふくろがどれだけ悲しむか……。

問5 ウ今の矢吉はなまくらだ　の「なまくら」は、本来、刃物の切れ味が鈍《にぶ》いことをいいます。ここではどのような意味で用いられていますか。ふさわしいものを次の中から一つ選び、番号で答えなさい。

1　頭の中で願うばかりで行動に移すことができない者

2　他人の顔色を気にして自分の意見を押し通せない者

3　つらい仕事から逃げてばかりで辛抱の足りない者

4　引《ひ》っ込《こ》み思案《じあん》で自分の考えを表に出せない者

問6 エ根っこのところから自分が変わらなければ……　とありますが、ここで矢吉がこのように決意した理由としてふさわしいものを次の中から一つ選び、番号で答えなさい。

1　砥石山で一生懸命稼ごうとしたトメに比べて、逃げることばかり考えて砥石山のかしらにどなられた自分が情けなくなって、一人前になりたいと初めて思うことができたから。

2　逃げ出すようなそぶりを見せるトメの姿を見て、自分もトメと同様に家には入れない立場であることを思い出し、恥ずかしい気持ちになってこのままではいけないと強く思ったから。

3　一人前になることができなかったトメの姿を見て、年上の自分がトメよりも先に一人前になって見本になるべきだと考え、もう二度とあきらめないとあらためて思ったから。

4　トメに対して言った「おまえは、どこへも逃げられへんのやで」という言葉によって、矢吉自身が砥石山から逃げてきたことをあらためて自覚し、今の自分を変えたいと痛感したから。

問7　オ トメー、ええやないか　とありますが、ここでの「ええやないか」は、「嘘《うそ》をつかなくてもいい」という意味です。ここでトメは何のためにどのような嘘をつこうとしていたのですか。これを説明した次の文の［　　］にあてはまることばを、本文中のことばを用いて15字以内で答えなさい。

砥石山で仕事をして、父親と同じようにケガをしたことをかくすために、［　　］という嘘をつこうとしていた。

問8　カ だが、矢吉の目には、ちゃんと見えていた　とありますが、これはどのようなことを表していると考えられますか。それを説明した次の文の［①］・［②］にあてはまることばを答えなさい。ただし、①は、本文中から抜き出し、②は6字以内で考えて答えること。

実際には目で見ることのできない［①］の姿を、細かい部分まで［②］ことができたということ。

問9　A アズかった　B ハった　のカタカナをそれぞれ漢字で書きなさい。

二 次の文章を読んで、後の問いに答えなさい。

筆者はこれまでに「よく分かる」ためには「よく分ける」ことが大切であると述べ、二つの「分ける方法」のうち、一つ目の「部分で分ける方法＝分節分類法」について説明しました。以下はそれに続く文章です。なお、1～10は段落番号です。

1 分けて分かるには、もうひとつ手段がある。種類で分ける方法である。ア部分で分ける方法は、大きな全体を小さな部分に切り分け、扱《あつか》いやすく、理解しやすくする。これに対して、種類で分けるとは、同じく犬を例にとると、個物としてではなく類と捉《とら》えて、その種類を考える。コリー犬・ハスキー犬・秋田犬などは、犬の種類である。

2 ということは、一匹《ぴき》の犬を目の前にしても、私たちはふたつの異なった見方をする。ひとつは、犬を個物と捉える見方。このときは個体の構成的な特徴《とくちょう》に目が向く。もうひとつは、犬を類として眺《なが》める見方。つまり、類としての猫《ねこ》などとは異なるものとして見て、またその種類を見分ける。私たちは、このようなふたつの異なった見方を、おそらく同時にするのではなく、瞬時《しゅんじ》に切《き》り替《か》えながら、事実上ほとんど同時におこなうのだろう。個を認定することと類を認定することは、イ不可分に結びつく。

3 部分で分ける方法は〈切って分ける〉、種類で分ける方法は〈まとめて分ける〉。違《ちが》いは明らかだろう。切り分け方式は、特定の個物にAキザみを入れる。まとめ上げ方式は、ある対象がどの仲間に属し、どの仲間を引き連れて来るかと考える。部分で分ける方法を分節分類法と呼んだのに対して、種類で分ける方法は包摂《ほうせつ》分類法と呼ぼう。「包摂」とは、「包《つつ》み込《こ》む」ということである。秋田犬は、より大きな*カテゴリーの犬に「包摂される」「包み込まれる」という意味である。

4 別の例を考えよう。木を分けるにも、やはり二系統ある。一本の木を a で分ければ、幹・枝・葉などに切り分けられる。木を b で分ければ、桜・梅・竹などの仲間にまとめられる。分節分類法は、一本の個物としての木を対象とするのに対して、包摂分類法は、同じ木を眺めながらも、その背後にあるカテゴリー関係を見る。このふたつの分け方に従って、私たちは分けて分かるを実践《じっせん》する。

5 このように、分けて分かるには、〈切って分ける〉方式と〈まとめて分ける〉方式がある。しかし、どちらの方式で分けているのかを迷うときがある。そのときは、《の一部》と《の一種》をウリトマス紙として使おう。枝は木《の一部》であって、木《の一種》ではない。逆に、桜の木は木《の一種》であって、木《の一部》ではない。これを図で表そう。

〈分節分類法〉

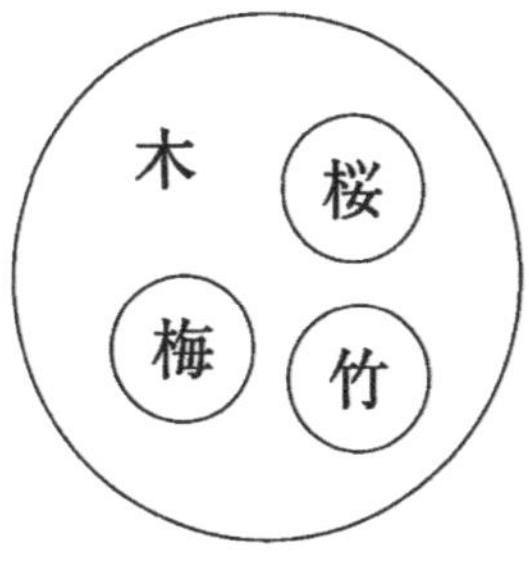

〈包摂分類法〉

図１

《の一部》は、構成要素を表す。あるものの構成要素は、それらがすべて集まってあるものの全体を構成する。幹が木《の一部》であっても、それだけで木は構成できない。枝も葉も根もすべて揃《そろ》って木となる。木は、幹かつ枝かつ葉かつ根かつ……である。X他方、《の一種》は、分類体系を表す。分類には、かならずある観点が必要である。エこの「観点」は、突《つ》きつめれば人間の勝手（都合）である。犬は動物《の一種》であり、ペット《の一種》でもある。ヘビは、ペット《の一種》に入れていいかどうか。ある観点から見て、木は、桜または梅または竹または……である。

6 ベッドを例にとって、整理し直そう。ベッドを部分に分ければ、本体・マット・シーツなどの部分に分かれる。また、ベッドは、そのものが何かの一部になっている。その何かとは何か。常識的には寝室《しんしつ》である。ベッドは寝室《の一部》である。他方、オベッドを種類で分ければ、シングルベッド・ダブルベッド・二段ベッドなどの下位類がえられ、もう一方でベッドは家具という上位類《の一種》となる。

7 このリトマス紙は、抽象的《ちゅうしょうてき》なものにもBユウコウである。文学部は大学《の一部》であって、大学《の一種》ではない。大学を包摂分類法に従って分ければ、たとえば、国立大学、公立大学、私立大学に分かれる。それぞれは、大学《の一部》ではなく、大学《の一種》である。観点を変えて、女子大学や短期大学という分け方も、これに従う。

8 ふたつの分け方に優劣《ゆうれつ》はない。ともによくわかるための大切な思考の経路である。分節分類法は個物を対象とする。この分け方＝分かり方は、より広くは、カ世界を地続き的に理解する方法である。個物を中心にして、その内側は部分に分かれ、その部分はさらに小部分に分かれ、その部分がすべて地続き的につながって全体を構成する。Y他方、同じく個物を中心にして、個物は周りの世界（の個物）と地続き的につながっている。個物は、周りの世界《の一部》となる。文字通りに地続きで隣接《りんせつ》している場合、ひとつの場や場面を共有する場合、いくつかの出来事が連続して起こる場合、さらに、地縁《ちえん》や血縁《けつえん》や学閥《がくばつ》、同じ釜《かま》の飯を食うことなど、これらはいずれも地続き的な見方を表す。

9 もうひとつの包摂分類法は、カテゴリーを対象とする。この分け方＝分かり方は、類と種の関係で世界を類型的に理解する方法である。本来、世界のなかには個物が散らばった地続き的な関係しか存在しないはずである。そこに認識主体が登場して、ある観点から、バラバラな個物を類と種の関係でまとめる。その認識主体が人間ならば、人間の都合に合わせて、つまり、その場で生きていく上で利益が得られるように、世界を分類する。人間の都合だから都合により、このまとめ方は組み替えられる。個物は、なんと名付けられ（分類され）ようと香《かぐわ》しいものは香しいが、カテゴリー関係は、ときに劇的に変化する。宇宙の中で動くものと動かないものの分類が逆転したときのように。

10 分けるという行為《こうい》は、思考の経路の出発点に位置する。それは、理解の経路の出発点でもある。

（瀬戸 賢一『よくわかるメタファー』ちくま学芸文庫による）

注 ＊カテゴリー　分類、ジャンル。

問1 A キザみ　B ユウコウ　のカタカナをそれぞれ漢字で書きなさい。

問2 ア 部分で分ける方法　とありますが、「犬」をこの方法で分けたとき、正しいものはどれでしょうか。次の中から一つ選び、番号で答えなさい。

1　頭部・胴体《どうたい》・尾《お》
2　オオカミ・イヌ・キツネ
3　散歩・エサ・しつけ
4　野良犬《のらいぬ》・ペット・盲導犬《もうどうけん》

問3 イ 不可分　とは「密接に結び付いている、分けることができない」という意味のことばですが、これと同じ成り立ちのことばで「必要な、なくてはならない」という意味のことばは何でしょうか。□にあてはまる漢字一字を答えなさい。

不可□

問4 a ・ b にあてはまることばの組み合わせとしてふさわしいものを次の中から一つ選び、番号で答えなさい。

1　a－包摂　b－分節
2　a－部分　b－種類
3　a－個物　b－対象
4　a－要素　b－全体

問5　ウ リトマス紙　とは、ここではどのような意味で用いられていますか。ふさわしいものを次の中から一つ選び、番号で答えなさい。

1　観察対象　　2　実験道具
3　思考方法　　4　判別手段

問6　X 他方・Y 他方　とありますが、これらについて説明したものとしてふさわしいものを次の中から一つ選び、番号で答えなさい。

1　Xは思考と理解とを比較《ひかく》するために使われているのに対し、Yは対象を個物として捉えて部分で分ける見方と対象を類として捉えて種類で分ける見方とを比較するために使われている。

2　Xは抽象的なものと具体的なものとを比較するために使われているのに対し、Yは物の下位類を考えていく見方と物の上位類を考えていく見方とを比較するために使われている。

3　Xは分節分類法と包摂分類法とを比較するために使われているのに対し、Yは個物を小部分に分ける見方と個物をより大きな全体の小部分とする見方とを比較するために使われている。

4　Xは構成要素と観点とを比較するために使われているのに対し、Yは分節分類法の方が優《すぐ》れているとする見方と包摂分類法の方が優れているとする見方とを比較するために使われている。

問7　エ この「観点」は、突きつめれば人間の勝手（都合）である　とは、どういうことですか。9段落のことばを用いて35字以内で説明しなさい。ただし、「～ということ」につながるようにすること。

問8　オ ベッドを種類で分ければ、シングルベッド・ダブルベッド・二段ベッドなどの下位類がえられ、もう一方でベッドは家具という上位類《の一種》となる　について、次のように説明した場合、図で表すとどうなりますか。本文中の**図1**を参考にして書きなさい。ただし、――線部のことばは必ず使いなさい。

「ベッドは、タンスやテーブルと同じく家具の一種であり、また、ベッドにはシングルベッドやダブルベッド、二段ベッドなどの種類がある。」

問9　カ 世界を地続き的に理解する　とは、どういうことですか。それについて説明したものとしてふさわしいものを次の中から一つ選び、番号で答えなさい。

1　世界はいくつもの小部分から成っており、またそれぞれの小部分もさらに小さな部分から成っていると理解するということ

2　世界はいくつもの小部分に分かれ、それらをある観点から分類することで、種と類の関係が見えてくるものだと理解するということ

3　世界はいくつもの小部分から成っているが、それを分類するのは人間であり、世界は人間を中心としてつながっていると理解するということ

4　世界には細かく分ける見方と種類に分ける見方があるが、そこに優劣はなく、本来は分けられないものであると理解するということ

三　次の詩と解説を読んで、後の問いに答えなさい。なお、1~19は行番号です。

虹《にじ》　　石垣　りん

虹が出ると
みんなおしえたがるよ
とても大きくて
とても美しくて
すぐに消えてしまうから
ためておけないから
虹をとりこにして
ひとつ金もうけしようなんて
だれも考えないから
ア知らない人にまで
大急ぎで教えたがるよ
虹だ!
虹が出てるよ
にんげんて
そういうものなんだ
虹が出ないかな
まいにち
虹のようなものが出ないかな
空に。

（石垣　りん『レモンとねずみ』より）

【解説】

みなさんは、見知らぬ人に声をかけた、もしくは声をかけられたことはありますか。どんなときに声をかけるでしょうか。道に迷ったとき、困っているとき……。もし、空を見上げたときにふと虹が出ているのを見つけたら、あなたはどうするでしょうか。

この詩は、「虹」についてうたわれた詩です。

詩の構成を起承転結とすることがあります。〈起〉は、「うたい起こす」、〈承〉は「『起』を承《う》けて続ける」、〈転〉は、「流れを転じる」、〈結〉は、「全体を結ぶ」という意味を持ちます。

この詩をこの起承転結の四つに分けるとすると、1、2行目を〈起〉と考えてよいでしょう。「虹が出ると」そのことを「みんなおしえたがる」のだということをうたい起こしています。

これに続く、〈承〉の部分では、「おしえたがる」理由を主に二つ挙げて〈起〉をくわしく説明しています。一つ目として、とても大きくて美しいという見た目や「すぐに消えてしまう」という性質が挙げられています。虹は、めったに見ることのできないめずらしいものなのです。二つ目の理由は、虹が「ためておけない」ものであり、「金もうけしようなんてだれも考えない」ものだということです。人は虹を前にして利益を得ようなどという、[A]深い気持ちを持たないのです。しかも「知らない人にまで」とあることから、虹を見つけた喜びはできるだけ多くの人と分かち合いたいものだということが分かります。

〈転〉では、これまでの流れから大きく転じていることが二つあります。一つは語り手です。これまでの語り手ではない具体的な誰《だれ》かのことばから始まっています。イその部分にだけ「　」を付けることができそうです。もう一つは語られる内容です。これまでは「 X 」の説明でしたが、「 Y 」の本質にまで語りが及《およ》ぶのです。そしてその本質をウ「そういうものなんだ」と発見した語り手の喜びが感じられます。

〈結〉では、「虹」が毎日出てほしいという願いがうたわれています。「虹」は、毎日出ることはありません。だから「虹のようなもの」、つまり虹と同じような働きをするものが毎日出てほしいと述べているのです。

最後は、 B によって「空に」ということばが強調されています。虹は空に出ますが、「虹のようなもの」は空に出るとは限りません。それでも「空」が強調されるのは、空が C の上にあるものであるからで、「虹のようなもの」が世界全体に広がり、そうして世界中が幸せに満たされてほしいという思いが込《こ》められているからでしょう。

あなたの身の回りに「虹のようなもの」はありますか。

問1 ア知らない人にまで の「まで」と同じ使い方をしているものを次の中から一つ選び、番号で答えなさい。
1 腕《うで》ばかりか足まで怪我《けが》をした。
2 朝から晩まで働く。
3 改めて言うまでもない。
4 嫌《いや》ならやめるまでだ。

問2 A にあてはまる漢字一字を考えて書きなさい。

問3 イその部分にだけ「　」を付けることができそう とありますが、それはどこですか。あてはまる行番号をすべて答えなさい。

問4 X ・ Y にあてはまる最もふさわしいことばを詩の中からそれぞれ抜き出しなさい。

問5 ウそういうもの　とありますが、それについて説明したものとしてふさわしいものを次の中から一つ選び、番号で答えなさい。

1　誰とでも明るく無邪気《むじゃき》に喜び合うことができるもの
2　知らない人をも助けようとする優《やさ》しさをもったもの
3　多くの人と感動を共有することに喜びを感じるもの
4　他者に感謝を伝えることができる素直《すなお》さをもったもの

問6 [B] にあてはまる技法を次の中から一つ選び、番号で答えなさい。

1　体言止め　　2　倒置法《とうちほう》
3　省略法　　4　擬人法《ぎじんほう》

問7 [C] にあてはまる最もふさわしいことばを詩の中から抜き出しなさい。

四 次の説明を読んで、後の問いに答えなさい。

例のように、[A]・[B]・[C]にはそれぞれ漢字一字が入り、熟語のしりとりができます。[A]・[B]・[C]に入る漢字のうち、二字を組み合わせると、一つの熟語ができます。

例

作[A]→[A]流→流[B]→[B]画→画[C]→[C]目

A＝物　B＝動　C＝面

答え→**動物**

問 次の①～④について、できあがる熟語をそれぞれ答えなさい。ただし、次の漢字は、①～④のいずれかで一つずつ使います。

利・将・入・力

① 伝[A]→[A]客→客[B]→[B]名→名[C]→[C]軍
② 収[A]→[A]手→手[B]→[B]進→進[C]→[C]問
③ 未[A]→[A]全→全[B]→[B]作→作[C]→[C]分
④ 権[A]→[A]器→器[B]→[B]意→意[C]→[C]覚

2020年度

算　　数

（100点　50分）

注意事項

1．試験開始のチャイムが鳴るまで、この問題冊子《さっし》を開いてはいけません。
2．問題冊子は表紙をのぞいて８ページです。
3．答えはすべて解答用紙に正確に記入しなさい。
4．問題冊子の印刷が悪かったり、ページが足りないときや、解答用紙のよごれなどに気づいた場合は、手をあげて先生に知らせなさい。
5．試験が終わったら問題冊子は持ち帰りなさい。

西南学院中学校

1 次の問いに答えなさい。

(1) $\left(\frac{1}{8}+0.625\right)\times\left\{2\frac{1}{6}-(1-1\div 6)\right\}$ を計算しなさい。

(2) 次の □ にあてはまる数を答えなさい。

$(\square\times 25-6)\div 7=2$

(3) ある町の面積は 8.7 km^2，総人口は 43500 人である。
36000 m^2 あたりの人口は何人か。

(4)　図において，● は同じ角度を表している。アの角度は何度か。

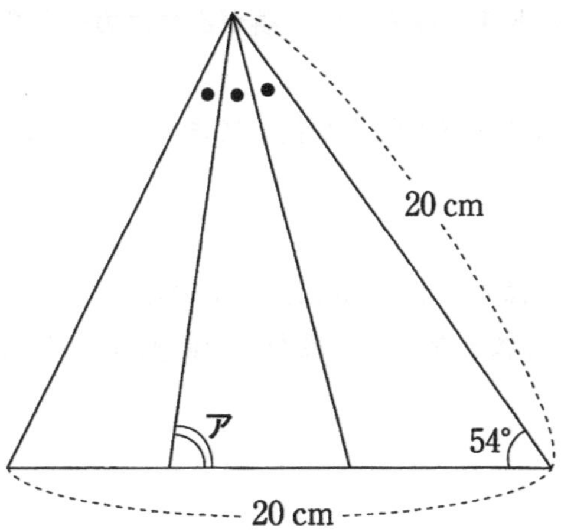

(5)　次の図は，ある立体の展開図である。組み立ててできる立体の体積は何 cm^3 か。

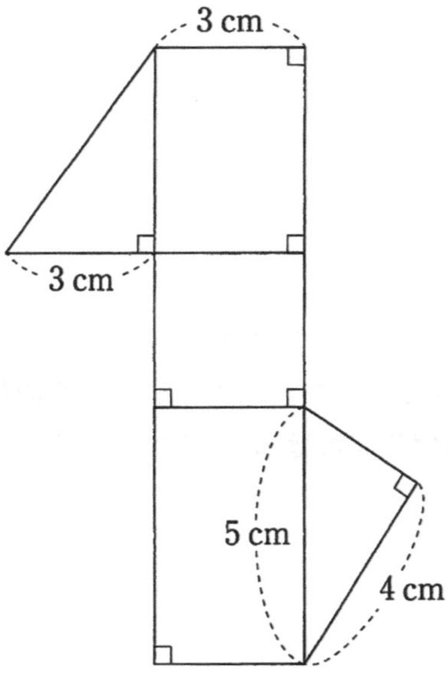

2 次のルールでＳさんはゲームを行う。

> コインを１回投げて,
> 表が出ればカードを３枚もらい，裏が出ればカードを２枚取られる。

はじめにＳさんはカードを何枚か持っており，ゲームの途中でカードがなくなることはなかった。

(1) はじめにＳさんはカードを10枚持っている。コインを5回投げ終えたとき，カードの枚数は20枚となった。表が出た回数は何回か。

(2) はじめにＳさんはカードを何枚か持っている。コインを10回投げると，表が6回，裏が4回出た。このとき，カードの枚数ははじめに持っていたカードの枚数の $\frac{4}{3}$ 倍となった。はじめにＳさんが持っていたカードは何枚か。

(3) はじめにＳさんはカードを10枚持っている。コインを何回か投げ終えたとき，カードの枚数は17枚となった。コインを投げた回数は何通り考えられるか。
ただし，コインを投げる回数は30回までとする。

3 ある硬貨《こうか》は銅，亜鉛《あえん》，ニッケルという３種類の金属を混ぜてできた金属からつくられている。このように，何種類かの金属を混ぜてできた金属を合金《ごうきん》と呼ぶ。

さて，A，B，Cの３種類の金属を混ぜ合わせて合金をつくる。
A，B，Cは，1000 g あたりの材料費がそれぞれ 400 円，370 円，310 円である。

(1)　Aを □ g，Bを 1000 g，Cを 1000 g 混ぜて合金をつくると，材料費は全部で 940 円であった。□ にあてはまる数を答えなさい。

(2)　AとBとCを２：３：５の重さの比で混ぜて合金を 1000 g つくった。
このとき，かかった材料費は全部でいくらか。

(3)　BとCを１：２の重さの比で混ぜ，さらにAも混ぜて合金を 1000 g つくると，かかった材料費は全部で 358 円であった。
このとき，混ぜたAの重さは何 g か。

4　1辺の長さが 10 cm の立方体 A がある。面ア，イ，ウのどれかと平行な断面ができるように A を何回か切る。切り終わったあと，A をばらばらにした立体について考える。
たとえば，図のように A をア，イと平行にそれぞれ 1 回ずつ，合計 2 回切ると，全部で 4 個の立体ができる。

A

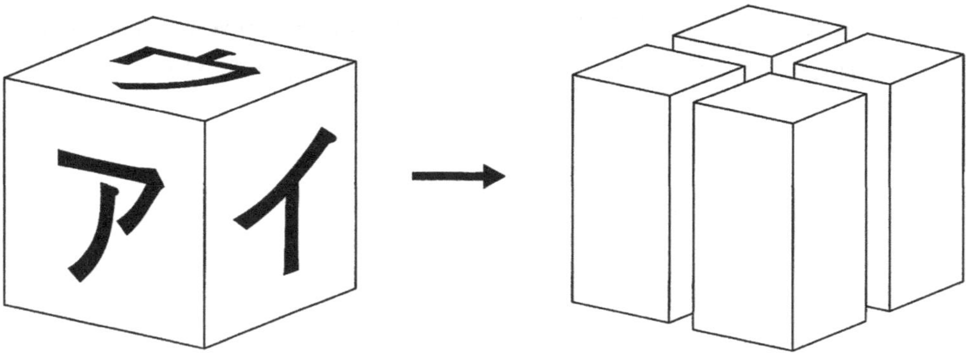

(1)　A をア，イ，ウと平行にそれぞれ 1 回ずつ，合計 3 回切ったとき，できた立体の表面積の和は，A の表面積の何倍か。

(2)　A をアと平行に 1 回，イと平行に 2 回，ウと平行に 3 回，合計 6 回切ったとき，できた立体の個数は全部で何個か。

(3)　A をア，イ，ウと平行に何回か切って全部で 36 個の立体をつくる。36 個の立体の表面積の和をできるだけ小さくするとき，切る回数の合計を何回にすればよいか。

5 男子 8 人，女子 8 人の合計 16 人の生徒を，男子 2 人，女子 2 人の 4 つのグループ A，B，C，D にそれぞれ分けた。下の表は，生徒 16 人が 20 点満点のテストを受けた結果をまとめたものである。ただし，表の □ は男子を表し，★には同じ数が入る。

グループ	A				B				C				D			
生徒	①	②	③	④	⑤	⑥	⑦	⑧	⑨	⑩	⑪	⑫	⑬	⑭	⑮	⑯
得点		★	10	11	13	18		11		★	5	18	9	16	11	8
平均点	14				12				15				11			

(1) 生徒 ⑦ の得点は何点か。

(2) ★ に入る数は何通り考えられるか。

(3) 次のア～オの文章のうち，必ず正しいといえるものはどれか。
すべて選び，記号で答えなさい。

ア．女子 8 人の得点の平均は 11 点である。
イ．男子 8 人の得点の平均は 16 点である。
ウ．生徒 16 人の得点の平均は 13 点である。
エ．男子 8 人の得点を小さい方から順に並べたとき，5 番目の得点は 18 点である。
オ．生徒 16 人の得点を小さい方から順に並べたとき，9 番目の得点は 13 点である。

6 右の図のように，半円をさらに半分にした図形を『 $\frac{1}{4}$ 円 』と呼ぶことにする。

下の例のように，長方形ABCDの紙にコンパスを使って $\frac{1}{4}$ 円 を次々とかく。

ただし，中心はA→B→C→D→A→・・・の順番となるようにする。

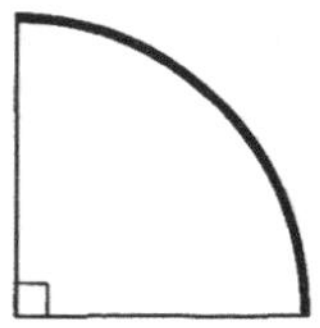

〔例〕縦 10 cm，横 15 cm の紙の場合

① 針を点Aに重ねて辺ADの長さを半径として，点Dから辺ABにぶつかるまで1個目の $\frac{1}{4}$ 円 をかく。

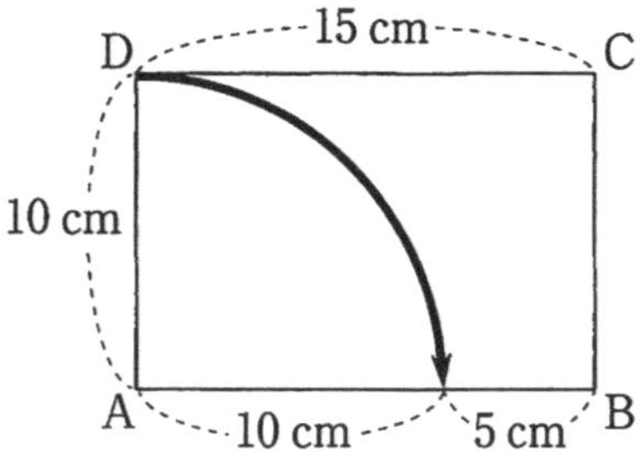

② 針を点Bに重ねて，辺BCにぶつかるまで2個目の $\frac{1}{4}$ 円 をかく。

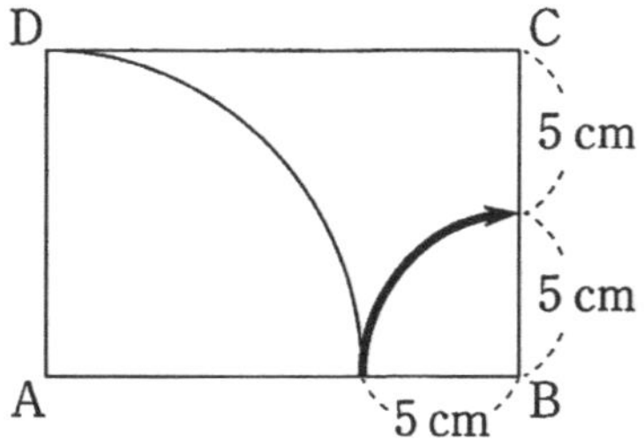

③ さらに，針を点Cに重ねて，辺CDにぶつかるまで3個目の $\frac{1}{4}$ 円 をかく。

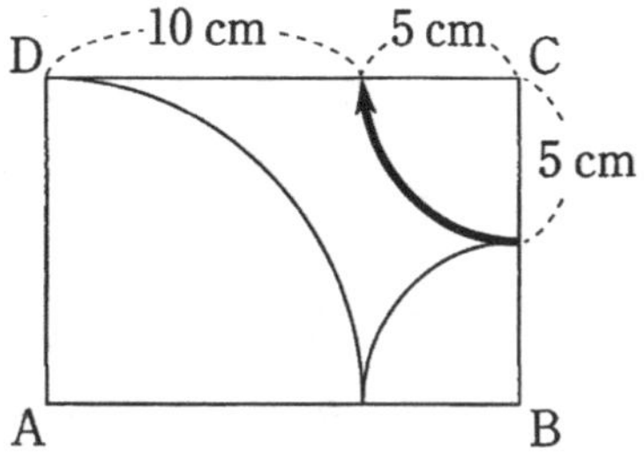

④ このような作業を，$\frac{1}{4}$ 円 がかけなくなるまで続ける。

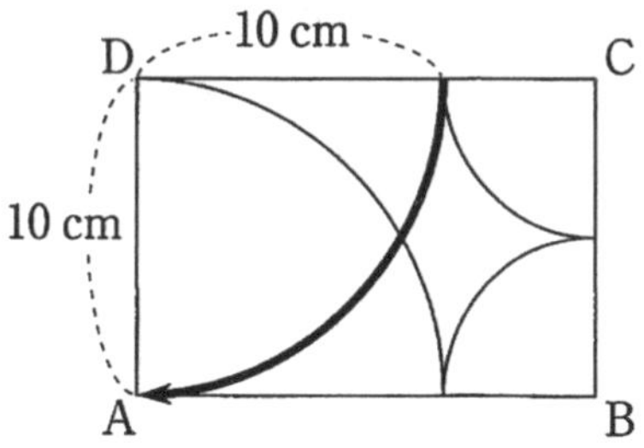

この場合，4個の $\frac{1}{4}$ 円 をかくことができ，5個目の $\frac{1}{4}$ 円 はかくことができない。

(1) 左ページの〔**例**〕のとき，コンパスがかいた線の長さの和は何 cm か。
ただし，円周率は 3.14 とする。

(2) 右の図の縦 11 cm の紙に $\frac{1}{4}$ 円 をかくと，
3 個目までかくことができた。
部分の面積は何 cm^2 か。
ただし，円周率は 3.14 とする。

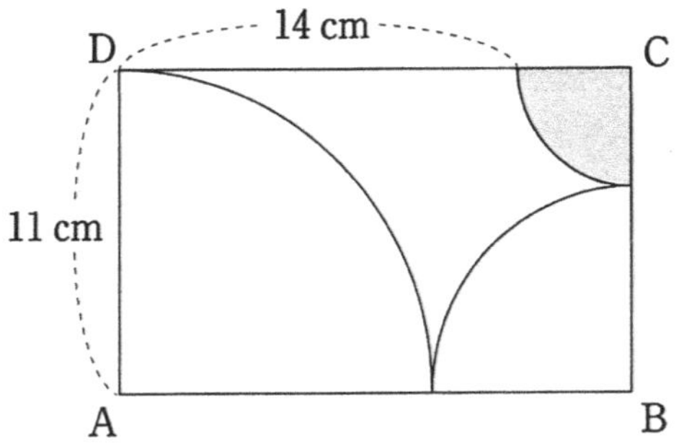

(3) 縦 10 cm，横 11 cm の紙に $\frac{1}{4}$ 円 をかくと，全部で何個かけるか。

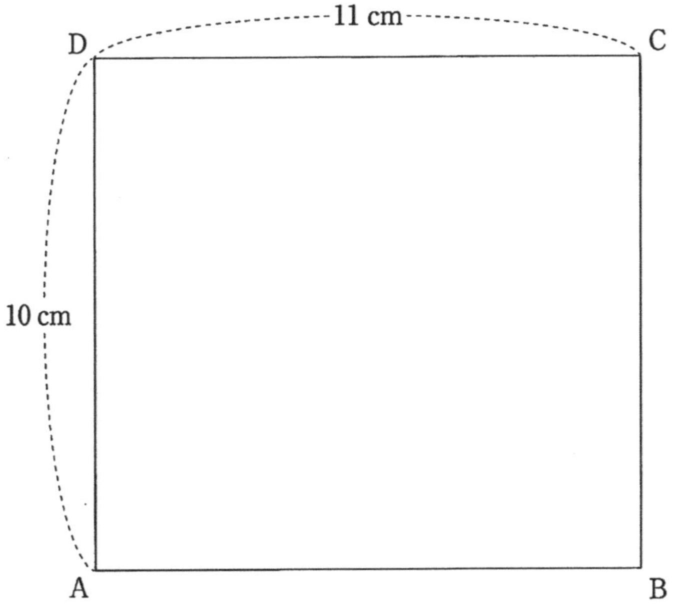

2020年度

理　　科

（100点　40分）

注意事項

1．試験開始のチャイムが鳴るまで、この問題冊子《さっし》を開いてはいけません。
2．問題冊子は表紙をのぞいて13ページです。
3．答えはすべて解答用紙に正確に記入しなさい。
4．問題冊子および解答用紙の印刷が悪いときや、ページが足りないときは、手をあげて先生に知らせなさい。
5．試験が終わったら問題冊子は持ち帰りなさい。

西南学院中学校

1　**Sさんはメダカを飼うことにしました。たまごが産まれるようにオスとメスのメダカを何びきかずついっしょの水そうに入れて，たまごがつきやすいように，オオカナダモを入れました。下の問いに答えなさい。**

（1）　オスのメダカの特ちょうを正しく表しているものを次の中から1つ選び，記号で答えよ。

ア

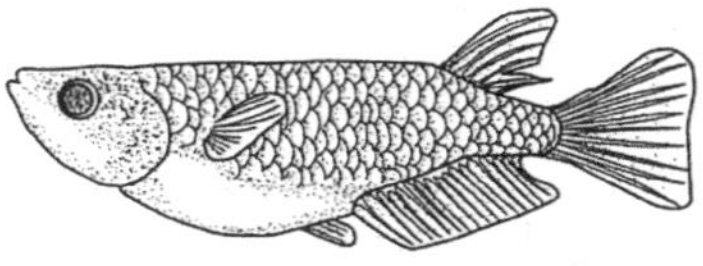

せびれに切れこみがあり
しりびれはメスよりもはばが広い

イ

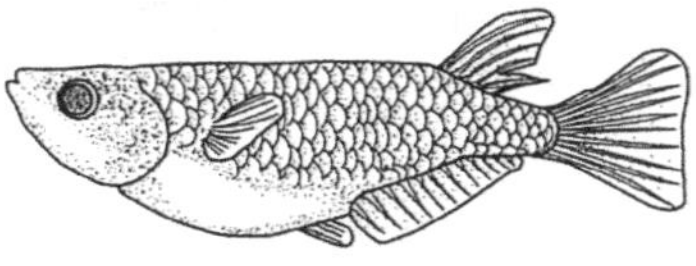

せびれに切れこみがあり
しりびれはメスよりもはばがせまい

ウ

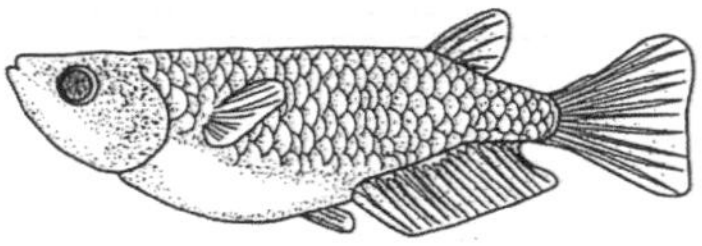

せびれに切れこみがなく
しりびれはメスよりもはばが広い

エ

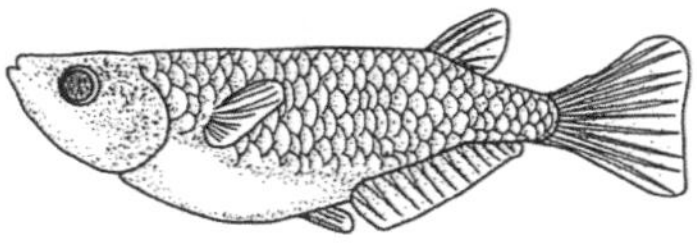

せびれに切れこみがなく
しりびれはメスよりもはばがせまい

（2）　メダカの飼い方として正しいものを次の中から1つ選び，記号で答えよ。

ア　水そうは直射《ちょくしゃ》日光がきちんとあたる明るいところに置く。
イ　食べ残しが十分に残るくらいの量のえさをあたえる。
ウ　水そうの水に水道水を使うときは，くみ置きしたものを使う。
エ　メダカを食べるタニシやモノアラガイは見つけたらすぐに取り除く。

（3）　たまごがふ化するまでのようすを正しくならべよ。

ア

イ

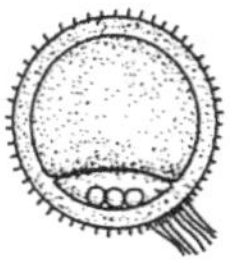

ウ

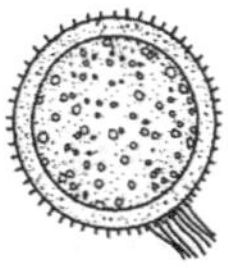

エ

Sさんはオオカナダモを使って次のような手順で実験をおこなった。ただし，BTB液の色は下の図のように変化する。

手順1　ビーカーに入れた青色のBTB液にガラス管で息をふきこみ，黄色にした。
手順2　試験管に黄色のBTB液とオオカナダモを入れてゴムせんをした。
手順3　試験管に日光を当ててBTB液の色の変化を調べた。

結　果　BTB液の色が黄色から青色に変化した。

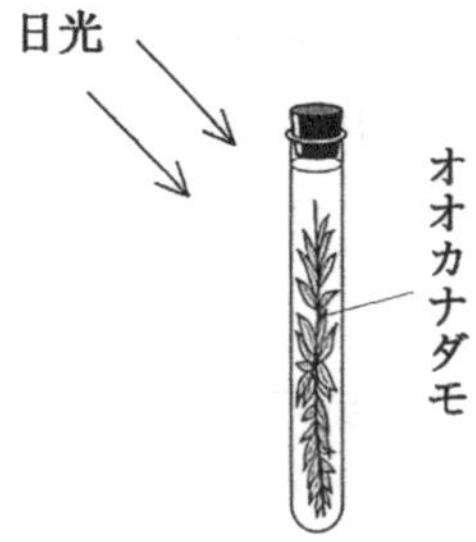

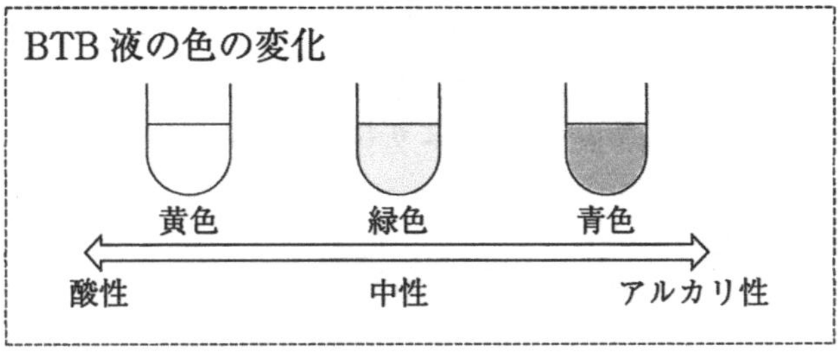

（4）　Sさんはこの実験の結果について先生にたずねた。次の文の空らんにあてはまる言葉を答えよ。

Sさん：この実験でBTB液が青色になったのはなぜですか。
先　生：ではまず，BTB液に息をふきこむと，なぜ黄色になったのか考えてみましょう。
Sさん：息にふくまれる（　①　）が水にとけたからだと思います。
先　生：そうです。では，試験管に日光を当てるとBTB液が青色にもどったのはなぜでしょう。
Sさん：水にとけていた（　①　）が減ったからですか。
先　生：その通り。（　①　）が減ったのは，オオカナダモが使ったからです。何に使ったのでしょう。
Sさん：オオカナダモは植物なので，日光を当てると他の植物と同じように（　②　）をおこないますか。
先　生：はい，おこないます。
Sさん：ということは（　②　）で養分を作るために（　①　）を使ったのだと思います。
先　生：そうですね。他に気づいたことはありますか。

Ｓさん：この実験中オオカナダモをよく見るとあわがついていました。私の飼っているメダカの水そうに入っているオオカナダモもよく晴れた昼，あわがついていることがあります。この実験から考えると，このあわは，（　②　）によって作られた（　③　）ですか。

先　生：よく考えましたね。メダカは（　④　）とよばれる部分で呼吸をしています。Ｓさんの飼っているメダカの水そうにはオオカナダモの作った（　③　）がとけていて，（　④　）で血管を流れる血液中に取り入れられます。メダカの（　④　）は，人やウサギの（　⑤　）と同じはたらきをしています。

Ｓさん：水そうのオオカナダモはたまごをつけるだけではなく，メダカの呼吸にも役立っているのですね。

（5）　昔から日本にいるメダカやそのメダカをとりまく環境《かんきょう》に関する次の文のうち，**まちがっているもの**を１つ選び，記号で答えよ。

ア　メダカは近年減っており，絶滅《ぜつめつ》危《き》惧《ぐ》種に指定されている。

イ　ブラックバスなど外来種の増加がメダカの減った原因の１つであると考えられている。

ウ　田んぼの用水路をコンクリートで護岸整備することでメダカを保護している。

エ　水辺の自然環境を人工的に再現するビオトープを作ってメダカを増やそうとしている。

2 ある夏の日の夕方ごろに，Ｓさん，Ｗさん，先生の３人は福岡市内で月の観察をおこないました。このときの３人の会話文を読んで，下の問いに答えなさい。

Ｓさん：南の空に月が見えるね。先週とはちょっと形がちがうかな。
Ｗさん：月の形や見える位置が変わる理由は（　①　）だったよね。
先　生：そうだね。前に学習した時は図１を見ながら月の満ち欠けについて考えたよね。
Ｓさん：図１は北極の方から地球を見たものだったので，今見えている月は図１のＡの位置にある月だということがわかりますね。

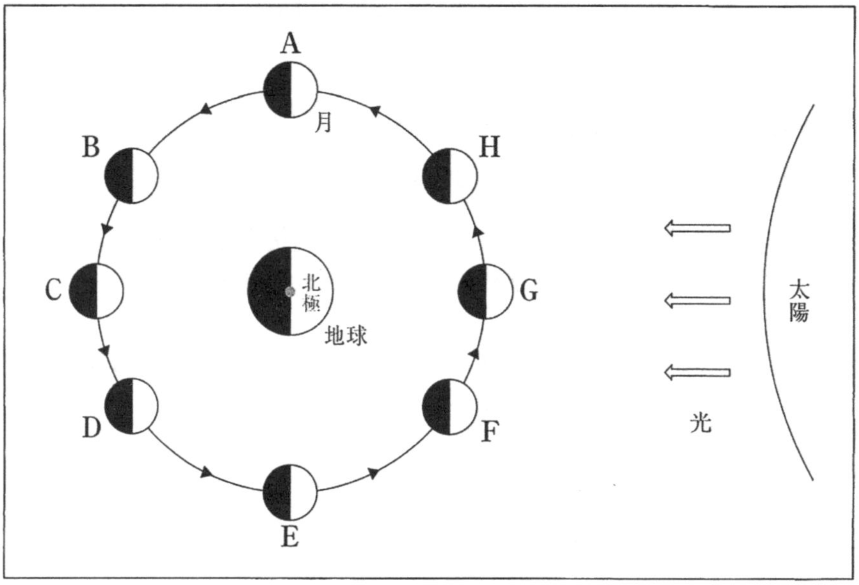

図１

先　生：昔の人たちも私たちと同じように月を見ていたみたいだよ。与謝蕪村《よさぶそん》が現在の神戸市付近でよんだ『菜の花や　月は東に　日は西に』という俳句があるけれど，今まで学習したことと合わせて考えると，与謝蕪村が月を見た時期や時刻を推測することができるんだ。
Ｓさん：時期は（　②　）ごろですよね。
Ｗさん：『月は東に　日は西に』と言われているから，時刻は（　③　）ごろで，その時に月が図１の（　④　）の位置にあると考えれば，月の形は（　⑤　）になるのかな。
先　生：その通り。月が出る時刻や月の形をよく理解できているね。

（1） 左の会話をしているときに３人が観察した月はどのような形だったか。正しいものを次の中から１つ選び，記号で答えよ。

ア　イ　ウ　エ　オ　カ　キ

（2） 会話文中の（　①　）に入る文として正しいものを次の中から１つ選び，記号で答えよ。

ア　月が強い光を出してかがやいているから
イ　月の表面にクレーターというくぼみがあるから
ウ　太陽と地球と月が一直線に並ぶから
エ　太陽と月の位置関係が変わるから

（3） 会話文中の（　②　）に入る文として正しいものを次の中から１つ選び，記号で答えよ。

ア　菜の花がさいているから４月
イ　菜の花がさいているから10月
ウ　月が東から出てきているから４月
エ　月が東から出てきているから10月
オ　日が西にしずんでいるから４月
カ　日が西にしずんでいるから10月

（4） 会話文中の（ ③ ）～（ ⑤ ）に入る言葉の組み合わせとして正しいものを次の中から１つ選び，記号で答えよ。

	③	④	⑤
ア	午前６時	B	新月
イ	午前６時	C	満月
ウ	午前６時	E	半月
エ	午前６時	G	新月
オ	午後６時	B	新月
カ	午後６時	C	満月
キ	午後６時	E	半月
ク	午後６時	G	新月

（5） 下の会話文中の（ ）に入る正しい月の位置を図１のA～Hから，それぞれ１つずつ選び，記号で答えよ。

先　生：日本には「十五夜《じゅうごや》」や「立待月《たちまちづき》」など，月にちなんだ言葉も多くあるよね。

Ｓさん：2019年は９月13日が「十五夜」でしたよね。

Ｗさん：そうそう。2020年は10月１日らしいよ。今は毎年「十五夜」の日が変わるけど，昔の月を使った暦《こよみ》では８月15日が「十五夜」とされていたんだって。

Ｓさん：「十五夜」は新月から数えて15日目の夜のことを表すから，その日には図１の（ ⑥ ）の位置にある月が見えるはずだね。ところで先生，「立待月」ってどのような月ですか。

先　生：そうだね。「立待月」というのは日がしずんで暗くなってから立って待っているうちに出てくる月のことを表しているよ。

Ｗさん：ということは，図１の（ ⑦ ）の位置にある月が見えるのですか。

先　生：よくわかったね。実際には，日がしずんでから１～２時間待たないと見られないから，立って待つのは少しきついかな。

（6） 日本では，月をふくめて宇宙についてのさまざまな調査や研究が行われている。2014年に打ち上げられた小わく星探査機「はやぶさ２」は，目標とする小わく星に着陸した後，表面の鉱物などを採取して地球に持ち帰る予定である。2019年２月22日に「はやぶさ２」が着陸に成功した小わく星の名前をカタカナで答えよ。

問題は次のページに続きます

3 ビーカー①～④には水酸化ナトリウムの水よう液，炭酸水，塩酸，石灰水のどれかが入っています。それぞれ赤色のリトマス紙と青色のリトマス紙につけて，色の変化を調べました。また，蒸発《じょうはつ》皿に少しずつとって熱したときのにおいと残ったものについて調べ，表にまとめました。下の問いに答えなさい。

ビーカー	赤色リトマス紙の変化	青色リトマス紙の変化	におい	熱したあとに残ったもの
①	変化しなかった	赤くなった	しなかった	何も残らなかった
②	変化しなかった	赤くなった	つんとくるにおい	何も残らなかった
③	青くなった	変化しなかった	しなかった	白い固体が残った
④	青くなった	変化しなかった	しなかった	白い固体が残った

（1） 実験のときに気をつけることとして**まちがっているもの**を次の中から１つ選び，記号で答えよ。

ア 液をむやみにまぜない

イ 気体が発生する実験ではかん気する

ウ 蒸発皿の中を真上からのぞきこむようにして観察する

エ 液のにおいを調べるときは気体を手であおぐようにする

（2） ビーカー①，②の水よう液は，それぞれ何の水よう液か。

（3） ビーカー③と④の結果が同じだったので，ビーカー①の水よう液をそれぞれに入れてみると，ビーカー④の水よう液の方だけが白くにごった。ビーカー④の水よう液は何か。

（4） ビーカー①の水よう液とビーカー③の水よう液を10℃にしておいた。それぞれ2つの注射《ちゅうしゃ》器に入れ，1本ずつ10℃の場所と40℃の場所にしばらくおいたとき，注射器はそれぞれどのようになったか。正しい組み合わせを1つ選び，記号で答えよ。

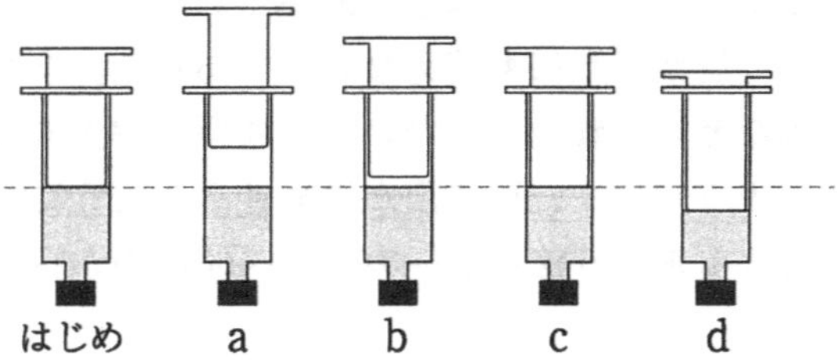

	ビーカー①の水よう液		ビーカー③の水よう液	
	10℃	40℃	10℃	40℃
ア	a	a	b	b
イ	a	b	c	c
ウ	a	b	d	d
エ	b	a	a	a
オ	b	a	c	c

ビーカー①～④の水よう液が何かわかったので，さらに次の実験をおこなった。

手順1　塩酸と水酸化ナトリウムの水よう液にそれぞれアルミニウムを入れると，どちらもあわを出しながらアルミニウムがとけていった。

手順2　手順1のアルミニウムからあわが出ている塩酸にアルミニウムからあわが出ている水酸化ナトリウムの水よう液をまぜると，あわが出なくなった。

手順3　塩酸と水酸化ナトリウムの水よう液にそれぞれ鉄を入れると，塩酸ではあわを出しながら鉄がとけていったが，水酸化ナトリウムの水よう液ではとけなかった。

（5） 手順1～3について書いた次の文章のうち，**まちがっているもの**はどれか。2つ選び，記号で答えよ。

ア　手順1のあとの塩酸の一部を熱して水を蒸発させると，アルミニウムが残った。

イ　赤色リトマス紙と青色リトマス紙それぞれに手順2でまぜた液をつけても，どちらも変化しなかった。

ウ　手順2であわが出なくなったのは，塩酸と水酸化ナトリウムの水よう液の性質をたがいに打ち消し合ったからである。

エ　手順3の鉄からあわが出ている塩酸に鉄を入れた水酸化ナトリウムの水よう液を加え続けても，あわは止まらなかった。

(6)　これらの実験からわかったことは，私たちの日常の生活にも生かされている。それについての次の２つの問いに答えよ。

(i)　ある温泉からわき出る湯は強い酸性であるため，その温泉から流れ出る川は魚もすめない，農業用水にも使えない川であった。また，鉄やコンクリートもとかすので，橋なども作れなかった。その問題を解決するためにある物質を加えて，魚がすめるように，また農業用水にも使えるようにしている。その物質と同じはたらきができる水よう液をビーカー①～④の中から２つ選び，記号で答えよ。

(ii)　ビーカー③，④のように水よう液の水を完全に蒸発させると，とけていた固体を取り出すことができる水よう液もある。これを利用して，古くから塩は海水から伝統的な方法で作られてきた。その手順についての文章中の，（　a　）～（　e　）にあてはまる言葉や文を，下の**ア**～**ク**からそれぞれ選び，記号で答えよ。

❶　海水を砂場にまいて，日光でかわかす。このとき，（　a　）。

❷　❶でかわかした砂を集めて箱に入れ，その上から（　b　），箱の下から海水より（　c　）を取り出す。このとき，砂は（　d　）によって取りのぞかれる。

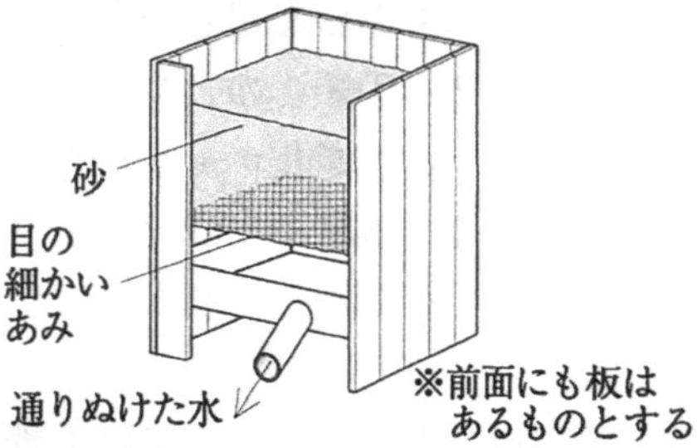

❸　大きななべで（　c　）を熱して水を（　e　）させて塩を取り出す。

ア　たくさんの塩をふくむように何度もくり返す
イ　何度もくり返しても，塩は流れてしまうので，１回だけまいてしっかりかわかす
ウ　水を流して，塩以外の不純物を洗い流し
エ　海水を流して，できるだけたくさんの塩をふくむようにし
オ　こい塩水　　**カ**　うすい塩水
キ　ろ過　　**ク**　蒸発

4 **同じ大きさの鉄球とガラス球をおもりとし，長さがそれぞれ25cmの糸ａと50cmの糸ｂを使って，図のようなふりこをつくり，ふりこの長さとふれはばを変えて，ふりこが１往復する時間を求める実験をおこないました。下の問いに答えなさい。**

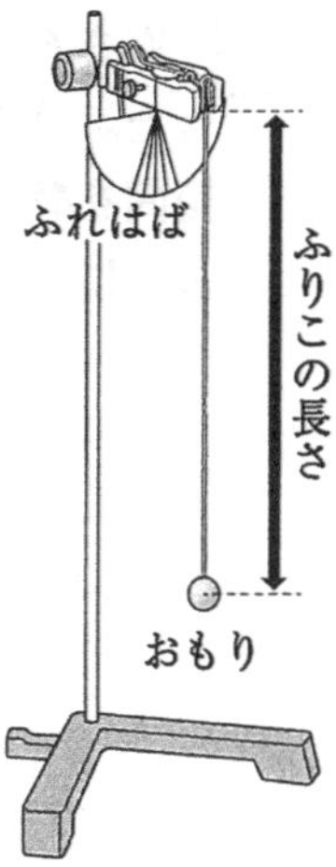

（１） ふりこが１往復する時間は，10往復する時間をストップウォッチではかり，それを10でわって求めることとする。このときの実験の方法として，正しいものを次の中から１つ選び，記号で答えよ。

ア この実験を３回おこない平均を出すと教科書に書いてあったが，２回おこなったとき同じ結果になったため，３回目はおこなわなかった。
イ この実験を３回おこなったが，１回だけちがう結果になったので，３回続けて同じ結果になるまでくり返した。
ウ おもりが一方向にふれず円をえがくようにふれたので，その実験をやり直した。
エ 実験中に手がおもりにあたってしまったが，ふりこの動きはあまり変わらなかったので，実験を続けた。

（２） 下図の位置から手をはなして，ふりこをふらせた。ふりこが１往復する時間が**大きい方から順に並べ**，その大小関係を例にならって，＞，＝の記号を用いて表せ。
例 ①＞②＝③＝④＞⑤

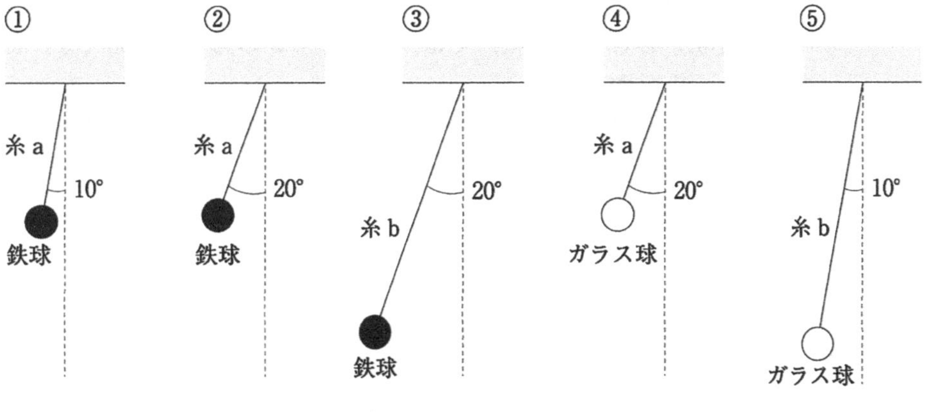

（３） 400年くらい前にイタリアのピサ大聖堂で，シャンデリアがゆれているようすを観察し，ふりこの研究をしたイタリアの科学者の名前を答えよ。

ピサ大聖堂

5 **Wさんが賞状をホワイトボードに磁石でとめようとしたところ，すべり落ちてしまいました。うすい紙は磁石でとめることができたのに賞状はとめることができなかったことに疑問を感じインターネットで調べたところ，磁石が紙をおす力と紙の厚さの関係が図１のようになることがわかりました。下の問いに答えなさい。**

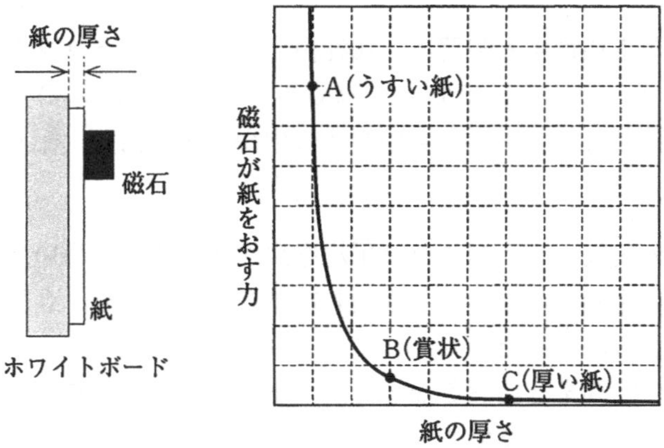

図１

（1） 賞状を磁石でとめることができなかった理由として正しいものを次の中から１つ選び，記号で答えよ。

ア　A（うすい紙）では大きな力がはたらくが，少し厚くなりB（賞状）になると急に力が小さくなるため。

イ　磁石からおされてもA（うすい紙）はほとんどおしつぶされないが，B（賞状）はおしつぶされてしまうため。

ウ　B（賞状）とC（厚い紙）では，同じくらいの力がはたらくが，B（賞状）の方がやわらかいため。

エ　B（賞状）とC（厚い紙）では，同じくらいの力がはたらくが，B（賞状）の方がかたいため。

(2)　Wさんは，磁石が賞状をおす力の大きさを調べるために図2のようにてこを利用したさおばかりをつくって実験をおこなった。さおばかりの左側に磁石をとりつけ，高さを変えることができる台の上にホワイトボードを固定し，その上に賞状をおき磁石ではさみ，長さ80cmの棒が水平になるように台の高さを調整した。その後，100gのおもりをつるし支点の近くから少しずつ右に動かしていったところ，支点から28cmになったとき，磁石が賞状からはなれて，さおばかりは右にかたむいた。この実験で，磁石が賞状をおす力は，おもり何gの重さに等しいか。ただし，磁石や棒などおもり以外の重さは考えなくてよいものとする。

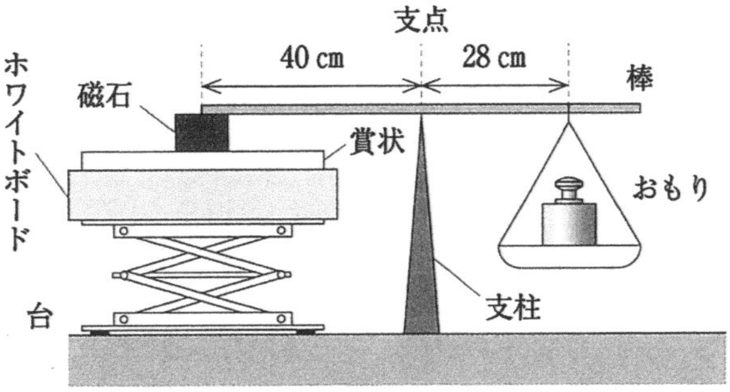

図2

(3)　次に，図3のように天じょうにホワイトボードを固定し，賞状を磁石ではさんで，棒が水平になるようにひもの長さを調整した。

図3の状態からおもりをつるして，少しずつ動かして，賞状がホワイトボードからはなれるときの力の大きさをはかりたい。おもりをどこにつるした後，どのように動かせばよいか。次の中から1つ選び，記号で答えよ。ただし，磁石は棒にとりつけられていて，はなれないものとする。

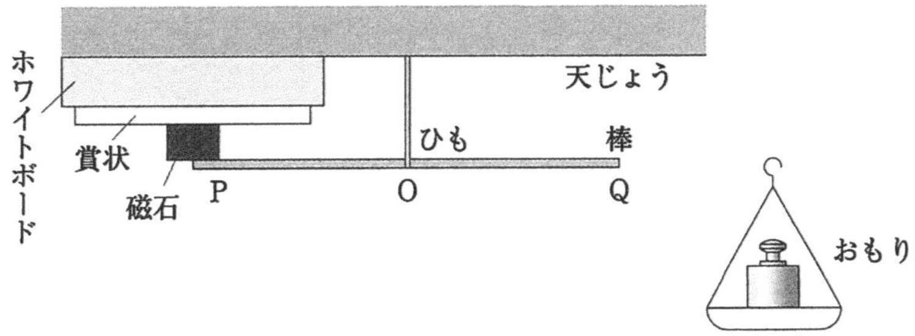

図3

ア　Pにつるした後，Oに向かって動かす。
イ　Oにつるした後，Qに向かって動かす。
ウ　Qにつるした後，Oに向かって動かす。
エ　Oにつるした後，Pに向かって動かす。

2020年度

社　　会

（100点　40分）

注意事項

1．試験開始のチャイムが鳴るまで、この問題冊子《さっし》を開いてはいけません。

2．問題冊子は表紙をのぞいて13ページです。

3．答えはすべて解答用紙に文字または記号で正確に記入しなさい。

4．問題冊子および解答用紙の印刷が悪いときや、ページが足りないときは、手をあげて先生に知らせなさい。

5．試験が終わったら問題冊子は持ち帰りなさい。

西南学院中学校

1　京都へ修学旅行に行くことになった小学生たちが、次の地図を見て自由行動の計画を立てています。下の会話文を読んで、問１～問６に答えなさい。

1：50,000（５万分の１）

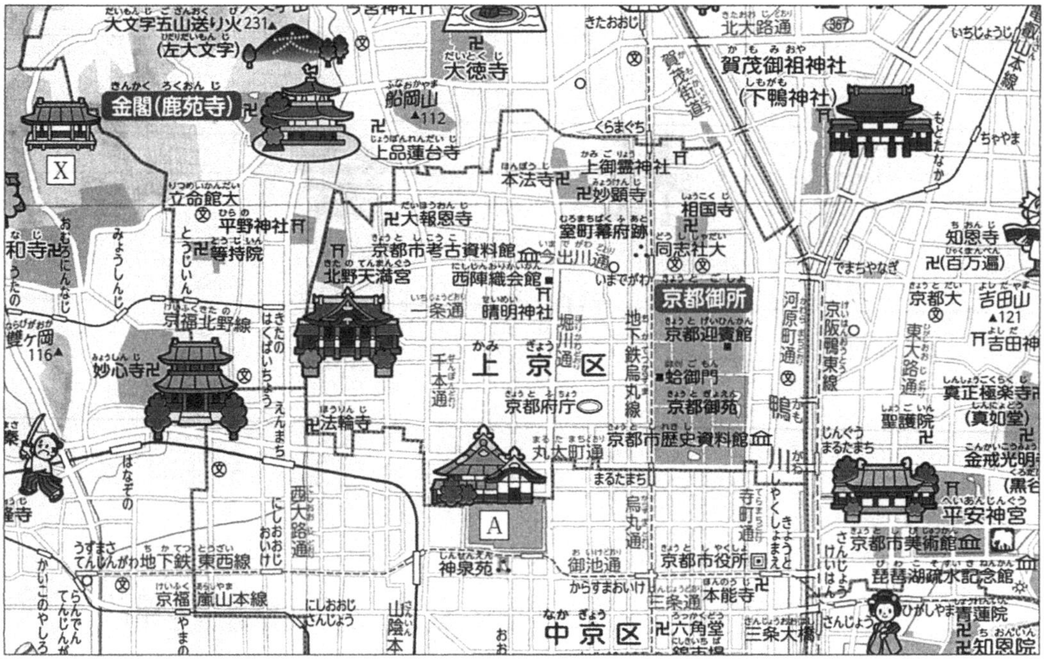

はるき：出発地点は、①地図中Ａのお城だよね。

なつお：うん。徳川慶喜が政権を朝廷に返すことを大名たちに伝えた場所だよね。

あきな：そうだったわね。このお城を見学した後は、お城の東側を散策するのよね。

ふゆみ：ええそうよ。このあたりはかつて、貴族たちの邸宅が並んでいた場所だそうよ。今はその邸宅は見られないけど、石碑で紹介されているみたいよ。

はるき：じゃあ、②平安時代の貴族たちの生活を想像しながら歩きたいね。

なつお：そうだね。こうしてみると、京都の街には歴史の授業で学習した場所がたくさんあふれているね。

あきな：そうね。教科書にのっているお寺もたくさんあるのよ。少し遠いけど、私は枯山水で有名な［　Ｘ　］の石庭を見てみたいわ。近くに金閣（鹿苑寺）もあるわ。

ふゆみ：たしか、室町時代につくられた、石や砂を使って山の風景や水の流れを表現する様式の庭園なのよね。［　Ｘ　］は③世界遺産だったと思うわ。

先　生：あら、このチームは歴史をたどる旅のようね。よかったら、平安神宮の近くに全国水平社創立大会の記念碑が建てられているから、見てくるといいわ。

あきな：全国水平社創立大会は、1922年に部落解放を願って開かれた大会ですよね。たしか、「人の世に熱あれ、人間に光あれ」という呼びかけが教科書にものっていました。

先　生：そうよ。よく覚えていたわね。

ふゆみ：さすが、あきなさんね。でも、平安神宮は、金閣（鹿苑寺）から見て[Y]の方向にこの地図上で約11cmだから、実際は[Z]kmくらいよね。バスや地下鉄を使った方が良さそうね。

はるき：そうだね、時刻表も調べよう。ところで、歴史をめぐる旅もいいけど、やっぱり僕は京都に行くなら抹茶パフェを食べたいんだよな～。

ふゆみ：賛成！！あ、でも２日目はお茶で有名な宇治市にも行くのよね。

なつお：そうだよ。④平等院鳳凰堂を見学するんだよね。

あきな：そうね。もしかしたら宇治市の方で美味しい抹茶パフェが食べられるかもよ。

問１　下線部①が示す場所をア～エから１つ選び、記号で答えなさい。

ア　安土城　　イ　首里城　　ウ　二条城　　エ　姫路城

問２　下線部②が暮らしたやしきの住宅様式を**漢字３字**で答えなさい。

問３　次の写真は会話文中の[X]の石庭を写したものです。[X]にあてはまる寺院の名前をア～エから１つ選び、記号で答えなさい。

ア　清水寺　　イ　法隆寺

ウ　薬師寺　　エ　龍安寺

問４　下線部③に関連して、2019年７月６日ユネスコの世界遺産委員会で「百舌鳥《もず》・古市古墳群」が新たに世界遺産として登録されることが決定しました。この古墳群にある日本最大の前方後円墳をア～エから１つ選び、記号で答えなさい。

ア　キトラ古墳　　イ　大仙古墳　　ウ　高松塚古墳　　エ　藤ノ木古墳

問５　会話文中の[Y]にあてはまる語句と、[Z]にあてはまる数字の正しい組み合わせをア～クから１つ選び、記号で答えなさい。

	ア	イ	ウ	エ	オ	カ	キ	ク
Y	北西	南東	北西	南東	北西	南東	北西	南東
Z	2.75	2.75	5.5	5.5	27.5	27.5	55.0	55.0

問６　下線部④を建てた人物をア～エから１つ選び、記号で答えなさい。

ア　藤原道長　　イ　藤原頼通　　ウ　源義経　　エ　源頼朝

2 次の表は、遣唐使の派遣について示したものです。表を見て、問１～問４に答えなさい。

回数	出発年		
1	630	（a）	１回目の遣唐使が派遣される。
9	717		４せきで渡航。
12	752	（b）	約450人で渡航。４せきのうち１せきが遭難。
18	804		４せきのうち１せきが遭難。
20	894		大使［ X ］の意見で、遣唐使が停止される。

【地図：遣唐使が通った道】

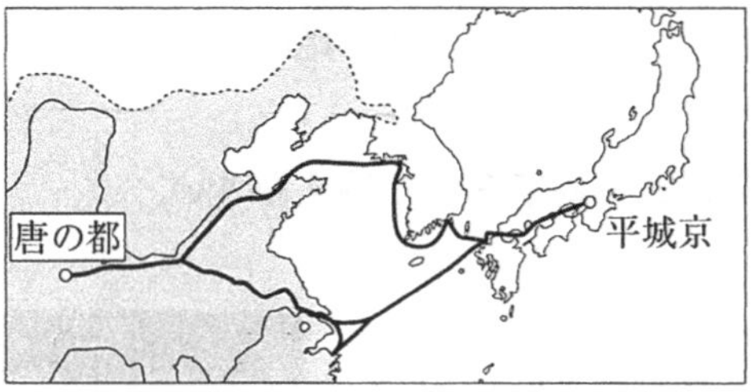

【史料：防人《さきもり》の歌】

着物のすそに取り付いて泣く子をおいてきてしまった。
母もいないのに、今ごろどうしているのだろうか。

問１　【地図】にあるように、遣唐使は唐の都を目指し、派遣されました。唐の都として正しいものをア～エから１つ選び、記号で答えなさい。

ア　長安　　イ　上海　　ウ　南京　　エ　北京

問２　表中（a）の期間に起こったこととして正しいものをア～エから１つ選び、記号で答えなさい。

ア　鑑真が遣唐使とともに来日し、唐招提寺を開いた。
イ　中大兄皇子らが、蘇我氏を倒し、大化の改新と呼ばれる改革を行った。
ウ　聖徳太子が小野妹子を中国に派遣し、政治のしくみや文化を取り入れようとした。
エ　行基が、東大寺の大仏づくりに協力した。

問3　表中（b）の期間に、【史料】が収められた書物がつくられました。【史料】を読んで、（1）・（2）に答えなさい。

（1）【史料】は、防人の任務についた人物がよんだものです。防人の任務は、どのようなものでしたか、解答らんの文章に続けて答えなさい。

（2）【史料】が収められた書物として正しいものをア～エから1つ選び、記号で答えなさい。

ア　古事記　　　イ　日本書紀　　　ウ　万葉集　　　エ　風土記

問4　表中［　X　］にあてはまる人物名を**漢字**で答えなさい。

3　**次の表は、ある人物の生がいを表したものです。表を見て、問1・問2に答えなさい。**

年齢	できごと
27	桶狭間の戦いで今川氏を破る
36	①キリスト教を保護する
40	室町幕府をほろぼす
42	②長篠の戦いで武田軍を破る
49	明智光秀におそわれ自害する

問1　表中の下線部①に関連して、このころの様子を述べた次の文章中の下線部a～cが正しいか誤っているかを判断し、ア～エからあてはまるものを1つ選び、記号で答えなさい。

1549年、スペインの宣教師aシーボルトが、日本にキリスト教を伝えました。その後も、多くの宣教師が来日し、キリスト教を広めました。このころから、ポルトガルやスペインの商人もやってきて、武器や火薬、中国の生糸などをもたらしました。彼らは、日本からは主にb銀を持ち帰りました。大阪のc国友などの港町は、このような南蛮貿易によって大いに栄えました。

ア　aが正しい　　　イ　bが正しい　　　ウ　cが正しい　　　エ　すべて誤っている

問2　表中の下線部②で、効果的に使用された武器は、1543年にポルトガル人によって伝えられました。この武器が伝えられた場所を**漢字**で答えなさい。

4 次の略年表と地図を見て、問１～問７に答えなさい。

年	できごと
1600	関ヶ原の戦いがおこる
	［ａ］
1868	五か条の御誓文が発布される
	［ｂ］
1894	①日清戦争がはじまる
1900	津田梅子が女子英学塾を開く
	［ｃ］
1945	国際連合が発足する
	［ｄ］
1964	②オリンピックが開かれる

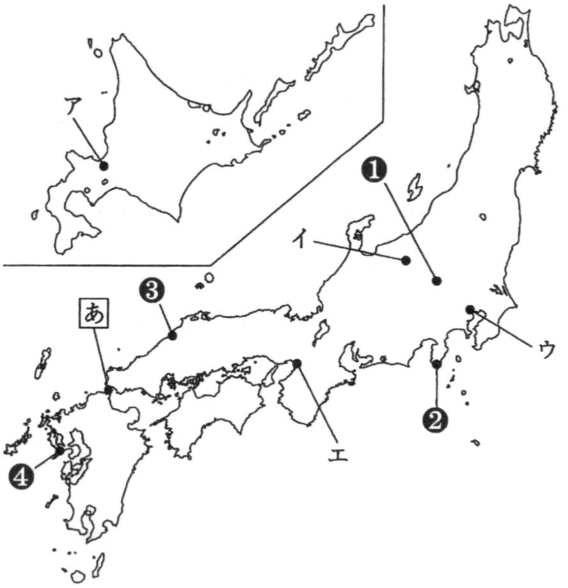

問１　略年表中［ａ］の期間におこったＡ～Ｃのできごとを古い順に並べた場合、正しいものをア～カから１つ選び、記号で答えなさい。

Ａ　平戸のオランダ商館を出島に移す。
Ｂ　キリスト教の禁止令が全国に出される。
Ｃ　参勤交代の制度が定められる。

ア　Ａ → Ｂ → Ｃ　　イ　Ａ → Ｃ → Ｂ　　ウ　Ｂ → Ａ → Ｃ
エ　Ｂ → Ｃ → Ａ　　オ　Ｃ → Ａ → Ｂ　　カ　Ｃ → Ｂ → Ａ

問２　略年表中［ｂ］の期間に明治政府は、江戸時代の大名に対して、領地である藩と領民を天皇に返すように命じました。このことを何というかア～エから１つ選び、記号で答えなさい。

ア　殖産興業　　イ　版籍奉還　　ウ　廃藩置県　　エ　文明開化

問3　略年表中［b］の期間におこったできごとで、さらに文の内容が正しいものをア～エから1つ選び、記号で答えなさい。

ア　国内の産業をさかんにするために、地図中❶に富岡製糸場をつくった。
イ　日米和親条約によって、地図中❷の港が開かれることが決められた。
ウ　地図中❸の足尾銅山から流れ出た鉱毒で、農産物や家畜に被害が出た。
エ　アメリカ軍が地図中❹に原子爆弾を投下した。

問4　次のグラフは、略年表中［c］の期間の日本の輸出額と輸入額を示したものです。次の（1）・（2）に答えなさい。

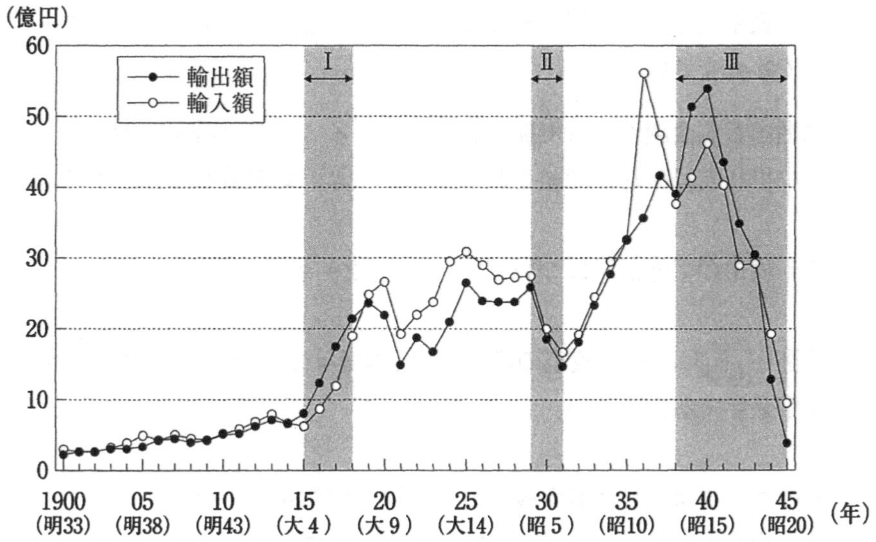

（1）このグラフに関連する文A・Bが正しいか誤っているかを判断し、その正しい組み合わせをア～エから1つ選び、記号で答えなさい。

A　グラフ中の［Ⅰ］の期間には、第一次世界大戦のためにヨーロッパの国々の生産力が低下し、日本はヨーロッパやアジアへの輸出を大きく伸ばして、好景気となった。

B　グラフ中の［Ⅱ］の期間に輸出額・輸入額が少なくなっているのは、アメリカではじまった不景気が日本にもおしよせたためである。

	ア	イ	ウ	エ
A	正	正	誤	誤
B	正	誤	正	誤

（2）グラフ中の［Ⅲ］の期間に、日本は東南アジアに軍隊を進めました。その目的は何だったか、次の年表を参考にして、解答らんの文章に続けて**15字以内**で答えなさい。

年	できごと
1938	・石油の使用が制限される
1939	・石油の配給が統制される ・鉄製品の回収がはじまる
1940	・電力の使用が制限される
1941	・アメリカが日本に対して石油の輸出を禁止する

問5　略年表中［d］の時期におこったできごととして正しいものをア～エから１つ選び、記号で答えなさい。

ア　先進国首脳会議が東京で開かれる　　イ　イラク戦争がおこる
ウ　日中平和友好条約が締結される　　エ　朝鮮戦争がはじまる

問6　略年表中の下線部①について、（1）・（2）に答えなさい。

（1）地図中［あ］は、日清戦争の講和条約が開かれた都市を示しています。その都市名を**漢字２字**で答えなさい。

（2）右のグラフは、日清戦争後に日本が得た賠償金の使いみちを表しています。グラフ中の［　い　］にあてはまる使いみちに関する説明として正しいものをア～エから１つ選び、記号で答えなさい。

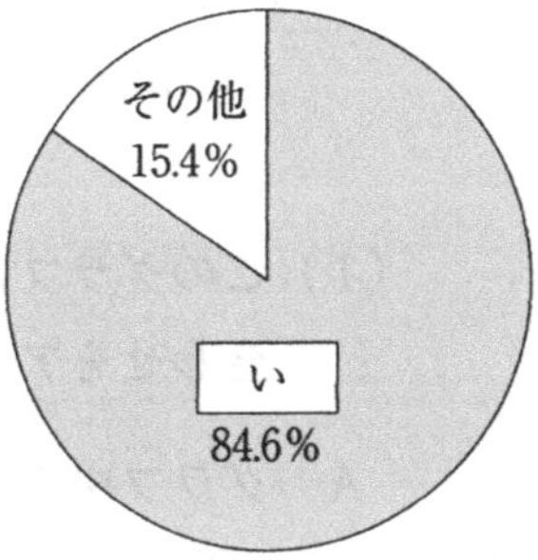

ア　軍事工場の建設などに使われた。
イ　天皇の所有する財産となった。
ウ　義務教育期間の授業料を無料にするために使われた。
エ　災害に備えた準備金としてたくわえた。

問7　略年表中の下線部②に関連して、日本ではこれまでに夏季・冬季オリンピックが合わせて３回開かれました。地図中のア～エのうち、オリンピックが開かれたことのある都市として**誤っているもの**を１つ選び、記号で答えなさい。

二〇二〇年度

国語解答用紙

一

問1

問2

問3

問4 a b c d

問5

問6

問7

問8 ① ②

問9 A アズ かった B ハ った

二

問1 A キザ み B ユウコウ

問2

問3

問4

問5

問6

問7

問8

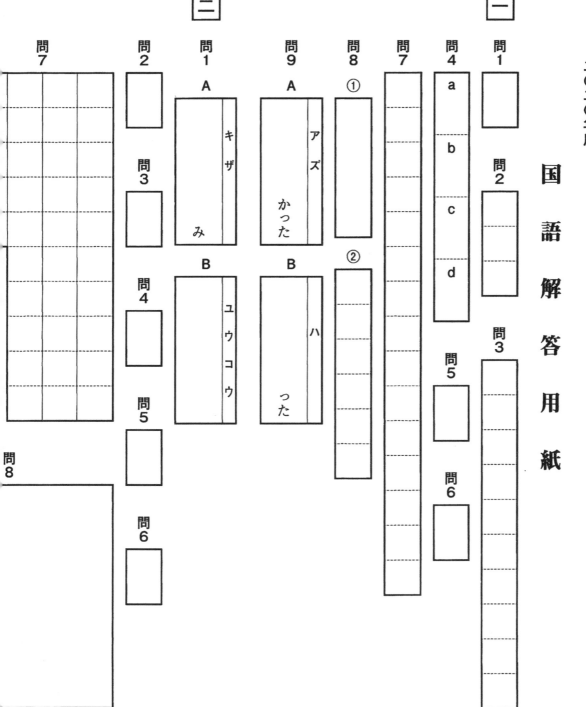

4

(1)	倍	(2)	個	(3)	回

5

(1)	点	(2)	通り	(3)	

6

(1)	cm	(2)	cm^2	(3)	個

総計	※100点満点 (配点非公表)

3

(1)	(2)	
	①	②

(3)	(4)	(5)	

(6)						
(i)		(ii) a	b	c	d	e

4

(1)	(2)	(3)

5

(1)	(2)	(3)
	g	

総計	※100点満点 (配点非公表)

問4	（２）東南アジアに軍隊を進め、

問5	問6 （１）	（２）	問7

5

問1	問2

6

問1 （１）	（２）	（３）	（４）	問2 （１）	（２）	（３）
		条約				

問2 （４）	問3	問4	問5	問6
諸島				方式

総計	
	※100点満点 (配点非公表)

受験番号	

2020年度

社　会　解　答　用　紙

1

問１	問２	問３	問４	問５	問６

2

問１	問２

問３	（１）防人の任務は、	（２）	問４

3

問１	問２

4

問１	問２	問３	問４	（１）

【注意】
このらんには何も
記入しないこと

【解答用

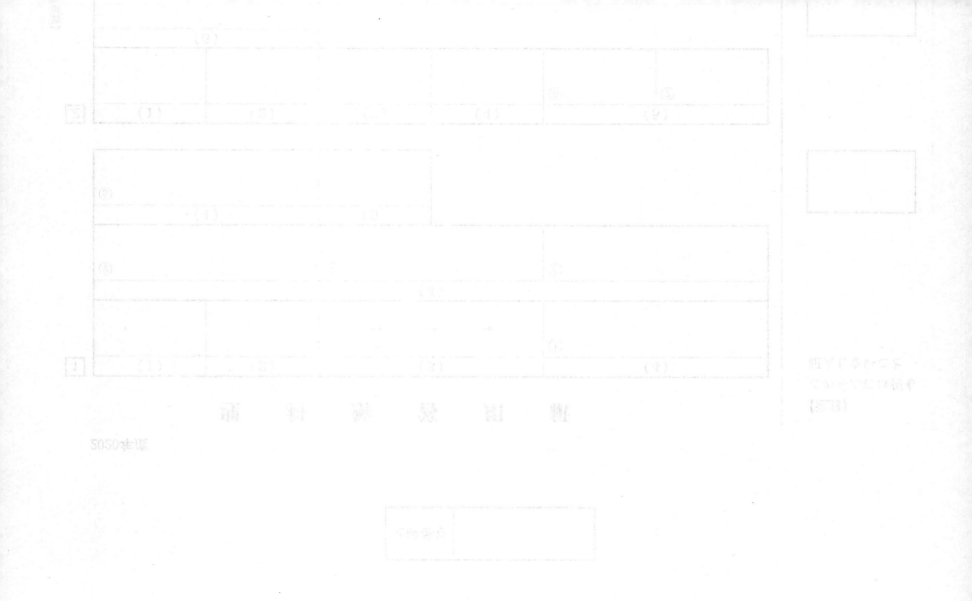

受験番号	

2020年度

理　科　解　答　用　紙

1

（1）	（2）	（3）	（4）
		→ → →	①

（4）		
②	③	④

（4）	（5）
⑤	

2

（1）	（2）	（3）	（4）	（5）	
				⑥	⑦

（6）

【注意】
このらんには何も
記入しないこと

【解答

受験番号	

2020年度

算　数　解　答　用　紙

1

(1)		(2)		(3)	人
(4)	度	(5)	cm^3		

2

(1)	回	(2)	枚	(3)	通り

3

(1)		(2)	円	(3)	g

【解答用

問9

三

問1

問2

問3

問4

X

Y

問5

問6

問7

四

①

②

③

④

【注意】

このらんには何も記入しないこと

A	
B	
C	
D	

総計	※100点満点 (配点非公表)

受験番号

5　税金に関する下の会話文を読んで、問１・問２に答えなさい。

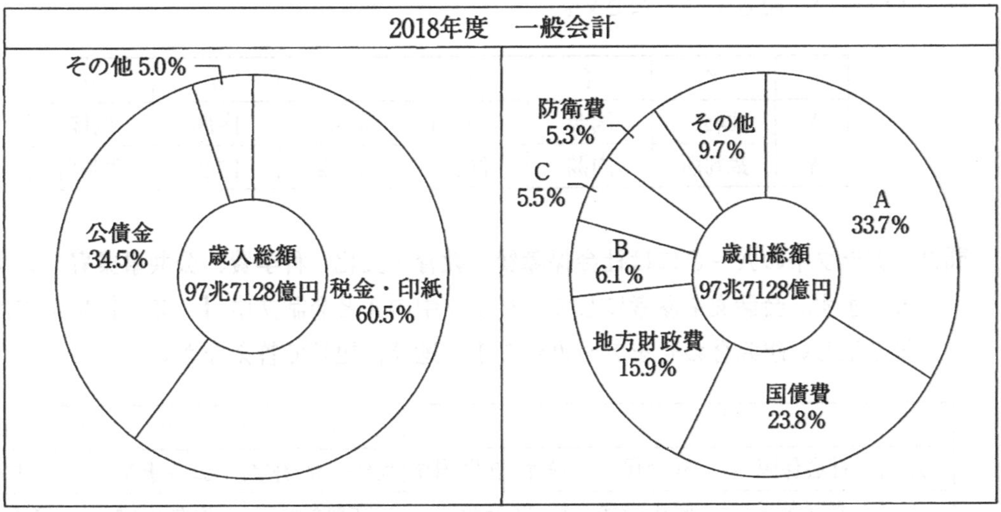

(財務省ホームページより作成)

先生：上のグラフは、国の１年間の収入と支出を表したものだよ。

花子：確か、国の収入と支出については、【　X　】が提出した予算案について、【　Y　】の中で話し合って決めるということを学習しました。

先生：そうだったね。グラフを見てわかることや気になることを話し合ってみよう。

花子：はい。支出のうち最も多くをしめているのはＡで、およそ33兆円ですね。とても大きな金額です。

先生：そうだね。Ａは、例えば、高齢者や障がいのある人のために使われているけど、日本では、少子高齢化がどんどん進んでいるから今後はもっと大きな金額になるかもしれないね。

花子：そうですね。でも必要なお金のように思います。

先生：そうだね。じゃあ、高齢者や障がいのある人たちのための政策や、今話題の「働き方改革」などの仕事を主に受け持つのは何という省だったかな？

花子：えーと、【　Z　】省だったと思います。

先生：良く学習していたね。国では、仕事の種類によって担当する省を分けて、分担して仕事をしているんだよ。国の仕事や税金の集め方、使い方について、もっとよく勉強していこうね。

花子：はい。

問１　会話文中の【　X　】【　Y　】にあてはまる語句の正しい組み合わせをア～カから１つ選び、記号で答えなさい。

	ア	イ	ウ	エ	オ	カ
X	国会	国会	裁判所	裁判所	内閣	内閣
Y	裁判所	内閣	国会	内閣	国会	裁判所

問２　グラフ中のA～Cには社会保障費、教育・文化・科学費、公共事業費のいずれかが入ります。会話文を参考にして、グラフ中のAと会話文中【　Z　】にあてはまる語句の正しい組み合わせをア～カから１つ選び、記号で答えなさい。

	ア	イ	ウ	エ	オ	カ
A	社会保障	社会保障	教育･文化･科学	教育･文化･科学	公共事業	公共事業
Z	文部科学	厚生労働	経済産業	文部科学	厚生労働	経済産業

6　次の問１～問６に答えなさい。

問１　次の図は、赤道と東経100度の交点を中心に地球の半分をえがいたものです。これをみて、（1）～（4）に答えなさい。

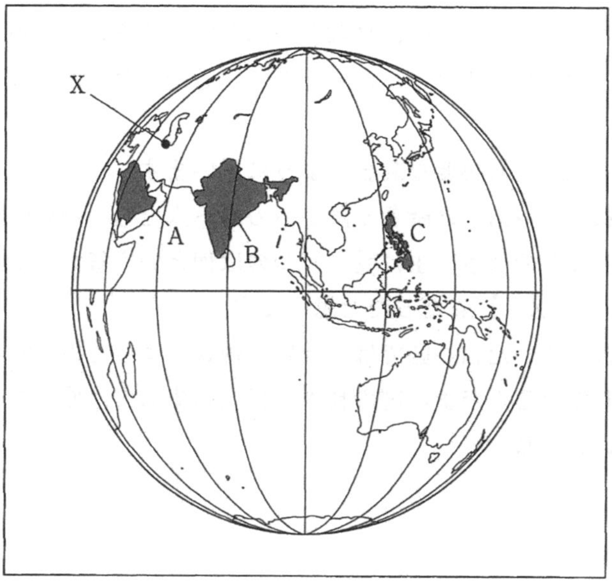

（1）図中の経線は、何度おきの間かくでえがかれているか、正しいものをア～エから1つ選び、記号で答えなさい。

ア　10度　　イ　20度　　ウ　30度　　エ　40度

（2）図中には、**えがかれていない**大陸と海洋の正しい組み合わせをア～カから1つ選び、記号で答えなさい。

	ア	イ	ウ	エ	オ	カ
大陸	アフリカ	オーストラリア	北アメリカ	南極	南アメリカ	ユーラシア
海洋	インド洋	インド洋	大西洋	大西洋	太平洋	太平洋

（3）地図中のXは、水鳥などが集まる世界的に重要な湿地を守るための条約が採択された都市です。この都市にちなんでこの条約を何というか、解答らんにあてはまるように**カタカナ**で答えなさい。

（4）次の表の①～③は、地図中のA～Cの国の人口（2018年）、日本へのおもな輸出品、日本との貿易額（2017年）を示したものです。A～Cにあてはまる国の正しい組み合わせをア～カから1つ選び、記号で答えなさい。

	人口（万人）	日本へのおもな輸出品	日本との貿易額（億円）	
			輸出額	輸入額
①	135,405	石油製品、鉄鉱石、飼料	5,999	9,932
②	10,651	機械製品、バナナ、木製品	10,961	12,480
③	3,355	原油、天然ガス、石油製品	31,150	4,189

（地理統計要覧などより作成）

	ア	イ	ウ	エ	オ	カ
①	A	A	B	B	C	C
②	B	C	A	C	A	B
③	C	B	C	A	B	A

問２　次の地図をみて、（１）～（４）に答えなさい。

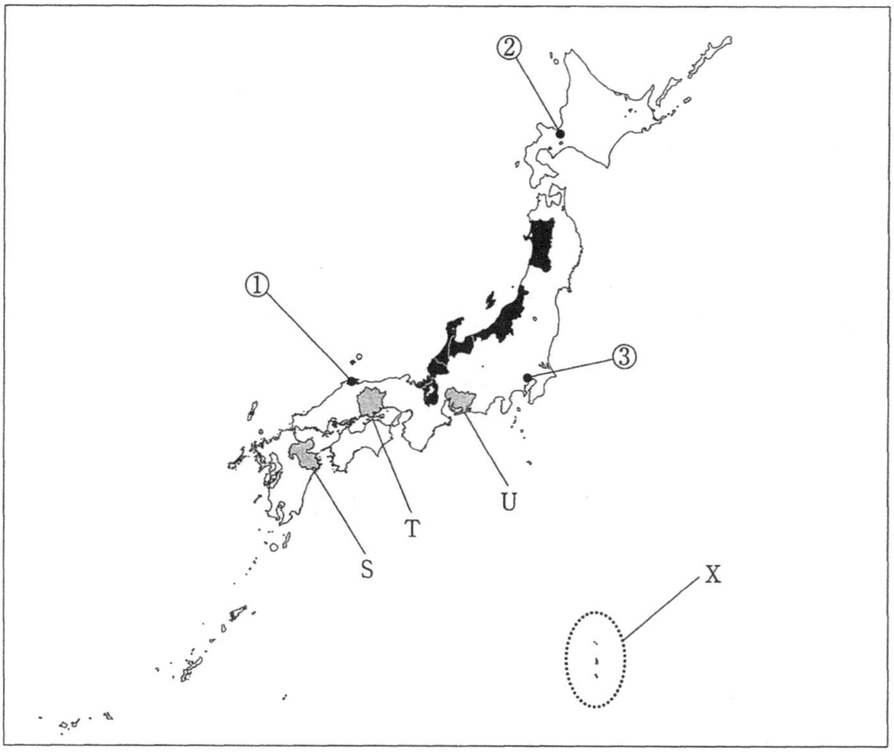

（１）次のグラフＡ～Ｃは、地図中の①～③の都市の月別降水量を示したものです。Ａ～Ｃと①～③の正しい組み合わせをア～カから１つ選び、記号で答えなさい。

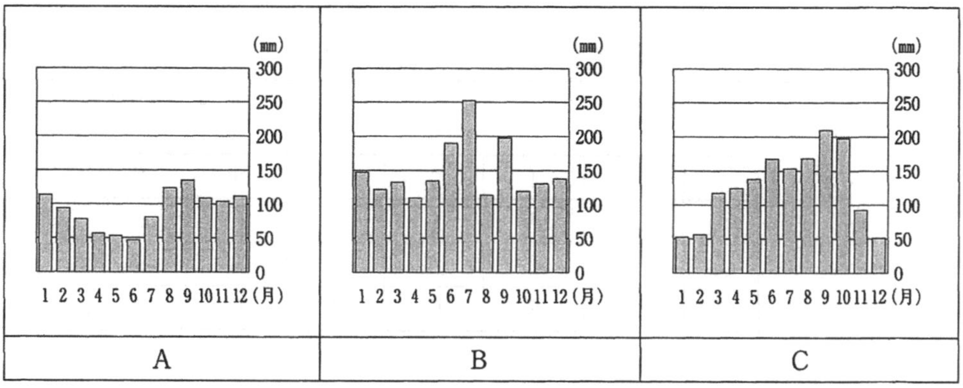

（理科年表より作成）

	ア	イ	ウ	エ	オ	カ
Ａ	①	①	②	②	③	③
Ｂ	②	③	①	③	①	②
Ｃ	③	②	③	①	②	①

（2）地図中の■の6つの県は、ある共通した農産物が農業産出額の半分以上をしめています。その農産物として正しいものをア～エから1つ選び、記号で答えなさい。

ア　果実　　イ　米　　ウ　畜産　　エ　野菜

（3）次の表中の①～③は、地図中のS～Uの県の製造品出荷額の化学、鉄鋼、輸送用機械の金額と総計を示したものです（2016年、億円）。①～③とS～Uの正しい組み合わせをア～カから1つ選び、記号で答えなさい。

	化学	鉄鋼	輸送用機械	総計（その他もふくむ）
①	9,628	7,755	8,006	71,299
②	11,982	20,462	252,239	451,718
③	4,772	4,519	5,925	37,092

（データでみる県勢より作成）

	ア	イ	ウ	エ	オ	カ
①	S	S	T	T	U	U
②	T	U	S	U	S	T
③	U	T	U	S	T	S

（4）地図中のXの島々は、2011年にユネスコの世界遺産に登録された地域です。この地域を何というか、解答らんにあてはまるように**漢字**で答えなさい。

問3　次の表は、日本のとうもろこし、魚介類、鉄鉱石の輸入相手国とその割合（2017年、%）を示したものです。X～Zにあてはまる国の正しい組み合わせをア～カから1つ選び、記号で答えなさい。

	とうもろこし		魚介類		鉄鉱石	
1位	X	79.1	Z	18.1	オーストラリア	51.7
2位	Y	14.1	X	9.8	Y	29.3
3位	南アフリカ	3.3	チリ	9.0	カナダ	6.7
4位	ロシア	1.4	ロシア	7.5	南アフリカ	3.4

（日本国勢図会より作成）

	ア	イ	ウ	エ	オ	カ
X	アメリカ	アメリカ	中国	中国	ブラジル	ブラジル
Y	中国	ブラジル	アメリカ	ブラジル	アメリカ	中国
Z	ブラジル	中国	ブラジル	アメリカ	中国	アメリカ

問4　農産物や水産物の生産に関する情報やとどけられるまでの情報を消費者が確認できるしくみのことを何というか、ア～エから1つ選び、記号で答えなさい。

ア　トレーサビリティ　　イ　モーダルシフト
ウ　メディアリテラシー　エ　ライフライン

問5　各国の政府や国連から独立した民間の団体で、平和や人権、環境などの問題に取り組んでいる非政府組織を何というか、ア～エから1つ選び、記号で答えなさい。

ア　JICA　　イ　NGO　　ウ　ODA　　エ　PKO

問6　自動車工場では、さまざまな種類の自動車を組み立てるために多くの種類の部品が必要です。そのため、多くの自動車工場は部品の在庫を持たず、関連工場が指定された時刻に必要な部品を必要な数だけ送りとどける方式で生産しています。このような方式を何というか、解答らんにあてはまるように**カタカナ**で答えなさい。